महात्मा जोतिबा फुले रचनावली : 2

महात्मा जोतिबा फुले रचनावली
2

अनुवाद एवं सम्पादन
डॉ. एल.जी. मेश्राम 'विमलकीर्ति'

राधाकृष्ण प्रकाशन

ISBN : 978-81-7119-732-3

महात्मा जोतिबा फुले रचनावली-2

पहला संस्करण : 1994
पाँचवाँ संस्करण : 2021

मूल्य : ₹600
(दो खंडों का सेट)

प्रकाशक
राधाकृष्ण प्रकाशन प्राइवेट लिमिटेड
जी-17, जगतपुरी, दिल्ली-110 051

शाखाएँ : अशोक राजपथ, साइंस कॉलेज के सामने, पटना-800 006
पहली मंजिल, दरबारी बिल्डिंग, महात्मा गांधी मार्ग, प्रयागराज-211 001
36-ए, शेक्सपियर सरणी, कोलकाता-700 017

वेबसाइट : www.radhakrishnaprakashan.com
ई-मेल : info@radhakrishnaprakashan.com

मुद्रक
बी.के. ऑफसेट
नवीन शाहदरा, दिल्ली-110 032

MAHATMA JOTIBA PHULE RACHANAVALI-2
Edited by Dr. L.G. Meshram 'Vimalkirti'

अनुक्रमणिका

महात्मा जोतिबा फुले-रचनावली
2

मलबारी के दो टिप्पणियों के बारे में महात्मा फुले के विचार

Opinion from Jotteerao Govindrao Phulay on Note No. I, by Mr. B.M. Malabari on Infant Marriage in India

I concur with Mr. B. M. Malabari's laudable undertaking, and hope that something may be done by our enlightened Government to alleviate the miserable state of the deluded people of this country. Although Mr. B. M. Malabari is not pressed under the immediate burden of our customs and manners, invented by Aryan Shastra makers, he treated the subject so remarkably well that the Shoodradi-Ati-Shoodra and Brahmin widows will thank him future undoubtedly. I also now beg to add a few remarks on the middle and lower orders, the downtrodden aborigines of this country. In the course of marriage if any slight dispute takes place between the parties, the poor girl has to suffer all her life-time. After the marriage is over, should a defect in her family happen to come to the notice of the boy's father, the innocent girl is considered an outcaste. If the boy is younger than the girl, she is not well fed, clothed and cared for properly, nay, she is not allowed to remain with her rich parents. If her father-in-law be ignorant and poor, the girl, not being fed well, is stunted in her growth. In short she is more heavily loaded with work for days and nights than a Amecican slaves. Thus she is so unbearably tyrannized that she is obliged to put an end to her life by committing suicide ; and the crime is very often hushed up by bribing the village Patel, Coolkerni (the quarrel-monger) and Policemen. Many poor parents on the bridgroom's side are thus, by incurring debts for marriages, ruined on accounts of the premature deaths of their daughters-in-law. Besides the husband boy, on coming to his proper sences, does not like his wife and marries one of his own liking. Being thus accustomed, he is induced to marry two, three or four wives at a time in succession, and thus renders his whole family discontented, abusive and quarrel-some. These ignorant wives are not only obliged to poison each other, but sometimes their own husband. Now the enlightened Hindu of Bengal has made excellent suggestions to University graduates, and these, as they suppose would be a fair beginning for the educated class, but, I think, their suggestions are not *universal and applicable to all the classes of Shoodras and Ati Shoodras*, because very few of the former attend the University and the latter are not at all admitted even into vernacular schools and allowed to sit and learn with the higher class boys. In conclusion, unless our wise Government use some compulsory measures, the ignorant, middle and lower classes will not come to their proper sence, because the so-called higher classes of Hindus, who hold responsible posts under Government, have by their cunning and shrewd ways, purposely misguided them in matters of *religion* and *politics*. I therefore suggest that Government should rule that boys under ninteen years of age, and girls under eleven, should not be allowed to marry In case they do, some reasonable tax may be levied on the parents of the parties married, and the money thus obtained should be used in the education of the middle and lower classes of Hindus. But the education should not be transmitted through the medium of *Brahmin teachers*, for, while educating, they create in the minds of the pupils wrong religious ideas and lead them astray. Even the subsidiary kings, Sindia, Holkar, and others are, we find, cheated in the open daylight under the pretence of invented religion, and are induced to extract tax indiscriminately from the cultivators without giving them timely allowances. But there is strong hope that His Highness the present Ruler of Baroda will try his utmost to educate and better the condition of the ignorant cultivators as His Highness has received a good and sound English education.

Opinion from Jotteerao Govindrao Phulay on Note No. II by Mr. B.M. Malabari on Enforced Widowhood

Now I touch upon the most delicate subject of enforced widowhood upon Brahmin women. The partial Aryan Institution inconsiderately allows polygamy to males, which causes them to fall into new habits of wickedness. When his lust is satisfied with his legal wives, he for novelty's sake haunts the houses of public women. He then contracts verneral diseases from them and is obliged to seek medical assistance at an exhorbitant cost, for himself and his wives. When medical treatment ceases to cure him and his wives he loses all hopes of getting children. In this deplorable condition of his life if the lewd husband finds his own wife to go out during night he suspects her of leading a vicious course and so, punishing her severely, turns her out. In old age in order to obliterate the stigma upon his character, the shameless fellow becomes a religious man and hires public harlots to dance and sing in the temples with a view to venerate the stone idols, for his own satisfaction. After the death of this wicked man, his young and beautiful wife is not allowed by the same Aryan Institution to remarry. She is stripped of her ornaments; she is forcibly shaved by her near relatives; she is not well fed; she is not properly clothed; she is not allowed to join pleasure parties, marriages or religious ceremonies. In fact she is bereaved of all the worldly enjoyments, nay, she is considered lower than a culprit or a mean beast.

Moreover, the Aryan Institution enjoins Brahmin males to marry even the lower class gils during the life-time of his first wife: but his real own sister is prohibited to remarry, after the deise of her first husband. Such partial and unjust prohibitions necessarily lead the helpless Aryan widow to commit horrible and heart-rending acts of atrocity. To prove the above assertion I insert the following instance. One of my Brahmin friends named Rao Saheb Sudashive Bullal Gowndey, who was an officer in the Inam Commission, employed in his house a Brahmin widow as cook, whose name was Kashibai. The poor Kashibai was a well-behaved and beautiful young woman of a respectable family. She was a chaste woman. She served several months in his house. But in his neighbourhood there lived a shrewd and cunning Shashtriboova of a Brahmin caste, who tried his utmost to mislead this ignorant woman. Kashibai at first resisted his inducement but at last she fell victim to his desire and immediately became pregnant. Afterwards by the persuasion of her paramour, she tried several poisonous drugs to commit abortion, but all her attempts failed After nine months were completed, Kashibai gave birth to a beautiful son and for the sake of her disgrace she murdered the innocent infant with a knife and the corpse was thrown into the well behind the house of her master. Two days after she was arrested by the police on suspicion, tried before the Session Court in Poona and was sentenced to transporation for life. This crime Kashibai committed, that her character may not be spoilt among the Brahmin community. Her case brought to the notice of the public the unjust and partial character of the Aryan Institution, and so the people were struck with horror. Although my means were not sufficient to defray my expense yet I was compelled to establish a founding house, in my own compound in Poona, for the Brahmin community immediately after Kashibai's trial was over. The enclosed copy of printed notices were then pasted on the walls of the corners of street, where the Brahmins reside. From its commencement up to the present time, thirty five pregnant widows came to his house and were delivered of children, of whom five are living and thirty died by the injuries done to them while in the womb by the poisonous drugs which the mothers must have taken with a view to conceal their pregnancy. Many of the beautiful and helpless ignorant young widows of the respectable Brahmin families have turned out private and public prostitutes on account of this wretched system. How abominable and degrading is the system of Aryan Institution, which compels Brahmin widows to drag their lives in so miserable and shameless ways, that even modesty shrinks back to enter into particular details. In conclusion, I most respectfully crave the favour of your enlightened English Government to remove the tyranny of enforced widowhood, exercised upon the helpless women, by the relentless system of Aryan religious institution. I therefore propose that no barbers should be allowed to shave the unfortunate Brahmin widows. It is quite evident from the partial Aryan religious institution that, when it prohibits the widows from remarrying, why the widowers should be allowed to remarry? If the favour be shown to the latter then the poor widows must of necessity be permitted to remarry. There is no doubt that the selfish and wicked law-givers must have added such unjust and nonsensical clauses into their shastras with malice towards female sex.

मराठी ग्रंथकार सभा को पत्र

[महात्मा जोतीराव गोविंदराव फुले ने न्यायमूर्ति महादेव गोविंद रानडे के द्वारा मराठी ग्रंथकार सभा को (साहित्य सम्मेलन) जो पत्र लिखकर भेजा था, वह 'ज्ञानोदय' पत्रिका में प्रकाशित हुआ था।]

आपका दि० 13 के समाचार पत्र के साथ विनीत पत्र प्राप्त हुआ है। उसको देखकर बड़ी खुशी हुई है। किंतु मेरे अनजान दादा, जिन लोगों की ओर से सभी मनुष्य समाज के मानवी अधिकारों के संबंध में वास्तविकता के आधार पर सही सोच-विचार नहीं किया जाता और जिनके जो मानवी अधिकार हैं, वे उनको खुशी से और सरेआम लौटा देने की इच्छा नहीं रखते और वर्तमान गतिविधियों से अनुमान करने पर हम इस निष्कर्ष पर पहुँचते हैं कि ये लोग उनके मानवी अधिकार आगे भी देने की मानसिकता में नहीं हैं। फिर ऐसे लोगों द्वारा आयोजित सभाओं से, सम्मेलनों से और उनके द्वारा लिखी गई किताबों के आशय से हमारी सभाओं का और किताबों का कोई तालमेल ही नहीं है; क्योंकि उनके पुरखों ने हम लोगों पर बदले की भावना से, हम लोगों को गुलाम करने के परिच्छेद अपने नकली धर्मग्रंथों में अप्राकृतिक ढंग से लिख करके रखा है। इसके बारे में उनके प्राचीन खल्लड़ ग्रंथ गवाही दे रहे हैं। इसी की वजह से हम शूद्रादि-अतिशूद्रों को कितनी कठिनाइयाँ, आपत्तियाँ और परेशानियाँ बर्दाश्त करनी पड़ीं और आज भी बर्दाश्त करनी पड़ रही हैं, यह उन ग्रंथकारों को और बड़ी-बड़ी सभाओं में, सम्मेलनों में अतिथि के रूप में जाकर भाषणबाजी करनेवालों को, जो स्वयं कुछ न करते हुए औरों को उपदेश देते हैं, उनको कैसे समझ में आएगा? ये तमाम बातें उनके सार्वजनिक सभा के निर्माताओं को अच्छी तरह मालूम थीं, फिर भी अपने और बाल-बच्चों के मामूली स्वार्थ के लिए अपनी आँखों पर खाल ओढ़कर, अंग्रेज सरकार से पेंशन मिलते ही वे लोग पुनः अटल जाति अहंकारी, अटल मूर्तिपूजक, अटल अछूते बनकर हमारे शूद्रादि-अतिशूद्र भाइयों को नीच समझने लगते हैं। इतना ही नहीं, वे अपनी पेंशनदाता सरकार के बनाए हुए कागज के नोटिस-पत्र को भी अछूतेपन में उँगली से छूने को भी अपवित्र समझते हैं। क्या ऐसे ही आर्य ब्राह्मण इस अभागे देश की तकदीर बदलने

वाले हैं ?

खैर, अब आगे हम शूद्र लोग, हमको फुसलाकर लूट करके खानेवाले लोगों की बातों में आनेवाले नहीं। सारांश, उनके साथ मिल जाने से हम शूद्रादि-अतिशूद्रों का बिलकुल भी कल्याण नहीं है। अब हम लोगों को अपने लिए खुद गंभीर रूप से सोच-विचार करना होगा। सचमुच में उन लोगों को यदि सभी लोगों की एकता करनी हो तो सभी मानवी समाज में आपस में गहरी, कभी न टूटनेवाली एकता, भाईचारा क्या करने से कायम हो सकता है, इसके बुनियादी सिद्धांत उन्हें खोजने चाहिए और उन सिद्धांतों, तत्त्वों और विचारों को किताब के रूप में प्रकाशित करना चाहिए। इस भयंकर स्थिति में आँखें बंद करके रहना उचित नहीं है। इसके बाद भी आप लोगों की मर्जी है।

यह मेरा अभिप्राय के रूप में लिखा हुआ छोटा-सा पत्र उन लोगों को सोचने के लिए उनकी तरफ भेज देने की मेहरबानी कीजिए। सीधे-सादे बूढ़े का यह पहला सलाम लीजिए।

आपका दोस्त

—जोतीराव गोविंदराव फुले

(ज्ञानोदय, दि० 11 जून, 1885)

सत्सार : क्रमांक–एक

उपोद्घात

अंग्रेजी बहादुरों के शासन की मेहरबानी से अज्ञानी शूद्रादि-अतिशूद्रों को कुछ-न-कुछ लिखने-पढ़ने की योग्यता प्राप्त हुई है। इसलिए आज हजारों साल से धूर्त आर्यों के द्वारा शूद्रादि-अतिशूद्र चारों ओर से लुटे जा रहे हैं। इसीलिए इस सत्सार नाम की छोटी-सी किताब में हर दिन बातचीत के द्वारा दुनिया के लोगों से नफरत करनेवाले आर्य ब्राह्मणों को परखने के लिए यह पहला अंक पाठकों के सामने प्रस्तुत किया है।

इस किताब के अगले अंक हम फलाने समय पर प्रकाशित करते रहेंगे, इन शब्दों में हम बँधे रहना नहीं चाहते; किंतु हमारे इस छोटे-से प्रयास को हमारे बुद्धिमान, विचारशील महम्मदी, ख्रिस्ती और हिंदू भाइयों ने बड़ी उदारता से मदद की तो अगले अंक हर सप्ताह को भी प्रकाशित किये जा सकते हैं।

—जोतीराव गोविंदराव फुले

धूर्त आर्यों की अक्ल निकम्मी।
अच्छा हुआ विदुषी रमा का ब्राह्मणी धर्म ठुकराना ॥
मद्यपान का निबंध टूटा।
दे, अब ब्रांडी की बोतल मुझे ॥
ज्ञान खो गया, आँखें निश्चल हुईं।
अब कैसे ऐश्वर्य कुंभलाया ॥
दास तुका के चेले बनते।
शूद्र शिवाजी के गले लगते ॥

सत्सार : क्रमांक—एक

सत्यशोधक समाज के एक शूद्र सदस्य और गृहस्थ ब्राह्मण के बीच हुई बातचीत का मुख्य अंश

[सत्यशोधक समाज के शूद्र सदस्यों की कई गृहस्थ ब्राह्मणों के साथ बातचीत हुई, उसमें से छोटी-छोटी किंतु मौलिक बातों को अपने जानकार, विचारशील, चिंतनशील पाठकों के सामने प्रस्तुत कर रहा हूँ।]

शूद्र : जिस समय विदुषी रमाबाई ने पूना में आकर हिंदू धर्म के समर्थन में कई व्याख्यान दिए, उस समय मुझे उनके व्याख्यानों की कोई बहुत बड़ी महत्ता महसूस नहीं हुई। चूँकि हिंदू धर्म के निर्माताओं ने नारी और शूद्रादि-अतिशूद्र जातियों पर किस-किस प्रकार की आग उगली है, उन पर कितने कठोर प्रतिबंध लगाए हैं, उनके संबंध में कितने प्रकार की जुल्मी बातें लिखकर रखी हैं, यह सब उस बेचारी भोली-भाली विदुषी रमाबाई को क्या मालूम था ! किंतु जब वह इंग्लैंड में गईं और उन्होंने वहाँ हिंदू धर्म और ईसाई धर्म का तुलनात्मक अध्ययन किया, तब उसके बाद उनको हिंदू धर्म का घमंडी और पक्षपाती स्वरूप स्पष्ट रूप से समझ में आया। तभी उन्होंने हिंदू धर्म को धिक्कारते हुए ईसाई धर्म को स्वीकार किया है कि नहीं ? इस संबंध में सभी लोगों को अपनी शंका का समाधान कर लेना चाहिए। इसीलिए आप विदुषी रमाबाई को पुन: हिंदुस्थान में वापस बुला लेंगे तो बहुत सारे जो भ्रमी लोग हैं, उनकी आँखें खुल जाएँगी। और ऐसी खोजी साध्वी को देखने की कई लोगों की बड़ी इच्छा है।

ब्राह्मण : उसके घरेलू पत्र से ऐसा लगता है कि वह अभी भी ब्रह्मधर्म की गंभीर खोजबीन कर रही है, और वह कुछ ही दिनों बाद पुन: हिंदुस्थान में वापस लौट आएगी, ऐसा मुझे लगता है।

शूद्र : मुख, बाहु, जाँघ और पांव से ब्राह्मण, क्षत्रिय, वैश्य और शूद्र को जन्म

देनेवाले को ब्रह्म समझें या भयंकर शर्मिंदा करनेवाले, पक्षपाती ग्रंथ की रचना करनेवाले मनु को जन्म देनेवाले को ब्रह्म समझें? या आप में से कई तर्कबाजों द्वारा सृष्टि निर्माणकर्ता को भिन्न-भिन्न दिए गए नाम को ब्रह्म समझें? इनमें से आपके ब्रह्मसमाज का खास ब्रह्म कौन है, यह अब हमें एक बार समझा दीजिए।

ब्राह्मण : हमारे ब्रह्मसमाज के ब्रह्म का मतलब है कि उसमें जातिभेद आदि कुछ नहीं है। वह निराकार परब्रह्म है।

शूद्र : जिन लोगों की अपेक्षा आप ब्रह्मसमाजी लोग जातिभेद आदि कुछ नहीं मानते, यदि यह बात सच है तो फिर आप सभी ब्रह्म लोग सबसे पहले मातंग-महारों (भंगी, चमार आदि) को ब्रह्म बना करके उन्हें अपने ब्रह्मसमाज में क्यों शामिल कर लेते ?

ब्राह्मण : महार-मातंगों को ब्रह्म बनाने की ब्रह्मसमाज की इच्छा है। इसके लिए हम सभी ब्रह्मसमाजियों की कोशिश भी जारी है; किंतु इस काम में तुम जैसे सभी शूद्रों को भी हमें मदद करनी चाहिए। चूंकि हम सभी जब इरान से इस देश में आए, उस समय हम सभी लोगों ने यहाँ के मूल निवासी महार-मातंगों (भंगी, चमार आदि) का सब कुछ लूट लिया था और उन्हें गुलाम (दास) बनाकर हम लोग यहाँ के जबरन मालिक बन गए।

शूद्र : इसमे यह स्पष्ट रूप से मालूम होता है कि आपके आर्यपूर्वज ब्राह्मणों ने इरान से हिंदुस्थान में आने से पहले हम शूद्रादि (अतिशूद्रों) के पूर्वजों को दास (दस्यु) बनाया था; या आर्यों ने इरान से हिंदुस्थान में आते समय हम शूद्रों के पूर्वजों को रास्ते में ही गुलाम बनाकर यहाँ ले आए? या आप आर्य ब्राह्मणों के पूर्वजों ने इरान से हिंदुस्थान में आने पर हम शूद्रों के पूर्वजों को दास बनाया, इसमें सत्य क्या है, यह भी एक बार साफ-साफ समझा दीजिए। अब सवाल का जवाब देने में देर क्यों हो रही है? दोस्त ! जब आप लोग हम शूद्रों को दास (दस्यु) और अतिशूद्रों को (अंत्यज) अतिदास बना करके हम सभी को वंश-परंपरा से आज तक अपने पाँवों तले रौंद रहे हो, पैरों तले कुचल रहे हो, तब आपको अपने किए अपराध के लिए लज्जा और शर्म महसूस करनी चाहिए, दुख मानना चाहिए और सबसे पहले मातंग-महारों (अंत्यजों) के उचित मानवी अधिकार उन्हें वापस लौटाकर उनसे अपने पूर्वजों द्वारा किए गए नीच व्यवहार की क्षमा-याचना कीजिए। उसके बाद ही हम अज्ञानी शूद्रों के साथ सलाह-मसलत करने के लिए आने पर आगे उसके बारे में कुछ देखा जा सकता है, सोचा जा सकता है। अब हमें आपका ब्रह्मसमाज और प्रार्थना-समाज नहीं चाहिए। बहुत हो गए आपके छक्के-पंजे, अब बस कीजिए।

ब्राह्मण : यदि हम लोगों को मदद करने की तुम्हारी इच्छा न हो तो कोई बात नहीं। तुम लोगों को मातंग-महारों (अन्त्यजों) के मानवी अधिकार समझा देना चाहिए और उन्हें सही राह दिखानी चाहिए। मतलब तुम्हारा उद्देश्य सफल हो जाएगा।

शूद्र : आपके पूर्वजों ने (आर्यों ने) इरान से हमारे देश में आकर यहाँ के मूल-निवासियों (आदिवासियों) पर कई बार हमले किए। उनका सब कुछ लूटकर वे आर्य (ब्राह्मण) उनके मालिक बन गए। उन्हें (अछूतों को) अपने गुलामों के गुलाम बनाकर पढ़ने-लिखने का कोई अधिकार नहीं दिया गया। उनमें से कई लोगों को छूना भी पाप और अपवित्र मानकर उनपर पूरी तरह से पशुतुल्य जुल्म किए गए। इस संबंध में आपके पूर्वजों द्वारा लिखी गई मनु की मनुस्मृति जैसी सड़ियल, निकृष्ट किताब में अमानवी नियम, विधि-विधान लिखे हुए मिलते हैं। इससे जाहिर होता है कि आप आर्य-ब्राह्मणों ने शूद्रादि-अतिशूद्रों की (शूद्र और अंत्यजों की) पूरी तरह से बर्बादी की है। यह सारी स्थिति हम अपनी आँखों से देख रहे हैं कि नहीं? लेकिन आपके इन पूर्वजों द्वारा किए हुए इन तमाम नीच और अमानवी व्यवहार की पुनरा-वृत्ति न हो, इसलिए अंत्यजों को उनके पढ़ने-लिखने के सभी अधिकार वापस लौटा देना चाहिए और उन्हें पढ़ा-लिखाकर आपको अपने इस नियोजित समाज में शामिल कर लेना चाहिए। लेकिन आपके इस काम में हम शूद्रों को क्यों मदद करनी चाहिए? क्योंकि अंत्यजों के रास्तों में आपके पूर्वजों ने जो काँटे बोये हैं उन्हें आप लोग ही चुनिए। उन काँटों को नष्ट कर देने की, उखाड़कर फेंक देने की जिम्मेदारी आप लोगों की ही है।

ब्राह्मण : लगता है, तुम लोग हमसे पृथक ही रहना चाहते हो, लेकिन यह कैसे संभव है? दोस्त, जब तुम्हारी केवटी से पैदा हुए व्यास को और चांडाली से पैदा हुए वशिष्ठ को हम ब्राह्मणों ने अपने में शामिल करके उनके वंशजों को हम ब्राह्मण का सन्मान देते हैं या नहीं? फिर तुम हमसे पृथक कैसे हो सकते हो?

शूद्र : हे ब्राह्मण, व्यास और वशिष्ठ की माता शूद्रादि-अतिशूद्र कुल की थी, यह यदि आपके पाखंडी ग्रंथों से सच मान भी लिया जाए तब भी व्यास और वशिष्ठ के पिता शूद्रादि-अतिशूद्र नहीं थे, बल्कि उनके जन्मदाता निश्चित रूप से आर्य ब्राह्मण ही थे। इसीलिए आपके पूर्वजों ने व्यास और वशिष्ठ को ब्राह्मणों में शामिल कर लिया, इसमें आश्चर्य की क्या बात है? क्योंकि वे आपके आर्य ब्राह्मणों के बीज से ही पैदा हुए हैं; किंतु शूद्रादि-अतिशूद्रों द्वारा आर्य ब्राह्मणी की उत्पन्न संतान को आप आर्य-ब्राह्मणों ने अपनी जाति में शामिल कर लिया है, इसके कुछ प्रमाण आपके ग्रंथों से प्राप्त हो

सकते हैं ?

ब्राह्मण : हिंदू धर्म ग्रंथों में इस संबंध में क्या-क्या बकवास भरी पड़ी है, इसकी मुझे भी कोई खास जानकारी नहीं है।

शूद्र : इससे मालूम होता है कि आप समाज-मंदिर में हमेशा ही आँखें बंद करके परब्रह्म सनातन ब्रह्मा की प्रार्थना करते हैं, और वे (ब्रह्म) आपको अंत्यजों की पहले की वास्तविक स्थिति के बारे में समझ देकर आपकी सदियों से बंद आँखें क्यों नहीं खोल रहे हैं ?

ब्राह्मण : खैर, लेकिन हम आर्य ब्राह्मणों की संख्या कितनी है ? और तुम शूद्रादि-अतिशूद्रों की संख्या आर्य ब्राह्मणों से नौ गुणा ज्यादा है, फिर भी हम मुट्ठी-भर आर्यों के द्वारा तुम शूद्रादि-अतिशूद्रों को जीतकर अपना दास कैसे बनाया गया ?

शूद्र : दोस्त, आपमें से अधिकांश रथी-महारथी शस्त्रों पर ओम्-भोम् कहके छू-छू करते ही दुश्मनों के अक्षौहिणी के अक्षौहिणी, मतलब संपूर्ण चतुरंगिणी सेना को नष्ट कर देते थे, यह बात तो आपके धर्मग्रंथों से ही मालूम होती है, फिर हिंदुस्थान के आप आर्य ब्राह्मणों को मिलाकर आपके दासों के दास शूद्रादि-अतिशूद्रों की संख्या बीस करोड़ होने के बावजूद मुट्ठी-भर महम्मदी और अंग्रेजों ने आपको कैसे गुलाम बनाया और वे आपके मालिक कैसे बन गए ?

ब्राह्मण : हम ब्राह्मण लोग धर्म ग्रंथों की उस तरह की कल्पित और बेतुकी बातों पर बिलकुल विश्वास नहीं करते।

शूद्र : फिर यहाँ सवाल यह उपस्थित होता है कि आपका यह ब्रह्म किस ग्रंथ से लिया गया है ? जिस ग्रंथ का संबंध इस तरह के काल्पनिक और बेबुनियाद पुराणकथाओं से है, उन ग्रंथों से आपका संबंध बिलकुल नहीं है ?

ब्राह्मण : अब यहाँ प्रतिष्ठा का सवाल खड़ा हुआ। ब्रह्म या ब्राह्मण शब्द किसी के भी मुख से निकले, तुम लोगों की एड़ी की आग चोटी तक पहुँच जाती है।

शूद्र : दोस्त, जबकि मुसलिम और अंग्रेज आपके आर्य-पूर्वजों के मालिक बन गए, आपके स्वामी बन गए, तब भी आपके पूर्वजों ने इस धर्म शब्द की आड़ में शूद्रादि-अतिशूद्रों के भूदेव बनकर उनमें से कुनबी, माली, आगरी, कोळी, भिल्ल, रामोशी, मातंग, महार आदि अंत्यजों को ऐसे मटियामेट कर दिया कि उसकी मिशाल शायद ही दुनिया के इतिहास में और कहीं मिलेगी। फिर, इन आर्य ब्राह्मणों की तरह हमें सत्शील महम्मदी, ईसाई लोगों से क्यों नफरत और घृणा करनी चाहिए ?

ब्राह्मण : अरे भाई, ऐसी बात नहीं। हम प्रार्थना-समाजियों और ब्रह्म-समाजियों ने कुल मिलाकर सभी हिंदू, ख्रिस्ती, महम्मदी आदि धर्मों में जो भी असत्य है उसका त्याग करके, जो भी सत्य है उसके अनुसार आचरण करने का निश्चय

किया है।

शूद्र : ख्रिस्ती किताबों की आप चाहे जितनी आलोचना कीजिए तब भी कोई बात नहीं, उनके उपदेशकों को जो भी चाहे पकड़कर मारपीट कर सकता है। उससे गाली-गलौज कर सकता है। धूर्त ब्राह्मण ठगों के बहकावे में आकर अज्ञानी शूद्रों के बच्चों-कच्चों ने उनके ऊपर भौंकना, चीखना-चिल्लाना शुरू कर दिया है। वे उन पर धूल-मिट्टी मारते-फेंकते हैं। उन्हें भगाने का षड्यंत्र रचा जाता है। उन्हें ना-उम्मीद करने का षड्यंत्र ब्राह्मण लोग रचते हैं और शूद्र लोग उसके शिकार बन जाते हैं; किंतु यह खिलवाड़ महम्मदी लोगों से नहीं खेली जा सकती। वे लोग अपने ग्रंथों को छूने नहीं देंगे। उन लोगों से आप लोग इस तरह की ठट्टा नहीं कर सकते। फिर आप फिजूल की दिलेरी क्यों दिखा रहे हो? क्यों अनधिकार चेष्टा कर रहे हो? खैर, जो भी हो, किंतु सचमुच में क्या आप ब्रह्मसमाजियों ने हिंदू धर्म की कुल मिलाकर सभी असत्य बातों को चुन-चुन करके, अलग निकालकर, उन सभी बातों पर डाबर पोतकर, शेष सत्य बातों का एक पृथक् ग्रंथ बनाया है?

ब्राह्मण : अभी उस तरह का कोई ग्रंथ तो तैयार नहीं किया गया है किंतु हम ब्रह्मसमाजी उस पर सोच-विचार कर रहे हैं।

शूद्र : इसका मतलब यह है कि आप ब्रह्मसमाजियों द्वारा उस तरह का ग्रंथ तैयार होने तक हम शूद्रादि-अतिशूद्र और विदुषी रमाबाई को आपके खोखले अभिवचन पर क्यों विश्वास करना चाहिए? क्योंकि किसी समय आर्य ब्राह्मणों में परशुराम जैसा या नाना पेशवा जैसा क्रूर, निर्लज्ज, दगाबाज पैदा हुआ और उसकी सहायता से शंकराचार्य जैसा पातालयंत्री ब्राह्मण पुन: यह कहने लग जाए कि सभी आर्य ब्राह्मणों के धर्म-ग्रंथों में जो कुछ लिखा गया है, वह सभी भानमति ईश्वर द्वारा निर्मित है, उस समय उस वाचाल के मुँह को रोकने की ताकत क्या अज्ञानी अंत्यजों में होगी? जहाँ आप लोगों ने आज तक महम्मदी और ख्रिस्ती साधु-विद्वानों को फँसाने का काम किया है, वहाँ आप लोगों के सामने शूद्रादि-अतिशूद्र लोग कहाँ तक टिक पाएँगे, यह सवाल है।

ब्राह्मण : (मन-ही-मन हँसते हुए) क्यों भाई, ऐसा क्यों कह रहे हो? हाल ही में हम लोगों ने ब्रह्मसमाज के सिद्धांतों के आधार पर शूद्रादि-अतिशूद्रों के लिए हिंदू धर्म ग्रंथों में लिखे गए प्रतिबंधों को धिक्कारते हुए, ठुकराते हुए अज्ञानी नारियों को पढ़ाने-लिखाने के लिए कोशिशें जारी की हैं कि नहीं?

शूद्र : भाई साहब, आप यूँ ही जो मन में आए, वही मत बोलिए। क्या आप जानते नहीं कि अंग्रेजी शासन की उदारतावादी शिक्षण-प्रणाली की वजह से हिंदू नारियों को सही ज्ञान मिलने का अवसर प्राप्त हुआ है? उसी शिक्षा-प्रणाली

की वजह से लोगों में नयी सामाजिक चेतना आ रही है। सभी सामाजिक स्तरों में शिक्षा का प्रचार हो रहा है। बस, इतना ही नहीं, बल्कि हम सभी लोगों द्वारा स्थापित किए गए छोटे-बड़े 'समाज' उन्हीं की उदारवादी पढ़ाई-लिखाई के परिणामस्वरूप हैं। अब आप 'बीच में मेरा चाँदभाई' ब्रह्मसमाज की प्रशंसा करना छोड़ दीजिए। खैर, यदि शूद्रादि-अतिशूद्रों को आपकी (ब्राह्मण) नारियों की तरह बड़ी सहजता से पढ़ने-लिखने का विशेष अवसर प्राप्त हो और यदि उन्हें अपने मानवी हक समझ में आ जाएँ, उस समय आप तमाम आर्य ब्राह्मणों को मारवाड़ियों (बनिया) की तरह तीन चोटियाँ बढ़ानी पड़ेंगी; क्योंकि आपकी आज की एक चोटी से शूद्रादि-अतिशूद्रों का और विदुषी रमाबाई का निर्वाह होनेवाला नहीं है।

ब्राह्मण : अरे भैया, यदि ऐसी स्थिति आई तो हम अपनी जो कुछ बची हुई चोटी है, उसको भी सफाचट करके संन्यासी बन जाएँगे, फिर वे हमारा क्या बिगाड़ सकते हैं? छोड़ो इन बातों को। लेकिन तात, तुम किस धर्म को माननेवाले हो ?

शूद्र : ईश्वर से धोखेबाजी करके आप आर्य ब्राह्मणों की सेवा करना, क्या यही हम शूद्रों का धर्म है ? हम अपनी सुविधा के लिए जब चाहें तब महम्मदी या ख्रिस्ती धर्म को स्वीकार कर सकते हैं, या हम सभी को बनानेवाला जो है, उसी से उत्तम धर्म माँग लेंगे। आप लोग अब हमारी खोखली चिंता क्यों करते हैं? हमारा तो यही कहना है कि आप लोग संन्यास लेकर, विदुषी रमाबाई जैसी पढ़ी-लिखी नारियों को ख्रिस्ती धर्म को अपनाने का मौका देकर, अपनी शक्ति को फिजूल खर्च न करें।

इसके बाद की संपूर्ण बातचीत कोंडाजी रावजी पाटिल, गांव—माली का कुरूड—ने ध्यानपूर्वक सुनी थी। दोपहर का भोजन लेने के बाद उनकी सत्यशोधक समाज के भाइयों के साथ जो बातचीत हुई, वह निम्न प्रकार है :

कोंडाजी पाटिल : तात, मैंने सुबह आप दोनों की मार्मिक बातचीत सुनी है, इसलिए मुझे एक सवाल सूझा है, वह यह कि 'साधू का कुल और नदी का मूल नहीं खोजना चाहिए।' इस तरह की बातें सभी भट्ट ब्राह्मण सुनाते रहते हैं। मतलब यह ब्रह्म-घोटाला आखिर क्या है ?

तात : बेटे, तुमको ब्राह्मणों का यह ब्राह्मणी दाँवपेंच एकाएक समझ में आना बड़ा मुश्किल है।

कोंडाजी : ब्राह्मणों के इस छल-कपट के बारे नें आपका क्या खयाल है, इसे जरा हमें भी समझा दीजिए। यदि वह हमारे समझ में नहीं आया, तो आप क्या कर सकेंगे !

तात : पहले के जमाने में आर्य ब्राह्मण शूद्रादि-अतिशूद्रादि से उत्पन्न अपनी खास संतान को अपनी जाति में अपना लेते थे, लेकिन ये भट्ट ब्राह्मण अभी अपनी रखैल यवनी और शूद्रानि वेश्या से उत्पन्न अपनी अष्टपैलू संतान को अपनी जाति में क्यों नहीं स्वीकार कर लेते ?

कोंडाजी : उनको पैदा करनेवाले भट्ट ब्राह्मण दादा-बाबाओं ने उन्हें जिस तरह पढ़ाया-लिखाया उस वजह से वे ब्राह्मण फेंटा पहनते हैं और संधान को प्राप्त करते ही गले में सूत की रस्सी (जनेऊ) डालकर खास मराठा बन जाते हैं। फिर बाद में केवल कुनबियों को धिक्कार करके उनमें बड़ी शेखी मारते हैं। ब्राह्मणों की नकल करने की या उनका अनुकरण करने की प्रवृत्ति हम शूद्रों में क्यों है ?

तात : वे लोग ब्राह्मणों की नकल करके किसी भी प्रकार का फेंटा बाँधकर अपने गले में सूत की रस्सी भी क्यों न डाल लें, उससे तुमको क्या लेना-देना ? लेकिन वे भट्ट ब्राह्मण अपने घरबार में फैला हुआ कर्मकाण्ड, ब्रह्म-लचांड शूद्रों के घरबार में फैला देते हैं, यही तो उनकी सही चालबाजी है।

कोंडाजी : संपूर्ण हिंदुस्थान में आर्य ब्राह्मणों का कर्मकाण्ड-लचांड फैला हुआ है, लेकिन विदुषी रमाबाई हाड़-मांस से ब्राह्मणी होने पर भी ईसाई लोगों के द्वारा बाप्तिस्मा लेकर ईसाई धर्म को स्वीकार कर ईसाई-समाज का अंग बन गईं; क्योंकि उन्होंने क्रूर और मानवाधिकार का निर्लज्ज रूप से उल्लंघन करनेवाले आर्य धर्म में रहकर अब तक बहुत सह लिया था। रमाबाई द्वारा ख्रिस्ती धर्म को स्वीकार करतें ही भट्ट ब्राह्मणों ने उनके नाम से चीखना-चिल्लाना शुरू कर दिया था कि इसमें क्या नया है ? क्योंकि विदुषी रमाबाई ने उनके बनावटी धर्म की नाक कटवा दी थी। लेकिन कई शूद्र लोगों ने विदुषी रमाबाई के नाम से नाखुशी दर्शायी, आखिर इसका कारण क्या था ?

तात : कई शूद्र लोगों ने विदुषी रमाबाई के नाम से अपनी नाखुशी प्रदर्शित की, लेकिन उनकी शिकायतों की इस समय यहाँ आलोचना करना उचित नहीं है। क्योंकि अभी भी सभी ओर भट्ट ब्राह्मणों में बृहस्पति की ताकत वाले विद्वान-पंडित, अज्ञानी भूदेव अपने देवपूजा के पवित्र बरतनों को दूर ढकेल-कर बड़े ठाट-बाट के साथ अंग्रेजों के घर पर जाते हैं और उनके द्वारा कई सड़ी-गली चीजें पकाकर निकाला हुआ अर्क, शराब बेहिसाब पीकर नाली में गिरते-सोते हैं। फिर भी हमारे ये शूद्र भाई उन सभी धूर्त, निर्लज्ज, लबाड़ों के साथ उनकी जाति को ही पवित्र मानते हैं। सद्शील विदुषी रमाबाई के माथे पर ख्रिस्ती आचार्य (फादर) ने पवित्र जल की कुछ बूंदें क्या छिड़क दीं, भट्ट ब्राह्मणों ने चिल्लाना शुरू कर दिया—"विदुषी रमाबाई अपवित्र हो गई, भ्रष्ट हो गई।" और भट्ट ब्राह्मणों के चिल्लाने में सहायता देनेवाले शूद्रों को

अपनी औकात दिखाई देती है। दोस्त ! कई भट्ट ब्राह्मण बोतल की असली चीज हजम करके अंत में इंग्लैंड की ओर देखकर भिखमंगे चेहरे से कहते हैं कि 'रमाबाई अपवित्र हो गई, भ्रष्ट हो गई।' और स्वयं दिन-रात बोतलों के लिए भजन-पूजन करते रहते हैं। क्या यही उन आर्यभट्ट ब्राह्मण चांडालों का वैभव-सौभाग्य है ? खैर, इन बातों को अब छोड़ दीजिए। यदि अब आपकी इच्छा हो तो दूसरे कुछ महत्त्वपूर्ण सवाल पूछ सकते हो, जिससे अपने शूद्र भाइयों को कुछ ज्ञान मिल सकता है और उससे उनकी सदियों की नींद खुल सकती है। लेकिन पहले तो यह सारी बातचीत अखबारवालों को अपने अखबार में अन्य अखबारों की तरह बिना काँट-छाँट के प्रसिद्ध करनी चाहिए, उसके बाद आपकी इच्छा के अनुसार कुछ किया जा सकता है।

फिर कुछ दिनों बाद एक दिन दोपहर के भोजन के पश्चात् चि० यशवंत राव की जोतीराव फुले के साथ जो बातचीत हुई, वह इस प्रकार है :

यशवंतराव : तात, आर्य ब्राह्मणों के धर्मशास्त्रों (धर्मग्रंथ) में इस तरह की बातें सिखानेवाले लेख मिलते हैं कि 'ब्राह्मण भूदेवों की सेवा करना—यही शूद्रों का धर्म है।' इस पर आपका क्या कहना है ?

तात : उन धर्मग्रंथों के रचयिता तुम्हारे पूर्वज तो थे नहीं। 'धर्म' शब्द का कोई एक निश्चित अर्थ तो है नहीं। हर कोई अपने-अपने ढंग से 'धर्म' को परिभाषित करने की कोशिश करता है। धूर्त, निर्लज्ज, आर्य ब्राह्मण ग्रंथकारों ने मूल धर्म शब्द का अपने स्वार्थ के लिए झूठा अर्थ किया है, वह बड़े-बड़े धर्म-संस्थापकों के भी ध्यान में नहीं आ सका। वहाँ इन अज्ञानी शूद्रों को कैसे जल्दी समझ में आ सकता है ?

यशवंत : धर्म शब्द के कई अर्थ होने की वजह से आर्य ब्राह्मण ग्रंथकारों ने अपने स्वार्थ के लिए धर्म शब्द का जो अनर्थ किया है, वह क्या है ?

तात : आर्य ब्राह्मणों ने हिंदुस्थान पर हमले किए और यहाँ के मूल निवासियों को पराजित करके उन्हें अपना दास बनाया, यही उनके ग्रंथों का दस्यू है। उन आर्य-ब्राह्मणों ने इन दस्युओं के बारे में अपने वेदादि ग्रंथों में जो लिख करके रखा है, वह इस प्रकार है कि गुलामों को आर्य ब्राह्मणों की गुलामी स्वीकार करनी चाहिए, यही उनका धर्म है। लेकिन कई सौ सालों के बाद महम्मदी और अंग्रेज शासकों ने इस देश को जीतने के बाद भी आर्य ब्राह्मणों को अपना गुलाम या दास-दस्यू नहीं बनाया, लेकिन सदियों से आर्य ब्राह्मणों ने जिनका शोषण किया, दुर्दशा की, उन शूद्रादि-अतिशूद्रों पर उनके स्वामित्व का बोझ पूरी तरह से कायम था, क्योंकि उस समय शूद्र लोग इतने दुर्बल और अज्ञानी बन चुके थे कि ब्राह्मणों द्वारा लिखे गये बनावटी, पाखंडी

धर्मग्रंथों को ईश्वर-निर्मित्त मानते थे। गुलामी उनके खून में घुलमिल गई थी। दासता धर्म का नाम हो गया था।

खैर, धर्म शब्द का अर्थ जानना चाहिए। चोरी करना चोरों का धर्म है। लबारी करना लबारों का धर्म है। घोड़े खुजलाना खाजदारों का धर्म है। अनपढ़, अज्ञानी लोगों को झूठ-मूठ की बातें बताकर, अपने बहकावे में लाकर, उन्हें गुमराह करके लूट-खसोट करना यह धूर्त आदमियों का धर्म है। इसके अलावा भी धर्म शब्द के कई अर्थ होते हैं। इसीलिए ब्राह्मणों ने धर्म शब्द का अपने स्वार्थ के अनुकूल अर्थ अपनाकर उसी के आधार पर कई बनावटी, पाखंडी धर्मग्रंथ, धर्मशास्त्र, पुराण-कथाएँ लिखकर सभी अज्ञानी शूद्रादि-अतिशूद्रों को हमेशा-हमेशा के लिए मूर्ख बनाकर, लूट-खसोट करने का धर्म अपनाया। आर्य ब्राह्मणों का यह धर्म शूद्रादि-अतिशूद्रों के लिए धोखेबाजी का धर्म है।

यशवंत : आपके इस विश्लेषण ने शूद्रादि-अतिशूद्रों की आँखें खोल दी हैं। इससे हम यह कह सकते हैं कि ब्राह्मणों के पास बोझ स्वरूप बड़े-बड़े ग्रंथों का ढेर पड़ा हुआ है; लेकिन उन ग्रंथों के ढेर में एक भी ग्रंथ ऐसा नहीं है जिसमें आपके कथनानुसार, धर्म की सही-सही परिभाषा दी गई हो ?

तात : ब्राह्मणों के धर्मग्रंथों में धर्म शब्द का सही अर्थ होता और यदि ब्राह्मणों ने उसके अनुसार अपना आचार-व्यवहार रखा होता तो विदुषी रमाबाई ने कई जानकार-विद्वान ब्राह्मणों के साथ ईसाई धर्म को स्वीकार न किया होता।

यशवंत : आपके बोलने से यह विदित हो रहा है कि ईश्वर ने शूद्रादि-अतिशूद्रों को ब्राह्मणों की सेवा करने के लिए पैदा नहीं किया है। लेकिन हम सब जिस दिन से आर्य ब्राह्मणों के बर्बर हमलों के शिकार बने, उस दिन से उन्होंने शूद्रादि-अतिशूद्रों को शक्तिहीन और ज्ञानहीन बनाकर रखा और धर्म शब्द की काली छाया में हम सभी के पाँव में सदियों के लिए जंजीरें पहना दी हैं, फिर भी ब्राह्मणों के इस धोखाधड़ी के बारे में इस जड़मति समाज में एक भी शूद्र-विद्वान एक शब्द भी बोलने के लिए तैयार नहीं है, आखिर क्यों ? क्या वजह है ?

तात : अरे भाई, इस समाज के निर्माता, अटल मूर्तिपूजक केवल जाति-अभिमान में रहते हैं। और वे जब कर्मकांड में होते हैं, तब तो अंग्रेजी किताबों को छूते भी नहीं। तुम इससे समझ सकते हो कि ब्राह्मण कितने धूर्त होते हैं। इसी से उन्होंने अपने धर्म-रूपी उपाधि का बचाव करने के लिए समाज-नियमों से संबंधित धर्मशास्त्र-रूपी चोपड़ी में यह भी एक नियम घुसेड़ दिया कि किसी को भी इस धर्म की चर्चा नहीं करनी चाहिए।

यशवंत : यहाँ तो ब्राह्मणों की धूर्तता और निर्लज्जता चरम सीमा पर पहुँच गई। बाद में इस संबंध में बोलेंगे ही, लेकिन अहम सवाल यह है कि ब्राह्मणों का यह सब करने का उद्देश्य क्या होना चाहिए ?

तात : आज के सरकारी कानून-कायदों में मनु (स्मृति) की तरह कुछ गलतियाँ हों तो उन गलतियों में दुरुस्ती करने के लिए सरकार को कुछ सुझाव, कुछ सूचनाएँ देकर सरकार को सही रास्ते पर लाना—यही इस समाज का उद्देश्य होना चाहिए।

यशवंत : केवल पिंजरे के तोते की तरह खोखली 'लटपटपंछी बोलो बेटा गंगाराम' कहना और केवल समय काटने की अपेक्षा ऐसे आयातकाल में समाज के शूर सदस्यों द्वारा समाज के अस्तित्व के बचाव के लिए कुछ भी हलचल न करना, बड़ी आश्चर्य की बात है।

तात : बेटे, ऐसा कैसे कह रहा है ? अपनी समझदार सरकार ने आज तक रॉयल और लोकल फंड का करोड़ों रुपया ब्राह्मण-पुरोहित नाम की केवल एक जाति पर खर्च करके उन्हें विद्वान बनाया और सरकारी नौकरियों में उन्हें बड़ी-बड़ी जिम्मेदारी के अधिकार-पद देकर पूरी तरह से सुविधाभोगी बनाया है और इसका कारण भी यही हो सकता है कि ऐसे आपातकाल में ब्राह्मण विद्वान सरकार के लिए उपयोगी होंगे।

यशवंत : मतलब अपवित्र शूद्रादि-अतिशूद्रों की परवाह न करते हुए रशियन लोगों से पहला मुकाबला यही तथाकथित पवित्र विद्वान ब्राह्मण-पुरोहित लोग लेंगे, यही न ?

तात : क्या इसमें भी तुम्हारे मन में कोई संदेह है ? बेटे ! इस संघर्ष में विद्वान ब्राह्मण हम शूद्रादि-अतिशूद्रों से छुआछूत भी मानेंगे। सिर्फ वक्त का इंतजार है, हम भी उस वक्त के इंतजार में हैं।

यशवंत : हम भी देखेंगे जब तक और...उनकी महानता किंतु तात ! अधिकांश आर्य ब्राह्मण...

(अपूर्ण)

सत्सार : क्रमांक—एक किताब के अंतिम पृष्ठ का कटाव'
शीर्षक से हस्तलिखित में मिला हुआ यह कटाव :

शूद्र राजाओं की (?) मर्जी टूटी।
आर्य-भट्टों के छक्के छूटे ॥1॥
ओतूर गांव में भाऊ[1] उठ खड़ा हुआ।
जुन्नरवासी शेट्या चढ़ पड़ा ॥2॥
आर्य-भट इसमें जोतिबा फुले को दोष देते।
शुद्ध बरतन[2] ले के भागते ॥3॥
अखबारः में हाय-तोबा मचाते।
शंकराचार्य चीखते चिल्लाते ॥4॥
जहाँ वहाँ पोथी-पुराण पढ़ते।
अनपढ़ों के मन को बहकाते ॥5॥
ये काशी यमुना माई।
भूखों मर रहा हूँ दाऊ-दाई ॥6॥
शिंदे की मेहरबानी हुई।
पेट के लिए ले लो कुछ-न-कुछ भाई ॥7

---

1. भाऊ नाना पेशवा।
2. शुद्ध बरतन—पूजा के शुद्ध बरतन, जिन्हें मराठी भाषा में 'सोवळे' बरतन कहा जाता है।

सत्सार : क्रमांक–दो

उपोद्घात

आज इस देश के अंग्रेज बहादुर राजा के पराक्रम अर्थात् प्रयास से पददलितों (अंत्यजों) को, नारियों को अब कुछ-न-कुछ लिखना-पढ़ना आ रहा है। अशिक्षा की वजह से ही सालों से आर्य धूर्तजनों की ओर से नारियों पर जुल्म-ज्यादतियाँ हुई हैं, और आज भी हो रही हैं। पुरुषों की इस सारी ठगबाजी का नग्न स्वरूप, नारी को मद्देनजर रखते हुए, इस अंक में रखने का अल्प प्रयास किया गया है। इसमें कई नारियों के अधकचरे बच्चों ने, एक-दो जगह खनखनाकर लिखा है। इसलिए मेरी तमाम मायावी माँ-बहनें मुझे क्षमा करें, उन सभी को मेरी दोनों हाथ जोड़कर विनती है। दूसरा सलाम लो।

—जोतीराव गोविंदराव फुले

कुल्हाड़ी का डांड बना स्वजनों का काल

अपनी कोख में नौ माह तक बच्चे का गर्भ पालनेवाली नारी जाति पर गुर्रानेवाले को अधकचरा, निर्लज्ज और धूर्त समझना चाहिए।[1]

॥ एक ॥
जन्म ग्रहण कर नारी की कोख से
उस नारी जाति की ही तू यदि निंदा करेगा ॥
ऐंठना चाहिए कान तेरे तेरी उस माँ को ही।
बाकी सब हैं बेकार की बातें ॥ 1 ॥

॥ दो ॥
पत्रकर्ता हो जाओ भाई अनाथों के।
कुछ करना चाहते हो या ऐसे ही घोष गूंजते रहे ॥ 1 ॥
शूद्र जैसे वैसी ही नारी भी दीन।
उन पर हथियार उठाते ये सारे बुद्धिहीन ॥ 2 ॥
निराधार है व्यर्थ की नारी निंदा।
स्पष्ट नफरत ही दिखाई पड़ती है यहाँ ॥ 3 ॥
यदि है कुछ स्वमत के लिए जो प्रमाण।
डरते क्यों हो, भीड़ छोड़ो, जगत्जनों के सामने आओ ॥ 4 ॥
निंदकों की वाणी में भावना शुद्ध नहीं।
परिवर्तित कुलीन को मलिनत्व दे रहे ॥ 5 ॥
धन्य है विदुषी रमा चमकी एक सितारा।
सिखाने जाती दादाओं को जो है वैभव शाली ॥ 6 ॥
स्वनारी को भी यदि ज्ञान देना सिखाए।
तो वही सितारा चमकेगी जो रमा को सिखाए ॥ 7 ॥

---

1. गोसाई तुलसीदास—
ढोर, गँवार, शूद्र, पशु, नारी, सब हैं ताड़न के अधिकारी ॥

सत्सार : क्रमांक—दो

यशवंतराव और जोतीराव के सवाल-जवाब

यशवंतराव : तात, सत्सार के पहले अंक में ब्राह्मणों से सवाल किया गया है कि हिंदू धर्म के निर्माता ब्राह्मणों ने नारियों और शूद्रादि-अतिशूद्र जातियों पर आग उगली है। उनके विरोध में कई प्रकार की जुल्मी, अमानवी बातें लिखी गई हैं। उसमें नारी जाति के विरोध में लिखी हुई बातें कितनी हैं, यदि इस बारे में आप अपना स्पष्टीकरण दें, तो आपकी कृपा होगी।

तात : बेटे ! इस बारे में तेरी जिज्ञासा कुछ हद तक सही और प्रशंसा के काबिल है, क्योंकि फिलहाल अंग्रेजी शासन के प्रयास (पराक्रम) से और विदुषी रमाबाई के प्रयत्न से कई रथी-महारथी तथाकथित ब्राह्मण विद्वानों को लज्जा आई है। इसलिए उन्होंने अपने ऋषितुल्य पूर्वजों को दोषमुक्त करने के लिए अपनी अनपढ़ निर्बल नारियों को अपनी तरह विद्वान बनाने की गतिविधियाँ शुरू की हैं। लेकिन कुछ ब्राह्मण ग्रंथकारों ने नारी के संबंध में पहले जो अन्यायपूर्ण बातें लिखी हैं, उन सभी की शुरू में ही आलोचना करके लिखने लगें तो उससे बहुत ही हानि होगी। वह यह कि ब्राह्मण ग्रंथकारों की धूर्तता, चालाकी उनकी बहू-बेटियों के ध्यान में आ जाएगी और उनमें पंडा-पुरोहितों के प्रति इतनी नफरत होगी कि वे सब नारियाँ मंदिरों में जाकर उनकी बेइज्जती करके उनकी हड्डी-पसली तोड़ डालेंगी। इसी तरह ब्राह्मणों के कई परिवारों में सास और बहू में बार-बार लड़ाई-झगड़े होंगे और कई तरह की आपत्तियाँ भी आएँगी। इस डर की वजह से कई भिक्षाचारी ब्राह्मण अपनी बहू-बेटियों को स्कूल में जाने से रोककर उन्हें हमारी सत्सार किताब को हाथ से छूने भी नहीं देंगे। इसका परिणाम यह होगा कि उन बेचारी अबलाओं का हित होने की तो बात ही दरकिनार, बल्कि हम लोग ही उनके दुख का कारण होंगे।

दूसरी बात यह कि पिछले तीन हजार साल पहले इस देश के ब्राह्मण

ग्रंथकारों ने अपने धर्मग्रंथों में नारी के प्रति द्वेषपूर्ण कई बातें लिखकर रखी हैं। उनके दाँव-पेच आज के सनातनी मतों को माननेवाले ब्राह्मणों को कैसे समझ में आ सकते हैं? क्योंकि आज तो उनकी इतनी गलत-सलत, ऊँटपटांग समझ बन गई है कि वे उन सभी ग्रंथों को अनाड़ी की तरह अनादि और ईश्वर-निर्मित सिद्ध करते हैं। आज कई ब्राह्मणों और कई शूद्रों को कुछ-न-कुछ अंग्रेजी पढ़ना-लिखना आता है। पढ़ना-लिखना आने की वजह से एक ने अपने गुजर-बसर के लिए अखबार निकालना शुरू किया, दूसरे ने उलटी-सीधी किताबें लिख करके बेचने के लिए दुकान लगा ली। इस तरह के स्वार्थी अखबारवाले को और किताब बेचकर बनियागीरी करनेवालों को ब्राह्मणों के (आर्यों के) ग्रंथों का दुष्ट हेतु कैसे पता चल सकता है? उनके अखबारों से और जोड़-तोड़कर लिखी किताबों से अनपढ़ लोगों के दिलो-दिमाग में संदेह ही बढ़ता जाएगा और सच क्या है तथा झूठ क्या है, यह पहाचानने की अक्ल कभी नहीं आएगी। यह कहना भी गलत नहीं होगा कि इस देश के शिक्षा विभाग के कामगारों की गलत धारणाओं की वजह से शूद्रादि-अतिशूद्रों को अक्षरज्ञान भी ढंग से नहीं हो पाया। आज उनमें पढ़ने-लिखनेवाले बहुत ही कम लोग मिलते हैं। कुछ ब्राह्मण विद्वानों को छोड़कर तमाम अज्ञानी जाति के लोग कुछ अधपगलों के, विकृत मानसिकता के लोगों के गलत-सलत विचारहीन लेख पढ़कर वे किस समय क्या करेंगे, इसका कोई निश्चित भरोसा नहीं है।

यशवंत : तात! आपका कहना सही है, क्योंकि विदुषी रमाबाई की संस्कृत विद्वत्ता से या उनके उपदेशों से ब्रह्मसमाज, प्रार्थना-समाज और आर्य-समाज पर बड़ा प्रभाव पड़ा है। सचमुच में उन्हें प्रार्थना, ब्रह्म और आर्य-समाजियों की बड़ी बहन कहा जा सकता है। रमाबाई के नारी की शक्ति का सही रूप प्रगट करते ही कई ब्राह्मण विद्वानों के दिलो-दिमाग में यह बात आई कि नारियों की सही पढ़ाई-लिखाई के लिए, उन्हें सही ज्ञान प्राप्त हो इसलिए अंग्रेजी विद्या पढ़ानी चाहिए। इसी वजह से उन्होंने अपने प्रयासों से नारियों के लिए एक स्वतंत्र अंग्रेजी पाठशाला स्थापित की। इन सारी गति-विधियों का श्रेय विदुषी रमाबाई को ही दिया जा सकता है। विद्वान, विचार-शील, बुद्धिमान, परहितकारी, अन्वेषी विदुषी रमाबाई अपने मन का अचल निश्चय करके, अंग्रेजी विद्या के अध्ययन के लिए लंदन पहुँचीं। वहाँ उन्होंने पक्षपाती, अमानवी, निर्लज्ज हिंदू धर्म का धिक्कार करते हुए ईसाई धर्म को स्वीकार किया, लेकिन महाराष्ट्र के कई नादान अखबारकर्ताओं ने उस अबला पर कई तरह के बेबुनियाद और अर्थहीन दोष लगाये। उनमें से एक अतिउत्साही अखबारकर्ता इतना आग-बबूला हो गया कि वह तो

सभी यूरोपियन नारियों के बदन पर टूट पड़ा। उसने उनके परंपरागत रश्म-रिवाजों पर बेबुनियादी कुतर्क देकर उन्हें दोष देने लगा। उससे कई अंग्रेजी सभ्य जनों को बड़ी चोट पहुँची। उन्होंने उसको अपना डेरा-बेड-बिस्तरा लपेटने के लिए कहा। उसको लगा कि ये लोग उसे कुछ दिनों के लिए तो निश्चित रूप से हवा-बदल करने के लिए बिन किराये के मकान में ले जाएँगे, इसलिए उसने अपराध-बोध की भावना से पागल का रूप धारण करते हुए अपराध के लिए घुटने टेककर शरण माँग ली और मुक्त हो गया। उसका यह सारा करना क्या सचमुच में सही है ?

तात : बेटे ! विदुषी रमाबाई के पूना में आने से पहले सौ० ताराबाई शिंदे, गाँव—बुलढाणे, प्रदेश—व-हाड, ने 'स्त्री-पुरुष तुलना' नाम की एक छोटी-सी किताब लिखी थी। उस किताब में अधिकांश विचार पुरुष वर्ग के लिए मार्गदर्शक और बोधस्वरूप हैं। उन्होंने इस किताब में लिखा है कि "पुरुष वर्ग अपनी नारियों के समक्ष ही मनचाहे कुचेष्टाएँ करके नीचतापूर्ण आचरण करते हैं, जिसके कारण कई कुलीन पतिव्रता नारियों में बहुत ही विषण्णता बढ़ती है; अज्ञानी और अबला होने की वजह से उनमें बेहद क्रोध की भावना बढ़ती है, उनके दिलो-दिमाग में दुष्कर्म-रूपी महासागर की महाभयंकर लहरें उठने लगती हैं।" इस बात के निर्मूलन के लिए ही उन्होंने यह किताब लिखी है। उन्होंने 'जिस तन लागे वहि तन जाने, बीजा क्या जाने गव्हारा रे'—इस सुप्रसिद्ध कथन के अनुसार मामूली जरूर लिखा है, लेकिन उनका यह बोध किसी एक गैर-जिम्मेदार अखबारकर्ता को पसंद नहीं आया इसलिए उसने सौ० ताराबाई शिंदे की किताब का खंडन तो किया ही नहीं, बल्कि इस डर की वजह से कि उसके अपने ही गले में सभी दोषों का हंडा बँध जाएगा, इस वजह से उसने उस किताब के तमाम विचारों का निषेध करते हुए उसको कचरे की पेटी में डाल दिया—और अपनी नाक को रूमाल लगाते हुए उसने सौ० ताराबाई शिंदे की ही आलोचना कर डाली।

यशवंत : क्या यही विद्वान कहलानेवाले मर्द आदमी का लक्षण है ? दीन शूद्रादि-अतिशूद्रों के हितों के लिए, नारियों के हितों के लिए मतलबी ब्राह्मण जाति के मर्दों के साथ रात और दिन मुकाबला करने की बात दरकिनार, बल्कि अपने ही घर की नारी को 'बिस्मिल्ला' समझते हैं। इनमें मामूली कामधंधा करने की 'नीयत' भी नहीं होती और रात-दिन गाँव में इधर से उधर हालीमवाली करने के लिए जानवरों की तरह घूमते रहते हैं। लेकिन वे किसी विद्वान यूरोपियन मैडम पर अपनी कलम नहीं चलाएँगे, उसके कार्य की प्रशंसा भी नहीं करेंगे; बल्कि अपने ही देश की, अपने पास-पड़ोस वालों की बहू-बेटियों के साथ औरतों में रहनेवाले और दलाई-पिसाई का काम करनेवाले भैया

की तरह तबीयत से सुर लगाकर गाना गाएँगे, घूंघटा करेंगे, तालियाँ बजाएँगे, नाचेंगे आदि ।

तात : सचमुच जिस व्यक्ति को अपने खाने की पत्तल से बूंदी का लड्डू भी बूढ़ों की तरह मुट्ठी में मसलकर चूरा करना नहीं आता, ऐसे पराक्रमी, वीर खोखले जवान के साथ किसी भी प्रकार का व्यवहार रखना मैंने बंद कर दिया है। इसमें सम्माननीय माधवराव गोविंदराव रानडे जैसे लोगों ने अपनी शादीशुदा औरतों को घर के घर में ही विद्वान बनाकर सौ० ताराबाई शिंदे या विदुषी रमाबाई से मुकाबला करने के लिए तैयार किया होता तो उनके नाम—लौकिक का डंका पाताल में, अमेरिका में, भी सुनाई दिया होता। बेटे ! सच बात तो यह है कि इन नारियों के नाम के साथ अर्थात् विदुषी रमाबाई के नाम के साथ उसका नाम भी नहीं लेना चाहिए था, क्योंकि उसकी समझ भी कितने निचले स्तर की है। वह न तो सौ० ताराबाई शिंदे के समान शीलवान है और न ही उसे मार्मिक लिखना आता है। उसको यदि विदुषी रमाबाई के साथ तौला गया तो उसका भार खंडी में एक नये टके के बराबर भी नहीं होगा। पहले तो उसे अपने शयनकक्ष में ससुर की ओर से दहेज-रूप में प्राप्त हुए खास ऐने में अपनी सूरत देखकर बराबरी करने की बात करनी चाहिए थी। खैर, छोड़ो, मैंने ऐसा सुना है कि उन्होंने अपने स्वजाति के रिवाजों की परवाह न करते हुए अपनी शादीशुदा खास औरत को काले-पानी के उस पार पतिविरह वनवास नाम के द्वीप पर कई प्रकार के शोक रसों का अध्ययन करने के लिए, भरी जवानी में जबर्दस्ती करके भेजा है। इस तरह की अफवाह भी फैली थी। यदि यह सच है तो उन्हें अपनी शादी-शुदा औरत को घर में वापस बुलाकर उसको सौ० ताराबाई शिंदे की बात का पूरी तरह से खंडन करने के लिए लगाना चाहिए, किंतु यह सब करने के पहले उन्हें उसको वंगणी धार्मिक क्षेत्र में ले जाकर वहाँ के किसी अनपढ़ ढिमरी के पाँव का तीर्थ पिलाकर, शुद्ध करने की झंझट में नहीं पड़ना चाहिए, यही उन्हें मेरा विनम्र सलाह है। प्रस्तुत घटना यदि पूरी तरह से असत्य या झूठ हो तो उन्हें कृपया हमें लिखकर भेजना चाहिए। मतलब हम सत्सार के अगले किसी अंक में उसका उल्लेख जरूर करेंगे।

यशवंत : तात ! बहुत हो गया। इस दादा का पीछा छोड़ दीजिए। यदि वे अपनी शादीशुदा औरत को पतिविरह वनवास नाम के द्वीप से घर वापस नहीं बुलाते हैं और यदि उसने अंग्रेजी विद्या पर फिदा होकर इस पतिराज के निमंत्रण को ठुकरा दिया तो ये पतिराज ही बड़ी कठिनाई में पड़ जाएँगे।

तात : मतलब उन्हें रास्ते पर आना चाहिए। बेमतलब किसी की बहू-बेटियों की ओर उँगली नहीं दिखानी चाहिए। कौवे की तरह कांव-कांव करके उन पर झपटने

की कोशिश नहीं करनी चाहिए, यही हमारा उनसे कहना है। यदि उनको किसी के बारे में भी कुछ मालूम हुआ हो तो अपनी जानकारी को और भी मजबूत बनाते हुए, जब चाहे तब, उस आदमी की परवाह न करते हुए उसका नाम प्रसिद्ध करके उसको गलत रास्ते से हटाकर सही रास्ते पर लाना चाहिए, वरना किसी फालतू मतलबी रसोइया सुधारक का ढोंग करनेवाले के पीछे लगने से अपनी खास घोड़ी की लगाम छोड़कर किसानों के खेत बर्बाद करने का कलंक उनको लग जाएगा, इसमें किसकी हानि होगी?

यशवंत : इस तरह का बेअकल आदमी कौन है जो इतना शरारती है? आप उसकी पोल एकदम क्यों नहीं खोलते? ऐसे नारी-विरोधी आदमी का बचाव करना आप जैसे लोगों को शोभा नहीं देता।

तात : बेटे! जो भी हो, लेकिन वह अपना दो पाँववाला भाई है। उसको केवल रास्ते पर भटकनेवाले चौपाया पशु का नाम देकर बुलाना तो दरकिनार, हमें उसकी ओर लगातार आँख लटकाए भी नहीं देखना चाहिए, क्योंकि खतरा यह है कि वह अपने जातिधर्म के अनुसार कहीं भौंकना न शुरू कर दे। कई सभ्य जानकार लोग उसके लेखों को हाथ तक नहीं लगाते। फिर ऐसे अपवित्र नाम से हमें क्या करना है! वह बेमतलब लोगों के नाम लेकर अपनी विद्वत्ता प्रदर्शित करने की कोशिश क्यों न करे, वह जैसा कर रहा है, वह किसी भी महान कुलीन आदमी का गुण नहीं है; क्योंकि हम सभी मनुष्य प्राणी गलतियाँ कर सकते हैं, इसलिए ऐसे बेअकल आदमी पर बार-बार दया करना ही अपने लिए उचित है। ऐसे कई स्तरहीन अखबारर्ताओं को अपने में से किसी सीधे सरल अखबार की या अपने में से किसी बूढ़े नाना की ही क्यों न हो, निंदा करके, अज्ञानी जनों की भावनाओं को जगाकर अपने पेट पालने पड़ते हैं। इसलिए इस तरह का अनैतिक व्यवहार उसी के लायक है। लेकिन अधिकांश कुलीन सभ्य विद्वान अखबारकर्ता कभी भी किसी के नाम की एकाएक चर्चा छेड़कर तमाम नारी-जाति की निंदा नहीं करते।

यशवंत : आपने कहा कि अधिकांश कुलीन सभ्य विद्वान अखबारकर्ता किसी एक नारी की एकाएक चर्चा छेड़कर तमाम नारी-जाति की निंदा नहीं करते, लेकिन कुछ घमंडी अखबारकर्ता और उनके जैसे लोग यह कहते हैं कि 'सभी प्रकार के साहस आदि दुर्गुण नारियों में ही होते हैं।' इस संबंध में आपका क्या कहना है, वह हमें समझाइए। इससे कई लोगों की आँखें खुल जाएँगी और उसका परिणाम भी अच्छा होगा।

तात : बेटे! यदि तू इस बात पर गहराई से सोचने लगेगा तो यह समझ में आएगा कि नारी की अपेक्षा पुरुष ही ज्यादा पक्षपाती, दगाबाज, ठग, साहसी, क्रूर, निर्लज्ज और रोज नयी ज्यादतियाँ करनेवाला महाभयंकर प्राणी, घमंडी,

हिम्मत से बुरे काम करने में अगुवाई करनेवाला है। इस बात पर तुमको यकीन भी आएगा। फिर भी तुम पूछ रहे हो, इसलिए उस संबंध में कुछ कहना जरूरी है, ऐसा मैं मानता हूँ।

पहली बात : शादी की पहली औरत पतिराज को जब अप्रिय होने लगती है तब वह दूसरी जवान औरत को पहली की छाती पर लाकर रखता है। आगे उसी प्रकार दोनों की छाती पर तीसरी औरत को लाकर रखता है—और तीनों की छाती पर चौथी औरत को लाकर रखता है और अंत में उसका नौकर-चाकर बनकर रात-दिन उसके इर्द-गिर्द दुम दबाकर मौज करता है; लेकिन किसी नारी की शादी होते ही, उसका पति बुरी चाल चलने वाला निकला और फिर पहले पति के होते हुए उसने दूसरा किया तो क्या उसी के साथ उसी घर में दिन-रात संसार करके रह सकती है? इस संबंध में आर्य ब्राह्मणों के लिखे हुए ग्रंथों में कहीं कोई लेख नहीं मिलता। खैर, उस समय की बात छोड़ो, आज की बात लो कि नारी और पुरुषों में कौन ज्यादा पक्षपाती, ज्यादा दगाबाज और ज्यादा बनावटी है? बेटे! इन आर्य ब्राह्मण ग्रंथकारों की करनी और कथनी में जमीन-आसमान का अंतर होता है।

दूसरी बात : कई पुरुष अपनी पहली शादीशुदा औरत को, दूसरी शादी की औरत को घर में अकेली छोड़कर स्वयं सारी रात गाँव-मोहल्ले की गलियों में वेश्याओं और रांडों के दरवाजे-दरवाजे ऊंघते हुए घूमते-फिरते रहते हैं—और बड़ी सुबह घर लौटकर अपनी खोली हुई बीवियों के सामने रात-भर चरी हुई घास की जुगाली करते बेड-बिछाने पर औंधे होकर सो जाते हैं। फिर भी आज की बाजारू वेश्याओं के लिए योग्य, इस तरह की बातें आर्य ब्राह्मणों ने अपने ग्रंथों में लिखी हैं। महम्मदी लोगों के कई ऐयाशी नवाब बादशाह की मस्ती के कारण उनके निजी जनानखाने की सौ-पचास लालची औरतों की कामवासनाएँ पूरी न हुईं तो वे बौखला जाती हैं। उनकी कामाग्नि से दहकते मन के काम-विकार स्वरूप महासागर में नफरत की बड़ी-बड़ी लहरें पैदा होती हैं, टकराती हैं, लेकिन इसके लिए भावनाशून्य और अमानवी पुरुषों के मन में कहाँ मोहब्बत की भावना जागेगी! इन नवाब और बादशाहों ने यदि अपने मोहजाल में फँसी हुई औरतों से ईमानदारी के साथ सत्य का स्मरण करते हुए व्यवहार किया तो उस नवाब को एक माह में हर दिन औरतों के घर में एक दिन रहना पड़ेगा। वहाँ उनकी औरतों को अपनी पति-निष्ठा कैसे और किस रास्ते से पवित्र रखनी चाहिए, इस पर सोचने का काम हम अपने पाठकों पर ही छोड़ देते हैं।

अच्छे लोग बहुत ही कम मिलेंगे जो नाच-गानों की ओर आँख उठाकर भी देखते हों। बाकी सभी वैदिक कहो, शास्त्री कहो, वेदांती कहो,

सुधारक या सुधरे हुए कहो, सभी एक ही सिक्के के चट्टे-बट्टे हैं। वे बड़ी बेशर्मी से अपनी औरतों के साथ वेश्या-नर्तकियों की महफिल में नाच-गाना-बजाना सुनने के लिए बड़े शौक के साथ जाते हैं। इस महफिल में शरीक होनेवाले प्रतिष्ठित लोग बीच-बीच में उन वेश्या या नर्तकियों को अपनी गोद में बिठाते हैं और उनको हर कोई गले लगाता है।

उसी प्रकार कई पुरुष नाटकों और तमाशा में किसी लड़के को औरत की साड़ी पहनवाकर, उसको औरत के गहने पहनने के लिए देते हैं। उसके बिलकुल औरत का रूप धारण करने पर उसे अपनी बहू-बेटियों के सामने अपने आगे नचाते हैं, गंदे-गंदे गीत गाने के लिए लगाते हैं। वह गाना गाते हुए नाचता ही रहता है। उसे एक-दूसरे की गोद में बिठाकर उससे कसबिन की तरह इश्क करते हैं। हर दर्शक के द्वारा उसके हाथ पर चवन्नी-दुअन्नी रखवाते हैं। उसके द्वारा अपने-अपने नाम का 'दौलत-ज्यादा' कह के उद्धार करवाते हैं। इस तरह स्वयं को ही धन्य समझ लेते हैं।

बेटे! ये लोग सोनपत, पानपत और खर्डे की लड़ाई में जवांमर्द मुसलमानों के साथ टक्कर लेनेवाले पवित्र विद्वान ब्राह्मणों और अपवित्र अविद्वान शूद्र सिपाहियों के वंशज ही तो हैं न! उन्होंने औरतों के सामने अपनी नाक में नथनियाँ टाँगकर, कई तरह के नखरे करके झूम-झूमकर नाचकर नारद की तरह टिपरियाँ बजाई हैं, इन्हें आखिर कहें भी क्या? लेकिन नारियाँ किसी एक जगह इकट्ठा होकर, किसी जवान, खूबसूरत, मृगनयनोंवाले, हट्टे-कट्टे मर्द, कसबी, गानेवालों को अपने सामने इश्क के गीत गाने के लिए लगाती हैं? और उसके गाते-गाते अपने हाथों के भाव और अपने नयनों के तीरों को बर्साते ही जख्मी दिलों से उस छबीले गायक की गोद में एक-एक करके क्या बैंठती हैं? या पुरुषों की तरह नाज-नखरे भी करती हैं? खैर, छोड़ो इन बातों को। अपने में से एक भी सखी का लाल जब से अपनी माँ की कोख मे बाहर निकला, उस दिन से आज तक, अपनी व्हिक्टो-रिया महारानी की भगिनी के अमल में ही क्यों न हो, प्रस्तुत लेख के अनुसार नारियाँ उस तरह की हरकतें करती हैं, ऐसा उसने अपनी आँखों से कभी देखा भी है? क्या यह कोई बता सकता है?, लेकिन यदि किसी ने उस तरह से लिखकर भेजा तो सभी नारियों को वह एक अयोनिसंभव नारायण ही मिला, यही कहना पड़ेगा।

दुनिया का कोई भी राष्ट्र हो, वहाँ का बूढ़ा राजा जो मृतावस्था तक पहुँच गया है, वह मरने से पहले एक मिनट तक के लिए भी जवानी में कैसे आ सकता है? उस महाराजा को सारी रात खींच-तान होने की वजह से एक सेंकड के लिए भी आराम की नींद, सोने की फुरसत क्या मिल सकती है?

शायद तुम यह कहोगे कि वे देवतागण दिन-दिन-भर नींद में पड़े रहते होंगे, फिर अर्जुन जैसे महावीर को धुआँधार लड़ाई में दिन-भर रथ दौड़ाकर उपदेश देने की फुरसत उस भगवान को कैसे मिली होगी ? यह भी एक स्वाभाविक सवाल आ जाता है। भले हैं तुम्हारे देवपुरुष ! धन्यवाद उन आर्य ब्राह्मण ग्रंथकारों को ! फिर तुम्हीं बताओ कि इन सभी बातों में ज्यादा ठगी करनेवाला कौन है—नारी या पुरुष ?

तीसरी बात : इस सारी दुनिया के किसी भी देश में देखो, लोभी, लखपती (नारी नहीं) पुरुष ही हैं। पड़ोसी दुर्बल देश को जीतने के लिए, मनचाहे गलत तरीकों का इस्तेमाल करके अपनी-अपनी फौज के साथ दूसरों के प्रदेशों पर हमला करते हैं, उस समय दोनों में भयंकर युद्ध होता है; किसानी, व्यापार, कारखाने आदि छोटे-बड़े उद्योग बंद पड़ जाते हैं। चारों ओर दुखों की काली घटाएँ फैल जाती हैं, कोई किसी को पहचान में नहीं आता। कुछ जगहों पर निर्दयी लुटेरों, दंगेखोरों की लूट शुरू रहती है। इससे कुछ अमीर गरीब हो जाते हैं और वे दाने-दाने के लिए तरसते हैं। किसानों के जानवर बिना घास से मरने लगते हैं। इसलिए कई परिवारप्रेमी किसान अपने बाल-बच्चों और जानवरों को साथ लेकर गाँव छोड़कर कहीं दूर निकल जाते हैं। इस तरह कई गांव उजड़ जाते हैं। किसी एक की स्वार्थबुद्धि की वजह से दोनों ओर की विशाल फौज एक-दूसरे से लड़ती है, जिसमें लाखों फौजी मरते हैं। हजारों नारियों को बेवा होना पड़ता है, जिसकी वजह से उन्हें अपना अंतिम समय बड़ी भयानक अवस्था में बिताना पड़ता है। कई नारियाँ अपने एकमात्र बेटे के लिए हाय-तोबा मचाती हैं, और अंत में उन्हें मौत को कबूल कर लेना पड़ता है। कई अनाथ बच्चे दाने-दाने के लिए, कपड़े-लत्ते के लिए न घर के न घाट के हो जाते हैं और दया के लिए कदम-कदम पर गिरते हैं; लेकिन दूसरी ओर विजयी सत्ताधारी अपनी फौजों के द्वारा हारे हुए सत्ताधारियों के बेसहारा लोगों को लूटते फिरते हैं। उनके घर-बाड़ी को आग लगा देते हैं। उन्हें धूल फँकाने लगाते हैं। फिर अपने मुल्क को वापस लौट आने पर बड़े-बड़े जंगी दरबार लगाकर उसमें अपनी फौज के भयंकर क्रूर, जल्लाद, निडर फौजियों में से किसी को उमराव बहादुर, किसी को जंगबहादुर जैसी लम्बी-चौड़ी उपाधियाँ बहाल करते हैं।

किंतु कई नेक फौजियों को युद्ध में बड़ी-बड़ी भयंकर जख्में होती हैं। जख्म की वजह से जमीन पर गिर पड़ते हैं, लेकिन कोई भी उनकी देखभाल करनेवाला नहीं होता। वे वैसे ही वहीं बेहोशी में पड़े रहते हैं। इनमें से खुदा न खास्ता जो भी बच जाते हैं, उन्हें खुशनसीब ही मानना चाहिए। ऐसे हजारों जख्मी फौजियों को साधारण केवल पेट की आग बुझाने लायक पेंशन मिलके

ही वे अपने-अपने परिवारों में या बहन-भाइयों में अपना अंतिम समय गुजारने के लिए जैसे-तैसे कराहते-कूथते या लाठी के सहारे अपने-अपने शरण-स्थलों में जाते हैं। इससे तुम अंदाज बांध सकते हो कि परदेश के राजे-रजवाड़ों के क्षेत्र पर अपनी हुकूमत कायम करने के लिए किसी एक ज्यूलियस सीझर के शासनकाल में छह लाख रोमन फौजियों की बलि चढ़ी।

फिर इस देश के अनगिनत क्षेत्रवासी—दस्यू, आस्तिक, अहीर, मातंग आदि क्षत्रियों—की हत्या करने के बाद, उनके मासूम बच्चों की भी बड़ी निर्दयता से कत्ल करके सारे क्षेत्र पर अपनी जुल्मी सत्ता कायम करने में अकेले आर्य ब्राह्मण परशुराम के हमले में कितने आर्य ब्राह्मण (योद्धा या फौजी) मर-गल गए होंगे? इन तमाम जवाँमर्द पुरुषों की बाढ़ में नाम के लिए पाँच-पच्चीस हिम्मतवान नारियाँ होंगी। लेकिन डरी हुई इस बाढ़ मे बाहर जो नारियाँ थीं, वह मुझे मालूम हैं, उनके नाम मैं यहाँ गिना रहा हूँ, वे इस प्रकार हैं—पहली है पुराण की दैत्यमर्दिनी अम्बिका, दूसरी है हिंदुस्थान पर आक्रमण करनेवाली सेमीरेमी और तीसरी है कल के चपाती युद्ध में अछूत-सी रहनेवाली झाँसी की रानी। इन सभी ऐतिहासिक प्रमाणों के आधार पर नारी और पुरुष में सबसे ज्यादा ज्यादतियाँ करनेवाला बर्बर साहसी कौन है?

चौथी बात : यूरोप और अमेरिका में ब्राह्मणों जैसे ही अपने धर्म पर घमंड रखनेवाले पुरुषों ने अफ्रीका के अज्ञानी आदिवासी काले दीन-दुखियों के बच्चों को चुराकर जबर्दस्ती से अपने देश या परदेश में ले जाकर उन्हें गुलाम बनाने के लिए जानवरों की तरह बेचकर अपना पेट पालने का धंधा शुरू किया था। उन मासूम, अबोध बच्चों को खरीदनेवाले धर्मांध लोग किस प्रकार से छेड़ते थे, इन कहानियों को तुम लोग सुनोगे तो पुरुष नाम के प्राणी के अमानवी व्यवहार की दास्ताँ से तुम्हारे बदन के रोंगटे जरूर खड़े होंगे। पुरुषों का यह सारा क्रूर, अमानवी स्वरूप दुनिया के सामने रखने के लिए एक अमेरिकी नारी द्वारा लिखी हुई 'अंकल टॉम्स कॅबीन' नाम की किताब हाथ में लेकर पढ़ते ही असलियत स्पष्ट हो जाएगी। कितना भी अनपढ़, क्रूर, पत्थर-दिल आदमी क्यों न हो, निरपराधी स्वनारी का परित्याग करके तमाम नारी जाति की निंदा करनेवाला गैरजिम्मेदार अखबारकर्ता भी क्यों न हो, तो भी लज्जा के लिए मारवाड़नियों की तरह नाक पर आँचल रखकर दो-चार लोगों के सामने ही-ही, हूँ-हूँ करके दो-चार आँसू बहाते हुए, एक-दो उसाँस भी देगा, इतनी भयंकर है वह किताब। लेकिन जो संवेदनशील लोग हैं, उनके बारे में तो कहना ही क्या! इससे तो तुम समझ जाओगे कि नारी और पुरुष—इन दोनों में ज्यादा दुष्ट कौन है?

पांचवीं बात : सभी दुर्गुणों से अलंकृत पति के मरते ही औरत के पति-शव के पांव का अँगूठा अपने हाथ में लेकर दूसरी जाति के अपवित्र शूद्र हजाम के हाथों अपना सिर मुंडवा लेना, तन पर चढ़े हुए सभी छोटे-बड़े गहने मौत के रास्ते पर सवार अपने बूढ़े ससुर के हाथ में देकर स्वयं अपने हाथों में तुलसी की माला पहनने के लायक भिखारिन हो जाना, यह किस दुनिया का न्याय है ? तमाम कीमती कपड़े बुढ़ापे के नाज-नखरे करने के लिए सास-फुफू के अधीन कर देना और स्वयं केवल झाड़ू वाली मातंगिनी के मंडपी में गुजारा करके केवल जिंदा रहने की अभिलाषा रखना, यह किस दुनिया का न्याय है ? निरंतर कई मादक मीठे पदार्थों को बिलकुल न खाने का संकल्प करके, एक के बाद एक लगातार उपवास करके, नाश्ते के लिए चीनिया बादाम के दाने आदि न मिले तो सारा दिन बिना खाए-पिए ही गुजारना और सारी उम्र दिन-रात घर के काम में ही झोंक देना यह कहाँ तक सही है ? स्वयं को कट्टर धार्मिक कहलाने की उसकी हिम्मत न हो, तब भी असीम पुण्य प्राप्त करने के लालच में, आर्य ब्राह्मणों की किताबों के अनुसार, सभी दुर्गुणों से भरे पड़े अपने पति के शव के सिर को अपनी गोद देकर बैठते ही वे अमानवी पुरुष उस जीती-जागती अज्ञानी नारी को उस शव के साथ जला देते हैं। फिर तुम ही बताओ, यहाँ नारी और पुरुष में दुष्ट कौन है ?

फ्रांस के लोगों को विरोधी दल के राजघराने के राजा-महाराजाओं को, उनके जवांमर्द सरदारों को, विद्वान मुतसद्दियों को, उनके धूर्त और चतुर प्रधान को और उनके परिवार प्रेमी सिपाहियों को तलवार के झटके से या बंदूक की गोलियों से कत्ल करना अच्छा नहीं लगता था, इसलिए उन्होंने भड़भूंजे के खुरमा जैसी एक मशीन बनाकर उसमें उन सबकी गरदनें एक के बाद एक गूंफकर कचाकच उड़ा दी। उसी प्रकार कल के उत्तम कुल के आर्य ब्राह्मण नाना साहेब पेशवा ने पहले युद्ध न होने पर अंग्रेज सरदारों के आँचल पर आँचल रखकर म्लेच्छों द्वारा तैयार किए हुए मांस-मदिरा, ब्रेड, बिस्किट आदि पदार्थ चाटा-पोंछा। उसने सन् 1857 के कोर्तुशी चपाती युद्ध में बड़ी कृतज्ञता के साथ उनके उपकारों को बड़ी सफाई से अदा किया। इस मामले में तुम्हारे पूरे विश्वास के लिए मैं कुछ नमूने दे रहा हूँ :

फतेहगढ़ से कुछ घबराई हुई अंग्रेज औरतें, पुरुष, बाल-बच्चे सब मिलाकर करीब-करीब एक सौ छब्बीस लोग अपनी-अपनी जान बचाने के इरादे से नाव पर सवार होकर नदी के रास्ते भाग रहे थे। उन सभी लोगों को नाना साहब पेशवा ने अभयवचन देकर, नाव को किनारे लगाने के बाद आखिर में उनका कैसे-कैसे अंत किया, इस बात को भी सुन लो।

सबसे पहले तो नाना साहेब पेशवा ने उनमें से सभी पुरुषों को चुन-

चुनकर वहीं एक ओर खड़ा किया और वहीं उनके सामने उनकी घबराई हुई नारियों को, जो अपने-अपने स्तन से लगाकर छाती की मजबूती से नन्हे-मुन्ने बच्चों को पकड़े हुए थीं, उनसे उन बच्चों को जबर्दस्ती छीनकर हाथ में खुली तलवारें लेकर, उनके इर्द-गिर्द उछल-उछलकर, बड़ी सफाई से उनकी गरदनें ककड़ी की तरह उडा दीं। उनके छोटे-छोटे मासूम, अबोध कच्चे-बच्चे दूध पीने के लिए अपनी माताओं के बगल से अपना सिर छुपा-छुपाकर उन्हें 'माँ, माँ' कहकर पुकारते थे। कभी उनके सिर की टोपियाँ, तो कभी उनके सिर के घुंघराले बालों की लहरानेवाली जुल्फें, तो कभी उनके कान, तो कभी उनके गले के क्रास हिलाते हुए भर पेट दूध पीते ही वे अपने बाप की ओर लपकते थे। उनके पास जाते ही वे उन बच्चों को गोद में लेकर उन्हें पप्पी न देने पर उनकी टोपियाँ नीचे फेंककर उनकी मूँछों को अपने नन्ने-नन्ने हाथों से पकड़कर अपनी ओर खींचते-खींचते उन्हें पप्पा, बाबा इस तरह के मीठे बोल, प्यारी आवाज निकालनेवाले मासूम, दूधमुँहे बच्चों के तन की गरदन नीबू की तरह छाँट दी गई।

फिर स्कूल में पढ़ने-लिखनेवाले बच्चे, रात और दिन सारे घर-आँगन में शोरगुल मचानेवाले, आपस में एक-दूसरे से हरकतें करके माँ को बार-बार सतानेवाले शरारती बच्चों को नौ माह तक अपनी कोख में बोझ रखकर उन्हें जन्म दिया, उनका गू-मूत साफ किया और उनका हर तरह से लालन-पालन किया, उन बच्चों को पालते-पोसते हुए उनकी बड़ी प्यारी हरकतें देखनेवाली माँ के सामने, उन्हें भाले की एक नोक से छेदकर नीचे जमीन पर पटकते ही उनके माँ-बाप एक-दूसरे की ओर बड़ी दीन नजरों से देख रहे थे। उतने में ही उनकी औरतों के सिर तलवार के एक झटके में जमीन पर ढेर कर दिये गये। बाद में शेष अभागे अंग्रेजों को ढंग से एक कतार में खड़े करके उन सभी के दोनों हाथ पीछे घुमाकर उनकी बगल में बाँस का डंडा घुसाया गया और हर एक के दोनों हाथ मजबूत बाँध दिये गए…।

इशारा

उपोद्‍घात

आर्य ब्राह्मणों में से पहला दिवाभीत, सभ्य मनुष्य (गृहस्थ) के रोब में पूना का रहवासी होकर भी बंबईवाला बनकर विद्वान श्रीमान महाराज गायकवाड़ सरकार को खोखला ज्ञान सिखाता है कि 'जातिभेद होने से भी अपने वांछित उद्देश्यों में वह (जातिभेद) बिलकुल (इस देश की उन्नति में) रुकावट नहीं बन सकता।' इसलिए ऐसे शूद्रादि-अतिशूद्र विरोधी वाग्मी उपदेशकों के मतलबी खोखले पंडिताउपन का हमें कुछ भी आश्चर्य नहीं हो रहा है; क्योंकि जातिभेद निर्मूलन से शूद्रादि अतिशूद्र लोग आर्य ब्राह्मणों द्वारा विद्या सीखने-सिखाने के लिए किए गए ब्रह्मराक्षसी प्रतिबंधों का धिक्कार करेंगे और जब वे सब जानकार, जाग्रत् विद्वान होंगे, उस समय भट्ट ब्राह्मणों के सभी कुकर्म जगजाहिर होंगे। उनके मतलबी धर्मग्रंथों को कोई भी छुएगा तक नहीं। अठारह वर्णों में ब्राह्मण वर्ण श्रेष्ठ समझकर कोई भी उसकी किसी भी प्रकार से एक भी चलने न देगा। धोत्या-कुबड्या ब्राह्मणों को कोई फुकट-फाकट घी-रोटी का भोजन नहीं देगा। मतलबी तबलची ब्राह्मणों को कोई सम्मान नहीं देगा। झूठमूठ करनेवाले ब्राह्मणों को कोई दरवाजे पर भी खड़ा नहीं करेगा।

लेकिन आर्य ब्राह्मणों में से दूसरा नये शंकराचार्य के बराबरी का विद्वान छोटी-बड़ी सभाओं में उछल-उछलकर यह कहता फिरता है कि 'पिछले तीस साल की तुलना में अभी शूद्र किसानों की स्थिति अच्छी है,' लेकिन उसकी इस हिम्मत पर हमें बड़ा आश्चर्य हो रहा है; क्योंकि शूद्र किसानों से वसूल किए गए लगान से हमारी अंग्रेज सरकार ने लाखों रुपया खर्च करके भट्ट ब्राह्मणों को विद्यादान किया; लेकिन उसका परिणाम औंधे घड़े पर सागर उंडेलने जैसा हुआ है; क्योंकि हजारों साल से खुनसी आर्य ब्राह्मणों ने बनावटी झूठे-नाटे अपने धर्म के माध्यम से अज्ञानी शूद्र किसानों पर चारों ओर से जुल्म और सितम ढाए हैं, लेकिन उनके सभी दाँव-पेंच, उनके धर्म के सिद्धांत उदारवादी यूरोपियन ग्रंथकारों द्वारा लिखित ग्रंथों की खोज के आधार पर बेबुनियाद सिद्ध हो रहे हैं, ढकोसले साबित हो रहे हैं। यूरो-

पियन, अमेरिकी दयालु लोगों ने अपनी जेब का पैसा खर्च करके इस अभागे देश में भेजे हुए ईसाई मिशनरियों के द्वारा शिक्षण-प्रसार के कार्य की वजह से अज्ञानी शूद्र किसानों की स्थिति में कहीं-कहीं मामूली-सा परिवर्तन हो रहा है। मतलब इन तीस वर्षों में शूद्र किसानों पर होनेवाला ब्राह्मणों का धर्म-रूपी जुल्म कुछ मात्रा में कम हुआ है। इस बात को खुले रूप से कबूल करने की लज्जा जिन लोगों को होती है, वे टालमटूल करते हुए कहते हैं कि 'पिछले तीस साल की तुलना में आज किसानों की स्थिति अच्छी है।' भाइयो ! ये धूर्त लोग हमारे अज्ञानी शूद्र किसानों की 'बनावटी' भाषा अनुभवी गव्हर्नर जनरल जैसे आदमी को समझाने के लिए इस्तेमाल करते हैं, और समय काट लेते हैं।

क्या आप बता सकते हैं कि ब्राह्मणों के किसी एक भी परिवार में अपने बीवी-बच्चों के साथ, हम शूद्र-किसानों के बीवी-बच्चों की तरह, लहलहाती धूप में, बरसात-पानी में भूखे-प्यासे खेती का काम करने का हुनर मालूम है ? क्या इन सभी ब्राह्मणों में से किसी एक ने भी सोन खेत के टीले सिर पर ढोकर पेड़-पौधों के पेड़ी में डाला है ? इनके भाई-बिरादरी के लोग हम शूद्र किसानों के खून-पसीने के बीस-बीस रुपये के गोदान प्रतिदिन ले जाते हैं और नर्तकियों पर चढ़ावा चढ़ाते हैं; किंतु इसके बारे में बोलने की हिम्मत किसी भी ब्राह्मण में नहीं है।

खैर, उनका यह कहना प्राचीन काल में गाय-बछड़ों के झुंड के साथ-साथ जहाँ-तहाँ घूमनेवाले, पेड़ों की छाल कमर को लपेटकर पर्ण कुटियों में रहनेवाले, कंदमूल आदि खाकर अपने पेट का गुजारा करने के लिए जंगल-जंगल भटकनेवाले बर्बर जंगली आर्यों की तुलना में आज के आदिवासी भिल्ल, केवट, चमार, भंगी, महार, मातंग आदि पिछड़े समाज के लोगों की स्थिति अच्छी है, यह कहने जैसा है। भाइयो ! ये मतलबी विद्वान ब्राह्मण अब पुन: अज्ञानी देवभोले शूद्र-अतिशूद्र किसानों के उत्थान के रास्ते में ब्रह्मघपला करना चाहते हैं। इसलिए उनका नग्न स्वरूप स्पष्ट करने के लिए, शूद्रादि-अतिशूद्र लोगों को उस खतरे से आगाह करने के लिए और ब्राह्मण पंडा-पुरोहितों की खतरनाक साजिश से बचने के लिए इस छोटी-सी किताब को 'इशारा' नाम दिया है।

ता० 1 अक्तूबर, सन् 1885 —**जोतीराव गोविंदराव फुले**

इशारा

जिस तन लागे वहि तन जाने,
बीजा क्या जाने गव्हारा रे ।।

इस हिंदुस्थान देश की स्थिति के बारे में साधारण विचार करें तो हम लोगों को यह समझ में आएगा कि इस देश पर प्राचीन काल से जिन-जिन लोगों ने आक्रमण किया, उनमें से अधिकांश लोगों का आक्रमण यहाँ के मूलवासी शूद्रादि-अतिशूद्रों के लिए लाभकारी ही रहा है। उनका आक्रमण शूद्रादि-अतिशूद्रों की स्थिति में दिन-ब-दिन सुधार का कारण ही बना है। उनके आक्रमण से ऐश्वर्यवान, इस तरह की बहुत कम बातें हुई हैं। सबसे पहले इरानी लोग, मतलब जो फिलहाल सारे हिंदुस्थान में 'आर्य' या 'ब्राह्मण' नाम से प्रसिद्ध हैं, उन लोगों ने इस देश पर आक्रमण (हमला) करके अपनी बर्बर सत्ता कायम की, इस बात को प्रमाणित करने के लिए परशुराम की राजसत्ता का उदाहरण पर्याप्त है। बाद में उन्हीं लोगों ने मनचाहे प्रकार के स्वहितों को ध्यान में रखकर मनुसंहिता जैसे कानून बनवाए। उन कानूनों को विशेष आधार प्रदान करने के लिए धर्म का आधार देकर उस समय के अज्ञान-रूपी घने अंधकार में डूबे हुए शूद्रादि-अतिशूद्रों में उस मनुसंहिता को प्रसारित करने में सफलता प्राप्त की।

आगे कुछ समय बीत जाने के बाद इस देश पर मुसलिम लोगों ने (अफगान और मुगल) आक्रमण किया। उसी प्रकार यूरोप के डच, पोर्तुगीज, फ्रेंच लोगों के आक्रमण हुए, लेकिन उनके आक्रमण कुछ बहुत महत्वपूर्ण मानने लायक नहीं हैं, क्योंकि उन लोगों की सत्ता इस देश में एक तो बहुत कम जगहों पर कायम हुई और अल्पकाल में ही समाप्त भी हो गई। उनकी सत्ता से प्रजा को न तो विशेष सुख प्राप्त हुआ है और न ही विशेष दुख।

ऊपर जिन आक्रमणकारियों के बारे में कहा गया है, उनमें से पहले दो मतलब, आर्य ब्राह्मण और मुसलिम आक्रमक, इनसे यहाँ के मूल निवासियों को, शूद्रादि-अतिशूद्र प्रजा को (यहाँ और आगे भी प्रजा शब्द का अर्थ शूद्रादि-अतिशूद्र

लोग समझना चाहिए), बेहद कठिनाइयाँ बर्दाश्त करनी पड़ी हैं। इसमें कोई संदेह नहीं कि वे विदेशी आक्रमण स्वयं छल, कपट, मत्सर, क्रूरता, स्वार्थ, द्वेष आदि दुर्गुणों के केवल साक्षात् पुतले ही थे। उन्होंने अपने स्वार्थों की सफलता के लिए अपने ही हाथों में राजसत्ता-रूपी महाभयंकर चाबुक को रखा और समय-समय पर उन्होंने इस देश की गुलाम बनाई हुई प्रजा के बदन पर बड़ी बेरहमी से मारने का काम किया। उस समय वे प्रजा को जो बातें हितकारक और सुखदायी हैं, उनकी परवाह न करते हुए प्रजा का किस-किस तरह से उत्पीड़न किया जाए, इसी के बारे में सोचते थे। वे इसी में माहिर थे।

इतिहास की ओर देखने से यह जान पड़ता है कि कई लोगों ने किसी मिथ्या और साधारण कारणों के लिए सैकड़ों प्रजा को त्रस्त करके अंत में उनको बड़ी बेरहमी से जान से मार डाला। कई लोगों ने अपनी दुष्ट कामवासनाओं की पूर्ति के लिए प्रजा की कुलीन, पवित्र और सुंदर महिलाओं के साथ बलात्कार किया। जुल्मी अभिलाषा के चलते, छोटे-छोटे मामूली अपराधों के लिए प्रजा को बेहाल करके उनकी मृत्यु होने तक उन्हें तड़पाया गया। उस समय प्रजा को सजा देने का तरीका भी बड़ा विलक्षण और भयंकर था। उसके संबंध में केवल सुनने से भी सुननेवाले का दिल डर के मारे काँप उठेगा और उसके तन-बदन पर रोंगटे खड़े हो जाएँगे, फिर सुननेवाला आज के युग का कोई भी आदमी क्यों न हो। देखिए, किसी भी प्रजा को सूली पर चढ़ाना यह कितना घोर अमानवीय कृत्य था! सूली के सुई जैसे नोकदार टोक पर उसको बिठाकर वह नोक उस आदमी के सिर को छेदकर बाहर निकलने पर फिर उसे नीचे खींचना—उफ! यह निर्दयता की चरम सीमा थी। उसी प्रकार उसके शरीर को चाबुक या गीली लकड़ी से पीटकर पूरे तन-बदन से खून बहने तक मारना, फिर उन जखमों पर नमक या इमली का पानी छिड़कना, जिससे कि उसको भयंकर पीड़ा हो, और फिर वह किस प्रकार से तड़फड़ा-तड़फड़ा करके तिलमिला रहा है यह देखना, या फिर कभी उसकी मोट बाँधकर उठाना, फिर पटकना या फिर हाथी को चंड बनाकर उसको उस हाथी के पाँव से बाँधना और उस हाथी को पथरीले रास्ते से घुमाना-दौड़ाना (याद कीजिए उस घटना को, जब प्रख्यात और पराक्रमी विठोजीराव होलकर जैसे वीरों की नमकहराम पेशवाओं ने किस तरह बुरी स्थिति की थी) या उसके मुँह में तेल, सिंदूर या सीसा गरम-पिघला हुआ कान में डालना आदि सजाएँ केवल द्वेष के कारण या मामूली अपराध के कारण प्रजा को सहनी पड़ती थीं।

कुछ ही दिनों पहले की बात है, मतलब आर्य ब्राह्मण पेशवा के अंतिम वंशज रावबाजी के कार्यकाल का अंत होने तक, किसान लोगों को लगान देने में भूल से थोड़ा भी विलंब होने पर उन्हें धूप में गरदन को घुटनों तक और हाथ के पंजे को पाँव के उँगलियों को छूने तक झुककर रहना पड़ता था और उनकी पीठ पर एक

बड़ा पत्थर रखा जाता था। कभी-कभी उस किसान की पीठ पर उसकी औरत को बिठाया जाता था। नीचे से उसको मिरची का धुआँ दिया जाता था। तात्पर्य, उस समय प्रजा को क्लेश देने के काम में जो कुछ सुधार हो गया था, वह अन्य देशों की प्रजा के दुखों से तुलना करके देखा जाए तो, इन्हें ही प्रथम दर्जे का बख्शीश दिया जाएगा। कभी-कभी ऐसा भी लगता है कि ब्राह्मण जाति के लोग प्रजा को किस तरह से चूसा जाए, उन्हें किस तरह से ज्यादा दुख दिया जा सकता है, इसके लिए कौन-सा तरीका अपनाने से उनका अहित होगा, इसके लिए दिन-रात वे अपने धर्मशास्त्रों का एक भाव से, एक निश्चय से जैसे कोई अध्ययन, पठन-पाठन तो नहीं कर रहे थे! उनका प्रजा को दुख देने का मतलब था इन्हें मारना, पीटना, लूटना या त्रस्त करना, यही इसका अर्थ था। प्रजा का अहित करने में ही उनको मजा आता था। वे (ब्राह्मण) लोग प्रजा का अर्थ लकड़ी, कचरा, कूड़ा-कर्कट, खटमल या किसी एक तरह के जानवर ही मानते थे। उनकी दृष्टि में उस प्रजा का उपयोग भी क्या था? उनका काम भी क्या था? प्रजा का काम यही था कि राजा और उनकी जाति के लोगों के लिए, उनकी बीवियों के लिए और उनके बाल-बच्चों के लिए खेत से अनाज पैदा करना, कपड़ा बुनना, उनके लिए लह-लहाती धूप में खपना, और उन्हें ऐशोआराम के लिए जिन-जिन चीजों की दरकार हो, वह सब पैदा करना। इसके अलावा उन्हें दूसरा कोई मानवी अधिकार प्राप्त नहीं था। खैर, चलिए।

इस प्रकार सत्तांध होकर प्रजा से क्रूरतापूर्ण, अमानवी बर्ताव करनेवाले, प्रजा को पशु से भी बदतर समझनेवाले राजाओं की और उनकी जाति-बिरादरी के लोगों की सर्वंकष सत्ता इस देश की प्रजा पर चल रही थी। यहाँ का ब्राह्मण-धर्म, उनके धर्मग्रंथ, उनके धर्मशास्त्र, उनका ईश्वर, उनकी आत्मा-परमात्मा, उनके देवी-देवता, उनका पुरोहित वर्ग—सभी कुछ प्रजा को शत्रु मानते थे और वे उनसे उसी तरह से व्यवहार भी करते थे। इस देश की प्रजा को सदियों से कोई मानवी अधिकार प्राप्त नहीं था। उनके सभी मानवी अधिकार छीन लिए गए थे। उन्हें इस देश के नागरिक होने का कोई अधिकार प्राप्त नहीं था। लेकिन अंग्रेजों ने, जो सर्वंकष शक्तिशाली परमेश्वर हैं, उनसे (ब्राह्मणों से) राज्यसत्ता छीनकर उनको उनके अपराध के अनुरूप दंड दिया। उसी तरह ब्राह्मणी सत्ता से पीड़ित शूद्रादि-अतिशूद्र प्रजा के प्रति दयावान होकर अंग्रेज सरकार ने परमन्यायी, हितकारक, सदाचारी और शांत राजसत्ता स्थापित की। इसलिए प्रजा उस प्रभु की बड़ी ऋणी है और उनके लिए ईश्वर से दिन-रात ऐसी प्रार्थना करती है कि 'हे प्रभो, हमारे लिए इस राजसत्ता को दीर्घकाल तक रहने दे,' क्योंकि इस राजसत्ता के कारण पहले की राजसत्ता (ब्राह्मणीसत्ता) में जो द्वेषपूर्ण जुल्म धर्म और दूसरी कई बातों के संबंध में उस पर ढाए जाते थे, प्रजा अब एक बार उससे मुक्त हो गयी।

इस राजसत्ता में उन्हीं बातों को प्रोत्साहन मिला है जो किसी भी तरह दूसरों के लिए अहितकारी नहीं है; बल्कि ज्यादातर हितकारी ही है। पहले की राजसत्ता में प्रजा द्वारा कमाई हुई धन-दौलत इन लुटेरों के कारण असुरक्षित थी। इन्हीं के कारण प्रजा को जान-माल का खतरा सदा ही रहा है। इतना ही नहीं, प्रजा को बड़े-बड़े सरदारों, अधिकारियों, सामंतों, सरंजमामदारों तथा राजाओं के पेंढारी लोगों से भी आम तौर पर डर लगा रहता था। मतलब, प्रजा को अपनी मेहनत से कमाए हुए पैसे का उपभोग करने में या उस कमाई को बचाकर रखने में सदा भय ही लगा रहता था, इसलिए दिन-ब-दिन उनकी हिम्मत टूटती जाती थी और वे आलसी, निष्क्रिय होकर दरिद्रता पैसों से त्रस्त हो रहे थे।

लेकिन फिलहाल इस राजसत्ता में स्वयं मेहनत से प्राप्त किए हुए पैसों को कोई खतरा नहीं है। इसलिए लोग अपनी कमाई का चाहे जो उपभोग ले सकते हैं। अपनी कमाई को बचाकर रख सकते हैं। उन्हें उस कमाई को अपनी इच्छानुसार उपयोग करने की भी स्वतंत्रता है। तात्पर्य, अब उस संपत्ति पर उनकी पूरी मिल्कियत है। इसीलिए प्रजा ने अपना सारा आलस छोड़कर रुपया-पैसा कमाने के लिए कई कोशिशें जारी रखी हैं। जिधर देखिए उधर इस सरकार ने प्रजा के कल्याण के लिए कई कोशिशें करके कुछ सुधार भी किए हैं। प्रजा के सुख में वृद्धि करने के लिए कई योजनाएँ लाई गई हैं। पहले की राजसत्ता के काल में यात्रा के लिए जाना प्रजा को बड़ी आपत्ति महसूस होती थी। उस समय यात्रा करने में बड़ी कठिनाइयाँ होती थीं। लेकिन इस सरकार ने पक्की सड़कें बनाकर तथा लुटेरों पर पूरा नियंत्रण रखने की वजह से अब उस तरह की कठिनाइयाँ दूर हो गई हैं। प्रजा को यात्रा के लिए जाने में खुशी महसूस हो रही है। सरकार ने प्रजा की सुविधा के लिए पुल भी बनवाए हैं। बड़ी-बड़ी पाठशालाएँ शुरू की हैं। अस्पताल खोले हैं। सभी जाति-धर्म के गरीबों के लिए धर्मशालाएं बनाई हैं। इस तरह इस राजसत्ता ने सैकड़ों कार्य किए हैं।

फिलहाल सरकार ने जो कुछ काम प्रजा के लिए हाथ में लिए हैं, वे बहुत ही अच्छे हैं, तारीफेकाबिल हैं। सरकार को दीर्घकाल तक के लिए भूषण हैं। क्या उन कार्यों का महत्त्व बहुत विशेष नहीं मानना चाहिए? क्योंकि उन कार्यों को सरकार द्वारा शुरू करवाए जाने की वजह से सदियों से दरिद्रावस्था में दबे-कुचले प्रजा को आज उन्नति करने की स्थिति प्राप्त हुई है। आप पूछेंगे कि वह कौन-सी अवस्था है? तो मेरा जवाब होगा कि उन्होंने जगह-जगह पर पर्वतों के इर्दगिर्द की बड़ी-बड़ी खाइयों को खुदवाकर बड़े-बड़े विशाल पानी के तालाब, सागर बनवाए हैं। सुंदर कॅनाल निकाले गए हैं। सरकार तालाब और सागर का जल कॅनाल के द्वारा किसानों के खेतों तक पहुँचा रही है जिससे लगातार खेती का काम चलता रहे। जहाँ प्रजा को पीने के लिए पानी भी उपलब्ध नहीं है, वहाँ उस

समस्या का समाप्त कर देने की ओर सरकार प्रयास कर रही है। अपने देश में इस तरह के काम की बहुत दिनों से गरज थी, वह ईश्वर की कृपा से अब पूरा हो रहा है।

ब्राह्मण राजाओं ने सैकड़ों साल तक प्रजा के ऊपर कर (लगान) का कमर-तोड़ बोझ लादकर करोड़ों-करोड़ रुपया खा गए लेकिन उसका एक छदाम तो कम-से-कम ईश्वर की सौगंध खाकर प्रजा के कल्याण के लिए खर्च करना था। अफसोस है, प्रजा की ओर से वसूल किए पैसे का उन्होंने जिस तरह गलत उपयोग किया, वे सभी बातें बयान करने में हमें स्वयं लज्जा आती है। उन्होंने अपनी जाति के ब्राह्मण-पंडा-पुरोहितों के लिए जगह-जगह पर देवी-देवताओं के नाम संस्थानों-मठों-मंदिरों की स्थापना करके वहाँ उन्होंने उनके लिए अन्न-छत्र भी शुरू कर दिए। प्रजा की ओर से पैसा वसूल होने के तुरंत बाद ही ब्राह्मण-भोजन के निमित्त फलाने संस्थान के लिए दो लाख रुपये, फलाने संस्थान के लिए पचास हजार रुपये, इस तरह के प्रस्ताव करके पैसा बाँट दिया जाता था। हर दिन पर्वती[1] जैसे संस्थान (मंदिर) पर, आज क्या है, तो सिर्फ ब्राह्मणों को घी-रोटी का भोजन और ऊपर से दस-दस रुपया दक्षिणा दिया गया। आज क्या है ? ब्राह्मणों को लड्डू का भोजन और ऊपर से बीस-बीस रुपया दक्षिणा दिया गया। आज ब्राह्मणों को केशर-भात का भोजन और ऊपर से हर एक को मुट्ठी भरके रुपया दक्षिणा दिया गया। इसके अलावा कई ब्राह्मणों को शाल-जोड़ा, कइयों को साफा, कइयों को धोती-जोड़ा, कइयों को इच्छानुरूप वर्षासन देने की नियुक्तियाँ होती थीं। इस तरह हर दिन ब्राह्मणों को इच्छानुरूप, पर्याप्त मात्रा में भोजन दिया जाता था और ऊपर से बेहिसाब दक्षिणा और बख्शीश दिया जाता था, इससे गरीब प्रजा को बहुत ही कष्ट सहने पड़ते थे। इस तरह ब्राह्मण-शासक प्रजा से लगान (कर) के रूप में वसूल किए गए सारे रुपये-पैसों की, धन-दौलत की बर्बादी कर देते थे।

सचमुच उस समय प्रजा की क्या यह स्थिति थी कि वह अपने पेट का, अपने बाल-बच्चों का गुजारा करके सरकार को कर दे सके ? इस संबंध में कुछ कहने की गरज ही नहीं। उनकी जो भी स्थिति थी, उसको शब्दों में बयान नहीं किया जा सकता। बेचारे गरीब प्रजा को रात और दिन लहलहाती धूप में, बरसती बारिश में और चलनेवाली सर्दी के दिनों में समान रूप से खेत-खलिहान में ही मेहनत करते हुए, खून-पसीना बहाते हुए रहना पड़ता था। उनको अपना और अपने बीवी-बच्चों का तन-बदन ढकने के लिए जोड़ा-मोटा कपड़ा तथा पेट की आग बुझाने के लिए रूखा-सूखा भोजन जुटाने में भी बड़ी हाय-तौबा मचती थी। उनके सिर पर क्या रहता था ? फटी-पुरानी बीस या पच्चीस हाथ लंबी चिंदी जिसको फेंटा कहने

1. पूना का एक प्रसिद्ध हिंदू-मंदिर।

में बड़ी लज्जा आती है। प्रजा का नंगा बदन पूरा धूपकाला और पूरी बरसात गुजर जाती है, कभी बदन पर फटा-पुराना कोई चुभनेवाला धुस्सा होता है, पाँव में पाँच-सात जगहों पर सिलाई हुई, ऊपर से रस्सी के टुकडे से बाँधी फटी हुई जूतियाँ, वह भी जब कभी धूप हो, उसी समय पहनी जाती थी। और धूपकाला बीत जाने के बाद दूसरे साल के धूपकाले तक के लिए उसी तरह हिफाजत के साथ रखा जाता था। शेष पूरे साल-भर के लिए जूता क्या चीज होती है, यह पाँव को भी पता नहीं होता था। आगे और क्या कहना चाहिए। उन्हें पहनने के लिए हाथ-सवा हाथ लंबा चिथड़ा भी मिलना दरकिनार, बाजार से छदाम पैसे की कोई वस्तु खरीदकर लाना हो तो वह लाने के लिए उसी के एक छोर पर या साफे में बाँधना पड़ता था, लेकिन उस चीज को लाने के लिए दूसरा कपड़ा या थैला मिलना दरकिनार। यही उसके स्वयं के तन-बदन पर पहने हुए कपड़ों की असलियत होती थी।

अब आप यदि उनकी औरतों के कपड़ों के बारे में पूछेंगे, तो उनके बारे में कुछ कहने-बताने में बड़ा संकोच हो रहा है। वह बेचारी उसके साथ क्या समझ-कर अपना दिन गुजार रही है, वही जानती है; किंतु उसकी ओर से उसे तिलभर भी सुख नहीं मिलता। उसको कोई मोटा-जाड़ा धुस्सा करीबन दो या ढाई रुपये कीमत पर मिल जाए, तो उन्हें एक-दो साल तक चलाना पड़ता था। उनको स्नान करने के बाद बदलने के लिए दूसरी साड़ी या कोई दूसरा चिथड़ा भी नहीं मिलता था। लेकिन उनके पीछे इतना काम लगा रहता था कि वही साड़ी या धुस्सा, उसी को चार-चार या पाँच-पाँच दिन तक बिना धोए ही पहनना पड़ता था। उन्हें जब कभी काम से फुरसत मिली, तो नदी, नाला या तालाब पर जाकर पहने हुए धुस्से या साड़ी का आधा हिस्सा बड़ी लज्जा से दुखी होकर शरमाते हुए तन-बदन से उतार लेना पड़ता था और वह उसे पहले धो डालती थी। उसी प्रकार जब वह साड़ी या धुस्सा जीर्ण होकर फटने लगता है तब उस फटे हुए एक हिस्से को पहले सिलाती है। बाद में उसे पहनने के बाद दूसरे हिस्से को सिलाती है। आगे वही साड़ी या धुस्सा फटते-फटते उसका सात या आठ हाथ लंबा चिथड़ा बच जाता है। लेकिन उस चिथड़े पर इतने चिथड़े लगे हुए रहते हैं कि मूल में यह किस रंग की साड़ी या धुस्सा था, यह बताना भी मुश्किल हो जाता था। इस तरह अपने तन पर अपर्याप्त धुस्से का चिथड़ा या साड़ी का चिथड़ा बड़े ढंग से पहनकर, सिर पर गोबर का टोकना रखकर भरे बाजार में जाना पड़ता था। अफसोस ! यह कितने दुख की बात है, सच बताइए !

यह हकीकत बयान करते समय सचमुच में शूद्र लोगों के दिल के टुकड़े-टुकड़े होते होंगे, इसमें कोई शक नहीं। उन्हें ऐसा लगता होगा कि हम लोगों ने फिजूल जन्म ग्रहण किया है। बेहतर होता यदि हम पैदा होते ही मर गए होते। लेकिन

अपनी आँखों से अपनी औरतों का यह बेहाल देखना बेकार है। एक बार मनुष्य अपने लिए कोई भी मुसीबत हो, तन को किसी भी प्रकार की पीड़ा क्यों न हो, फिर भी वह सब सह लेगा, लेकिन अपने प्रिय जनों का यह हाल होता हो तो वह कभी भी सह नहीं सकता। वहाँ तो देखते ही देखते केवल मरा हुआ हो जाता है। यदि उन्हें ऐसा लग भी रहा हो तब भी वे गरीब लोग कर भी क्या सकते हैं? पूरी तरह से निराशा छाई हुई थी। विरूपायी थे। उन्हें खाने-पीने के लिए भी कुछ अच्छा मिल जाता, तो गनीमत थी। इसके बारे में ख्वाब में भी कल्पना नहीं की जा सकती थी। हर दिन ज्वार की या बाजरे की या जोंधरे की रोटी केवल नमक के साथ, कभी हरी-लाल मिरची के साथ या प्याज के साथ खाना पड़ता था। कभी सब्जी के लिए यदि तेल मिल जाए तो नमक मिलना मुश्किल था; नमक मिला तो मिरची मिलना मुश्किल था। कभी ज्वार की या जोंधरे की कनकी को भूनकर उसका सत्तू बना करके खाते-पीते थे। कभी-कभी केवल पत्तीवाली सब्जी-भाजी को ही उबालकर खाते थे। कभी-कभी जंगल के उदुंबर (गूलर) खाकर उसी के सहारे अपना गुजर-बसर करते थे। कभी-कभी तो सिर्फ पानी पीकर और पेट को रस्सी से बाँधकर खेती-खलिहानों में खून और पसीना बहाते रहते थे।

इस तरह दरिद्रता से पीड़ित प्रजा के रुपयों-पैसों को (बड़ी मेहनत से कमाया हुआ पैसा कर द्वारा छीन करके) ऊपर कहे मुताबिक, अपनी जाति-बिरादरी के ब्राह्मणों को भोजन देने में ही फूँक दिया जाता था, यह बड़ी निंदनीय और कुधर्म-नीति की बात थी। उन पैसों का करीब-करीब कुछ अंश भी यदि इस प्रकार के तालाब, सागर, बाँध, कॅनाल बनाने में या उसी प्रकार के दूसरे अच्छे कामों में खर्च किया होता और शेष रुपया-पैसा आर्य ब्राह्मणों की मस्ती, ऐयाशी और निठल्लेपन को बढ़ावा देने में खर्च किया होता, तब भी उससे प्रजा का बहुत बड़ा कल्याण हुआ होता। प्रजा अन्न-वस्त्रों के लिए न घर की न घाट की बनी होती। ब्राह्मण और ब्राह्मण्यग्रस्त राजाओं के नाम को भी कलंक न लगा होता। उन्होंने किसानों के खेतों में इस तरह से, मतलब कॅनाल आदि खुदवाकर पानी पहुँचाने की व्यवस्था की होती, तो उनके खेतों में हरियाली ही हरियाली छाई हुई रहती, समय-समय पर अनाज की एक फसल के बाद दूसरी फसल आती और इस तरह से किसानों में बड़ी आसानी से पहले से दुगुना-चौगुना कर (महसूल) देने की सामर्थ्य आई होती। उससे पंडा-पुरोहित, सत्ताधारी और ब्राह्मण लोग भी मनचाहे लड्डू का भोजन खाकर उठने के बाद उनको भली मोटी दक्षिणा देने की सामर्थ्य भी आई होती। ब्राह्मण-पंडे ओकने तक भोजन कर सकते थे। जो ब्राह्मण-पंडा जितने लड्डू खाएगा, उस हर किसी को हर लड्डू के लिए जहाँ दस-दस रुपये इनाम के रूप में मिलते थे, वहाँ बीस-बीस, तीस-तीस रुपया भी देने की सामर्थ्य प्रजा में आई होती, किंतु स्वार्थी, धूर्त, स्वहित बुद्धि की वजह से या अपने स्वजातीय स्वार्थी भावना की

वजह से यह विचार उन्हें सूझा नहीं।

उस समय कॅनाल वगैरह न होने की वजह से किसानों की बहुत ही बुरी हालत होती थी, जिसका परिणाम अभी उन लोगों में से सैकड़ों गरीबों को भोगना पड़ रहा है। अभी भी जिन-जिन देशों में खेती के काम के लिए पानी खेतों तक पहुँचाने के लिए कॅनाल नहीं खुदवाए गए, उन देशों के किसानों को खेती के काम के लिए पानी की बहुत ही असुविधा है, यही कहना चाहिए। वहाँ के किसानों को अपने (किसानी काम पर निर्भर, अपनी दरिद्री अवस्था में) देश में कॅनाल होने तक गरीबी से मुक्त होने के लिए दूसरा रास्ता भी नहीं है। यहाँ के अधिकांश लोग जानते हैं कि नई सरकार के देश में किसानी काम अधिकांश मात्रा में कॅनाल पर ही चल रहे हैं। उसी की वजह से वहाँ के किसानों की स्थिति भी बहुत अच्छी है। उसी तरह इस देश में निजाम सरकार के राज्य में जहाँ-जहाँ कॅनाल हैं, वहाँ-वहाँ कुनबी[1] लोग खा-पीकर अच्छे सधन हैं। लेकिन पहले के जमाने में खेतों को आसान तरीके से इस तरह समय-समय पर पर्याप्त पानी पहुँचाने की सुविधा न होने की वजह से इस देश के विभिन्न प्रदेशों के कुनबी आदि किसानी करनेवाले लोगों पर बहुत ही भयानक मुसीबतें आती थीं। खेतीबारी का काम पानी पर ही बहुत ज्यादा निर्भर करता है, इसीलिए खेती के लिए पानी है तो किसानों का सब कुछ है। और यदि खेती के लिए पर्याप्त पानी नहीं है, तो बेचारे किसान हर सुख-सुविधा से वंचित हो जाते हैं, क्योंकि यदि उन्हें पानी की सुविधा अनुकूल है, तो खेती कैसी भी हो, चाहे पथरीली हो, बालुकामय हो, तब भी वे किसान उसमें अनाज पैदा कर सकते हैं। बहुत बड़ी बात क्या कहना, एक बार के जलसिंचन से उस तरह की पथरीली खेती पर फलों के पेड़ लगाए जा सकते हैं और अनाज भी पैदा किया जा सकता है। फिर उन फलों-फूलों का या अनाज का मौसम हो या न हो, इसके लिए एक मामूली उदाहरण देखिए—'आउंदा'[2] के नजदीक जिस जमीन पर फिलहाल अपने गव्हर्नर साहब का बंगला है, वह भूमि पथरीली होने की वजह से हम लोगों को कुछ ही दिन पहले किसी भी प्रकार की फसल उगाने में अयोग्य लगती थी। उसी जमीन पर फिलहाल फलवृक्ष, पुष्पवृक्ष और दूसरे कई तरह के पेड़-पौधे, वनस्पति लगाने की वजह से वहाँ एक सुंदर, अनोखा बाग बन गया है। आज पूना शहर में भी उस जैसा बाग जो काली भूमि पर अच्छी तरह हिफाजत में होने पर भी मिलना अपवाद स्वरूप ही मानना चाहिए।

लेकिन ऐसी पथरीली भूमि पर इस तरह का बेहतरीन बाग बन जाना, सचमुच में यह बहुत ही आश्चर्य की बात है। साधारण सोचने पर भी उसका मुख्य कारण

1. महाराष्ट्र की खेती करनेवाली एक जाति, जैसे उत्तर भारत में कुर्मी।
2. पूना के नजदीक का एक स्थान।

उस भूमि तक नदी से पानी का नल लगवाकर जहाँ-तहाँ पानी ही पानी फैला दिया गया है, इसके अलावा आदमी के श्रम भी कारण है ही, लेकिन वही मुख्य कारण हैं, ऐसा नहीं कहा जा सकता; बल्कि उसमें पानी ही मुख्य कारण समझना चाहिए। इसीलिए किसानों को किसानी के लिए पानी ही मुख्य चीज है।

हमारे किसान ऐसा मानते हैं कि यदि वहाँ पानी है, तो वही उनकी धन-दौलत है। उसी में उनकी सभी सुख-सुविधाएँ और ऐशो आराम की चीजें हैं, क्योंकि उनको यदि एक ही साल में पानी मिलना बंद हो जाए तो उनकी सारी सुख-सुविधा चली जाती है, धन-दौलत चली जाती है, उनका ऐश्वर्य चला जाता है, और वे किसान अपने बीवी, बाल-बच्चों के साथ बड़ी बुरी हालत में पड़ जाते हैं। कई किसानों को अपनी जान तक खो देनी पड़ती है। कभी देश भी त्याग देने की नौबत आ जाती है। कुछ किसान अनाज के दाने-दाने के लिए न घर के न घाट के हो जाते हैं। अब आप ही बताइए, ये बातें किस वजह से घटती हैं? और फिलहाल किस वजह से घट रही हैं? इसके संबंध में लिखना आवश्यक लग रहा है, इसलिए यहाँ चंद बातें लिख रहा हूँ।

सृष्टिक्रम के अनुसार वर्षा किसी भी एक देश के एक हिस्से में बरसने पर दूसरे हिस्से पर बरसती नहीं, इस तरह वर्षा एक हिस्से में बरसती है तो दूसरे हिस्सें में नहीं। इसी कारण किसानों को हर दस-पंद्रह साल बाद फसल-पानी की अपर्याप्तता महसूस होने लगती है। इस प्रकार की अपर्याप्तता महसूस होने पर कई किसान पिछले साल की बचाकर रखी हुई फसल जो परिवार के सभी लोगों के लिए छह माह तक चल सकती है, वह संपूर्ण खा जाने के बाद उसके पास अगले साल में बीज बोने के लिए न कुछ अनाज शेष रहता है और न पैसा। जब इस तरह की मुसीबत किसानों पर आती है तब मारवाड़ी और ब्राह्मण साहूकार लोग मालामाल बन जाते हैं। इसके बारे में कुछ कहना शब्दों की सीमा के बाहर की बात है। ब्राह्मण-बनिया लोग ऐसी मुसीबत में पड़े हुए कुनबी को अपना परम मित्र मानकर बड़ी खुशी मनाते हैं। ब्राह्मण साहूकार उनके घर जाकर पूछता है कि "कहिए पाटिल ! मुझे ऐसा लगता है कि आप बड़ी चिंता में पड़े हुए हैं, आखिर क्या कारण है ?"

फिर पाटिल कहता है, "महाराज, क्या बताऊँ ! पिछले साल बारिश नहीं हुई, इसलिए पहले का बचाया हुआ जो कुछ अनाज था, उसको अभी तक खाते रहे। अब तो कुछ भी शेष नहीं है। बीज बोने का समय करीब आ गया है। अब क्या करूँ, कुछ समझ में नहीं आ रहा है।" किसान अपनी दास्तान सुनाता रहता है।

यह सुनकर ब्राह्मण साहूकार उससे कहता है कि "कोई चिंता करने की बात नहीं। यदि तुमको बीज बोने के लिए दस-बारह रुपये लगते हैं तो मैं तुम्हें दे देता

हूँ।"

इस बात पर बेचारा गरीब किसान मन-ही-मन में सोचता है कि यह ब्राह्मण साहूकार हमसे कुछ परिचय न होने पर भी घर आकर कहता है कि आप लोग बड़ी मुसीबत में हैं, इसलिए गरज हो तो दस-बारह रुपये ले लो। इसका मतलब, उसने हमको फँसाने के लिए कोई दुष्ट योजना बनाई होगी, यह कैसे कहा जा सकता है! इसलिए इस बात पर किसी भी प्रकार का ध्यान न देते हुए, फिलहाल तो अपनी पैसे की गरज निभ रही है, इस बात की ओर सारा ध्यान लगाकर उससे अपने लिए दस-बारह रुपये देने की विनती करते हैं।

ब्राह्मण साहूकार भी 'ठीक है' कहकर कहता है कि "कल घर आते समय स्टंप लेकर चले आना और अपने किसी भाई-बंद या बालबच्चा हो तो उसे भी साथ ले आना। अच्छा, पाटिल, तुम्हारा काम बिलकुल हो गया, समझ लो। पाटिल! मैंने तुमको क़ागज वगैरह साथ लाने के लिए कहा है, इसके लिए मन में किसी भी प्रकार की शंका न आने दो। मेरा तुम पर पूरा भरोसा है। मैं उन लोगों में से नहीं हूँ, जो लोगों को ठगते हैं। कितना भी हो, तुम और हम एक ही गाँव के हैं। तुम्हारा और हमारा धर्म एक ही है। फिर मैं तुम पर क्यों अन्याय करूँगा? हे भगवान! यह ख्वाब में भी नहीं लाना। तुम्हारे बारे में मेरे मन में वही करना होता तो मैं स्वयं तुम्हारे घर तक क्यों चलकर आया होता और क्यों पूछता कि तुम्हें कुछ कठिनाई हो तो मैं तुमको कुछ रुपये-पैसे की मदद करता हूँ? बिलकुल नहीं।"

इस तरह से इधर से उधर की ऊपरी दिखावे की, सहानुभूति की बातें करके लिखा-पढ़ी करने तक किसानों को फुसलाया जाता है। दूसरे दिन स्टंप लाने के बाद कुलकर्णी आदि लोगों की ओर से उसमें विभिन्न प्रकार की शर्तें लिखवा ली जाती हैं। बाद में उस पर उसकी, उसके भाई-बंदों की या बच्चों की सही साक्ष लेकर उसके हाथ में लिखने आदि का खर्च कम करके दस-बारह रुपये में से नौ-दस रुपये दे देते हैं, फिर कागज-पत्र लिखकर कुछ दिन बीत जाने के बाद उसको उस पैसे का पूरा ब्याज-मूल मिल भी गया, तब भी उस ब्याज का ब्याज और उसका ब्याज लगाकर उसके बच्चे की शादी के लिए कुछ और पैसे देकर, उसके लिए नया कागज-पत्र लिखवा लिया जाता है। बाद में कुछ दिनों के बाद उसके ब्याज का हिसाब लगाकर पुनः नया कागज लिखवा लिया जाता है। इस तरह क्रम जारी रहता है। इससे उस बेचारे किसान पर तीन-चार महीने में करीबन दो-ढाई सौ रुपये का कर्ज हो जाता है। फिर ब्राह्मण साहूकार उसके लिए सरकार दरबार में फरियाद करके उस किसान पर ऊपर से कोर्ट-खर्च मिलाकर तीन सौ या सवा तीन सौ रुपये का हुक्मनामा करके जब किसान के खेतों में फसल निकालने का मौसम होता है, उस समय किसान की फसल पर जब्ती लाई जाती है।

यह कितना अफसोस ! ऐसे समय जो दुखभरी स्थिति अपनी आँखों के सामने घटती है, उसको पूरी तरह शब्दों में बांधना एकदम असंभव है। उस गरीब किसान ने अपने बीवी-बच्चों के साथ मौजूदा हालात में कपड़ा-लत्ता और अनाज-पानी के अभाव में बड़े बुरे हाल बर्दाश्त किए; पूरे साल-भर धूप, बरसात और सर्दी के दिनों में रात-दिन एक करके मेहनत करते रहे, लेकिन अब उस मेहनत का कुछ थोड़ा-सा फल पाने की स्थिति आई, तो साहूकार का हमला हुआ। उनके साथ कारकुन और सिपाही आकर दरवाजे पर खड़े हो जाते हैं, तब क्या पूछना ! उस समय उस गरीब किसान की क्या हालत हो जाती होगी ! किसान और उसके परिवार के लोग मन-ही-मन सोचते हैं कि यह साहूकार (हम सबका यमरूपी ब्रह्म-राक्षस) डरावना रूप धारण करके अपने इन दूतों के साथ हमारी जान तो लेने नहीं आया ? बेचारे बाल-बच्चों के रोने-धोने का हो-हल्ला शुरू हो जाता है। औरतें घबराकर आँखों से आँसू बहाने लग जाती हैं। उन सब पर एक तरह से दुखों का पहाड़ टूट पड़ता है। उन सब को दिशाएँ नजर आती हैं। और वे भगवान से प्रार्थना करने लगते हैं कि 'हे भगवान ! इस तरह की बुरी स्थिति जो हमारे सात जन्म के दुश्मन हों, उन पर भी न आने दो !' लेकिन साहूकार किसान के घर में रखा हुआ अनाज और अन्य चीजें बाहर निकालने लग साता है। फिर किसान बार-बार उसके पाँव पर सिर रखकर उसे समझाने-बुझाने की कोशिश करता है, लेकिन सब औंधे घड़े पर पानी ! बेचारी औरत दर्द-भरे स्वरों में साहूकार के सामने अपना आँचल फैला के कहती है कि "महाराज ! आपका ब्याज और मूल रकम कब की अदा कर दी गई है, लेकिन फिर भी आपने ब्याज पर ब्याज लगाकर हम पर इतना कर्ज निकाला है। अच्छा, उसे भी अदा करने के लिए हम लोग नाकबूल नहीं हैं, लेकिन कृपया कुछ धीरज रखिए। आप हमको बचाइए, वरना हम सब बर्बाद हो जाएँगे और हमारे बाल-बच्चों के बहुत ही बुरे हाल हो जाएँगे। मेरे ये अनाथ दो-दो, तीन-तीन साल के मासूम बच्चे भूख-भूख करके तड़प-तड़पकर मर जाएँगे। महाराज ! अब आप देख ही रहे हैं कि इन मासूम बच्चों के तन पर धूप, बारिश और सर्दी से बचने के लिए एक हाथ लंबी चिंदी भी नहीं है। उनके खाने-पीने के हाल तो पूछो ही नहीं। फिर आप, यदि यह सब, अनाज-पानी ले जावेंगे तो इन मासूम बच्चों के क्या हाल होंगे ? ये मासूम बच्चे अपनी अनाथ सूरत किसके सामने ले जाएँगे ? हे महाराज ! आप स्वयं तो दया, क्षमा और शांति के प्रतीकस्वरूप हैं। आप दीनानाथ, दीनबंधु हैं। इसीलिए तो आपको भूदेव कहा जाता है। आप इन बच्चों पर थोड़ा रहम कीजिए। कुछ थोड़ा अनाज तो इन मासूम बच्चों के लिए रहने दीजिए, यही मेरी दोनों हाथ जोड़कर आपसे प्रार्थना है। मेरी प्रार्थना को ठुकराना आपके लिए किसी भी दृष्टि से उचित नहीं।"

उस नारी का इतना भाषण सुनकर वह साहूकार गुस्से में आकर आँखें चढ़ाकर कहना है कि "मूर्ख कहीं की ! शूद्रिन होकर तू हम को ज्ञान सिखाना चाहती है ? तेरा यही कहना है न कि हमें अपना कर्ज छोड़ देना चाहिए, माँगना नहीं चाहिए ? निश्चित होकर हम अपने घर बैठ जाएँ, तो बस हो गया !"

उस साहूकार के इन शब्दों को सुनकर उस बेचारी को न हाँ-न चूँ करके मुँह दबाकर बैठ जाना पड़ता है। इसी प्रकार किसान के घर के सभी लोगों को उस साहूकार की खुशामदखोरी करनी पड़ती है, लेकिन वह साहूकार उनकी ओर किसी भी प्रकार का ध्यान न देते हुए अपने चलाए गए दुष्ट हेतु को सफल बनाने के लिए सारा अनाज-पानी समेट करके चला जाता है और जो वसूल हुआ वह कुल रकम मे घटा करके शेष के लिए पुनः उसी तरह चार-चार, पाँच-पाँच साल तक वही दुष्ट चक्कर चलाता है, जिससे उस किसान की शोचनीय हालत हो जाती है।

उस मामूली कर्ज के लिए, सात-आठ रुपये की छोटी-सी उधार रकम के लिए उसका सारा खेत हड़प लिया जाता था। उसके जानवर हड़प लिए जाते थे। कुआँ-बाग हड़प लिए जाते थे। अंत में स्थिति ऐसी आती थी कि वह किसान भी न घर का न घाट का रह जाता था। वह अपने-आपको ही समाप्त कर देने के लिए मजबूर हो जाता था।

खैर, छोड़िए इन बातों को। इन ब्राह्मण-बनिया आदि साहूकारों ने अपनी इस अंग्रेज सरकार के दयालु शासन में भी उन गरीब शूद्रों से ब्याज-मूल रकम के साथ वसूल तो कर लिया, फिर भी उन गरीब शूद्र किसानों को मटियामेट कर देने पर ही चैन की नींद लेते थे। एक साल बारिश न होने से स्वकीय (अपनी) राजसत्ता में किसानों को इतना कर्जदार बनना पड़ता था, तो स्वकीय लोग उनकी और क्या दुर्गति नहीं करते होंगे, इस बात की आप सभी जानकार लोग ही कल्पना कर सकते हैं।

उस समय उस सरकार में फरियाद करने की भी कोई गुंजाइश नहीं थी, क्योंकि उन्हीं के घर में सरकार थी। साहूकार किसान को मार-पीट करके मनचाहे प्रकार से उसकी सारी फसल जबर्दस्ती से छीनकर ले जाते थे। साहूकार उनके जानवरों को भगाकर ले जाते थे। दूसरी जगह जाकर बेच देते थे। उनके रिश्तेदारों को बेहाल करते थे; उनको उजाड़ देते थे। ये साहूकार लोग किसानों के सिर या पीठ पर बहुत बड़ा बोझ रखवाते थे। उसको लहलहाती धूप में खड़ा करते थे और नीचे से मिरची का धुआँ देते थे। उसके शरीर के नाजुक हिस्से को ऐंठते थे और गोल डंडा डालकर उसको बेमुरव्वत मारते थे। इसी तरह से उस समय की सरकार के ब्राह्मण नौकर किसानों से महसूल (कर) वसूल करते समय उनको हर तरह से त्रस्त करने का ही काम करते थे।

आज के कई सुधरे हुए पढ़े-लिखे विद्वान आर्य ब्राह्मणों की स्वकीय पेशवाई[1] में हुए जुल्म-ज्यादती के बारे में पूरी-पूरी जानकारी रखते हैं, लेकिन वे लोग अपनी जाति-बिरादरी के लोगों के डर से यह स्पष्ट रूप से सरेआम कहने की हिम्मत नहीं करते कि अंग्रेजी राजसत्ता के कारण ही सचमुच में आर्य ब्राह्मणों की जुल्म-ज्यादतियों से अज्ञानी शूद्र किसानों की मुक्ति हुई है। ऐसे नकली, डरपोक विद्वानों से समाज को कोई फायदा नहीं है; बल्कि ये विद्वान लोग जैसे-तैसे अपना समय काटने के लिए बड़े-बड़े सार्वजनिक सभा-स्थानों पर खड़े होकर जगह-जगह पर भाषणबाजी करते हैं कि 'पहले की अपेक्षा फिलहाल इन तीस सालों में शूद्र किसानों की स्थिति अच्छी है' लेकिन ये विद्वान लोग यह नहीं जानते कि अंग्रेज राजसत्ता के हम देशवासियों पर बहुत उपकार हैं। उनमें से कई नमकहराम बनकर राज्य के लिए जो कुछ स्वाभाविक मामूली दोष हैं, उन दोषों की सूक्ष्मता दर्शक-दृष्टि से दिखलाने वाले हैं, उन दोषों की ओर अँगुली निर्देश करनेवाले कुछ हैं, और कुछ कई तरह की मूर्खतापूर्ण सनातनी धारणाएँ रखनेवाले ब्राह्मण-पंडे-पुरोहित हैं। जो लोग केवल जाति का अभिमान मन में रखकर, उनके पक्ष का समर्थन करके उन्हें बड़ी खींचातानी से सद्गुणों का नकली रूप देने के लिए आगे-आगे दुम हिलानेवाले थे अब कहते फिर रहे हैं कि 'पहले पेशवाई[1] में शूद्र किसानों को जो सुख-सुविधाएँ थीं, उनका तो कहना ही क्या ! उस तरह की सुख-सुविधाओं का तो इस राजसत्ता में अंश भी नहीं है। उस समय शूद्रों की रहन-सहन बहुत ही अच्छी थी। उनकी रूढ़ियाँ, उनके रस्म-रिवाज भी बहुत ही अच्छे थे। सब कुछ अमन-चमन था। शूद्रों में सत्य, सत्गुण, सदाचार, प्रामाणिकता और धर्म आदि तमाम गुण मौजूद थे। सब लोग अपने परंपरागत जाति-रिवाज के अनुसार चल रहे थे। उस समय शूद्र किसानों के पास इतना रुपया-पैसा था कि जिधर देखिए उधर शूद्रों के घर से सोने का धुआँ निकलता था। अब यह सारा वैभव, ऐश्वर्य समाप्त हो चुका है। वह सनातन नीति भी समाप्त हो चुकी है। वह सनातन धर्म भी समाप्त हो रहा है। और वह धन-दौलत भी समाप्त हो रही है।'

इन दोनों के कहने में कितना सत्य है, इस बात पर सोच-विचार करने की जिम्मेदारी आप जैसे पढ़े-लिखे लोगों पर डाल करके विषय को मैं यहीं समाप्त कर दे रहा हूँ।

15 जून, 1885 ई० स०

—जोतीराव गोविंदराव फुले

घर नंबर 395

जुनागंज पेठ, पूना,

---

1. पेशवाई—पेशवाओं की शासन-व्यवस्था। मराठा साम्राज्य के प्रधानमंत्रियों को पेशवा कहते थे।

गाँव पुरोहित के बारे में सूचना

ग्रामजोशी के अधिकारों के संबंध में मुकदमा नम्बर 831

(सन् 1884 का हासिल)

सूचना

हिंदू धर्म के सभी अनुयायियों को खास तौर पर मराठा, माली, कुनबी, धीमर, धनगर आदि जाति के लोगों को इस पत्र के द्वारा सूचित किया जाता है कि ब्राह्मण लोग हमारे लोगों की ओर से शादी-ब्याह के समय या देवी-देवताओं की पूजा-प्रार्थना करने के समय और अन्य शुभ-अशुभ कार्यों के समय मनचाहे प्रकार से रुकावट डालकर यजमानों से पैसा माँगते हैं। इन तमाम कारणों से और हर आदमी को धर्म से संबंधित अपना हर कार्य करने के लिए हिंदू धर्म-शास्त्रों की पूरी स्वतंत्रता होने की वजह से आज कई दिनों से ऊपर दर्शाए गए जाति के लोग इस बंबई इलाके की कई जगह पर बिना ब्राह्मण-पुरोहितों के ऊपर दर्शाए गए धर्म-संबंधी कार्य कर रहे हैं; बालाजी उर्फ काशीबा कुशाजी पाटिल डुमरे ने बिना पंडित के स्वयं अपने हाथों अपनी दोनों बेटियों का विवाह रचाया है लेकिन इन लोगों द्वारा अपना धार्मिक कार्य स्वयं करना जोशी-पुरोहितों को अच्छा नहीं लग रहा है। उनको बगैर खून-पसीना बहाए हराम से मिलनेवाली आय डूबती हुई दिखाई दे रही है। पाटिल ने भी स्वयं अपने हाथों अपनी बेटियों का ब्याह रचकर पुरोहितों का साढ़े छः आने का नुकसान किया है और इसी बात को देख करके जुन्नर प्रांत के जगन्नाथ, शंकर बापूजी, बलवंत सखाराम, रामचंद्र सदाशिव जोशी, उदास आदि ब्राह्मण-पुरोहितों ने ओतूर के कुछ पुरोहितों (जोशी) को आगे करके उस नुकसान का मुआवजा बालाजी से वसूल करने के लिए जुन्नर के कोर्ट में मुकदमा दर्ज किया है। आज के युग के स्वरूप को देखते हुए ब्राह्मण-पुरोहितों का अन्य लोगों पर कोई हक ही नहीं है, यह बात न्याय की नजरों में पूरी तरह सत्य है। न्यायकर्ता महादेव श्रीधर, सबॉर्डिनेट जज, जो जाति से ब्राह्मण

हैं, इन्होंने अपने ब्राह्मण फरियादी के स्वरूप की ओर देखकर ता० 29 मार्च, 1886 को इस तरह का प्रस्ताव मंजूर किया कि हर शादी के मुआवजे के रूप में गैर-अर्जदार बालाजी पाटिल डुमरे को चार आने मतलब दोनों शादियों के लिए आठ आने देने चाहिए। इस फैसले के विरोध में ऊँचे कोर्ट में गैर-अर्जदार की ओर से अभी तक कोई अपील नहीं की गई है। लेकिन अपील का निर्णय होने तक हमारे लोगों को मतलब जिनके घर में शादी-ब्याह होंगे, उन्हें प्रति शादी के लिए उपर्युक्त माननीय सब-जज साहब के प्रस्ताव के अनुसार फिलहाल केवल चार आने शादी की पूरी विधि करने के बाद देने पड़ेंगे, यह सभी को सूचित किया जा रहा है।

अर्जदार का नंबर 831
सन् 1884 का

जुन्नर कोर्ट की मुहर

JUDGE
JUNAR
SUBORDINATE
COURT

जोतीराव गोविंदराव फुले
नारायण मेघाजी लोखंडे
भाई कोंडाजी पा० डुंबरे
रामचंद्र तुकाराम हेजीब
लक्ष्मण गणुजी शेटे
विश्राम कुशाची पा० पवार
रावजी मल्हारजी बोकड
संत रामजी लाड
चिमणाजी मथाजी पा० डुंबरे
गणु बापुजी पा० डुंबरे

मामा परमानंद को पत्र

मुकाम—पूना
ता० 2, माह—जून, 1886

माननीय नारायणराव माधवराव परमानंद,
मुकाम—आंबेर

प्रणाम ।

आपका ता० 30 गत वर्ष का कृपापात्र प्राप्त हुआ। इसी तरह पूना के एक हाईस्कूल के अध्यापक भागवत ने शंकर तुकाराम द्वारा संकलित प्रसिद्ध पँवाड़ों की किताब से कुछ गायकों की रचनाएँ मुझे लाकर दी हैं। उनको देखकर मैंने उससे एक बार कह दिया था कि, इन पँवाड़ों की किताब मेरे पास नहीं है और उसको देखे बगैर उसके बारे में कुछ भी सूचित करना मेरे लिए असंभव है। फिर उसने उस किताब को लाकर देने का मुझसे वादा किया था, लेकिन उसने जो वादा किया था, उसके अनुसार उन पँवाड़ों की किताब को लाकर नहीं दिया। इसलिए उसके बारे में मैं आपको कुछ भी लिख करके सूचित नहीं कर सका।

हरामखोर गोपीनाथपंत की मदद से शिवाजी ने धोखे से अफजल खान की हत्या की? तान्हाजी मालुसरे ने गोह की मदद से सिंहगढ़ किला हथिया लिया था और शिवाजी ने पूना में डाका डालकर मुसलिम लोगों की हत्या कर दी थी—इन सभी अधूरी असलियतों के सही पँवाड़े अभी तक मैंने सुने नहीं हैं। आज तक योरोपियन लोगों ने जो कुछ इतिहास लिखा है, वह सारा इतिहास शूद्रादि-अतिशूद्रों की असलियत स्थिति को बगैर जाने-पहचाने आर्य ब्राह्मणों के ग्रंथों के आधार पर और ब्राह्मण-कर्मचारियों के कहने पर भरोसा करके लिखा गया है और आजकल ब्राह्मण-पंडितों के विद्वान लड़के नये पँवाड़े लिख रहे हैं और गा भी रहे हैं। उनमें से कई लोगों को मैंने देखा है और शूद्रों द्वारा कमाए हुए मोतियों के दाने चुगनेवाले भागवती, गौब्राह्मण और दादोजी कोंडदेव जैसे लोगों को बेमतलब मेहमान बनाया गया, इसलिए मैंने उस तरह के नकली पँवाड़ों का संग्रह करना उचित नहीं समझा।

आठ साल पहले की बात है, जब मैं आपसे मिलने के लिए बंबई में आपके घर पर आया था, उस समय पांचगणी के पाटिल रामपा के सामने मैंने आपसे यह

वादा किया था कि मैं शूद्र किसानों की लाचार स्थिति के बारे में कुछ बातें दुनिया के सामने रखूंगा। उस वादे को मैंने निभाया है और किसानों की लाचार स्थिति के संबंध में मैंने जो अनुभव किया, उन बातों को 'कोड़ा (असूड़)' नाम से तीन साल पहले एक किताब लिखी है। उस किताब की एक-एक प्रति कलकत्ता के आपके हरभास और अष्टपहलू गव्हर्नर जनरल साहब और श्रीमंत महाराज बड़ौदा के गायकवाड़ सरकार को भेज दिया है। हमारे शूद्रों में जो छपाई का काम करने-वाले हैं, उन सभी के डरपोक होने की वजह से, उस किताब की छपाई का काम कुछ समय के लिए बंद कर दिया है। 'कोड़ा' की प्रति यदि आपको देखने की इच्छा हो तो उस तरह से लिख करके भेजिए। उस किताब की नकल उतारने के लिए किसी को कह दूंगा। नकल उतारने के लिए कम-से-कम एक-दो महीने लग सकते हैं, ऐसा मुझे लगता है। कुशल भावनाएँ व्यक्त करते हुए, पत्र को समाप्त कर रहा हूँ।

आपका

—जोतीराव गोविंदराव फुले

सत्यशोधक समाज के लिए उपयुक्त
मंगल गाथाएँ
तथा
सभी पूजा-विधि

सत्यमेव जयते

सत्यशोधक समाज के लिए उपयुक्त विवाह-संबंधी विधि

अथ

सुबह के समय सबसे पहले जिस लड़के की शादी है, उसे हज्जाम के हाथ से अपने सिर के बाल, दाढ़ी-मूँछें कटवा लेने चाहिए। उसके बाद उसके साथ रहने वाली स्त्रियों द्वारा उसको उबटन लगाकर, तेल लगाकर फिर नहलाना चाहिए। फिर उसे अपने सगवार में जाकर वहां अपने पूर्व निश्चित स्थान पर अपने निर्माणकर्ता की और महिषासुर के नाम से पूजा करनी चाहिए, फिर वहाँ नैवेद्य, पंचखाद्य और पान के बीड़े अर्पण कर देने चाहिए और फिर घर को लौट आना चाहिए।

बाद में चंदवा (मंडप) में कपड़े के आसन पर अनाज के दानों का चौक बनवाकर, उस पर उसको बिठाकर पांच सौभाग्यवतियों द्वारा उसके सारे बदन को हल्दी लगाकर माथे पर कुंकुम का लेप लगाना चाहिए। उसके कपड़े पहनने के बाद उसकी पगड़ी या साफे पर फूलों का सेहरा बांधना चाहिए और उसको फूलमालाओं से सजाकर उसके एक हाथ में कटार देकर, लोगों द्वारा शुभकामनाएँ दी जानी चाहिए, फिर दूसरे हाथ में हल्दी के साथ साड़ी, चोली, फूलों का सेहरा, फूलों के हार, गजरे और कच्चा सीधा देकर कन्या के मंडप में भेज देना चाहिए। कन्या को हल्दी लगाकर, सभी नारी-पुरुषों और दूल्हे का अपने मेहमानों के साथ मंडप में आगमन होने के बाद दूल्हे को प्रीतिभोजन करने की शुरुआत करनी चाहिए।

बाद में सुनार द्वारा कुलस्वामी के ठप्पे को चमकाने के बाद, दूल्हे के परिवार के किसी एक व्यक्ति को अपने शरीर पर चंदन का लेप लगाकर, एक थाली में गुलाल, हल्दी की बुकनी और पान-बीड़े का सामान महावीर (कुलस्वामी) के ठप्पे के सामने रख देना चाहिए। उसे साफ रूमाल से ढक देना चाहिए और

फिर दूल्हे को बाएँ हाथ में उस पात्र को लेकर, दाहिने हाथ में नंगी तलवार लेकर गांव की सीमा के पास जाकर अपने कुलस्वामी महावीर के नाम से पूजा करनी चाहिए। फिर बाजे-गांजे के साथ मंडप में लौटकर आने के बाद अपने कुलधर्म के रिवाज से जय पुकारते हुए मंडप में आनंद का दीप जला कर मंगल-कार्य के बहाने सभी के लिए जो भोजन-व्यवस्था है उसका पूरी तरह आनंद लेना चाहिए और अपने कुलस्वामी के ठप्पे को गवाह रखते हुए उसके सम्मान में नगारा, भजन, धार्मिक नाच करते हुए सारी रात आनंद लेते रहना चाहिए।

शादी के दिन दूल्हे के घर पर मंडप में, धोबिन ने कपड़े के आसन पर अनाज के दानों का चौका करके, उस पर दूल्हे को बिठाकर उसकी पगड़ी या सेहरे पर तिल के फल से तेल डलवाकर उसके हाथ पर कंगन बाँधना चाहिए, फिर कटार से घाम बाँध करके उसको आशीर्वाद देना चाहिए। उसको शुभकामनाएँ देने के बाद दूल्हे को अपने परिवार के लोगों तथा मेहमानों के साथ अपना डेरा उठाकर गाँव में जाकर यदि वहाँ चौपाल पर पर्याप्त जगह न हो तो दूसरी जगह पर अपने मेहमानों के साथ रुक जाना चाहिए और वहीं से दूल्हे द्वारा यह खबर भिजवा दी जानी चाहिए कि दुलहिन जाने के लिए तैयार रहे। बाद में दुलहिन की ओर से आए हुए कपड़ों और भेंट वस्तुओं को स्वीकार करके, अपने कुलस्वामी का स्मरण करते हुए दुलहिन के घर की ओर अपने मेहमानों के साथ बड़ी हँसी-खुशी से नाचते-गाते जाना चाहिए।

फिर दुलहिन के गाँव की महार जाति की महिलाओं को अपने हाथ में थाली और दीप लेकर दूल्हे की आरती उतारनी चाहिए, उसको शुभकामनाएँ देनी चाहिए और फिर तुरंत ही दूल्हे को दुलहिन के साथ मंडप में पहुँच जाना चाहिए। फिर सबसे पहले दूल्हे-दुलहिन को अपने और अपने-अपने पिता के नाम, कुलनाम, गाँव का नाम, तारीख, माह, सन् और अधिकार-पदों के नाम बता देना चाहिए। दूल्हे-दूलहिन को सभी लोगों के सामने करार संबंध कर लेने के लिए समाज के पंचों से अनुमति लेनी चाहिए और दोनों के बीच परदा होते हुए दुलहिन को दूल्हे के गले में डालने के लिए फूलों की माला अपने हाथ में लेनी चाहिए, उसी प्रकार दूल्हे को दुलहिन के गले में डालने के लिए दुपट्टा अपने हाथ में लेना चाहिए और फिर दोनों को आमने-सामने खड़ा हो जाना चाहिए। फिर उन्हें संकटों से अपना बचाव करने के लिए अपने-अपने मामा के हाथों में शस्त्र देना चाहिए और उनको अपना रक्षक मानना चाहिए। फिर दोनों को बारी-बारी से मंगलरूपी करार का उच्चारण करना चाहिए। यदि दोनों शिक्षित नहीं हैं, शरमाते हैं तो उन दोनों को उनके दोस्त, सहेलियों द्वारा मंगल गाथा कहलवाने में सहयोग दिया जाना चाहिए; लेकिन यहाँ एक बात सभी लोगों को ध्यान में रखनी चाहिए और वह यह कि दूल्हा-दुलहिन की जाति को नीच समझकर उन सभी को अपना दास, सेवक कहने

वाले धूर्त, दुष्ट ब्राह्मणों की छाया को भी इस मंगल कार्य में नहीं छूने देना चाहिए।

मंगलगाथा

(वर)

भगवान के नियमों की प्रमाणता पर, आचरण हैं तेरे कुल का।
सत्य में सबसे श्रेष्ठ है, वही गुण तेरे संबंधियों का।।
अज्ञानी को समदृष्टि से पढ़ाती, तू ज्ञान उनको दिखाती।
प्रीत से ब्याहता हूँ तुझे अरी तेरी ऐसी सुनकर कीर्ति।।
शुभमंगल सावधान ।।1।।

(कन्या)

तुझे दिया यद्यपि मानता नित्यप्रति, कर्ता समाधानी जैसे।
हम सभी नारियों के जीवन में है पीड़ा, जानेगा तू कैसे।।
स्वतंत्रतानुभव की पहचान हमें, नहीं है मनुष्यों को।
इसलिए अधिकार दे नारी को, खाना पड़ेगा कसम तुझको।।
शुभमंगल सावधान ।।2।।

(वर)

अधिकार दिलाने मैं झगड़ता हूं, नारियों के लिए सदा।
खर्च की परवाह नहीं मुझे, इससे कभी न था मैं जुदा।।
समझता हूँ सारी नारी को बहन, तू अकेली मेरी प्रिया।
कर्ता का डर मन में मेरे, तुझको पालने का वचन दिया।।
शुभमंगल सावधान ।।3।।

चौथी मंगल गाथा का तीसरा पद पूरा होते ही, दोनों के बीच के परदे को एक ओर हटाकर दूल्हे के गले में फूलों की माला दुलहिन द्वारा पहनाते ही, दूल्हे को दुलहिन के दाहिने हाथ की उँगली में अँगूठी पहना देनी चाहिए। दुलहिन का दूल्हे द्वारा पाणिग्रहण करने के बाद दोनों ओर के सभी मेहमानों को आशीर्वाद और शुभकामनाओं के रूप में पाँचवीं मंगलगाथा कह कर दोनों के मंगल की, कल्याण की कामना करनी चाहिए और फूल बरसाने चाहिए और वहीं सभी लोगों को खड़े हो जाना चाहिए।

मंगलगाथा

(कन्या)

भाई समान सभी हैं मुझको, तू अकेला मेरा नर।
आज्ञा भंग कभी न करूँगी तेरी, मैं अटल सत्य कर्ता पर।।

लीजिए सारा बोझ लड़ेंगे, करेंगे जनता का हित।
सभी के सामने ब्याहती तुझसे, हाथ में देकर हाथ ।।
शुभमंगल सावधान ।।4।।

सभी लोगों के कहने के लिए मंगलगाथा

आभार बहुत मानिए अपने माता-पिता के सदा।
मित्रों के, तुम्हारे वैसे ही हैं जो वांछित, न हो उनसे जुदा ।।
वृद्ध पंगु सहाय दो बच्चे-बच्ची, ज्ञान उनको पढ़ाओ।
खुशी से फूल बरसाओ सभी, ताली अभी बजाओ ।।
शुभमंगल सावधान ।।5।।

दोनों पर फूलों की बरसात होने के बाद दोनों को अपने निर्माणकर्ता और अपने कुलस्वामी का स्मरण करना चाहिए।

आशीर्वाद

वर कन्या हैं ये इन्हें भव्य शक्ति देने।
समर्थ है वह दुनिया को बनाया जिसने ।।
सुबुद्धि ज्ञान बल और वैभव मिलता।
दया सब उसी की कृपा से होता ।।
मन में स्वकर्ता का सही स्मरण करो।
बलि कुलस्वामी का ध्यान करो ।।
वैसे ही विन्धावलि स्वामिनि को।
स्मरण करो अपने काल भैरव को ।।
खंडेराव चाहिए तुम्हारी याद में।
श्रद्धा अर्पित करो महिषासुर में ।।
न्यायकर्ता था जो नौखंडों का।
सुख का कारण है स्मरण उसका ।।

इसी दरमियान आमने-सामने दोनों के बीच कुछ अन्तर रख करके दो कुर्सियाँ या आसन सजा करके उन पर दोनों को बिठा देना चाहिए, फिर उन दोनों के सामने बीच में जमीन पर निर्मल जल से भरी हुई गगरी पर नारियल रख देना चाहिए। उसके दूसरी ओर जमीन पर जोतीबा या बहिरोबा (भैरवदेव) के नाम से गुलाल का त्रिशूल बना करके दूसरी ओर जमीन पर खंडेराव की राख से भाला बनाना चाहिए फिर उसके चारों ओर ग्यारह पान-बीड़े रखकर उस हर एक बीड़े पर एक सुपारी, एक हल्दी की गाँठ, एक खारीख, एक नारियल या एक खोपरे की कटोरी और कुछ पैसे रख देना चाहिए। दूल्हे के दाहिनी ओर चंदन की लकड़ियाँ

जला करके जो अग्नि पैदा की गई, उसमें सबसे पहले दूल्हा-दुलहिन के मन में जो कुछ गलत वासनाएँ होंगी, उन सभी को उन्हें अपने-अपने मन का अचल निश्चय करके उसमें जला करके खाक कर देना चाहिए। उन्हें अपने मन को शुद्ध करके निम्न प्रकार की महापूजा करने की शुरुआत करनी चाहिए।

पूजा

सत्यमेव जयते

आकाशनिर्माणकर्त्रे नमः, तेजनिर्माणकर्त्रे नमः, वायुनिर्माणकर्त्रे नमः, उदकनिर्माणकर्त्रे नमः, पृथ्वीनिर्माणकर्त्रे नमः, सूर्यनिर्माणकर्त्रे नमः, चन्द्रनिर्माणकर्त्रे नमः, तारागणनिर्माणकर्त्रे नमः, मयूरनिर्माणकर्त्रे नमः, मर्कटनिर्माणकर्त्रे नमः, अनुरेणु निर्माणकर्त्रे नमः, पर्जन्यनिर्माणकर्त्रे नमः, सागर निर्माणकर्त्रे नमः, कच्छ निर्माणकर्त्रे नमः, मत्स्यनिर्माणकर्त्रे नमः, जलजन्तुनिर्माणकर्त्रे नमः, वटवृक्षनिर्माणकर्त्रे नमः, चन्दननिर्माणकर्त्रे नमः, तुलसीवृक्षनिर्माणकर्त्रे नमः, कन्दमूलनिर्माणकर्त्रे नमः, लतानिर्माणकर्त्रे नमः, सुगन्धनिर्माणकर्त्रे नमः, पुष्पनिर्माणकर्त्रे नमः, फलनिर्माणकर्त्रे नमः, पिपीलिकानिर्माणकर्त्रे नमः, गजेन्द्रनिर्माणकर्त्रे नमः, अश्वनिर्माणकर्त्रे नमः, कीटनिर्माणकर्त्रे नमः, बुद्धिमान् प्राणिनिर्माणकर्त्रे नमः, स्पर्शेन्द्रियनिर्माणकर्त्रे नमः, कर्णेन्द्रियनिर्माणकर्त्रे नमः, चक्षुरिन्द्रियनिर्माणकर्त्रे नमः, रसनेन्द्रियनिर्माणकर्त्रे नमः, घ्राणेन्द्रियनिर्माणकर्त्रे नमः, ज्ञानेन्द्रियनिर्माणकर्त्रे नमः, शुद्धविचारनिर्माणकर्त्रे नमः, कुलस्वामीनीनिर्माणकर्त्रे नमः, कुलस्वामीनिर्माणकर्त्रे नमः, महाबलिराजानिर्माणकर्त्रे नमः, महाजोतिबानिर्माणकर्त्रे नमः, कालबहिरोनिर्माणकर्त्रे नमः, महाखंडेरावनिर्माणकर्त्रे नमः, नौखंडोकान्यायीनिर्माण कर्त्रे नमः, महिषासुरनिर्माणकर्त्रे नमः, सप्तदेवियाँनिर्माणकर्त्रे नमः; ब्रह्मराक्षसनिर्दलनकर्त्रे नमः।

स्नानं समर्पयामि, पंचामृतस्नानं समर्पयामि, सुगन्धादिक स्नानं समर्पयामि, चन्दनंविलेपनं समर्पयामि, अक्षतां समर्पयामि, पुष्पं समर्पयामि, धूपं समर्पयामि, नैवेद्यं समर्पयामि, तांबूलं समर्पयामि, दक्षिणां समर्पयामि, शूद्रविद्वानाय दक्षिणां समर्पयामि।

इस तरह पूजा समाप्त होते ही, दूल्हा-दुलहिन के पहने हुए वस्त्रों को बगैर छुए दोनों के इर्द-गिर्द, कच्चे धागे से लपेट करके सीमा बनानी चाहिए और उस सीमा के भीतर दोनों को सभी मेहमानों के, परिवार के लोगों के सामने प्रतिज्ञा करनी चाहिए, वह इस प्रकार—

दूल्हा (प्रतिज्ञा)

"मैं आज से तुमको अपनी पत्नी के रूप में स्वीकार करता हूँ, और पाँच पंचों के सामने यह प्रतिज्ञा करता हूँ कि मैं आज से तुमको पल-भर के लिए भी अकेली छोड़कर कहीं नहीं जाऊँगा। इसलिए अपने निर्माणकर्ता और कुलस्वामी का स्मरण

करते हुए प्रतिज्ञा कर रहा हूँ।"

कन्या (प्रतिज्ञा)

"मैं आज से तुमको अपने पति के रूप में स्वीकार करती हूँ, और पाँच पंचों के सामने यह प्रतिज्ञा करती हूँ कि मैं आज से तुमको पल-भर के लिए भी अकेला छोड़कर कहीं नहीं जाऊँगी। इसलिए अपने निर्माणकर्ता और कुलस्वामी का स्मरण करते हुए प्रतिज्ञा कर रही हूँ।"

प्रतिज्ञा करने के बाद सीमा बनाए गए कच्चे धागे के कंगन बनाकर दूल्हा-दुलहिन को एक-दूसरे के हाथ को बाँधना चाहिए और दुलहिन को दूल्हे की दाहिनी ओर नजदीक बिठा करके समाज की सौभाग्यवती नारियों द्वारा दोनों के ओढ़े हुए दुपट्टे की महासत्य गाँठ बांध करके दुलहिन के माता-पिता या उसके मामा-मामी को गन्धपुष्प आदि से दूल्हे का सम्मान करना चाहिए और दुलहिन को कुंकुम लगाकर उसकी गोद भरनी चाहिए। उसको शरीर के अलंकारों के अलावा भोजन के उपयुक्त बर्तन भी देने चाहिए और कन्यादान करके उनको नमस्कार करते ही दोनों को अपने समाज के बच्चों को पढ़ाने के लिए समाजफंड में महादान देकर अपनी समाज-पंक्ति के साथ शामियाने में खाना खाने के लिए जाना चाहिए।

दूसरे दिन सुबह दूल्हे के जनवासा घर से दुलहिन के लिए उबटन, बालों को लगाने के लिए सुगंधित तेल-लेप और फूल तथा फूलों का गजरा भेज देना चाहिए। बाद में, दोपहर के समय, दुलहिन के लिए साड़ी, ब्लाउज, गहने, गोद भरने का सामान और मेहमानों के लिए पान-सुपारी, गुलाबजल, इत्र, फूल साथ में लेकर दूल्हे को बाजे-गाजे के साथ बड़े ठाठ-से नाचते-गाते जाना चाहिए। दुलहिन के मंडप में जाने के बाद केवल साड़ी-ब्लाउज और गहने दुलहिन के लिए भेज देना चाहिए और दूल्हे को मेहमानों के साथ चँदोवे में बैठना चाहिए। बाद में दुलहिन के नये कपड़े-गहने पहनकर आने के बाद उसे दूल्हे के दाहिनी ओर नजदीक बैठ जाना चाहिए। फिर दोनों को पहले की तरह अपने निर्माणकर्ता और कुलस्वामी की पूजा करने के बाद समाज-पंचों की आज्ञा से समाज की पाँच सौभाग्यवती महिलाओं द्वारा दुलहिन को हल्दी-कुंकुम देकर उनकी गोद भरनी चाहिए और दुलहिन को भी उन पाँचों सौभाग्यवती महिलाओं को हल्दी-कुंकुम देकर उनकी गोद भरनी चाहिए। फिर समाज के लड़के-लड़कियों की पढ़ाई-लिखाई के लिए समाजफंड में महादान देकर दूल्हे-दुलहिन को रिश्तेदारों और मित्रों द्वारा लाई हुई भेंट स्वीकार कर लेनी चाहिए। दोनों समधियों को एक-दूसरे को भेंट के रूप में कपड़े देने चाहिए और समाज के सभी मेहमानों को गुलाबजल, इत्र, फूल और बीड़ा देकर दूल्हे के मेहमानों के जनवास स्थान पर पहुँच जाना चाहिए।

दूल्हे को दुलहिन के गाँव के समाज भाइयों को अपने सामर्थ्य के अनुसार

भोजन की व्यवस्था करनी चाहिएं और रात में दुल्हिन के मंडप के सामने खुली जगह पर दोनों को अपने-अपने रिश्तेदारों से एक-दूसरे को पहचान करा देनी चाहिए। दोनों ओर के मेहमानों को एक-दूसरे को रंग, गुलाल लगाना चाहिए। बाद में दुलहिन के माता-पिता को दूल्हे के माता-पिता को कपड़े-गहने भेंटस्वरूप देने चाहिए। फिर मंडप में जाकर बैठना चाहिए। दुलहिन के माता-पिता द्वारा दुलहिन को रवड़ी-शक्कर खिलाए जाने के बाद उसके चेहरे को पतली रेशमी चादर से ढककर, बड़ी नम्रता से दूल्हे द्वारा दुलहिन को गोद में लेने के बाद दूल्हे को अपने मेहमानों को साथ में लेकर बड़ी खुशी से सभी शूद्रादि-अतिशूद्रों से लेकर ईसाई, मुसलिम, पारसी, ब्राह्मण आदि सभी लोगों से किसी भी प्रकार का भेदभाव किए बगैर मिलते हुए और अनाथ बाल-बच्चों को, अंधे, अपाहिजों को अपनी सामर्थ्य के अनुसार दान देते हुए अपने गांव में जाना चाहिए।

यहीं सत्यशोधक समाज की समाजोपयुक्त विवाह विधि समाप्त होती है।

वास्तुशांति

सत्यमेव जयते

पहले नींव खोदने वाले मजदूरों से लेकर बेलदार, वडारी,[1] लुहार, बढ़ई आदि मजदूरों की मजदूरी और सामानवालों के सामान के पैसे दे-दिला करके फिर अपने निर्माता और कुलस्वामी के नाम से जो उचित हो, पूजा करनी चाहिए। बाद में अपने समाज के बाल-बच्चों की पढ़ाई-लिखाई के लिए समाजफंड में महा-दान दे देना चाहिए। फिर सभी मजदूरों को, अपने रिश्तेदारों को, दोस्तों को अच्छा भोजन खिलाना चाहिए और अंत में उन सभी को पानबीड़ा, गुलाबजल, इत्र आदि देकर उनका सम्मान करना चाहिए। जिन्होंने अपने घर के निर्माण में सहयोग दिया है, जिन मजदूरों ने किसी भी प्रकार की कसर बाकी नहीं रखी और ईमानदारी से मेहनत की, उन सभी को अपनी सामर्थ्य के अनुसार कुछ चीजें भेंट के रूप में देनी चाहिए। उनका समाधान करने के बाद सभी समाज के लोगों को, अतिशूद्र से लेकर मुसलिम, ईसाई, पारसी आदि लोगों को और अनाथ, अंधे, अपाहिज लोगों को कुछ-न-कुछ दान देकर ही बाद में गृह प्रवेश करना चाहिए।

यहीं सत्यशोधक समाज की समाजोपयुक्त वास्तुशांति विधि समाप्त होती है।

---

1. वडारी एक जाति है जो पत्थर फोड़ना, कुआँ खोदना आदि का काम करती है। यह जाति महाराष्ट्र के पश्चिम इलाके और कर्नाटक, आन्ध्र में पाई जाती है।

दशपिंड

सत्यमेव जयते

मिट्टी का एक तिकोना ओटा बना करके, उसके तीन कोनों पर तीन गहरे लाल रंग के निशान लगाकर, मिट्टी के तीन गमले या बरतन में दूध, दही, शहद, शक्कर और निर्मल पानी लबालब भर देना चाहिए। फिर उन सभी बरतनों पर भात का पिंड, भुंजा हुआ आटा, रोटी रखकर उसके सामने एक-एक ढबुआ और तीन पान के बीड़े रख देने के बाद भात के तीन पिंडों पर दूध, दही, शहद, शक्कर डाल करके उसको धूप-दीप दिखाना चाहिए और उसको कीड़े, चींटियाँ, पशु, पक्षी आदि को खाने के लिए छोड़ देना चाहिए और वहाँ से एक ओर थोड़ी दूर जाकर वहाँ छोटी-सी जगह को छोपछाप करके उस पर केले या दूसरे पेड़ के पत्ते बिछा देना चाहिए। फिर उस पर मृत स्त्री हो या पुरुष, उसके नाम से एक आटे का या भात का पिंड रख देना चाहिए। दूसरा पिंड उसकी माँ के नाम से रख देना चाहिए। तीसरा पिंड उसकी दादी के नाम से रख देना चाहिए। चौथा पिंड उसकी परदादी के नाम से रख देना चाहिए। पाँचवाँ पिंड उसके पिता के नाम से रख देना चाहिए। छठा पिंड उसके दादा के नाम से रख देना चाहिए। सातवाँ पिंड उसके परदादा के नाम से रख देना चाहिए। आठवाँ पिंड उसकी सास के नाम से रख देना चाहिए। नौवाँ पिंड उसकी दादी सास के नाम से रख देना चाहिए। दसवाँ पिंड उसकी परदादी सास के नाम से रख देना चाहिए। ग्यारहवाँ पिंड उसके स्कूल के अध्यापक के नाम से रख देना चाहिए। यदि वह उसके समाज का हो तो बारहवाँ पिंड उसकी माँ के नाम से रख देना चाहिए, और तेरहवाँ पिंड उसके पिता के नाम से रख देना चाहिए। उन तमाम पिंडों पर चंदन का गंध लगाकर उस पर माके के, हदगे के या उस समय जो फूल उपलब्ध होंगे, वे और हल्दी-कुंकुम, गुलाल छिड़ककर उनके सामने एक-एक ढबुआ और तेरह पान के बीड़े रख देना चाहिए। फिर जिस तरह शादी के समारंभ में बताया गया हो, उसके अनुसार अपने निर्माण-कर्ता और कुलस्वामी की महापूजा करने के बाद उन तेरह पिंडों की भी पूजा करनी चाहिए। फिर गरीब बहू-बेटियों को या आपत्ति से परेशान भाई-बहनों को या रिश्तेदारों को पूजा का अवसर देना चाहिए और अपने समाज के लड़के-लड़कियों को पढ़ने-लिखने का अवसर मिले, इसलिए सत्यशोधक समाज ने जिस कार्य को अपने हाथ में लिया, उस 'सत्यशोधक समाज' फंड में अपनी-अपनी क्षमता के अनुसार महादान देना चाहिए। फिर पिंड के सामने धूप-दीप-नैवेद्य को अर्पित करने के बाद परिवार तथा रिश्तेदारों और दोस्त-भाई आदि लोगों को स्नान न किया हो तो पानी का चुल्लू भर लेना चाहिए और तिलांजलि देने के पहले समाज फंड में एक-एक सिक्का डालकर अपने-अपने घर जाना चाहिए।

यही सत्यशोधक समाज की समाजोपयुक्त उत्तरक्रिया-संबंधी विधि समाप्त होती है।

प्रार्थना

॥ 1 ॥

जय-जयकार मेरे आदिसत्य का ।
तेरी सत्ता से साक्षात्कार होगा उत्पन्नकर्ता का ॥
विजयी द्विज होते ही क्षेत्रियों की भर्त्सना की ।
शिक्षा बंद करके नीचता की बात की ॥
आर्यों ने शूद्र को पशु समान किया ।
भूदेव बनकर पाँव पुजवाया ॥
अहंब्रह्म होकर ढोंगी बनाता मूढ़ को ।
नहीं जानता भले-बुरे की पहचान को ॥
ब्राह्मण भोजन मौज उड़वाते ।
ब्रह्मराक्षस को पीछे छोड़ं देते ॥
मृत के नाम पर दान धर्म लेते ।
अधम होकर खुद ही खाते ॥
खाने नहीं दिया मेहनत का शूद्र को ।
अंध, पंगु और अनाथ बच्चे को ॥
सत्योदय होते ही रुक गयी वेदमति ।
देखते ही सारी झूठी सिद्ध हुई स्मृति ॥
सत्य तेरी महिमा सुनकर पुराणों को ।
मुँह हो गये काले किया काले करतूतों को ॥
देखकर तुझे हक्के-बक्के होते हैं पाखंडी ।
लज्जित होकर नीचे डालते कंधी ॥
कृपा तेरी होती मूढ़ जनों पर ।
भूदेव डरते मन में हाथ माथे पर ॥
कृपा का सागर है तू सत्य जान इसे ।
मुक्त किया हमें ब्रह्मजाल से ॥
तेरी कृपा से हमने अपनी राह को पहचाना ।
महत्त्व माता-पिता की सेवा का पहचाना ॥
जय-जयकार मेरे आदिसत्य का ।
तेरी सत्ता से साक्षात्कार होगा उत्पन्नकर्ता का ॥

॥ 2 ॥

सेवा करो इस सत्यराज की ।
महा निर्मल प्रभा की ॥
खोजते हैं मुक्ति को ।
मन लगाओ काम को ॥
सत्य लुप्त हुआ जग में ।
नहीं जानता कोई हित किस में ॥
धर्म बनाए बहुत हुए ।
हित अपनों का चाहते हुए ॥
खोजने लगा सही दोषों को ।
पाया गंभीर रहस्यों को ॥
ऊब गया झूठे धर्म को ।
त्याग दिया नीच कर्म को ॥

॥ 3 ॥

भगवान का नित स्मरण करके,
स्वीकार सत्य सिद्धांत को ।
झूठे धर्म को त्याग करके,
जोड़ो भाईचारे को ।
अहं ब्रह्म हो करके,
त्यागो नहीं दीनों को ।
शुद्धता का नाम करके,
छाने न दो चरबी आँखों को ।
अलाय-बलाय रौंद करके,
जानो सत्य राजा को ।
स्वयं मेहनत करके,
पालो अपने परिवार को ।
नित्य सत्य बोल करके,
छोड़ो पाखंडी सिद्धांतों को ।
शिक्षा शूद्रों को दे करके,
शर्मिंदा किया भूदेवों को ।
शूद्र जनों की सेवा करके,
समर्पित करता निर्माता को ।
भाँड़ सिद्धांत मिटा करके,
जोती नत होता निर्माता को ॥

इस किताब में जो विवाह-विधि बताई गई है, उसमें मंगलगाथा और पूजा करने के जो मंत्र हैं, वे महाराष्ट्र देश के किसी भी जाति के लोगों को बहुत ही उपयुक्त हैं। इसलिए वे सभी बरकरार रखकर देश रिवाज तथा कुल रिवाज के अनुसार शादी-ब्याह में कई ढंग अपनाने पड़ते हैं। वे सभी ढंग बेशक अपनाने चाहिए। आजकल धार्मिक विधि करते समय नाम के ब्राह्मण जो मंत्र पढ़ते हैं या मंगलगाथा कहते हैं, उनका विवाह के साथ बिलकुल ही संबंध नहीं होता है और न तो वे उस समय के अनुकूल होते हैं। उन मंत्रों और मंगलगाथाओं का अर्थ भी क्या है, यह सब हमारे लोगों को समझना नहीं, क्योंकि यह सारा केवल अंधे और बहरे के बाजार की तरह है। इसलिए सत्यशोधक समाज की ओर से शादी-ब्याह तथा अन्य कार्यों के लिए धर्मविधि करने में किसी भी व्यक्ति को किसी भी प्रकार की कठिनाई न हो, इसलिए यह प्राकृत और आसान पूजा-विधि बनाई गई है। इसका उपयोग सभी लोगों को करना चाहिए, यही हमारा निवेदन है और सूचना भी।

सार्वजनिक सत्यधर्म पुस्तक

ग्रंथरचयिता की प्रस्तावना

अपने इस असीम विशाल अवकाश में निर्माता ने अनगिनत सूर्यमंडलों के साथ उनके ग्रहों-उपग्रहों के साथ उनसे संबंधित सभी जीव-प्राणियों को पैदा किया है। उनमें से हम सभी मानव नर-नारियों को उसके लिए क्या-क्या करना चाहिए, हम सभी नर-नारियों को उसका स्मरण मन में जाग्रत रखकर एक-दूसरे के साथ किस तरह का आचरण करने से उसको खुशी होगी; इसको दृष्टि में रखते हुए मैंने उसकी मेहरबानी से सभी मानव नर-नारियों के कल्याण के लिए यह छोटा-सा ग्रंथ लिखा है। यह सभी को स्वीकार करने योग्य हो और हम सभी लोग निर्माता के सत्यमय राज का समान उपभोग कर सकें, मेरी उससे यही माँग है।

मैंने इस ग्रंथ में अपनी समझ के आधार पर जो कुछ लिखा है, उसमें हमारे विद्वान नर-नारियों और समझदार पढ़ने वालों के ध्यान में जो चुभती बातें दिखाई दें, इसके लिए उन्हें मुझे माफ करना चाहिए और इसमें जो अच्छी बातें हैं उसको स्वीकार करना चाहिए, मेरी उन सभी से यही प्रार्थना है। इस ग्रंथ को पढ़ते समय यदि उनके ध्यान में ऐसी भी कोई बात आ जाए जो आम हितों की दृष्टि से अयोग्य या झूठ हो तो वे बातें उन्हें अखबार के द्वारा हमें सूचित करना चाहिए या इस ग्रंथ के समर्थन में यदि उनको कुछ सत्य विचार सुझाने हों तो उन्हें भी हमें सूचित करना चाहिए। उनके सुझाव यदि सही में विचारणीय होंगे तो हम उनको बड़े एहसान के साथ स्वीकार करेंगे और दूसरे संस्करण में उस सुझाव या संशोधन को स्थान देंगे।

इस ग्रंथ को हम विस्तार से लिखना चाहते थे, लेकिन सभी नर-नारियों को अपनी-अपनी गृहस्थी को सँभालकर यदि यह ग्रंथ पढ़ना संभव न हुआ तो धूर्त-निठल्ले लोग इसको बरबाद कर देंगे। इसीलिए यह ग्रंथ सभी नर-नारियों के उपयोग का हो, इसी उद्देश्य से इसे बहुत बड़ा न करके छोटे रूप में रखकर इसका 'सार्वजनिक सत्यधर्म पुस्तक' नाम दिया गया है। इस उद्देश्य की सफलता के लिए

सभी लोगों ने उचित सहयोग दिया तो हम इस ग्रंथ का दूसरा संस्करण भी प्रकाशित करेंगे। यदि इस ग्रंथ में कुछ कमियाँ रह गई हों, तो उनको सुधार करके और उसमें नये प्रमाण देकर नकली थोथे ग्रंथों का खंडन करने की हमको हिम्मत आएगी।

माह-अप्रैल
तारीख-1, सन् 1889 ईसवी
पूना

—ग्रंथरचयिता

सार्वजनिक सत्यधर्म पुस्तक

सुख

सवाल और जवाब

यशवंत जोतीराव फुले : मानव प्राणी सारी दुनिया में कैसे सुखी होगा ?

जोतीराव गोविंदराव फुले : सत्य आचरण के बगैर मानव प्राणी दुनिया में सुखी नहीं होगा। इसके लिए कुछ सबूत दे रहा हूँ :

अखंड

सत्य सभी का है आदि घर। सभी धर्मों का है पीहर ॥धृ०॥
दुनिया में सुख है सारा। खास सत्य का है वह छोकरा ॥1॥
सत्य सुख का है आधार। बाकी सारा है अंधकार॥
दुनिया में है सत्य का बल। निकालता झगड़ालू का जल ॥2॥
सत्य है जिसका मूल। खींचता धूर्तों की खाल॥
सामर्थ्य सत्य का देखकर। बहुरूपी जलता मन में खाक होकर ॥3॥
सही सुख कहाँ अभिनेता को। त्यागना चाहे ईसा को॥
जोती प्रार्थी सभी जनों को। व्यर्थ दंभ न दिखाओ लोगों को ॥4॥

यशवंत : इसी तरह देशस्थ[1] आर्य ब्राह्मण रामदास स्वामी का श्लोक इस प्रकार का है कि "इस दुनिया में पूरी तरह सुखी ऐसा कौन है, जाग्रत मन, तू ही खोज कर देख," इसके संबंध में आपका क्या कहना है ?

जोतीराव : देशस्थ आर्यभट्ट ब्राह्मण रामदास ने इस श्लोक के द्वारा यह दिखाने का प्रयास किया है कि निर्माता ने जिस पवित्र दुनिया को पैदा किया है, वह सब व्यर्थ है। उसने इस संसार के बारे में अपनी शूद्रादि-अतिशूद्रों के मन में घृणा पैदा कर दी है। इस श्लोक को लिखने के पीछे उसका उद्देश्य यह भी

1. देशस्थ—महाराष्ट्रीय ब्राह्मणों की एक उपजाति।

हो सकता है कि वे निरिच्छ और भ्रमित होकर अपने आचरण का परित्याग कर दें और ऐसा करते ही उन पर मनचाहे आरोप लगाए जा सकें; क्योंकि आर्य रामदास को अपनी जाति के मतलब के लिए ही, 'सत्य किसको कहा जाय ?' यह समझ में नहीं आया, ऐसा मुझे लगता है। इसके बारे में मैं आपसे एक सवाल पूछता हूँ, उसका जवाब देते समय ही आर्य रामदास का श्लोक कितना सही है, इसके बारे में आप स्वयं आसानी से निर्णय कर सकेंगे।

यशवंत : यदि ऐसी बात है तो आपका सवाल क्या है, यह हमें बतायें तो बहुत ही अच्छा हो।

जोतीराव : ऐसा कौन-सा क्षुल्लक सार्वजनिक सत्य है जिसका आचरण करने से मानव प्राणी दुख भोगने लगता है ?

यशवंत : सत्य का स्मरण करके सभी सार्वजनिक सत्य, चाहे फिर वे क्षुल्लक ही क्यों न हों, उनको आचरण में लाने से कोई भी मानव प्राणी कदापि दुख नहीं भोगेगा, यह खोज के बाद का निष्कर्ष है। फिर भी आर्य रामदास ने किस आधार पर इस श्लोक की कल्पना की होगी ?

जोतीराव : इसका आधार मूर्ख शूद्रादि-अतिशूद्रों का अज्ञान है और ब्राह्मणों का स्वार्थ तथा धूर्तता भी इसके पीछे है। इसके संबंध में धूर्त ब्राह्मण रामदास ने अपने ग्रंथों में जो कुछ लिखा है, उस पर निष्पक्षता से विचार होना चाहिए, इसलिए उस बात को आगे रख रहा हूँ :

देवता हुए हैं बहुत,
देवता की सजी हैं दुकानदारियाँ बहुत ॥
प्रेतों, पिशाचों और देवता का ढकोसला,
एक हो गया ॥
प्रमुख ईश्वर कौन—समझ में न आए,
किसी को कुछ भी न समझ आए ॥
एक-दूसरे को समझ न पाएँ,
काम सारा बेलगाम ॥
ऐसा गंदा हुआ है विचार,
कौन देखता है सार-असार ॥
कौन छोटा, कौन बड़ा,
कुछ समझ में न आए ॥
धर्मशास्त्रों की मंडी लगी,
देवताओं का शोरगुल शुरू हुआ ॥
लोग संकल्पपूर्ति के लिए,
बौखलाते रहते ॥

ऐसे सारे सड़ गये,
सत्य-असत्य को ठुकरा दिया ॥
सभी एक जैसे हुए,
चारों ओर ॥
धर्मपंथों का बोलबाला,
कोई न पूछे किसी को ॥
जिसके मन को जो भाया,
उसके लिए वही महान हो गया ॥
असत्य पर अभिमान,
उसी से हुआ है उनका पतन ॥
इसीलिए समझदार जन,
खोज करते हैं सत्य की ॥

यशवंत : समर्थ रामदास असत्य आर्य ब्राह्मण कुल का था। फिर भी उसने अपने-आपको राम शर्मा पद लगाने के बजाय अतिशूद्र सूरदास जैसा पद अपने नाम के साथ क्यों लगाया? इसमें उसका उद्देश्य क्या रहा होगा, इस बात को आप बता सकेंगे?

जोतीराव : शिवाजी राजा शूद्र जाति में बहुत बड़ा शूर-योद्धा हो गया है; लेकिन उसके अनपढ़ होने की वजह से तथा रामदास के सही में धूर्त आर्य ब्राह्मण जाति के साधु होने की वजह से, उसने अपने नाम के साथ 'शर्मा' शब्द (पद) जोड़ने की बजाय अतिशूद्र सूरदास की तरह अपने-आपको रामदास कहलवाने लगा। इसमें उसका मूल उद्देश्य अज्ञानी शूद्र शूर-योद्धा शिवाजी को खुश करना था। तात्पर्य, निर्माता (निर्मिक) के नाम पर धर्म के संबंध में डकैती करने से सुख मिलता है परंतु विद्रोहियों से अज्ञानी और दुर्बल लोगों को मुक्ति दिलाने में सुख नहीं मिलता; ऐसे ही, निराधार, बेसहारा, अंधे, अपाहिज और अनाथ लड़के-लड़कियों को और अन्य सभी प्रकार की मुसीबतों में फँसे हुए लोगों को मदद करने से सुख नहीं मिलता, ऐसा कहना केवल किसी एक नास्तिक द्वारा सृष्टि निर्माणकर्ता के अस्तित्व को नष्ट किए जाने के समान है।

धर्म-पुस्तक

बलवंतराव हरि साकवळकर : इस प्रकार क्या किसी भी धर्म-पुस्तक में सभी जीव-प्राणियों को सुख देने के संदर्भ में सत्य नहीं है?

जोतीराव गोविंदराव फुले : इस धरातल पर मानव समाज ने जितनी धर्म-किताबें

लिखी हैं, उनमें से किसी भी ग्रंथ में प्रारंभ से अंत तक समान सार्वजनिक सत्य नहीं है; क्योंकि हर धर्म-किताब में कुछ लोगों ने उस काल की स्थिति के अनुरूप मूर्खता की है। वे तमाम धर्म सभी मानव प्राणियों को समान रूप से हितकारी नहीं थे। स्वाभाविकता से उसमें कई समूह बन गए और वे एक-दूसरे की मन से घृणा और नफरत करने लगे।

दूसरी बात यह है कि यदि निर्माता हम सभी मनुष्यों का निर्माण-कर्ता है, तो सभी मानव प्राणियों में हर व्यक्ति को सभी मानवी अधिकारों का उचित उपभोग करने का अवसर प्राप्त होना चाहिए लेकिन ऐसा होता नहीं दिखाई दे रहा है। मानव प्राणियों को कई तरह की मुसीबतों को, भारी कठिनाइयों को सहना पड़ता है।

सारांश, अपने इस सूर्यमंडल का और जिस धरती पर हम लोग रह रहे हैं, उस धरती का निर्माता यदि एक है तो उस धरती पर जितने देश हैं, वहाँ के लोगों का एक-दूसरे के साथ नफरत और घृणा तथा हर किसी में व्यर्थ की राष्ट्रभक्ति और व्यर्थ का धर्माभिमान क्यों मौजूद है? उसी प्रकार इस धरती के कई देशों की सभी नदियाँ महासागर को जाकर मिलती हैं, फिर एक देश की ही नदी पवित्र कैसे हो सकती है? क्योंकि वह महापवित्र नदी भी कुत्तों का मल-मूत्र अपने जलप्रवाह में लेकर महासागर में जाकर मिलने में कोई हिचकिचाहट महसूस नहीं करती?

बलवंतराव : तो फिर इस धरती के पृष्ठभाग पर जो लोग रहते हैं, उनमें से कुछ लोगों को महापवित्र मानकर, उनको भूदेव (ब्राह्मण) की तरह सम्मान देकर उनको ही श्रेष्ठ क्यों मानते हैं?

जोतीराव : इस धरती के पृष्ठभाग पर सभी मानव प्राणी इंद्रियों से और बुद्धि तथा होशियारी से एक समान हैं। फिर उनमें से कुछ लोग खानदानी, पवित्र और श्रेष्ठ कैसे हो सकते हैं? उनको सभी की तरह पैदा होकर सभी की तरह ही मरना है। फिर वे भी सभी लोगों की तरह अच्छे और बुरे गुणों में माहिर हैं। ऐसा है या नहीं?

निर्माणकर्ता

यशवंत : तो फिर अपने इस सूर्यमंडल के साथ ही हम जिस धरती पर रह रहे हैं, उस धरती का निर्माणकर्ता कौन है?

जोतीराव : पूरब हो, या पश्चिम, दक्खिन हो या उत्तर, दसों दिशाओं में से यदि हमने एक भी दिशा की खोज की तो उसके अंत का पता लग सकता है?

यशवंत : हमने दसों दिशाओं में से एक भी दिशा को खोजने का प्रयास किया तो

हमको कुछ भी पता नहीं चलेगा, क्योंकि हमने हजारों साल भी उस दिशा को खोजने का प्रयास किया तब भी बिलकुल पता नहीं चलेगा। आखिर हम मनुष्यों की उम्र है ही कितनी ?

जोतीराव : दसों दिशाओं में से एक भी दिशा का आपको यदि पता न चले तो सभी दिशाओं की लंबाई कितनी होनी चाहिए, इसका आप अनुमान भी कर सकते हैं ?

यशवंत : सारी दिशाओं की लंबाई, चौड़ाई, ऊँचाई और गहराई का हमें बिलकुल अंदाज नहीं होगा क्योंकि वे अनंत हैं, ऐसा हमें लगता है।

जोतीराव : अपने इस असीम विशाल अवकाश में अनंत सूर्यमंडलों की तरह ही उनके ग्रह-उपग्रह भी हैं। अपनी धरती के मानव प्राणियों की तरह ही जिसने जानवरों को, पशुओं को, पंछियों को, पेड़-पौधों को पैदा किया है, वह निर्माता कहाँ है और किस तरह का है, यह देखने की अभिलाषा हम मानव प्राणियों को बिलकुल ही नहीं करनी चाहिए; क्योंकि अपनी धरती के बहुत ही करीब के ग्रह पर क्या-क्या है, यह देखने के लिए जाने की भी शक्ति हमारे पास नहीं है। अब मैं आपको यह सूचित करना चाहता हूँ कि पूरब की ओर हो या अन्य किसी भी दिशा की ओर—हवाई जहाज से या रेल के रास्ते हजारों साल चलकर उस पार जाने पर वहाँ किसी महल में सभी का निर्माणकर्ता सारे विश्व के प्राणियों के सुख और दुख की व्यवस्था करते हुए बैठा है, इस रूप में वह आपको दिखाई देगा, इस तरह की यदि आपने कल्पना कर लीं; लेकिन आप स्वयं वहाँ जाकर हम सभी के निर्माणकर्ता का दर्शन पाकर पुनः इसकी शुभ खबर अपने बाल-बच्चों को (क्योंकि हम लोग छोटी उम्र के हैं, इसलिए तब तक इस दुनिया से जाने वाले नहीं) बताने के लिए यहाँ आप आ सकेंगे ? या हम सभी के निर्माता ने मजा लेने के लिए या आप लोगों को दर्शन देने के लिए यदि बुलाया भी तो उस अपने महापवित्र, महातेज वाले और शक्तिशाली रोशनी के सामने हमारे जैसे लोग खड़े रहकर उसका दर्शन कर पायेंगे ? अपनी धरती पर कई क्षणभंगुर सार्वभौम राजा हुए हैं, उनका प्रभाव तो कुछ भी नहीं जबकि अनंत सूर्यों की रोशनी भी एक जगह इकट्ठा करने से उस महापवित्र निर्माता की बराबरी नहीं हो सकती। हम लोग कुछ भी कर लें, उसके आगे हमारी शक्ति नहीं के बराबर है। हम लोग दुर्बल, ज्ञानहीन और सभी विकारों में लिप्त हैं, हमारा पल-भर का भी कोई भरोसा नहीं।

इसलिए हम लोगों को विनम्र होकर यहीं से निष्ठा के साथ उस अपने दयासागर निर्माणकर्ता की शरण में जाना चाहिए और बड़ी नम्रता से साष्टांग नमस्कार करना चाहिए।

यशवंत : कुछ लोगों के ग्रंथों में यह लिखा हुआ है कि बहुत ही भयंकर तपस्या की वजह से कई तपस्वियों को निर्माणकर्ता ने दर्शन दिए हैं, इसके बारे में आपका क्या कहना है ?

जोतीराव : मनगढ़ंत । विष्णु की नाभि के कमल से उत्पन्न ब्रह्मदेव को भी निर्माण-कर्ता ने दर्शन नहीं दिये तो फिर मानव-प्राणी का तो कहना ही क्या ? क्योंकि दुनिया में कुछ धूर्त लोगों को इस तरह के पुराण-कल्पित साहित्य की रचना करके मूर्ख जीवों पर अपना प्रभाव रखने का मौका मिला । लेकिन इस सत्य-युग में उनके काल्पनिक ब्रह्म का असली-नकली रूप समझ में आने लगा है ।

पूजा

बलवंतराव : अब अपने निर्माणकर्ता को फूल चढ़ाकर उसकी पूजा हम लोगों को किस प्रकार करनी चाहिए ?

जोतीराव : इस विशाल अवकाश में अनंत सूर्यमंडल, उनके ग्रह-उपग्रह और इस धरती पर जितने फूल आदि सभी सुगंधित पदार्थ हैं, उनको यदि निर्माता ने दयाभाव से अपने मानवों के उपभोग के लिए पैदा किया है तो उनमें से किस पदार्थ को उन्हीं को अर्पण करके हम उनकी पूजा करें ? यदि सभी पदार्थ निर्माता ने ही पैदा किये हैं तो अपने पास अपना खुद का क्या है कि जो निर्माता को चढ़ाकर उसकी पूजा करें ?

बलवंतराव : तो फिर हमें अब इन फूलों का क्या उपयोग करना चाहिए ?

जोतीराव : जो लोग अपनी मेहनत से अपने परिवार का पोषण करते हैं, और रात और दिन दुनिया के कल्याण के लिए संघर्षशील हैं, मतलब अज्ञानी मानव बंधुओं को स्वार्थी तथा अपने ही हितों की बात सोचने वाले लोगों के जाल से मुक्त करने वाले जो सत्पुरुष हैं, उन्हीं को हर दिन ईश्वर के नाम से फूलों की मालाएँ समर्पित करनी चाहिए ऐसा करने में ही फूलों की सार्थकता होगी ।

नामस्मरण

बलवंतराव : बार-बार निर्माणकर्ता का मात्र नामस्मरण करने से क्या किसी का कोई समाधान होगा ?

जोतीराव : आप अपने घर में हैं और मैं अपने घर में । आपके नाम से आपकी किसी धातु या पत्थर की मूर्ति पर फूल चढ़ाकर आपका नाम-स्मरण किया,

तो उससे आपको सही में कुछ फायदा होगा ? उसी तरह किन्हीं माता-पिता के दस बच्चे हुए और माता-पिता ने कड़ी मेहनत करके अपने बुढ़ापे तक उनका पालन-पोषण किया, अब उनके बूढ़े होकर अपाहिज होने पर उनके बच्चों में से बड़े लड़के ने उनके पालन-पोषण के लिए कुछ भी प्रयास नहीं किया, लेकिन 'मेरी माँ, मेरे पिता' कहते हुए व्यर्थ स्मरण करने लगा तो उसके माता-पिता को और उसके अन्य भाइयों को भूखों मरना पड़ेगा या नहीं ? लेकिन उनमें से एक लड़के ने माता-पिता का बगैर स्मरण किये ही, कड़ी मेहनत-मजदूरी करके, दौड़-धूप करके अपने माँ-बाप को और छोटे भाइयों को पाला-पोसा तो उसके माँ-बाप और उसके छोटे बहन-भाई सुखी होकर आनंद पायेंगे या नहीं ? यहाँ माता-पिता का सिर्फ नामस्मरण करने वाले और दूसरी ओर मेहनत करके माता-पिता और बहन-भाइयों का पालन-पोषण करने वाले इन दोनो तरह के लड़कों में कौन सबको अच्छा लगेगा ? उसी प्रकार जो अपनी मेहनत से अपना निर्वाह नहीं करते या दुनिया के कल्याण के लिए संघर्ष नहीं करते और केवल अपना पेट पालने के लिए बहुरूपिया की तरह पाखंडी-वैरागी का स्वांग भरकर हमेशा भंग पीकर उसके नशे में अज्ञानी-भोले लोगों से पाये भोजन पर अपना गुजारा करते हैं या जो दूसरों की मेहनत पर गुलछर्रे उड़ाते हैं ऐसे लोग निर्माणकर्ता का स्मरण करते हैं तो निश्चित रूप से जानकार लोगों की निंदा के पात्र समझे जाते हैं।

बलवंतराव : तो फिर हम मानव-समाज के लोगों को निर्माणकर्ता का नाम भी नहीं लेना चाहिए ?

जोतीराव : हम मानव समाज के लोगों को कृतज्ञता के साथ और मन से निर्माणकर्ता का नाम नहीं लेना चाहिए, ऐसा जो लोग कहते हैं उनको अधम और अहसानफरामोश कहना चाहिए।

बलवंतराव : तो फिर हम मानव समाज के लोगों को कृतज्ञतापूर्वक निर्माता का नाम किस प्रकार और किस समय लेना चाहिए, इसके बारे में विस्तार से स्पष्टीकरण करें, तो बहुत ही अच्छा हो।

जोतीराव : जो हम मानवों को पैदा करता है और लगातार पालन-पोषण भी कर रहा है, पूरी निगरानी रख रहा है, उसके नाम का घोष केवल धर्म के लालच में करना बिल्कुल ठीक नहीं होगा। जो ब्राह्मण पुरोहित लोग चालाक सियार की तरह कई प्रकार के हथकंडे अपनाकर किसी न किसी उपाय से अनपढ़-अज्ञानी लोगों को फँसाकर अपने परिवार का निर्वाह करते हैं वह भी ठीक नहीं। जो धूर्त ब्राह्मण कीमती ठाटदार पीतांबर पहनकर रजस्वला नारी की तरह सभी कामों से अछूते रहते हैं, सुगंधित पदार्थों से जहाँ सुगंध की बाढ़

आ रही होती है, इस तरह के पूजा घर में नाक कटे अपराधियों की तरह लाचार होकर, बगुला भगत बन जाते हैं और डरपोक व्यक्ति की तरह आँखें मूँद करके बहुत बड़े धार्मिक होने का दिखावा करते हुए निर्माता के नाम का घोष करते हैं तो हम सभी को परमन्यायी निर्माणकर्ता का ऐसे अटल धूर्त बहुरूपिया मदारी द्वारा नामस्मरण करते देखकर निश्चित रूप से क्रोध आयेगा या नहीं ? इसीलिए निर्माता के नाम से हमेशा-हमेशा के लिए डरना चाहिए, हम लोगों को उसके नाम की याद को मन में पक्का स्थान देना चाहिए, ऐसे ही उसके पैदा किए हुए सभी मनुष्यों के साथ किसी तरह के दाँवपेंच नहीं खेलने चाहिए। सीधा और समझदारी-भरा आचरण करने से निर्माता के पवित्र नाम को सम्मान मिलेगा। निर्माता के नाम का व्यर्थ नामघोष करके उसके मन को अशांत करने से निश्चित रूप से कोई समाधान नहीं निकलेगा। निष्कर्ष रूप में, निर्माता ने हम मानव समाज के लिए जो कुछ चीजें पैदा की हैं उन्हें उपयोग में लेकर उसके नाम से धर्म पर आधारित कुछ सिद्धांतों की स्थापना करनी होगी और हम सभी लोगों को अपनी-अपनी मेहनत के अनुसार उन वस्तुओं को बरतने की शुरुआत करनी होगी। इससे सारी दुनिया के मानव समाज में किसी भी प्रकार का फालतू टकराव नहीं पैदा होगा। यहाँ हम सभी लोग बहन-भाइयों की तरह एक-दूसरे से व्यवहार करने लगेंगे, सभी मानव प्राणी सुखी होंगे और प्रत्यक्ष में निर्माता की सत्ता कायम होगी, उसका राज कायम होगा।

नैवेद्य या अन्नदान

यशवंत : हम लोगों को निर्माता के सामने नैवेद्य अर्पित कर उसको कैसे तृप्त करना चाहिए ?

जोतीराव : सारे अवकाश के अनंत सूर्यमंडल और उनके ग्रह-उपग्रह तथा धरती पर जितनी भी चीजें हैं, वह सभी मानव समाज के निर्वाह के लिए ही निर्माणकर्ता ने अपनी इच्छा से पैदा की हैं, तो उनमें से किस चीज को हमें उसके लिए नैवेद्य के रूप में अर्पण करना चाहिए ?

यशवंत : अगर यह सही है तो हमको निर्माता को संतुष्ट करने के लिए किसी चीज का क्यों और किस तरह से उपयोग करना चाहिए ?

जोतीराव : जिन सत्पुरुषों ने अपने परिवार को अपनी मेहनत से कमाये हुए धन से पालपोस कर दुनिया के कल्याण के लिए अपना सारा जीवन समर्पित कर दिया है, उसको यदि वृद्धावस्था में किसी कठिनाई का मुकाबला करना पड़ा या कोई विपदा आयी तो उसकी मदद करनी चाहिए या दुनिया में जो अपा-

हिज लोग हैं उनकी या जो अनाथ हैं उनकी निर्माता के नाम से जितना हमसे संभव हो उतनी मदद करनी चाहिए। इसका मतलब ही उसको नैवेद्य अर्पण किया गया मान लेना चाहिए।

यशवंत : क्या आपका कहने का मतलब यह तो नहीं है कि आलसी या अनुपयोगी ब्राह्मण भिक्षुओं को सहस्रभोज और दक्षिणा नहीं देनी चाहिए?

जोतीराव : वह बात नहीं, ऐसे देने में किसी भी प्रकार का भेदभाव नहीं होना चाहिए, इसलिए सारे मानव समाज में जो भी कोई अपने परिवार को पाल-पोस करके दुनिया के कल्याण के लिए लगातार रात और दिन संघर्ष कर रहा है, फिर चाहे वह आर्यभट्ट भिक्षुक ब्राह्मण हो या अमेरिका का इंडियन मतलब वहाँ का आदिवासी हो या जिसको आप नीच मानते हैं ऐसा कोई मृतप्राय आदमी हो, वे सभी अन्नदान लेने के योग्य हैं, यही समझना चाहिए और ऐसे ही आदमी को अन्नदान करना निर्माता को अर्पण करने के समान है क्योंकि सभी मानव प्राणियों का निर्माणकर्ता वही है।

अनुष्ठान

बलवंतराव : अनुष्ठान करने से या जप करने से निर्माता को कुछ संतोष होगा या नहीं?

जोतीराव : नहीं, इससे कुछ भी होने वाला नहीं। क्योंकि अज्ञान रूप अंधकार में डूबे हुए बहनों और भाइयों को लूटकर खाने के लिए बहुरूपिया धूर्त ठग ही ऐसा नकली स्वाँग रचते हैं।

बलवंतराव : तो फिर अनुष्ठान करके जप-तप कैसे करना चाहिए?

जोतीराव : निर्माता ने इस दुनिया की सभी चीजों को पैदा किया है, उनमें से हर एक चीज का किस-किस जगह और किस-किस प्रकार से उपयोग करना चाहिए, इसके लिए रात-दिन मेहनत करके अपना कर्तव्य निभाते हुए निर्माता के ध्यान में डूबकर उसके बारे में विचार करते रहने से निर्माता की अथाह शक्ति, अपार चतुराई और अगाध लीला का आभास होता है।

स्वर्ग

मनाजी बोलूजी मगर : दुनिया के सभी अज्ञानी लोग यह कहते हैं और मानते हैं कि स्वर्ग नाम की कोई चीज है, और उस स्वर्ग में पुण्यवान लोगों को सदैव सुख मिलता है। वैसे ही अधार्मिकों को उनके कर्म के अनुसार नरक में सदैव के लिए तरह-तरह की विपदाएँ सहन करनी पड़ती हैं, इसके बारे में

आपका क्या कहना है ?

जोतीराव फुले : बहुत प्राचीन काल में जब कहीं भी किसी को यह मालूम नहीं था कि सुधार[1] किस पदार्थ का नाम है, तो कुछ होशियार लोगों ने स्वर्ग का बखेड़ा खड़ा कर दिया जिस तरह से मालियों द्वारा खेतों में, बागों में हांड़ी को सिंदूर लगाकर पुतले की तरह बिजूखा या इसी प्रकार की कोई वस्तु जानवरों-पंछियों को डराने के लिए इस्तेमाल की जाती है उन्होंने स्वर्ग को ऐसे ही एक हौआ के रूप में रखा था। बाद में आगे-पीछे कई क्षेत्रों में काल के अनुसार सुधार हुआ है। लेकिन स्वर्ग के बारे में किसी ने कोई सोच-विचार नहीं किया है और न उसका पता लगाने की कोशिश की है।

मनाजी : इससे आप क्या यही कहना चाहते हैं न कि स्वर्ग नाम की कोई चीज ही नहीं है ?

जोतीराव : इसमें भी कोई संदेह है ? वैसे ही सभी धर्मग्रंथों में यह लिखा गया है कि स्वर्ग है। लेकिन इस धरती पर रहने वाले किसी भी व्यक्ति ने अभी तक यह नहीं बताया कि मैंने स्वर्ग को स्वयं देखा है। काल्पनिक पुराणों के शब्दों पर ध्यान देकर पौराणिक कथाओं पर विश्वास रखने के बजाय कोई आदमी स्वर्ग देखने के लिए गया हो और फिर वह लौटकर आ गया हो, ऐसा कोई उदाहरण हमारे पास नहीं है। इस तरह स्वर्ग से लौटकर आया हुआ कोई आदमी इस धरती के धरातल पर नहीं मिल सकेगा तो उसे वास्तविक या यथार्थ नहीं माना जा सकता।

नर-नारी

बलवंतराव : निर्माता ने इस अपनी धरती पर जल में जलजंतु, जमीन पर रहने वाले प्राणी और खच्चर आदि जीवों की तीन जातियाँ पैदा की हैं, उनमें सबसे श्रेष्ठ कौन है ?

जोतीराव : इन सभी प्राणियों में मानव प्राणी श्रेष्ठ है और इनमें नर और नारी इस तरह के दो भेद हैं।

बलवंतराव : इन दो नर-नारियों में सबसे ज्यादा श्रेष्ठ कौन है ?

जोतीराव : इन दोनों में सबसे ज्यादा श्रेष्ठ नारी है।

बलवंतराव : इन दोनों में सबसे ज्यादा श्रेष्ठ नारी ही क्यों है ?

जोतीराव : इसका कारण है। निर्माता द्वारा निर्मित अनोखा मोह उत्पन्न करने

1. सुधारने की क्रिया या भाव, संस्कार, विकास।

वाले इस भवसागर में तैरकर मजा लेने वाले क्षणिक नर और नारी मानव प्राणी हैं। उनमें भी स्वभाव से नारी जाति लज्जालु है। इसलिए नारी सबसे पहले एक नर को मेलजोल करने के लिए पहल करने का अवसर देती है और उस मेलजोल को संभोग की इच्छा रखने वाला यह धूर्त नर इतना बढ़ाता है कि अंत में नारी स्वयं ही उसको अपना मददगार, राहगीर, साथी बनाती है। और वही नारी प्रकृति के नियमों के अनुसार अपने ही बच्चों का नहीं, बल्कि ब्राह्मणों के धोखेबाज ब्रह्मचारी शंकराचार्य जैसे बच्चों का भी बिना शिकायत के चुपचाप नौ मोह तक रात और दिन लगातार अपने पेट में बोझ ढ़ोती रहती है। वही हम सभी को जन्म देने वाली है। वही हमारा मल-मूत्र साफ करके हम सभी को पाल-पोसकर हमारी देखभाल करने वाली है। जब हम सभी दुर्बल होते हैं, अबोध होते हैं उस समय वही हमारी चिंता करती है और उसी ने हम सभी को बोलने के लिए तथा चलने के लिए सिखाया है। इसी की वजह से सभी की जुबान पर एक विश्व प्रसिद्ध कहावत है कि 'सभी के उपकारों से मुक्त हो सकते हैं लेकिन अपने को जन्म देने वाली माँ के उपकारों से मुक्त होना असंभव है' इसीलिए मैं यह कह सकता हूँ कि नर से नारी श्रेष्ठ है।

बलवंतराव : इसके अलावा नारियों की विशेषता क्या है?

जोतीराव : इसके अलावा नारी अपने बहन-भाइयों की चहेती होने की वजह से वह उनका निःस्वार्थ भाव से समर्थन करती है। इसके अलावा नारी के बिना घर शोभा नहीं देता, यह तो आप जानते ही हैं। इसके बारे में एक कहावत है कि, 'न गृहं गृहमित्याहुर्गृहिणी गृहमुच्यते।'

बलवंतराव : नारी पुरुषों को ज्यादा प्यार करती है, इसका कारण क्या है?

जोतीराव : जिस समय किसी नारी का पति मर जाता है, उस समय वह बहुत दुखी होती है, आगे उसको भारी कठिनाइयाँ बर्दाश्त करनी पड़ती हैं। मरते दम तक सारा समय रंडापे में गुजारना पड़ता है। इतना ही नहीं, पहले के जमाने में कई औरतें सती भी हो जाती थीं। लेकिन यदि स्त्री मर जाए तो उसका पति उसके मर जाने के दुख से दुखी होकर वह भी 'सता' हो गया हो, क्या इस तरह का एक भी उदाहरण मिल सकेगा? वह चाहे जितनी शादियाँ कर सकता है, लेकिन औरतों के बारे में ऐसा नहीं है।

बलवंतराव : औरतों पर पुरुषों का कम प्यार होता है, इसका कारण क्या है?

जोतीराव : घर में महापतिव्रता नारी होने के बावजूद अत्यंत लोभी आदमी उसकी छाती पर फिर-फिर शादियाँ करके दो-दो, तीन-तीन औरतों का बोझ डाल देता है, लेकिन औरतें एक व्यक्ति के साथ शादी करने के बाद उसके घर में रहते हुए दूसरे किसी आदमी के साथ दुबारा शादी करके उसी के घर

में उसको अपने पति का 'सौता' या 'सपति' बनाकर नहीं रखतीं।

बलवंतराव : इस प्रकार से पुरुषों में अन्याय करने की प्रवृत्ति कैसे पैदा होती है ?

जोतीराव : नारी जाति बड़ी अबला होती है, इसलिए इन स्वार्थी और साहसी पुरुषों ने बड़ी चालाकी से यह तय-सा कर दिया कि किसी भी काम में नारी जाति की स्वीकृति लेना जरूरी नहीं है। उन्होंने हर क्षेत्र में अपने ही वर्चस्व को बढ़ाया। नारी को अपने मानवी हक समझ में न आएँ, इसलिए उन्होंने नारी को पढ़ाने-लिखाने से वंचित कर दिया। सभी नारियों पर इस तरह की स्थिति आई है।

बलवंतराव : हम किस आधार पर नारियों को अबला मानते हैं ?

जोतीराव : नारी लगातार रात और दिन नौ माह तक हम सभी का बोझ अपने पेट में सँभालती है, लेकिन उसमें किसी भी लोभी-स्वार्थी पुरुष की तरह छक्के-पंजे खेलने की प्रवृत्ति नहीं है, साहस भी नहीं है, इसीलिए नारी को अबला कहा जाता है।

बलवंतराव : इस तरह करने का परिणाम क्या होता है ?

जोतीराव : सारी दुनिया में सबसे पहले पुरुषों के अत्यंत लोभ और स्वार्थ की वजह से मत्सर, घृणा, छल-धोखा और कई तरह के दोष पैदा हुए और हर तरह के अपराध होने लगे।

बलवंतराव : तो फिर सारी दुनिया के सभी मानव प्राणियों को अपने पाप और पुण्य की जामा-तलाशी देनी पड़ेगी या नहीं ?

जोतीराव : सारी दुनिया के मानव प्राणी अपने पाप और पुण्य के स्वरूप के आधार पर यहीं (इस लोक में) प्रत्यक्ष हिसाब चुकता करते हैं, उनको और कहीं जाने की जरूरत नहीं पड़ती। वे यहीं, इसी जन्म में अपने आगे बढ़ने वाले सभी संतान रूप पेड़ों को पानी सींचते हैं या मार डालते हैं। उस प्रकार उन पर या उनकी संतान पर उस पाप का या पुण्य का परिणाम होता है। इसीलिए ईश्वर ने परलोक को साक्षात् इहलोक में ही बनाया है।

बलवंतराव : फिर आप इसके बारे में कुछ पुरुषों के अत्यंत लोभ के बारे में कुछ मिसालें पेश करें तो बहुत अच्छा हो, बड़ी मेहरबानी हो। उसी प्रकार मेरा और अन्य सज्जनों का विश्वास बन जाएगा।

जोतीराव : कई बुरी चीजों के आदी लोग अपनी स्त्री से धोखा करके ज्यादा सुख भोगने की लालसा से उसकी छाती पर दो-दो, तीन-तीन शादियाँ करके सौत के रूप में औरतें बिठा देते हैं और उनके साथ रात और दिन अपनी काम-वासना तृप्त करने में मशगूल रहते हैं। इसी सबको लेकर पहली औरत के मन में नफरत की भावना पैदा होती है और वह मन से उससे घृणा करने लगती है। तब सबसे पहले परिवार में कलह पैदा होने के लिए पुरुष का

लोभी स्वभाव ही मूल कारण है। ज्यादा वासनालिप्त रहने से पुरुषों में कई प्रकार के भयंकर रोग पैदा होते हैं और आज वे रोग ऐसे ही पुरुषों के चलते सारी दुनिया में फैले हुए हैं। कई शौकीन लोग वासना से इतनी मस्ती में आ जाते हैं कि रजस्वला स्त्री से भी अपनी कामवासना तृप्त करने में परहेज नहीं करते हैं, तब उन दोनों स्त्री-पुरुष को महाभयंकर रोग होते हैं। इतना ही नहीं, उनकी संतानों में भी वही रोग कुछ समय तक कायम रहते हैं।

बलवंतराव : आपने पहले कहा है कि सभी औरतों को उनके मानवी हक का पता न चलने पाए, इसी इरादे से लोभी पुरुषों ने उनको पढ़ने-लिखने से दूर रखा, उनकी शिक्षा पर रोक लगा दी, इस तरह स्त्रियों पर कई जुल्म और ज्यादतियाँ हुई हैं, उनमें से नमूने के लिए कुछ मिसालें दें, यह अच्छा होगा।

जोतीराव : देखिए, पहले के जमाने में साठ-सत्तर साल के जर्जर हुए पोपले मरियल बूढ़े आर्य भट्ट ब्राह्मण पहली औरत के मरते ही अल्प उम्र की सुंदर लड़की से दोबारा ब्याह करके उस अबला की जवानी को मिट्टी में मिला देते थे किंतु नाबालिग अवस्था में अज्ञानी लड़की के विधवा हो जाने पर किसी भी हालत में दुबारा विवाह नहीं करना चाहिए, इसलिए कड़े प्रतिबंध लगाए गए थे। उसके परिणाम निम्न प्रकार से हुए हैं—पवित्रता का खोखला दिखावा करनेवाले भयंकर बेशर्म आर्य ब्राह्मण अपनी अबला और दुर्बल भौजाई और बहू के यौवनावस्था आते ही रात और दिन ऐसे उनका इतना पीछा करते हैं कि स्वाभाविक रूप से उनके कदम गलत रास्ते पर पड़ जाते हैं, और जब इस तरह से होता है तब उनको अपनी इज्जत बचाने के लिए मजबूर होकर गर्भ-पात करके भ्रूण हत्या करनी पड़ती है। इसी से आप अंदाज लगा सकते हैं कि धूर्त आर्य ब्राह्मण जाति में कितनी मात्रा में गर्भपात और भ्रूण हत्याएँ होती होंगी! इस सबके बारे में सही-सही कोई कुछ कह नहीं सकता।

बलवंतराव : मैं इस विकराल पाप का अनुमान करके बताने में पूरी तरह असमर्थ हूँ किंतु इस भयावह परंपरा को आर्य ब्राह्मणों ने आज तक अपनी जाति में क्यों बरकरार रखा? लगता तो यही है कि इस तरह की पैशाचिक परंपरा को कायम रखने से धूर्त आर्य ब्राह्मण जाति का अपने-आप विनाश होगा, ये लोग निर्वंश होकर नष्ट हो जाएँगे। फिर ये लोग इस अघोर परंपरा को अपनी जाति से क्यों नहीं निकाल देते?

जोतीराव : इसका कारण है। नारी जाति को नीच समझने की उनकी परंपरा है और इसके समर्थन में कई धूर्त, चालाक ऋषियों ने धर्मशास्त्रों को लेकर कई संहिताएँ, स्मृतियाँ आदि रचकर पुरुषों को सबल आधार प्रदान किया इसकी वजह से उन्होंने आज तक इस अघोर, नीच परंपरा को कायम रखा है। आप ही सोचिए कि आर्य ब्राह्मणों ने इस अघोर परंपरा को समाज में

प्रचारित करके भोले-भाले अज्ञानी कुलकर्णी (कुलवाड़ी) सुनार आदि जाति के लोगों को भी अपनी नकल के लिए प्रेरित किया। और उन्होंने भी ब्राह्मणों की तरह ही अपनी बहू-बेटियों को उसी प्रकार की कठिनाइयों में डाला है। इस अन्याय को देखकर भी हम सभी के परमन्यायी और दयालु निर्माणकर्ता को उनके अघोर दुष्ट आचरण पर क्या गुस्सा नहीं आता होगा? आता होगा।

बलवंतराव : फिर आर्यभट्ट ब्राह्मणों की बहू-बेटियों द्वारा इस तरह के गर्भपात और बालहत्याएँ करके भी आर्य ब्राह्मण निर्वंश न हों, वे अपने अपराध-दोष से बच जाएँ इसके लिए जिन वेदों को पवित्र या त्राणकर्ता मानते हैं, उनमें कहीं भी इसके बारे में निषेध किया गया है या नहीं?

जोतीराव : आर्य ब्राह्मणों के पवित्र वेदों में यह बात कहीं नहीं मिलती कि नारियों का पुरुषों के साथ दूसरा संबंध स्थापित हो। इसलिए गर्भपात और बाल-हत्या के बारे में अनेक वेदों में कहाँ लिखा हुआ मिलेगा? किंतु वेदों के काल में एक आर्य ब्राह्मण का भाई यदि मर जाता है तो वह अपनी भौजाई के साथ पुनर्विवाह का किसी भी प्रकार की विधि किए बगैर उससे संतान पैदा करने के बहाने उसके साथ अपनी औरत की तरह मजा भोगता था। इसके आधार पर यह अनुमान किया जा सकता है कि आज के धूर्त भट्ट ब्राह्मणों की तरह उनमें गर्भपात और बाल हत्याएँ नहीं होती होंगी।

पाप

मानाजी बोलूजी पाटील : मानव प्राणियों को पापयुक्त आचरण करके दुख नहीं भोगना चाहिए, इसलिए मानव समाज के बचाव के लिए अपने निर्माता ने उसको कुछ साधन दिए हैं या नहीं?

जोतीराव : ऐसा कैसे हो सकता है? निर्माता सर्वज्ञ है, दयालु है। उसने हम मानव प्राणियों को पैदा करने के पहले ही हमारे बचाव के लिए सभी कुछ व्यवस्था करके रखी है। इतना ही नहीं, उसने वह सब व्यवस्था बड़े अच्छे ढंग से करके रखी है।

मानाजी : तो फिर कुछ पुरुषों में यह लोभ क्यों पैदा हुआ कि उन्हें ज्यादा औरतें चाहिए? निर्माता ने जो योजना बनाई थी, जो साधन पैदा किए थे, उनसे उन्होंने अपना बचाव क्यों नहीं किया?

जोतीराव : एक जग जाहिर कहावत है कि 'अपने से सारी दुनिया को पहचानो', आपको तो मालूम ही होगा कि इस तरह जिनका मन लोभ से आकर्षित हुआ ऐसे लोग ईश्वर द्वारा दी हुई सदाचारी बुद्धि को, गुणों को एक तरह से

अस्वीकार करके पापी हो गए और इसीलिए उनको प्रायश्चित्त भोगने पड़ते हैं।

मानाजी : अभी आपने जो कुछ कहा है, उसे मैं समझ नहीं सका। इसलिए आप अपना मंतव्य मुझे विस्तार से समझाएँ, तो बहुत ही अच्छा हो।

जोतीराव : कुछ स्वार्थी लोग ज्यादा से ज्यादा सुख या अपने मन की इच्छा पूरी करने के लिए एक घर में दो-दो, तीन-तीन शादियाँ करके औरतों से इश्क फरमाते हैं और इस सबके समर्थन में वे लोग कुछ मूर्ख लोगों द्वारा लिखे गए धर्मग्रंथों का हवाला भी देते हैं, लेकिन पुरुषों की तरह यदि कुछ औरतों ने अपने मन की इच्छा तृप्त करने के लिए दो-दो, तीन-तीन पुरुषों से एक ही समय में शादी की और वे सभी एक ही घर में रहने लगें तो हम पुरुषों को यह बुरा लगेगा या नहीं ?

मानाजी : यदि नारियों ने उस तरह का जगविरोधी अघोर आचरण किया तो उनको उसकी सजा मिलनी चाहिए।

जोतीराव : यदि तुमको नारियों का उस तरह का आचरण अच्छा नहीं लगता तो हम पुरुषों का उसी तरह का आचरण नारियों को क्यों अच्छा लगना चाहिए? क्योंकि नारी और पुरुष दोनों समान रूप से सभी मानवीय अधिकारों का उपभोग करने के लिए हकदार हैं फिर नारियों को एक अलग प्रकार का नियम और लोभी, अहंकारी पुरुषों के लिए दूसरे प्रकार का नियम व्यवहार में लाना, पक्षपात के अलावा और कुछ नहीं है। ऐसे कुछ अहंकारी पुरुषों ने अपनी जाति के स्वार्थ के लिए नकली, स्वार्थ-प्रेरित धर्म किताबों में नारियों के बारे में इस तरह के स्वार्थी लेख लिखे हैं।

मानाजी : इस तरह के अन्य विषय सभी के मन को अच्छी तरह प्रभावित करे, इसलिए कृपया कुछ उच्चतम और सर्वसम्मत उदाहरण दें तो आपकी बड़ी मेहरबानी होगी।

जोतीराव : आर्यभट्ट ब्राह्मणों के धर्म-द्रोही, व्यभिचारी, रिश्वतखोर, झूठी किताबें लिखनेवाले, तबलजी आदि लोगों को भी यदि शूद्रादि-अतिशूद्रों ने 'नीच मानना शुरू कर दिया और उनके स्पर्श से भी परहेज करने का निश्चय करके इस बात को व्यवहार में लाना शुरू कर दिया तो यह बात किसी भी ब्राह्मण को क्या सच में अच्छी लगेगी ?

मानाजी : उस तरह का आचरण किसी भी ब्राह्मण को अच्छा नहीं लगेगा।

जोतीराव : उसी प्रकार शूद्रादि-अतिशूद्रों ने ब्राह्मणों की पगड़ियाँ और उनका सब कुछ छीन लिया तो किसी एक भी अहंब्रह्म संन्यासी हुए ब्राह्मण को क्या सच में अच्छा लगेगा ?

मानाजी : नहीं। उस तरह से करना उस आर्यभट्ट ब्राह्मण संन्यासी को भी

अच्छा नहीं लगेगा, तो फिर संसार में व्यस्त हुए ब्राह्मण को कहाँ से अच्छा लगेगा ?

जोतीराव : आर्य ब्राह्मणों जैसे ही अन्य काल्पनिक शेषशायी की नाभि से निकले ब्रह्मदेव द्वारा ताड़ के पत्तों पर लिखे नये धर्म-ग्रंथों के आधार पर सभी शूद्रादि-अतिशूद्रों के पाँव के तीर्थ का साफ-निर्मल जल मानवद्रोही आर्य ब्राह्मणों को पिलाया जाए और उन्हें सीधा और दक्षिणा लेने को विवश किया जाए तो किसी भी ब्राह्मण दासीपुत्र को क्या यह अच्छा लगेगा ?

मानाजी : नहीं, उस तरह से करना किसी भी ब्राह्मण भट्ट दासीपुत्र को अच्छा नहीं लगेगा।

जोतीराव : उसी प्रकार शूद्रादि-अतिशूद्रों द्वारा धूर्त ब्राह्मणों की तरह मनचाहे ढंग से ईश्वर के नाम से काल्पनिक नये धर्मशास्त्रों की रचना करके उन ग्रंथों के एक शब्द तक भी किसी ब्राह्मण को सुनने से वंचित रखा जाए और शूद्रादि-अतिशूद्रों द्वारा ब्राह्मणों को अपने खानदानी दास बनाकर और उनको हमेशा के लिए अपनी सेवा करने का विधान थोपकर उन्हें यह सब कुछ करने को विवश किया जाए तो किसी गोलक ब्राह्मण को क्या यह बात अच्छी लगेगी ?

मानाजी : उस तरह से करना किसी भी उड़ाऊ गोलक ब्राह्मण को अच्छा नहीं लगेगा, फिर खुद को असल ब्राह्मण कहने वालों की तो बात ही क्या !

जोतीराव : यदि इस प्रकार से शूद्रादि-अतिशूद्रों का व्यवहार किसी नीच ब्राह्मण को भी अच्छा नहीं लगेगा तो मनुसंहिता में शूद्रों के बारे में ब्राह्मणों का जो नीच व्यवहार वर्णित है वह शूद्रों के साधु-संतों को और राजा-रजवाड़ों को कैसे अच्छा लगेगा ? इसी को कहते हैं कि 'अपने ऊपर से दुनिया को पहचानो'। ब्राह्मणों के धर्मग्रंथों में ब्राह्मणों द्वारा शूद्रों से लेने के अलग माप तय किए हुए हैं और ब्राह्मणों द्वारा शूद्रादि-अतिशूद्रों को देने के माप अलग। फिर इन्हीं कारणों के आधार पर धूर्त ब्राह्मण विद्वानों और अनपढ़ शूद्रादि-अतिशूद्र भाइयों में स्नेह की भावना पैदा होकर धर्म के बारे में एकता कैसे हो सकती है ? इसके अलावा आर्य ब्राह्मणों ने शूद्रादि-अतिशूद्रों को पढ़ने-लिखने की मनाही कर दी और उन्होंने अपना वर्चस्व कायम रखने के लिए झूठ-मूठ के धर्मग्रंथों की रचना की, अपनी कल्पना के आधार पर रामायण-महाभारत जैसे ग्रंथ लिखे। फिर उन्होंने ढोंगी बगुले की तरह धार्मिक होने का स्वाँग रचाया। फिर उन्होंने दिन-रात अज्ञानी, भोले-भाले शूद्रादि-अतिशूद्रों को निरर्थक पुराण-कथाएँ सुनानी शुरू कीं और उनके दिलो-दिमाग को पवित्र मुसलिम और ईसाई राजकर्ताओं के विरोध में मैला किया। इसके लिए उन्होंने बड़े-बड़े युद्ध करवाए, और तभी वे स्वयं किसी मंदिर के अंदर के

शिवलिंग के सामने निश्चित होकर जप-अनुष्ठान करते रहे। इन्हीं सब बातों की वजह से इस देश में शूद्रादि-अतिशूद्र लोगों का और मुसलिम तथा ईसाई लोगों का कई बार नुकसान हुआ है और आज तक इस देश में भयंकर पाप भी हुए हैं और अब भी हो रहे हैं।

पुण्य

बलवंतराव : किसको पुण्य कहा जाय ?

जोतीराव : स्वयं को सुख चाहिए, इसलिए सभी मानवी प्राणियों को शारीरिक और मानसिक कष्ट न देने को ही पुण्य कहना चाहिए।

बलवंतराव : वह कैसे ? उसके बारे में हमको खुले रूप से समझा दिया जाए तो बहुत ही अच्छा होगा।

जोतीराव : स्वयं सुख पाने के लिए दूसरे किसी व्यक्ति ने यदि आपको कष्ट पहुँचाया और आपके पास की कोई चीज धर्म के नाम पर फुसलाकर ले ली या जबर्दस्ती से लेकर उसका उपयोग वह आपके सामने ही करने लगा तो उसका उस तरह से करना आपको क्या अच्छा लगेगा ?

बलवंतराव : उसका उस तरह से करना मुझे ही तो क्या बल्कि इस दुनिया के किसी भी मनुष्य को अच्छा नहीं लगेगा।

जोतीराव : तो प्रश्न उठता है कि अन्य मानवी प्राणियों की उनके पास से कोई चीज धर्म के नाम पर फुसलाकर या जबर्दस्ती लेकर उसका उपभोग उनके ही सामने करने का क्या हमको कोई अधिकार है ?

बलवंतराव : उस तरह से करने का हमको कोई अधिकार नहीं है और इसके बारे नें भूदेव (ब्राह्मण) आर्यों के धर्मशास्त्रों में भी कहा गया है कि, 'परोपकारः पुण्याय पापाय परपीडनम्।'

जोतीराव : इस तरह का यदि आपके धर्मशास्त्रों का सिद्धांत है, तो आपके आर्य ब्राह्मण (भूदेव) अपने धर्मग्रंथों को इन बातों से तो अछूते रखते ही हैं, लेकिन स्वयं भी रजस्वला नारी की तरह अछूते रहकर ईसाई-मुसलिमों को तथा शूद्रादि-अतिशूद्रों को भी नीच मानते हैं और उनको हर तरह का नुकसान पहुँचाते हैं, इसका मतलब आखिर क्या है ?

बलवंतराव : इस संबंध में आपने कुछ सार्वजनिक मिसालें दीं तो लोगों का हित होगा, इसमें कोई संदेह नहीं।

जोतीराव : इसमें पहली बात यह है कि आर्य ब्राह्मण लोग अपने स्वार्थ के लिए ईसाई लोगों के साथ उनके टेबिल पर जाहिरा तौर पर जाकर बैठते हैं, फिर उनके साथ बैठकर मद्य-मांस भी खा-पी लेते हैं, और घर में जाने के बाद

स्नान करके पवित्र हो जाते हैं, फिर वे उन्हीं के पवित्र ईसाई धर्म की निंदा करते हैं और अनपढ़-अज्ञानी लोगों के दिलों और दिमाग में उनके प्रति नफरत की भावना भी पैदा करते हैं। फिर दूसरी बात यह है कि भीतर ही भीतर से जवानी की मस्ती में मस्तानी नारी जैसे वेश्या के साथ अपनी स्त्री से भी ज्यादा संपर्क में रहते व उसी के साथ अपना ज्यादा से ज्यादा समय बिताते हैं, लेकिन उसकी कोठी से बाहर निकलने के बाद एकदम पाक-पवित्र होकर निर्मल मुसलिम धर्म की निंदा करते हैं। वे उनको अपने कुएँ के पानी को भी छूने नहीं देते, और अन्य अनपढ़-अज्ञानी लोगों के दिलो-दिमाग में उनके प्रति जहर फैलाकर मुसलमानों से नफरत करना सिखाते हैं। फिर तीसरी बात यह है कि अज्ञानी शूद्रादि-अतिशूद्रों की मेहनत के पैसे पर पर्वती जैसे धार्मिक संस्थानों की स्थापना करके उसमें स्वयं शामिल होकर मनचाहे पकवान खाते हुए शोर-गुल मचाते हैं, लेकिन कर देने वाले भूखे-प्यासे शूद्रादि-अतिशूद्रों को ज्वार-बाजरे के बासी बचे हुए भोजन का एक कौर भी नहीं देते, और घर लौटकर आने के बाद शिंदे, होलकर, गायकवाड़ जैसे कुलीन शूद्र राजा-रजवाड़ों के स्पर्श भी नहीं होने देते, उनको नीच मानकर ये लोग अपनी जाति की श्रेष्ठता का घमंड दिखाते हैं।

जातिभेद

यशवंतराव : मानव प्राणियों में जातिभेद है या नहीं?

जोतीराव : मानव प्राणियों में मूल में जातिभेद नहीं है।

यशवंत : मानव प्राणियों में मूल में जातिभेद क्यों नहीं है?

जोतीराव : क्योंकि जानवरों, पंछियों में जातिभेद नहीं है। तो फिर मानव प्राणियों में जातिभेद कहाँ से होगा?

यशवंतराव : मानव प्राणियों में मूल में जातिभेद नहीं है, इसके बारे में आप यदि अच्छी तरह विश्लेषण कर सकें तो बहुत ही अच्छा होगा।

जोतीराव : जानवर-पंछी आदि इंद्रियों में पूरी तरह एक-दूसरे से भिन्न-भिन्न हैं। उसी प्रकार दो पाँव वाले मानव प्राणी इंद्रियों में चार पाँव वाले प्राणियों से भिन्न हैं। इसीलिए आर्य ब्रह्मा ने अपनी इंद्रियों से सिर्फ ब्राह्मण, क्षत्रिय, वैश्य और शूद्र इस तरह के चार जातियों की (वर्णों की) उत्पत्ति की है। लेकिन मानवेतर गधें, कौए, घोड़े, बैल, कुत्ता, सुअर, चूहे, बिल्ली आदि प्राणियों में ब्राह्मण कौन है, क्या यह आप लोग मुझे बता सकते हैं?

यशवंतराव : गधे, कौए, घोड़े आदि मानवेतर प्राणियों में ब्राह्मण किसको कहें, यह सिद्ध करना एकदम असभव है। क्योंकि आर्य ब्राह्मण ऋषि जैसे लोग भी

प्राचीन काल में जाहिरा तौर पर मांसाहारी थे। इसीलिए जानवर-पंछी आदि में जातिभेद है, यह सिद्ध करना एकदम असंभव है। सिर्फ मानव प्राणियों में ब्रह्मा की इंद्रियों से चार जातियाँ (वर्ण) बनी हैं, यह बात उन्हीं के धर्मशास्त्रों में कही गई है।

जोतीराव : तो फिर जानवर-पंछी, गधे आदि सभी प्रकार के प्राणी ब्रह्मा के किस इंद्रिय से उत्पन्न हुए हैं

यशवंत : ये सारी बातें हम ब्राह्मणों के धर्मशास्त्रों के आधार पर बोल रहे हैं।

जोतीराव : तुम लोगों ने स्वयं आर्य ब्राह्मणों के धर्मशास्त्रों को पढ़कर उसके बारे में सही खोज की है या नहीं ?

यशवंत : नहीं, क्योंकि आर्य ब्राह्मण उन ग्रंथों को हमारी नजरों के सामने भी आने नहीं देते और यदि हमने उन धर्मग्रंथों को पढ़ने की अपनी इच्छा व्यक्त की तो वे ब्राह्मण उन ग्रंथों को हमें सुनने भी नहीं देंगे।

जोतीराव : तो केवल ब्राह्मणों के धर्मग्रंथों के बारे में तुम लोगों को निश्चित खोज-बीन करनी चाहिए। सिर्फ उनके मुँह की गप से जातिभेद वाली मक्कारी को तुम लोग अंधों की तरह आँखें मूंद करके क्यों मानते हो ? यह तुम्हारी शूद्रों की सीधी मूर्खता है।

यशवंतराव : ब्राह्मण सो ब्राह्मण, शूद्र सो शूद्र—हमने कितनी भी कोशिश की तब भी लगा शूद्र ब्राह्मण नहीं हो सकेगा, उसी प्रकार ब्राह्मण शूद्र नहीं हो सकेगा।

जोतीराव : क्यों, यदि आर्य ब्राह्मण लोग शूद्र नहीं हो सकते तो महामुनि खिस्ता-चार्य के बँगले पर ये अतिशूद्र महार, मातंग आदि लोगों की पंक्ति में बैठकर मद्यपान क्यों करते हैं ? या पाव-बिस्किट क्यों खाते हैं ? इसके अलावा वे म्लेच्छ[1] आदि अतिशूद्रों की लड़कियों के साथ ब्याह करके अपना संसार बसाते हैं या नहीं ? इसलिए मेरा कहना यह है कि, 'ब्राह्मणः सर्वत्र पूज्यः' इस बात को तुम लोगों को अपने दिलो-दिमाग से निकाल देना चाहिए, इस वाक्य को तुम लोगों को अपने मन से हटा देना चाहिए, बस ठीक हो जाएगा।

यशवंतराव : तो इसी के आधार पर अपने इस अभागे बलिस्थान[2] में जगविरोधी

---

1. अनार्य, विदेशी, यूरोपीय, ईसाई, मुसलमान लोग।
2. बलि राजा के नाम पर महात्मा फुले ने इस देश को 'बलिस्थान' कहा है। बलि एक शूद्र राजा था। इस तरह की पुराण कथा है। लेकिन ब्राह्मण कोश-कार बलि को एक दैत्यराजा, राक्षसों का राजा मानते हैं। जो लोग ब्राह्मण, ब्राह्मणवाद, ब्राह्मण धर्म के विरोध में थे उनको दैत्य कहा गया।

धनगर, माली, कुनबी आदि कई जातियाँ हैं, क्या वे सभी झूठी हैं ?

जोतीराव : आपका यह सारा कहना विचार करने के बाद झूठ साबित होगा, ऐसा मुझे लगता है। मान लो, किसी एक आदमी को तीन बच्चे हैं और उनमें से एक बच्चे ने भेड़ पालने में अपनी सारी उम्र गँवा दी है, दूसरे ने फलों, सब्जियों आदि की खेती में अपनी सारी उम्र गँवा दी है और तीसरे ने खेत को जोतने, हल चलाने में, उसमें बोने, काटने में अपनी सारी उम्र गुजार दी है, तो आप इससे उन (पहला लड़का धनगर या गड़रिया, दूसरा माली और तीसरा कुनबी) तीनों लड़कों की तीन जातियाँ हैं, ऐसा कह सकते हैं ?

यशवंतराव : उन्हें ऐसा कैसे ठहराया जाएगा ?

जोतीराव : उसी प्रकार एक ब्राह्मण के तीन लड़के हैं, उनमें से एक लड़के ने अपने निर्वाह के लिए तबलजी का धंधा करने में अपनी सारी उम्र गँवा दी, दूसरे ने अपने निर्वाह के लिए वैद्य का (डाक्टरी) धंधा करके सभी लोगों को दवाइयाँ दीं, जाति का विधिनिषेध नहीं रखा और लोगों के शवों को फाड़ने-सिलने में अपना सारा जीवन खर्च कर दिया, और तीसरे लड़के ने पेट के लिए घर-घर जाकर रसोइया का काम करके, रोटियाँ पकाने में अपनी सारी उम्र गुजार दी। इस आधार पर क्या आप यह कह सकते हैं कि उसके पहले लड़के की गुरव[1] जाति है, दूसरे की वैदू[2] जाति है और तीसरे की रसोइया जाति है ?

यशवंतराव : आप जैसा कहते हैं उस तरह कुछ साबित नहीं किया जा सकता। किंतु आपके इस सिद्धांत के अनुसार भंगिन (हलालखोर) की भी जाति नीच है या नहीं ? क्योंकि वह हमेशा बहुत ही निचले स्तर का काम करती है।

जोतीराव : तुमको मालूम होगा कि हम दोनों के बचपन में हमारा पाखाना साफ करने का काम हम दोनों की माताओं ने किया है, फिर इस आधार पर उनको हलालखोरनी या भंगिन कहा जा सकता है ?

यशवंतराव : हम दोनों की माताओं ने हमारे बचपन में हमारा पाखाना साफ किया है, यह सच है। लेकिन उनको नीच कौन कह सकता है ? अपनी माँ को नीच कहनेवाला इस धरती पर शायद ही कोई होगा, लेकिन मानव प्राणियों में क्या उनके गुणों के आधार पर जातिभेद नहीं ठहराया जा सकता ? इसके बारे में आपका क्या कहना है ?

---

1. किसी मंदिर का अब्राह्मण पुजारी। शिव मंदिर का अब्राह्मण पुजारी। महाराष्ट्र में गुरव नाम की एक जाति है।
2. वैदू का मतलब अड़ाणी वैद्य, आदिवासी गोंड की एक जाति, भट्ट की जमात में भी वैदू नाम की जाति है, जिसका पेशा जंगल-पत्ती से, कंद-मूलों से दवाई, चूर्ण बना करके बेचना है।

जोतीराव : मानव प्राणियों में उनके गुणों के आधार पर जातिभेद ठहराया नहीं जा सकता, क्योंकि मनुष्यों में कई लोग ऐसे हैं जो अपने बच्चों को अच्छी शिक्षा देते हैं। और वे अपने-अपने स्वभाव के अनुसार तेज बुद्धि के होने के कारण होशियार और गुणवानों के चुनाव के मौके पर सफल होकर बड़े-बड़े पदों को सँभालने लायक होते हैं। और कुछ लोग अपने बाल-बच्चों को अच्छी शिक्षा देने के लिए बहुत ही मेहनत करते हैं लेकिन उन लड़कों के स्वभाव से जड़ बुद्धि होने की वजह से वे मूर्ख और निष्क्रिय होकर हर तरह के गलत-सलत काम करने के लिए मजबूर होते हैं। इसी आधार पर हम कह सकते हैं कि अच्छे गुणों या बुरे गुणों का संबंध हमेशा खानदान या वंश परंपरा से नहीं होता। सद्‌गुणी बृहस्पति जैसे लोगों के बच्चे भी स्वभाव से कभी-कभी सद्‌गुणी नहीं होते। इसी प्रकार धूर्त आर्य ब्राह्मणों के बच्चे हमेशा ही शंकराचार्य जैसे बुद्धिमान पैदा नहीं होते। इसी तरह अतिशूद्र चमार और भंगी के सद्‌गुणी बच्चे अवसर पा गए तो शंकराचार्य से भी बढ़कर बुद्धिमान और महामुनि नहीं होंगे, ऐसा कोई भी समझदार आदमी नहीं कह सकता।

यशवंतराव : इससे इस अभागे बलिस्थान में जगविरोधी दुष्ट भेदभाव पैदा होकर ब्राह्मण और महार-मातंग में जातिभेद कैसे पैदा हुआ, इसके बारे में आप ही यदि अच्छी तरह विश्लेषण करके बताएँ तो बहुत ही अच्छा होगा।

जोतीराव : सारे बलिस्थान के क्षत्रिय का मतलब क्षेत्र के मूल मालिक अस्तिक, पिशाच, राक्षस, अहीर, दास, भील, केवट, मातंग, महार, चमार, भंगी आदि अब्राह्मण लोग पहले के जमाने में शस्त्र से लड़ने में बड़े कुशल थे, शूर और योद्धा थे। वे सुखी थे और सभी प्रकार के अपने सुखों का उचित उपयोग करते थे। उनमें से कुछ लोगों के राज्य काफी समृद्ध थे और उनके राज्यों में सोने की भरमार थी। ऐसे समय ईरानी लोग, मतलब, आर्य[1] लोगों में तीर-कमान चलाने की नई युद्ध कला निकली। फिर उनमें से कुछ भुक्खड़, साहसी, दंगेखोर, धनलोभी, ईरानी ब्राह्मणों, ईरानी क्षत्रियों और ईरानी वैश्यों ने एक होकर इस बलिस्थान पर सोने के लिए कई बार आक्रमण किए। उन्होंने यहाँ के मूल निवासी समझदार क्षेत्रवासियों को कई बार परेशान किया और यहाँ तक कि उस सोने के लालच से कई शूर योद्धाओं के बदन की खाल छीलने[2] पर उतारू हो गए। इसके बारे में उनके छुपाकर के रखे हुए वेदरूपी तवारीख (इतिहास) में आधार मिलता है। सारांश, ईरानियों ने यहाँ के अधिकांश मूलनिवासी क्षेत्रवासियों को पाताल अर्थात् अमेरिका में भगा दिया।

---

1. आर्य शब्द कहीं जाति के लिए और कहीं गुणों के लिए प्रयुक्त हुआ है।
2. त्वचं कृष्णाभरंधयत्।

और बाकी के बचे हुए क्षेत्रवासियों को घृणा से (क्षुद्र) शूद्रादि-अतिशूद्र, दस्यु (लुटेरे) जैसे हलके और निंदासूचक नाम दिए। उनको हर तरह से परेशान करके अपने पीढ़ी-दर-पीढ़ी के दास-अनुदास बनाए। अंत में उन सभी शूद्र जातियों का चौथा वर्ग बनाकर अपने को ईरानी ब्राह्मण, क्षत्रिय और वैश्य इन तीनों वर्गों में विभाजन किया और बलिस्थानों के मूल के क्षत्रियों को, मतलब, शूद्रादि-अतिशूद्रों के पढ़ने-लिखने पर इन आर्यों ने प्रतिबंध लगा दिया। उसी प्रकार आर्यों के पहले के कई ऋषियों ने अपने ग्रंथों में भयंकर और सख्त नियम बना करके रखे, ताकि शूद्रादि-अतिशूद्र पढ़ना-लिखना न सीख सकें। लेकिन आजकल पत्थर-मिट्टी की दीवार पर सवार होकर भैंसे के मुंह से वेद मंत्रोच्चार करवानेवाले ज्ञानेश्वर और शिष्यों की बेइज्जत करके उनकी परीक्षा करने वाले रामदास और मतलबी आर्यभट्ट साधु-संतों ने पहले लिखे गए ऋषियों के ग्रंथों पर बड़े-बड़े नये ग्रंथ लिखे। उन ग्रंथों में उन्होंने शूद्रादि-अतिशूद्रों को दास, गुलाम बनाने के बारे में एक शब्द भी आने नहीं दिया। इन शूद्रादि-अतिशूद्रों को पत्थर, धातु की मूर्तियों पर श्रद्धा रखने की बातें सिखाकर उन्होंने उनको ब्रह्मजाल में उलझाकर रखा। उसी तरह धूर्त आर्यों ने मातंग, महारों के बारे में धर्म की भयंकर दीवारें खड़ी कर दीं और अवरोधों का प्रचार करके अपने पक्ष में अमल में लाया। इसीलिए उनमें आज तक अनिष्टकारी मतभेद जैसे का तैसा ही कायम है। इतना सब अघोर कृत्य करने के बाद भी आर्यों को चैन नहीं मिला तब उन्होंने हम सभी के निर्माता की 'जी हुजूरी' करके स्वयं ही भूदेव और अहंब्रह्म हो गए, और सभी शूद्रादि-अतिशूद्रों को ब्रह्मानंद के पीछे पागल बनाकर तालियां बजाने के लिए मजबूर कर दिया।

यशवंतराव : सभी छोटे-बड़े ब्राह्मणों की यह मान्यता है कि सिर्फ आर्य ब्राह्मण इस बलिस्थान में हैं, क्योंकि आर्य ब्राह्मण परशुराम ने जब बलिस्थान के मूल निवासी क्षत्रियों को क्षत्रियत्व से भ्रष्ट किया, उस समय से उनके सभी अधिकार समाप्त हो गए और तीसरे वर्ग के जो आर्य वैश्य थे, वे अपने-आप पूरी तरह समाप्त हो गए। इसी वजह से आज इस बलिस्थान में सिर्फ ब्राह्मण और शूद्र ही बचे हुए हैं, इसके बारे में आपको क्या कहना है?

जोतीराव : आर्य ब्राह्मणों की इस तरह की मान्यता सही है। क्योंकि ईरान से आई हुई आर्य टोलियों में से कुछ आर्य पशुयज्ञ करने में अच्छे होशियार थे। या धर्म के सभी कर्मकांड करने वालों को ब्राह्मण कहा जाता था। कुछ आर्य लड़ने-भिड़ने का, देखरेख का, पहरेदारी का काम करते थे, इसलिए उनको क्षत्रिय कहा जाता था, और कुछ आर्य भेड़-बकरियां पालने-पोसने और चराने का काम करते थे, उनको वैश्य कहा जाता था। इसी तरह इस

बलिस्थान में रहने वाले सभी मूल निवासियों को क्षत्रिय कहा जाता था। पहले आर्य ब्राह्मण, आर्य क्षत्रिय और आर्य वैश्य—इस तरह तीन प्रकार (वर्ग) के लोगों ने इकट्ठा होकर बार-बार इस बलिस्थान पर हमले किए, उसमें यहाँ के (बलिस्थान के) मूल निवासी पराजित हुए। उनका इस क्षेत्र का स्वामित्व समाप्त कर दिया गया। बाद में ये तीनों प्रकार के ईरानी लोग एक विचार से अपने-आपको ब्राह्मण कहने लगे। और वे इस बलिस्थान के पराजित क्षेत्रवासियों को घृणा से शूद्रादि-अतिशूद्र कहने लगे, क्योंकि ईरानी लोग अपने सैनिक को क्षत्रिय कहते थे, किंतु बलिस्थान के लोग अपनी सारी प्रजा को क्षत्रिय कहते थे। सारांश क्षत्रिय शब्द के मूल में दो अर्थ होते हैं। इसलिए धूर्त आर्यों को इस तरह का संदेह पैदा करना संभव हुआ।

यशवंतराव : इसी तरह आर्य धर्म की गीता में आर्य ब्राह्मणों के स्वाभाविक गुणों का वर्णन किया गया है। उसमें केवल अज्ञानी लोगों की आँखों में धूल झोंक-कर उनको फँसाने के लिए किस्से, कूट प्रश्न, पहेलियाँ, बुझौवल, रूपक आदि का संग्रह किया गया होगा। जैसे :

शमोदमस्तपः शौचं-क्षांतिरार्जवमेव च।
ज्ञानविज्ञानमास्तिक्यं ब्रह्मकर्म स्वभावजम् ॥

यदि ऐसे कहा जाए तो विजयी साहसी धूर्त आर्यभट्ट ब्राह्मणों ने पराजित किए हुए सभी लाचार शूद्रादि-अतिशूद्रों को आज तक सभी क्षेत्रों में और हर तरह से घटिया, ओछा मानकर उनसे हमेशा घृणा क्यों करते हैं और उनको सभी मानवीय अधिकारों का उपभोग करने देने में स्वयं अड़ंगे क्यों खड़े करते हैं? इससे यही सिद्ध होता है कि चंड आर्य ब्राह्मणों में क्षमा नाम के गुण का गंध भी नहीं है। खैर, हम सभी का निर्माणकर्ता दया का सागर और परम न्यायी होने के बावजूद उसको सर्वहारा शूद्रादि-अतिशूद्रों पर दया क्यों नहीं आई?

जोतीराव : हम सभी के दयालु निर्माणकर्ता ने कृपालु होकर धूर्त आर्य ब्राह्मणों की दासता से दुर्बल, सर्वहारा हुए शूद्रादि-अतिशूद्रों को मुक्त करने के लिए हम सभी को एक मानकर जातिभेद का समूल नाश करने वाले मुसलिम लोगों को इस देश में भेजा। लेकिन मुसलिम लोगों ने उसके उस उद्देश्य को ताक पर रख दिया और स्वयं सभी प्रकार के पकवान खाने-खिलाने में, मौज-मस्ती में, नाच-गाने में, ऐशो-आराम में उलझ गए। वे वैभव की मस्ती में इतने चूर हो गए कि उनको आसमान केवल दो उँगल दिखाई देने लगा। इसलिए निर्माणकर्ता को उनसे नफरत होने लगी। उसने इस बलिस्थान के मुसलिम लोगों को मुँह की खिलाई और उनका सारा वैभव तबाह कर दिया।

यशवंतराव : लेकिन इस देश के सभी चैनी मुसलिमों का वैभव समाप्त करके हम सभी का निर्माता क्यों शांति से बैठ गया ?

जोतीराव : अरे, वह शांति से नहीं बैठा, उसने वास्तव में भयंकर जंगली अवस्था से अंग्रेज लोगों को जगाया। उसने उनमें वीरता आदि गुणों के बीज बोए और सर्वहारा शूद्रादि-अतिशूद्र लोगों को धूर्त ब्राह्मणों की दासता से मुक्त कराने के लिए उनको जानबूझ करके इस देश में भेजा। उनमें से कुछ सज्जन अंग्रेज लोग अपने धर्म के एक सत्पुरुष के सद्बोध के अनुसार शूद्रादि-अतिशूद्रों को आर्य ब्राह्मणों के नकली धर्म की दासता से मुक्त कराने के लिए दिलो-जान से प्रयास कर रहे हैं।

यशवंतराव : लेकिन अंग्रेज लोग अपने धर्म के जिस सत्पुरुष के सद्बोध से प्रेरित होकर सर्वहारा, दुर्बल शूद्रादि-अतिशूद्रों को धूर्त आर्य ब्राह्मणों की दासता से मुक्त कराने के लिए प्रयास कर रहे हैं, उस महापुरुष का नाम क्या है ? उनके बारे में हम लोगों को कुछ जानकारी दें तो बहुत ही अच्छा हो।

जोतीराव : उस महान सत्पुरुष का नाम 'यशवंत' अर्थात् 'येशु' है और उसका सद्बोध इस प्रकार है कि, "तुम लोग अपने शत्रु से भी प्रेम करो और उसका कल्याण करो।"

यशवंतराव : इस 'यशवंत' या 'येशु' नामक महान सत्पुरुष के बोध को सम्मान देकर पाखंडी, चंड, धूर्त ब्राह्मणों ने शूद्रादि-अतिशूद्रों को गुलाम बनाने के संबंध में जो धर्म ग्रंथ लिखे हैं उनको दूर रखने की बजाय दुनिया में व्यर्थ बदमाशी करने से कैसा और क्या परिणाम होगा, इसके बारे में आप कुछ भविष्य कथन कर सकेंगे ?

जोतीराव : शूद्रादि-अतिशूद्रों को गुलाम करने के संबंध में आर्य ब्राह्मणों के जितने भी धर्मग्रंथ, धर्मशास्त्र हैं, उनको उन्हें समूल नष्ट कर देना चाहिए, वरना ईश्वर परम न्यायी है, वह पूरी तरह समर्थ है, वही कुछ दिनों में शूद्रादि-अतिशूद्रों के हाथ से धूर्त ब्राह्मणों का और उनके पाखंडी ग्रंथों का निषेध करेगा, यही मेरा भविष्य कथन है।

यशवंतराव : वेदों के कर्ता किस प्रकार के भले आदमी होने चाहिए, इसके बारे में और उनकी अच्छाई के बारे में मुझे कुछ संदेह ही है, इसलिए वेदों के बारे में आपको कुछ जानकारी हो तो उसका यहाँ उल्लेख करें, अगर ऐसा किया गया तो शूद्रादि-अतिशूद्रों पर आपका बहुत बड़ा उपकार होगा।

जोतीराव : इस देश में बृहस्पति[1] नाम का एक महाविद्वान, शोधक सज्जन आदमी

---

1. एक वैदिक देवता का नाम जो देवताओं के गुरु माने जाते हैं, एक बृहस्पति-स्मृति भी है। अंगिरा के पुत्र बृहस्पति ऋषि द्वारा लिखित यह एक स्मृति-ग्रथ है।

हुआ है। उसने वेदों के विरोध में जो कुछ भी लिखा है, उसमें से कुछ अंश आपकी जानकारी के लिए यहां दे रहा हूँ। वह इस प्रकार है :

"त्रयो वेदस्य कर्तारो भंड धूर्त निशाचराः॥"

यशवंतराव : तो इन सब बातों से यह स्पष्ट होता है कि आज के आर्यभट्ट ब्राह्मण अंग्रेजी के बड़े-बड़े विद्वान हुए हैं, और वे बड़े-बड़े सरकारी ज़िम्मेदार पदों पर अपना अधिकार जतलाने के लायक हुए हैं। लेकिन उनके पूर्वजों ने जिन सर्वहारा शूद्रादि-अतिशूद्रों के अनगिनत पीढ़ियों को खाक में मिला दिया और उनके जीवन में जो ब्रह्मजाल फैलाया, उनको समूल नष्ट करने के लिए आप कुछ प्रयास क्यों नहीं कर रहे हैं? या सभी के निर्माणकर्ता अड़ंगा लगानेवाले इन धूर्त ब्राह्मणों की अकल ठिकाने लगाकर और इससे संबंधित उनकी आंखों का परदा हटा करके उनको दोषमुक्त करके सही रास्ते पर क्यों नहीं लाते?

जोतीराव : सारे सृष्टिक्रम से यह सिद्ध होता है कि आर्यों के ऋषिवर्य पूर्वजों द्वारा किए हुए नीच कर्मों के फल उनको नहीं भोगने पड़े, परंतु उनके दुष्टकर्मों के अनुमान के अनुसार उनकी संतानों को तो निश्चित रूप से भोगना ही पड़ेगा। इसीलिए आज के विद्वान आर्य ब्राह्मणों की इस बारे में आंखें खुलेंगी या वे होंश में आयेंगे ऐसा नहीं लगता, बल्कि इसके लिए वे अपने ऊपर आनेवाले खतरों को टालने के लिए धर्म और राजनीति से संबंधित कई तरह के पाखंडी समाजों की स्थापना करेंगे। वे लोग अज्ञानी लोगों और सरकार की आंखों में धूल झोंककर अपने पापों को छुपाने के लिए तरह-तरह के दांवपेच लड़ाएंगे, लेकिन उनके ये नकली दांवपेच अंत में बेअसर सिद्ध होंगे, इसमें कोई संदेह नहीं। हम सभी का निर्माणकर्ता ऐसा नहीं है। वह आर्य ब्राह्मणों के काल्पनिक काले कृष्ण की तरह दूध-मक्खन की चोरी-चपाटी करके सोलह-सहस्र एक सौ आठ नारियों के साथ-साथ ग्वालों की बहकाई राधा के संग विषयासक्त होकर उनके बिस्तर पर लुढ़कने वाला नहीं है।

जानवर, चिड़ियां और मानव प्राणियों में भेद

बलवंतराव : निर्माता ने जानवरों-पंछियों आदि में और मानव प्राणी में कुछ भेद किया है या नहीं?

जोतीराव : निर्माणकर्ता ने जानवरों-पंछियों आदि प्राणियों को एक कुदरती इल्लत दी है। वह हमेशा जैसी की तैसी कायम रहती आई है। वे उसके कारण अपने में कुछ भी परिवर्तन नहीं ला सकते। किंतु निर्माणकर्ता ने मानव प्राणी को पूरी तरह से सोच-विचार करने की बुद्धि दी है। उसी के द्वारा वे अपने-

आपमें ज्यादा से ज्यादा सुधार कर सकते हैं।

बलवंतराव : आपने इल्लत और बुद्धि के बारे में कहा है। लेकिन उसके बारे में मुझे सही बोध नहीं हुआ है। इसलिए इन शब्दों के बारे में यदि आप विस्तार से स्पष्टीकरण दे सकें तो बहुत ही अच्छा हो।

जोतीराव : हजारों साल पहले चमगादड़ नाम की चिड़िया घोंसला बनाकर या पेड़ की डालियों में अपने को लटकाकर या जैसे भी रहती थी या उसकी जाति की अन्य चिड़ियाँ तब जैसे रहती थीं आज भी वे वैसे ही रह रही हैं, उसमें कोई भी सुधार या परिवर्तन नहीं दिखाई देता। इसका मतलब है कि निर्माणकर्ता ने जानवरों-चिड़ियों आदि प्राणियों को मानव प्राणी की तरह सार-असार जानने, पूरी तरह विचार करने की बुद्धि बिलकुल ही नहीं दी है। लेकिन दूसरी तरफ हजारों साल पहले पेड़ों पर, पत्थरों की गुफाओं में रहने वाले, घुटनों के बल चलने वाले, जानवरों की तरह पानी पीने वाले मानव प्राणी में और आज के विकसित युग में बड़े-बड़े मकानों, महलों, कोठियों में रहने वाले मानव-प्राणी में कितना भारी सुधार हुआ है। प्राचीन मानव, इतिहास-पूर्व मानव और आज के मानव में तुलना ही नहीं हो सकती। इसी के आधार पर कहा जा सकता है कि निर्माता ने मानव प्राणी को सबसे श्रेष्ठ बुद्धि दी है जिसके द्वारा हम सार और असार को जान सकते हैं। इसी बुद्धि के द्वारा हम कम से कम दिनों में और कम से कम समय में ज्यादा से ज्यादा सुधार कर सकते हैं।

बलवंतराव : इसका मतलब जानवर-पंछी आदि में अच्छे गुण बिलकुल ही नहीं हैं?

जोतीराव : ऐसा कैसे कहा जा सकता है? सभी जानवरों-पंछियों आदि को अपने पेट की चिंता तो होती ही है, लेकिन वे मानव प्राणियों की तरह स्वयं श्रम किये बगैर दूसरों का शोषण नहीं करते। एक समय की बात है, युद्ध में अश्वत्थामा हाथी या अश्वत्थामा मनुष्य मारा गया, इस तरह की विवादपूर्ण अफवाह फैली। उस समय द्रोणाचार्य को लगा कि अश्वत्थामा नाम का उसी का बेटा युद्ध में मारा गया है। वह सत्यवादी धर्मराज युधिष्ठिर को पूछने के लिए गया। उस समय कृष्ण ने उसकी ओर से झूठ बोला, (कि अश्वत्थामा नामक हाथी नहीं इस नाम का मनुष्य मारा गया है—जो द्रोणाचार्य का पुत्र था), और इस तरह आचार्य की इस शोक में मृत्यु हो गई। इस तरह के सदा सत्यवादी व्यक्ति (युधिष्ठिर) को पाप की खाई में ढकेलनेवाले काले कृष्ण को ईश्वर कहा जाता है। ये लोग अज्ञानी-दुर्बलों के हितचिंतक मानव बंधु के प्रति तरह-तरह से श्रद्धा-भक्ति के भाव दिखाकर स्वयं खुद साधु-संतों का स्वांग रचाते हैं और उन (दुर्बल-अज्ञानियों) को दिन-दहाड़े धर्म के नाम पर

खुलेआम लूटते हैं। ये लोग उनकी मेहनत पर ऐशो-आराम करते हैं और उनको चिल्ला-चिल्लाकर रोने के लिए मजबूर करते हैं। जानवरों, पंछियों आदि में मानव समाज के आर्य ऋषियों की तरह ईश्वर के नाम पर धर्म की किताबें नहीं लिखी गई हैं, न वे बड़े धार्मिकता का स्वाँग दिखाकर अपने जाति भाइयों को लूटते हैं, न दूसरों की मेहनत को हड़पकर अपना पेट पालते हैं। क्या उनमें झूठा इंसाफ, झूठी किताबें, झूठे कागज, नकली नोट, झूठी गवाह देनेवाले लोग मिलेंगे? सारांश, जानवरों, पंक्षियों आदि में मानव समाज के नाना पेशवा और वासुदेव बलवंतराव फड़के जैसे आतंकवादी और चोर नहीं मिलेंगे? यह बात सही है कि निर्माता ने मानव प्राणियों को पूरी तरह विचार करने की बुद्धि दी है और उनको सभी जीव प्राणियों में श्रेष्ठ बनाया है, लेकिन उन्होंने उस अनमोल पवित्र बुद्धि को किसी भी तरह सार्थक नहीं किया है। इसलिए बुद्धिहीन जानवर, चिड़िया आदि जीव प्राणी इस लोभी मानव से भी बहुत ही श्रेष्ठ हैं, ऐसा मुझे लगता है।

धर्म

यशवंत : मजदूरी के रूप में अपने सभी ग्राहकों के कपड़े धोकर उस पर अपना निर्वाह करना यह धोबी का धर्म है या नहीं?

जोतीराव : मजदूरी के लिए हम सभी के कपड़े धोकर उस पर यदि धोबी अपना निर्वाह करता है तो हम लोग भी कभी-कभार अपने कपड़े धोते हैं या नहीं? इस तरह मजदूरी लेकर दूसरों के कपड़े धोना, यह एक तरह से धंधा हो गया, इसको किसी को क्यों धर्म कहना चाहिए? उसी प्रकार कोई आर्य-भट्ट ब्राह्मण दूसरे का शागिर्द बनकर उनके कपड़े धोकर अपना गुजारा करने लगा तो क्या उसको आप लोग धोबी कहेंगे? और उस शागिर्द ब्राह्मण का धोबी जैसा वह धंधा उसका धर्म होगा?

यशवंत : उसी प्रकार मजदूरी के लिए सभी लोगों की हजामत करके उस पर अपना गुजर-बसर करना यह हज्जाम का धर्म है या नहीं?

जोतीराव : मजदूरी के लिए हम सभी के बाल काटना, यह यदि हज्जाम का धर्म है, तो हम लोग हमेशा अपने नाजुक जगह के बाल एक ओर जाकर काटते हैं या नहीं? इसके अलावा किन्हीं धूर्त हज्जामों की बहुत ही धूर्त ब्राह्मणों से किसी मामूली कारण से तू-तू, मैं-मैं हो गई तो कई ब्राह्मण पैसा कमाने के उद्देश्य से बेझिझक बगल में नाइयों वाला झोला दबाकर दूसरों की हजामत करने का धंधा करते हैं। इस आधार पर आर्यभट्ट ब्राह्मणों का धर्म हज्जाम का धर्म हो गया, क्या यह कहा जायगा?

यशवंत : क्या मजदूरी के लिए हम सभी लोगों का पाखाना साफ करके उस पर अपना निर्वाह करना यह भंगी का (हलालखोर) धर्म है या नहीं ?

जोतीराव : मजदूरी के लिए हम सभी लोगों का पाखाना साफ करना यह यदि भंगी का धर्म है तो हम लोग भी तो कभी घर की खटिया पर पड़े हुए अपने किसी बीमार आदमी का पाखाना साफ करते हैं या नहीं ? मतलब मजदूरी लेकर दूसरों का पाखाना साफ करना यह एक प्रकार का धंधा है, उसको कौन आदमी धर्म कहेगा ? उसी प्रकार किसी मूर्ख ब्राह्मण ने दूसरे का शागिर्द होकर उसका पाखाना साफ किया तो क्या आप उसको भंगी कहेंगे ? धनगरों द्वारा भेड़ें पालकर उनको चराना यह उसका धर्म नहीं है, बल्कि यह उसका एक धंधा है । खेती का काम करना कुनबी का धर्म नहीं है, बल्कि वह उसका धंधा है । बाग का काम करना माली का धर्म नहीं है, बल्कि वह उसका एक धंधा है । मेहनताना लेकर लोगों की सेवा करना नौकर का धर्म नहीं है, बल्कि वह उसका धंधा है । मकान का काम करना बढ़ई का धर्म नहीं है, बल्कि वह उसका एक धंधा है । जूता बनाना चमार का धर्म नहीं है, बल्कि वह उसका एक धंधा है । रखवाली करना रामोशी का धर्म नहीं है, बल्कि वह उसका एक धंधा है । दुर्बल, पराजित, सर्वहारा लोगों द्वारा अपने क्रूर, विजयी मालिक लोगों की सेवा करना यह उनका धर्म नहीं है, बल्कि यह उनकी लाचारी और मजबूरी है । धूर्त चोरों द्वारा सोए हुए लोगों के मकान तोड़ना यह उनका धर्म नहीं है, बल्कि यह उनके हाथ की सफाई है । विजयी आर्यभट्ट ब्राह्मणों द्वारा अतिशूद्रों को पढ़ाई-लिखाई का अधिकार न देना यह उनका धर्म नहीं है, बल्कि यह उनका बदला लेने का षड्यंत्र है । पराजित अज्ञानी लोगों को छलकर खाना यह उनका धर्म नहीं है बल्कि यह उनकी धूर्तता है । सरकारी काम पर रहनेवाले का अनपढ़ लोगों से रिश्वत लेना यह वैसे कर्मचारी का धर्म नहीं, बल्कि यह उसका सरकार से दगाबाजी करने की चालाकी है । बिना मेहनत के धर्म के नाम पर अज्ञानी लोगों को लूटकर खाना यह जानकार-समझदार ब्राह्मण का धर्म नहीं है, बल्कि यह उसकी खुल्लमखुल्ला धोखेबाजी है । मूर्ख-अनपढ़ शूद्रों के द्वारा यहाँ के अंग्रेज सरकार के विरोध में विद्रोह करवाकर अज्ञानी शूद्रादि-अतिशूद्रों को विपदा में डालना यह धूर्त पेशवा और फड़के इनका धर्म नहीं है, बल्कि यह उनकी राजद्रोह करने की बदमाशी है । अन्य सभी लोगों को नीच मानना और केवल अपने-आपको पवित्र मानकर शुद्धि आदि कर्मकांड करना यह ब्राह्मणों का धर्म नहीं है, बल्कि यह उनकी सारी अब्राह्मण दुनिया को अपवित्र मानने की जातिगत चालाकी है । वेश्या के साथ एक शय्या पर सोने के बाद घर में आने पर शुद्धिकर्म करना यह सज्जन मानव का धर्म नहीं है, बल्कि यह उसकी अप-

विव्रता है। अपने निर्वाह के लिए मरे हुए जानवरों का मांस खाना यह मातंग-महारों का धर्म नहीं है, बल्कि यह उनकी लाचारी और मजबूरी है। यज्ञ के और श्राद्ध के बहाने तंदुरुस्त गो-आदि जानवरों की हत्या करके खाना यह ब्राह्मणों का धर्म नहीं है, बल्कि यह उनकी मांस खाने की प्रवृत्ति है।

यशवंत : रैयत से लगान लेना यह भी क्या राजा का धर्म नहीं है?

जोतीराव : चोर, विद्रोही और कई प्रकार के धर्मठग, धूर्त, लुच्चे लोगों के द्वारा खड़ी की गई परेशानी से प्रजा का और अपना बचाव करने के लिए रैयत से कर लेना, यह राजा का कर्तव्य कर्म है, इसको धर्म क्यों कहना चाहिए?

यशवंत : राजा द्वारा वसूल किए गए कर, चंदे की रकम रैयत के सुख के लिए खर्च न करके सिर्फ निकम्मे, धूर्त ब्राह्मणों के पालन-पोषण पर खर्च करने और अपने खुद के ऐशो-आराम के लिए उसका उपयोग करने से उसका परिणाम क्या होगा?

जोतीराव : इस तरह करने से कई राजा-रजवाड़ों का बुरा हाल हो गया। एक समय ऐसा आया कि उनको मिट्टी फाँकनी पड़ी—और आगे भी उनके हाल इसी तरह होंगे, उनका निश्चित रूप से विनाश होगा।

यशवंत : लड़के-बच्चों का अपने माँ-बाप की आज्ञा का पालन करना क्या यह भी उनका धर्म नहीं है?

जोतीराव : जब हम पैदा हुए उस समय हम बहुत छोटे थे, बच्चे थे, बहुत दुर्बल थे, अबोध नन्हे-मुन्ने थे—उस समय हमारे जन्मदाता माँ-बाप ने हमें पाला-पोसा, हमें अच्छी शिक्षा दिलवाई—ये उनके हम पर अनंत, अमर्यादित उपकार हैं। उसी प्रकार जब हमारे माँ-बाप बुढ़ापे की वजह से दुर्बल-अपाहिज बन जाते हैं, तब हम सभी बाल-बच्चों को बड़ी कृतज्ञता के साथ, बड़ी लगन से उनकी सेवा, पालन-पोषण करना चाहिए। इस तरह उनके उपकारों से मुक्त हुए बगैर बच्चे और माँ-बाप में देन-लेन का व्यवहार समाप्त नहीं होता।

यशवंत : फिर दुर्बल और निराधार माँ-बाप का पालन-पोषण करके उनके उपकारों से मुक्त हुए बगैर औरत का त्याग करके बाल ब्रह्मचारी और ताबूत में रखे शव का-सा स्वाँग रचकर बदन को भभूत लगाकर फोकट के खानेवाले वैरागी कैसे बनते हैं? इसके बारे में आपका क्या कहना है?

जोतीराव : इसके बारे में औरत का त्याग करनेवाले बाल ब्रह्मचारी को और वैरागी को नौ माह तक अपने पेट में रखकर जो उसका पालन-पोषण करते हैं उसके उन माँ-बाप से पूछो तो आपको इसका सही जवाब मिल जाएगा। लेकिन जब कभी इस धरती के सभी नर-नारी मुक्ति पाने की इच्छा से बाल ब्रह्मचारी, बाल ब्रह्मचारिणी, वैरागी और वैरागन आदि सीधे साधु-साधुनियों

का स्वांग रचाकर रात और दिन काल्पनिक सनातन शेषशायी का नाम-स्मरण करने लगें तो उन सभी लोगों के प्रयत्न दो-चार महीने के अंदर-अंदर भूख-प्यास से बेकार हो जाएँगे या नहीं ? क्योंकि वे सभी लोग किसी की मेहनत पर अपना निर्वाह कर लें, इतनी गुंजाइश ही नहीं रहती। सारांश, नौकर के मालिक के पास नौकरी करने को नौकर का धर्म कहा जाता है, वेश्या का किसी नौजवान को अपना आशिक बनाने का काम करना यह आशिक का धर्म कहा जाता है, आर्यभट्ट ब्राह्मणों का शूद्रादि-अतिशूद्रों को नीच मानना इसको आर्य ब्राह्मण धर्म कहते हैं, भिक्षा माँगना ब्राह्मणों का धंधा है लेकिन उसको ब्राह्मणों का धर्म कहा जाता है। इस प्रकार धर्म शब्द के कई प्रकार के अर्थ होते हैं। धूर्त भट्ट ब्राह्मण अपना स्वार्थ हासिल करने के लिए जैसा मौका आता है वैसा उसका अर्थ करके अपना हित साधन कर लेते हैं।

यशवंत : हम सभी के निर्माता और उसके द्वारा निर्मित मानव प्राणियों में संबंध दिखाने वाले धर्म शब्द का सही-स्वाभाविक-पवित्र अर्थ यदि और हो तो उसके बारे में या निर्माता की महानता के बारे में हमको समझायें तो बहुत ही अच्छा हो।

जोतीराव : हम पहले ही आपको बता चुके हैं कि हमारे दयालु निर्माता ने इस विशाल, गूढ़, कल्पनातीत अवकाश के अनंत सूर्यमंडलों के साथ उनके ग्रहों-उपग्रहों को बनाया है। उसमें सिर्फ इस अपने सूर्यमंडल के बारे में सोचा जाए तो भी हम जैसे सामान्य जनों की बुद्धि और तर्क पर्याप्त नहीं है। जैसे, गुरुत्वाकर्षण की वजह से पृथ्वी को सूर्य के चारों ओर फेरी समाप्त करने से पहले वह अपने-आप अपनी धुरी पर चक्कर लगाती तीन सौ पैंसठ (365) बार घूमती है। इसी की वजह से इस धरती पर दिन और रात ऐसे दो भेद होते हैं, इसी से सभी प्राणी दिन-भर अपने पेट के लिए मेहनत करते रहते हैं और थक जाने की वजह से रात में सुख से आराम करते हैं। इस धरती के सभी जीव-प्राणियों को पानी की उचित पूर्ति हो, इसलिए निर्माता ने उसी धरती के धरातल पर जगह-जगह महासागरों का निर्माण किया है और उन महासागरों का पानी गंदा होकर सड़ न जाए, इसलिए उसमें खारापन पैदा करने के लिए नमक मिलाया है। और चंद्रमा के गुरुत्वाकर्षण की वजह से उसको दिन में एक बार चढ़ने-उतरने (ज्वार-भाटे के रूप में) की योजना बनाई है। उसी तरह निर्माता ने जिन जीव प्राणियों को पैदा किया है उन तमाम जीव प्राणियों में से केवल मानव प्राणी के शरीर की ग्रंथियों के संकलन के बारे में विचार करने पर आपको यह दिखाई देगा कि उसमें निर्माता की अथाह ममता और अथाह कुशलता दीखती है। जैसे, मनुष्य के पाँव में टखना, घुटना। इनकी और कमर में जोड़ की योजना न बनाई होती तो

उसको ढंग से न चलना आया होता और न दौड़ना। बल्कि इस तरह की व्यवस्था न होती तो उसको चिमनियों की तरह दोनों पाँव एक साथ उठाकर छने हुए-से कूदकर चलना पड़ता। हाथ की पाँच उँगलियों के पोर को, हथेली को, कलाई को, कुहनी को और भुजाओं के जोड़ की यदि योजना न होती तो बेचारे मानव प्राणी को तरह-तरह के श्रम करने व उसी हाथ से भोजन करना असंभव हो जाता। उसकी गरदन में यदि जोड़ न होते तो उसको ऊपर-नीचे, दायीं ओर या बायीं ओर मुड़ने के लिए कितनी परेशानी उठानी पड़ती, यह तो आप भी जानते हैं। यदि निर्माता ने मनुष्य को कान नहीं दिए होते तो उनकी मदद से उसको सारी दुनिया को सुनने का जो मौका मिला है वह उससे वंचित रहता और इसी तरह दूसरों के शब्दों को सुनकर उनका उत्तर देने का मौका भी न मिला होता। मधुर भाषण करने वाली और तरह-तरह के स्वाद का मजा लेने वाली जिह्वा को मुंह में दाढों और दाँतों आदि के बिना महीन चबाए हुए पदार्थ को गले के भीतर निगलना बिलकुल संभव नहीं होता और जबड़े के ऊपर-नीचे दो होंठों का मजबूत और बार-बार खुलने-बंद होनेवाला डिब्बा यदि नहीं बनाया गया होता तो उसको सभी प्रकार के तरल और भारी पदार्थ ढंग से खाना-पीना असंभव हो गया होता और उसके बुरे हाल होते। और वे पदार्थ सरलता से खाते समय मनुष्य के गले में दम घुटकर वह घबराए नहीं, इसलिए उसके गले में साँस लेने के लिए निर्माता ने नाक अर्थात नल रूप इंद्रिय की व्यवस्था की है। उस इंद्रिय को और भी एक काम सौंप दिया गया है कि उसे अच्छे और गंदे पदार्थों के बीच फर्क और इच्छित वस्तु के चयन की तमीज होनी चाहिए। सबसे ऊँचे भाग में सुविधायुक्त उचित किंतु कुछ गहरी जगह बनाकर उसमें बहुत बारीक तरीके से नेत्रों की रचना की गई है। उन कोमल नेत्रों का बचाव करने के लिए प्रति पल पलक गिरने और खुलने का काम करने वाले डिबिया जैसे ब्रश के समान दो पलकें बनाई गई हैं। इसके अलावा मानव प्राणी का जन्म होने के बाद उसके बचपन का निर्वाह करने के लिए उसकी माँ के स्तनों में तीन दिन के भीतर उस मानव बालक को दूध पिलाने की व्यवस्था की गई है। और उस मानवीय दुधमुँहे वच्चे के नाजुक होंठ होने की वजह से उसको दूध पीते समय किसी भी तरह से जख्म या चोट न लगे, इसलिए निर्माता ने उसके माँ के दोनों स्तनों को बहुत ही मुलायम और गुलगुले छोटे-छोटे रेशमी कोये की तरह कुछ ऊँचे बनाये हैं। वह दुधमुँही बच्चा अपने स्वभाव के अनुसार उनको मुँह में लेकर उनसे आसानी से दूध चूस सके, इसलिए माँ के स्तनों पर बहुत ही कोमल और उसके मुँह में आसानी से समा जाने योग्य स्तन चूचुक बनाए हैं। दूध पीते समय बच्चे के मुँह में ज्यादा दूध आकर वह घबराए नहीं,

इसलिए हर स्तन चूचुक को बहुत ही बारीक जाली जैसे छेद बना करके उनमें से दूध के तकरीबन अठारह धाराओं की रचना की गई है। उसी प्रकार मानवीय प्राणियों की माँ के स्तन का दूध समाप्त होते ही उनका निर्वाह करने के लिए हमारे दयालु निर्माता ने अंगूर, अनार, अनन्नास, नारियल, जायफल, बेर, आँवला, काजू, जामुन, मौलसरी, सीताफल, केला, नारंगी, अमरूद, अंजीर, कटहल, आम, रामफल आदि तरह-तरह के फलों के पेड़ पैदा किए हैं। वैसे ही ज्वार, अरहर, तिल, मसूर, मटर और सेम की फली, उड़द, मूंग, राली, बाजरा, चना, गेहूँ, चावल आदि तरह-तरह के अनाज पैदा किए हैं। मरखा, कल्ला, आबीलोना, बथुआ, मेथी, चौलाई, गोभी, कद्दू, तोरई, पालक, बैंगन, ग्वार, परवल, भिंडी आदि तरह-तरह की सब्जी-भाजियाँ पैदा की हैं। उसी प्रकार आलू, प्याज, लहसुन, गाजर, मूली, शकरकंद, अदरक आदि तरह-तरह के कंद-मूल व वनस्पति पैदा की है। और उन सभी चीजों में बढ़कर उनके सोने-बिछाने की सुविधा के लिए कपड़ों-लत्तो की मदद हो, इसलिए कपास, जूट आदि के पौधों को पैदा किया है। इन सभी चीजों को पैदा करने के लिए जब आदमी दिन और रात मेहनत-मजदूरी करता है, उनकी हर तरह से हिफाजत करके जब स्वयं थक जाता है तब उसको अपनी थकान दूर करने के लिए चंपा, पारिजात, कचनार, कदंब, केवड़ा, केलकी, गुलच्छबू, पन्ना, मरुआ, चमेली, मोतिया, गुलाब, मधुमालती, गुलदाउदी, मदनबान, मोगरा, जूही आदि तरह-तरह के फूलों की सुगंध लेकर इस महाविशाल बाग में मानव नर-नारी बागबान हमेशा-हमेशा के लिए आराम और खुशी से रह सकें, इसलिए इन चीजों को पैदा किया गया है।

यशवंत : यदि निर्माता ने दयावान होकर उक्त प्रकार की सारी व्यवस्था मानव नर-नारियों के सुख के लिए की है तो सारी दुनिया में असंतोष प्रकट होकर दुख कैसे पैदा हुआ है ?

जोतीराव : इसका कारण यह है कि हम सभी मानव समाज के लोगों ने अपने निर्माणकर्ता के डर को अपने मन में हमेशा कायम नहीं रखा। उसी प्रकार उसके द्वारा निर्मित मानव नर-नारियों ने बहन-भाइयों की पवित्र भावना को भी कायम नहीं रखा, इसलिए इस दुनिया से पूरी तरह सत्य का नाश हुआ है, यहाँ असंतोष पैदा हुआ है और दुख का वर्चस्व बढ़ा है।

यशवंत : इन तमाम बातों का यदि अच्छी तरह से स्पष्टीकरण दें तो बहुत ही अच्छा हो।

जोतीराव : हम अपने-आपको ही सबसे बड़े होशियार समझते हैं। ज्ञान की अकड़ में सभी मानवीय नर-नारी अपनी माँ के प्रति, जिसने अपने पेट में नौ माह तक उनका भार वहन किया और जन्म दिया, गैरजिम्मेदार होकर

अनादर व्यक्त करते हैं। उसी तरह पुरुष अपनी माँ की कोख से अपने से पहले या बाद में पैदा हुए अपनी सगी बहन की भी बेशरमी से उपेक्षा करते हैं। वैसे ही मानव पुरुष अपने पैदा की हुई लड़कियों, बहू-बेटियों की किसी भी प्रकार की परवाह किए बगैर उन पर यह झूठा आरोप लगाने लगे हैं कि सभी माताएँ, बहनें, बेटियाँ और सभी बहू-बेटियाँ नकली और बहुत ही धूर्त-चालाक औरतों की जाति हैं। मानव पुरुष नारियों के साथ लूट में प्राप्त हुए उपभोग्य दासी के समान व्यवहार करते हैं। इसी की वजह से सारी दुनिया में सत्य का विनाश हुआ और असंतोष की भावना जागी और दुख का निर्माण हुआ।

यशवंत : यदि सभी मानव पुरुषों ने सत्य को स्वीकार करके सभी नारियों को उनके सभी मानवी अधिकार लौटा दिए तो इस दुनिया में निर्माता के राज्य की स्थापना होगी और सभी नर-नारियों में संतोष की भावना जागेगी और सभी लोग सुखी होंगे या नहीं ?

जोतीराव : वैसा करने से मतलब केवल निर्माता के राज की स्थापना होकर हम सभी लोग सुखी होने वाले नहीं हैं। क्योंकि, सभी पुरुषों द्वारा सत्य का पालन करके आपस में एक-दूसरे से निर्मल और पवित्र मन से आचरण किए बगैर उन सभी में निर्मल भाईचारा जाग्रत नहीं होगा, इसलिए अपने इस अभागी दुनिया में फिलहाल निर्माता के राज्य का निर्माण होना संभव नहीं है।

यशवंत : यदि इसके बारे में आप कोई महत्त्वपूर्ण उदाहरण देंगे तो बहुत ही अच्छा होगा।

जोतीराव : यशवंत, इसके लिए मैं यहाँ महान पुरुष के वाक्य को उद्धृत कर रहा हूँ और उस महावाक्य की पवित्रता से आप सभी लोगों का निश्चित रूप में समाधान होगा। वह महावाक्य है :

"यदि तुम चाहते हो कि लोगों को हमसे अमुक तरह का व्यवहार करना चाहिए तो तुम्हें भी उसी तरह का उनसे व्यवहार करना चाहिए।"

नीति

यशवंत : आर्यों के धर्म में ब्राह्मणों के अलावा बाकी सभी लोगों को नीति का समान उपभोग करने की आजादी है या नहीं ?

जोतीराव : आर्यों के धर्म में ब्राह्मणों के अलावा बाकी सभी लोगों को नीति का समान उपभोग करने की बिलकुल स्वतंत्रता नहीं है, क्योंकि, आर्यों के मूल ग्रंथ वेदों में यह साफ लिखा हुआ है कि आर्यों ने सोने के लालच में जब-जब

इस धनवान बलिस्थान पर हमले किए, तब-तब उन्होंने यहाँ के मूल निवासी अस्तिक, किकाटस, पिशाच, अहीर, राक्षस, भील, कोली, वैदू, मातंग, शूद्रादि-अतिशूद्र आदि क्षत्रिय लोगों के साथ तीर-कमान आदि शस्त्रों से लड़कर उनको कई बार लूट लिया और उन्हें मटियामेट कर दिया गया। फिर आर्य ब्राह्मणों ने उन पर अपना वर्चस्व कायम करते ही निर्माता के डर को अपने दिलो-दिमाग से हटा दिया। उन्होंने सभी पराजितों को नीच मानना शुरू कर दिया और उनको पशु से भी नीच मानने की परंपरा शुरू कर दी। आर्यों ने उन पराजितों की संतान को भी पीढ़ी-दर-पीढ़ी अपने गुलाम बनाकर रखा और हर तरह से उनका शोषण किया और आज भी उनकी वही शोषण की परंपरा कायम है। इसके संबंध में उनके वेदों के सही इतिहास और श्रुति-संहिता आदि संस्कृत ग्रंथों के बदमाशी-भरे और स्वार्थी लेख बलिस्थान के क्षत्रियों को समझ में न आए, इसलिए आर्यों ने अपने स्वार्थी चूल्हे के पीछे रसोईखाने में उन्हें छुपाकर के रखा है। इतना ही नहीं, बलिस्थान के अनपढ़ क्षत्रियों को आर्यों के नकली और मत्सर-भरे ग्रंथों का बिलकुल पता न चले, इसलिए आर्यों ने धूर्तता से पराजित किए लाचार क्षत्रियों को संस्कृत भाषा का बिलकुल ही ज्ञान न होने देने के उद्देश्य से उनको वेदों के बारे में ज्ञान हासिल करने पर कड़ी पाबंदी लगा दी। सबसे प्राचीन आर्य ब्राह्मणों की नीति का यह एक नमूना देखिए।

यशवंत : रामायण और भागवत के संपूर्ण इतिहास की नीति सही और विश्वसनीय है या नहीं?

जोतीराव : रामायण और भागवत ग्रंथ के इतिहास में सारी नीति सच और विश्वसनीय है, तो ऐसा कौन कह सकता है? क्योंकि, रामायण की कई बातों का ब्राह्मणों की ओर झुकाव है, वे असंभवनीय हैं। उसी प्रकार भागवत ग्रंथ की सारी बातें असंभवनीय हैं, हम सभी के निर्माता के नाम को कलंकित करनेवाली हैं।

यशवंत : तो इसी आधार पर रामायण में कौन-सी बातें असंभवनीय हैं, इसके बारे में यदि आप हमको कुछ बता देंगे, तो अच्छा होगा।

जोतीराव : काल्पनिक रामायण में लोभी रावण के दस मुख, दस नाक, बीस आँखें, बीस कान, और बीस हाथ थे, लेकिन उसके केवल एक गुदाद्वार था और दो पाँव थे, फिर उसके अपने दस मुखों से खाई हुई चीजों को हजम करने के बाद एक ही गुदाद्वार से बाहर निकालने का क्या तरीका रहा होगा, इस बारे में सारे सृष्टि क्रम की छान-बीन करने के बाद रावण के शरीर की रचना के बारे में सोचकर बड़ा आश्चर्य होता है। उसी प्रकार एक समय परशुराम जनक राजा को मिलने के लिए गया था। वहाँ उसने अपना तीर-कमान

उसके महल के बाहर के एक कोने में रख दिया था और खुद दीवानखाने में उसको मिलने के लिए गया था। कुछ देर तक उन दोनों की बातचीत चलती रही थी, उस समय महल के सभी लड़के-लड़कियाँ लकड़ी के घोड़े बनाकर खेल रहे थे, लेकिन जानकी को लकड़ी नहीं मिली, इसलिए वह वहाँ रखे हुए धनुष का घोड़ा बनाकर खुद भी उन बच्चों के साथ खेलने लगी। परशुराम अपनी बातचीत समाप्त करके जब बाहर आकर देखता है, तो उसको वहाँ धनुष दिखाई नहीं देता। पूछताछ करने के बाद उसको उस धनुष का घोड़ा बनाकर लड़के-बच्चों में टनाटन कूदकर खेलते हुए जानकी दिखाई दी। उस समय (भूदेव) परशुराम को ऐसा लगा कि अब मेरा अवतार समाप्त हुआ, क्योंकि इस संसार के निर्माता ने मुझसे भी बलवान मनुष्य को बनाकर इस दुनिया में भेजा है, तभी तो यह अज्ञान लड़की मेरे धनुष को लकड़ी की तरह समझकर उसका घोड़ा बनाकर खेल रही है। अब मेरे अवतार की तूंबी बंद हो गई है, ऐसा समझकर उसने उसके बारे में सत्य-असत्य जानने का संकल्प किया। उसने अपने धनुष को जनक राजा के पास रखा और अकेले में उसको कहा कि इस धनुष पर जो तीर चढ़ाएगा उसको ही इस लड़की को देना और वैसा न करके लड़की को यदि उचित सौहर न मिला तो इसका जीवन तबाह हो जाएगा, मटियामेट हो जाएगा। आगे परशुराम की सलाह के अनुसार उसके ब्याह के समय जनक राजा ने बलिस्थान के सभी प्रदेशों के राजा-महाराजाओं को धनुष-बाण की प्रतिज्ञा के बारे में औपचारिक निमंत्रण दिया। फिर वहाँ इकट्ठे सभी भूपतियों में सबसे पहले रावण ने आगे आकर हाथ में धनुष और बाण लेकर धनुष पर बाण चढ़ाया लेकिन बड़ी ताकत से उस धनुष को कान तक ले जाने के पहले ही उसकी साँस फूल गई और धनुष-बाण को छाती पर लिए उसने उस सभा में मुँह की खाई। बाद में राम, लक्ष्मण और सीता जब वनवास को गए तब वहाँ उनको शूर्पणखा नाम की नारी का अपमान करने की वजह से उसके भाई (रावण) को गुस्सा आया और उसने उसका बदला चुकाने के इरादे से अपने पास के किसी एक को सुनहरे रंग का हरिण बनाकर पंचवटी में जहाँ सीता थी उसे भेजा। सीता उस हरिण के सौंदर्य पर आसक्त हुई और उसने बड़ी जिद से राम को उस हरिण को पकड़ने के लिए भेजा। कुछ देर के बाद उस हरिण वेशधारी राक्षस ने राम की तरह आवाज निकालनी शुरू की और उस आवाज को राम की आवाज समझकर सीता ने रामचंद्र की खोज करने के लिए लछमन को भेजा। ऐसे समय उसको अकेली देखकर रावण ने संन्यासी का स्वाँग रचाकर भिक्षा माँगने सीता के निवास स्थान के पास गया। भिखारी का स्वाँग भरे उस रावण को सीता जैसे ही भिक्षा देने के

लिए अपनी कुटी से बाहर आई वैसे ही उसको भेड़िये की तरह कंधों पर उठाकर बहुत तेज रफ्तार से वह निकल गया। यहाँ धनुष यज्ञ में रावण की छाती पर पड़े हुए भूदेव परशुराम के धनुष को कभी घोड़ा बना कर खेलने वाली जानकी को भेड़िये की तरह आसानी से कंधे पर डालकर भागने में रावण उस समय कैसे सफल हो गया? दूसरी बात यह कि यदि रावण की मानव के अलावा एक अलग जाति थी तो जनक राजा ने इस दूसरी जाति के रावण को अपनी लड़की के स्वयंवर के समारंभ में आने का निमंत्रण कैसे दिया? क्योंकि, यदि रावण ने धनुष पर बाण चढ़ाकर चलाने की प्रतिज्ञा पूरी की होती तो जानकी को रावण के साथ ब्याह करके उसके साथ संसार बसाने की नौबत आ सकती थी, इसलिए राम और रावण की जाति अलग-अलग थी, ऐसे कहना ठीक नहीं लगता है। लेकिन इससे यह सिद्ध होता है कि रामायण का इतिहास उस काल के गप हाकने वाले नाटकबाजों ने केवल लोगों के दिलों को बहलाने के लिए कल्पना के आधार पर लिखा होगा। इस सारे इतिहास में नीति का कहीं स्पर्श भी नहीं है, ऐसा मुझे लगता है।

यशवंत : रामायण के लोभी रावण की बातों को अब जरा दूर रखिए लेकिन सात्त्विक-एकपत्नीव्रती, अपने वचन का पालन करने वाले, रामचंद्र के बारे में यदि कोई असंभवनीय बात रामायण में हो तो वह बताइए।

जोतीराव : एकपत्नीव्रती, अपने वचन का पालन करने वाले, एक वाणी का व्यवहार करने वाले रामचंद्र ने जन्मजात वैरी नारी को मर्कट के द्वारा शब्दों से विषयसुख की बात बनाकर उसके शौहर से दगाबाजी करवाई। किंतु रामचंद्र ने अपना वचन पूरा करने के पहले ही उसका पलंग भौरों के द्वारा कुरेदकर खोखला करवा दिया और उस विधवा भोली-भाली औरत को दिए हुए वचन को भंग करके घर चला गया। उसी तरह फल-पत्तीं खाकर दुम हिलाकर हरकत करने वाले बंदरों की फौज को रामचंद्र ने किस तरह बनाया? और उनमें से मारुति नाम के बंदर ने सीता के साथ बातचीत करके अठारह अक्षौहिणी बड़ी फौज के साथ रावण के बाग की रखवाली करने वाले जंबुमाली सरदार को युद्ध में हराया और उसने अपनी दुम ऊपर करके उसको अपने पाँवों तले तुड़वाया, यह समयानुकूल था, कहा जा सकता है। लेकिन आज जंबुमाली मानव सरदार के हाथों में नंगी तलवार देने की बजाय खुरपी देकर जगह-जगह मर्कटों की पत्थरों, धातु की मूर्तियाँ बनाकर उस पर तेल-सिंदूर पोतकर उसकी पूजा करते हैं। उसी प्रकार कुंभकर्ण के खाने की मात्रा और नींद के बारे में इतिहासकारों ने बहुत सारी गलत-सलत बातें बढ़ा-चढ़ाकर लिखी हैं। लेकिन कभी रावण की छाती पर पड़-कर, उसकी छाती को दबोच देने वाले धनुष को आसानी से हाथ में पकड़कर

युद्ध करने वाला ब्रह्म रावण परशुराम क्या-क्या खाता था, इसके बारे में कुछ भी लिखा नहीं गया। यह सब कुछ देखकर इतिहासकर्ताओं की जालसाजी पर बड़ा आश्चर्य होता है। उसी तरह इंद्रजीत का सिर सुलोचना के ही हाथ पर कैसे गिर पड़ा? इन तमाम बातों से रामायण का सारा इतिहास केवल बेहूदी बातों का पिटारा लगता है और किसी भँगेडी मनुष्य ने यह सारा ग्रंथ कल्पना से लिखा है, यह बड़ी आसानी से सिद्ध किया जा सकता है। इस ग्रंथ में कोई नीतितत्त्व है, ऐसा कोई भी व्यक्ति सिद्ध नहीं कर सकता।

यशवंत : अब भागवत ग्रंथ की सभी बातें असंभवनीय हैं, यह यहाँ मामूली विश्लेषण करके दिखाएँगे तो बहुत ही अच्छा होगा।

जोतीराव : भागवत ग्रंथ की सभी बातें असंभवनीय हैं। उनमें से कुछ बातों को आपकी जानकारी के लिए विश्लेषण करके बता रहा हूँ। बहुत ही क्रोधी, गले में मुंडमाला पहननेवाले शिव की कृपा से दुंदुभी नाम के राक्षस के सौ मनुष्य के, सौ हाथी के, और सौ घोड़े के—इस प्रकार तीन सौ मुँह थे। उसके हजार हाथ और केवल दो पाँव थे। इस आधार पर दुंदुभी नाम के राक्षस के शरीर की रचना के बारे में सोचा जाए तो उसके आगे रावण के शरीर के बारे में किसी को कोई आश्चर्य नहीं होगा। एक बार गोकुल में बहुत ही बारिश होने की वजह से सारे गोकुल और गाँव के लोग त्रस्त होकर घबरा गए थे। उस समय उन सभी को अद्‌भुत चमत्कार करके दिखाने के लिए अवतारी भगवान कृष्ण जी ने (मारुति बन्दर की तरह द्रोण गिरि) गोवर्धन पर्वत को उठाकर उसको अपने हाथ की कानी उँगली पर ले लिया और सभी लोगों का रक्षण किया। उसी प्रकार जमुना के गहरे पानी में डुबकी लगाकर उसने कालिया नाग को पराजित किया और युद्ध में सफल होकर उसकी पीठ पर खड़ा होकर बड़ी शेखी में बाँसुरी बजाते हुए पानी के बाहर आया। इस तरह की बातें उसमें लिखी गई हैं, जो पूरी तरह से असंभवनीय हैं, इसलिए इन बातों पर कौन भरोसा करेगा?

यशवंत : भागवत ग्रंथ की सारी बातें हम सभी के निर्माता के नाम को कलंकित करनेवाली हैं। इसलिए इन तमाम बातों का पूरी तरह से विश्लेषण किया गया तो सभी लोगों की आँखें खुल जाएँगी, इसमें कोई संदेह नहीं।

जोतीराव : पहली बात, दुंदुभी नाम के राक्षस के घर में घुसकर कृष्ण ने (बौने वामन की तरह) एकदम ब्राह्मण का स्वाँग भरकर धोखेबाजी से और बड़ी बेरहमी से उसकी हत्या की, यह बात हम सभी के परम दयालु निर्माता के नाम को क्या शोभा देगी? इसके आधार पर यह कह सकते हैं कि अन्य मानवीय धर्म के लोगों की अपेक्षा सभी आर्यों के धर्म के ब्राह्मण लोग अपने धर्मेतर अन्य

अज्ञानी जनों के साथ धोखेबाजी करना अच्छा या बुरा नहीं मानते, उसको वे लोग एक तरह से अपना धर्म मानते हैं। दूसरी बात यह कि कृष्ण जी ने अपने पास-पड़ौस के घर के लोगों के यहाँ से दूध, दही और मक्खन चुराकर खाया है। अब आप ही बताइए कि यह चोरी करने का धंधा अपने परम न्यायी निर्माता के नाम को शोभा देगा? इसी के आधार पर कहा जा सकता है कि अन्य धर्मों के लोगों की अपेक्षा आर्यभट्ट ब्राह्मणों को चोरी-लूट-खसोट करके रिश्वत लेने में अच्छा या बुरा कुछ भी नहीं लगता। तीसरी बात यह कि उस काल के रिवाज के अनुसार ग्वालों की औरतें नग्न होकर नदी में नाहती थीं—उस समय बहुत ही वाहियात कृष्ण जी किसी उचक्के की तरह उन सभी औरतों की साड़ियाँ और चोलियाँ (ब्लाउज) उठा करके बगल में दबाकर कदंब के पेड़ पर उन सभी औरतों की बेशरमी में बड़ी रसिकता से मजा लेते हुए बैठा था। अब आप ही बतलाइए कि यह बेशर्मी अपने परम पवित्र निर्माता के नाम को शोभा दे सकती है? इसका मतलब यह है कि अन्य धर्मों के लोगों की अपेक्षा सभी आर्यभट्ट ब्राह्मण स्त्रियों के साथ मक्कारी करके उनकी मर्यादाओं को भंग करने में अच्छा-बुरा नहीं मानते (वे इसे सहज बात मानते हैं।)। चौथी बात यह कि कृष्ण जी के जबकि सोलह सहस्र एक सौ आठ औरतें थीं तब भी ग्वाले की राधा नाम की औरत पर कामुक होकर उसने उसके मन को भ्रष्ट किया। फिर उसका यह व्यभिचारी आचरण परम नीतिमान निर्माता के नाम को शोभा दे सकता है? ऐसे ही अन्य धर्मों के लोगों की अपेक्षा सभी आर्यभट्ट ब्राह्मणों के वेदज्ञ शास्त्रज्ञानी पंडितों को वेश्याओं का नाचगान देखने-सुनने में और व्यभिचार के बारे में सभी बातें सहज लगती हैं। इसके अलावा हर तरह के दुर्गुणसंपन्न अष्ट पहलू देवता अवतारी कृष्ण जी ने कई बार धूर्तता से तरह-तरह की धोखेबाजी करके कई लोगों की जानें बर्बाद कीं और उसने अपने सगे मामा कंस दैत्य की हत्या की। इन तमाम बातों से हमारे ध्यान में आता है कि हर तरह से काले कृष्ण जी ने अर्जुन को गीता में जो उपदेश दिया उसमें उसने नीति का कौन-सा दीया जलाया होगा! खैर, जैसे कहा जाता है, वही बात लगती है, 'मुँह में राम और बगल में छुरी'।

यशवंत : यदि कृष्ण जी देव की जाति का था तो फिर उसके सगे मामा दैत्य जाति की औलाद कैसे बने? इन सारे ग्रंथों से तो मेरी दृष्टि में 'ईसप-नीति' (यूनान के लेखक ईसप की जानवरों को पात्र बनाकर लिखी नीति कथाएँ) बहुत अच्छी है। इसके बारे में आपका क्या कहना है?

जोतीराव : धूर्त आर्य ब्राह्मणों के बोलने में और लिखने में कुछ भी संगति नहीं है। वे लोग अपने मतलब के लिए चाहे जो करेंगे और समय आने पर हम सभी

के निर्माता की भी निर्भर्त्सना करके वे स्वयं वेदांती अहंब्रह्म होकर खास भूदेव होने में चूक नहीं करेंगे। 'ईसप-नीति' में जानवरों के बारे में जो काल्पनिक कथाएँ आई हैं उनको पढ़कर या सुनकर मानव प्राणी सुनीतिवान होता है, लेकिन रामायण और भागवत ग्रंथ के काल्पनिक बंदरों के बारे में, दुंदुभी जैसे बेढंगे प्राणी के बारे में कथाएँ सुनकर भी मानव प्राणी कुनीति के रास्ते पर चलने में व्यस्त दिखाई पड़ते हैं और अपने अनपढ़ शूद्रादि-अतिशूद्रों के बच्चों को अच्छी शिक्षा देने के लिए पाठशालाएँ बनाने के लिए पैसा खर्च करने के बजाय वाई (सतारा), बनारस, प्रयाग, नासिक आदि जगहों पर राम और कृष्ण के मंदिर बनवाने में बेहिसाब खर्च करते हैं। क्या इसको कोई भी आदमी नीति कह सकता है? वे शूद्रों से और अतिशूद्रों से कर का पैसा लेते थे और वह पैसा जनहित के लिए खर्च करने के बजाय अपने स्वार्थ के लिए और राम-कृष्ण के मंदिर बनवाने के लिए खर्च करते थे। अब यह इतना जो अनर्थ हो रहा है वह किस वजह से? इस सवाल का जवाब है—इन रामायण और भागवत ग्रंथों की वजह से। यह बात आपको गहराई से सोचने के बाद समझ में आ जाएगी, इसमें कोई संदेह नहीं।

यशवंत : क्या इसका मतलब यह तो नहीं कि इस दुनिया में नीति के अनुसार आचरण करनेवाला कोई भी नहीं है?

जोतीराव : यह कैसे कहा जा सकता है? मुहम्मदी धर्म में नीति के अनुसार आचरण करके अपने निर्माता को संतुष्ट करनेवाले कई लोग हैं।

यशवंत : मुसलिम लोगों ने तो कई मूर्तिपूजक लोगों की जबर्दस्ती के जवाब में 'सुन्नत' करवाकर उनको भ्रष्ट किया, इसलिए धूर्त आर्य ब्राह्मणों के ईर्षालु ग्रंथों में इसके बारे में लिखा गया है। उन्होंने लिखा है कि, "न नीचो यवनात्परः" और यह भी कि मुसलिम लोगों के क़ुरान को नहीं पढ़ना चाहिए। इसलिए उन्होंने उसको एक शास्त्र मानकर एक नियम बना दिया कि, "न वदेद्यावनी भाषां कष्टे प्राणगते अपि।"

जोतीराव : नकली आर्य भूदेव मसखरे ब्राह्मणों के मतलबी बनावटी धर्म के जाल में फँसे हुए अधिकांश अज्ञानी मूर्तिपूजक लोगों का कल्याण हो, इसलिए कई धार्मिक जवाँमर्द मुसलिमों ने अपनी जान की बाजी लगाकर तलवार के बल पर अपनी तरह उनकी सुन्नत करवाकर उनको 'बिसमिल्ला उर रहमाने रहीम' इस तरह के महापवित्र कलमे पढ़वाते हैं। और उनको सभी के लिए सीधे-सरल अपने धर्म में ले जाते हैं। क्योंकि मुहम्मदी लोगों के पवित्र क़ुरान में सभी प्राणियों का निर्माता स्वयं एक ही है। और इसी की वजह से उसको ख़ुदा कहते हैं। और उस ख़ुदा द्वारा पैदा किए हुए सभी मनुष्य एक-दूसरे को भाई के समान मानते हैं। इसी प्रकार सभी मनुष्यों को उनका पवित्र क़ुरान

पढ़ने की तथा उसके अनुसार आचरण करने की पूरी आजादी है। वे सभी को बराबरी के अधिकार देकर आपस में रोटी और बेटी का व्यवहार शुरू करने की आजादी देते हैं। वे सभी को अपने निर्माता के प्रति आभार व्यक्त करने के लिए मस्जिद में अपने साथ लेकर जाते हैं।

यशवंत : जिस प्रकार सभी मानवों को एक-दूसरे को भाई-भाई के समान मानना चाहिए, उसी प्रकार का आचरण भी करना चाहिए, यही उनके पवित्र क़ुरान में लिखा हुआ मिलता है। उसी प्रकार आर्यों के अथर्ववेद में भी उसी प्रकार के श्लोक हैं, उनको भी देखिए :

श्लोक

सहृदयं संमनस्य अविद्वेष कृणोमिव:
अन्योन्यं अभिहर्यंत वत्सजातं इवाघ्नया।
अनुव्रत: पितु:पुत्रो माता भवतु सम्मन:
जायापत्ये मधुमतिं वाचं वदतु शांतिवान्।
मा भ्राता भ्रातरं द्विषद् मास्वसारं उतस्वसा
संम्यंच: सव्रत: भूत्वा वाचं वदत भद्रया।

अर्थ : तुम लोगों को एक मन से और एक दिल से रहना चाहिए, किसी को किसी से भी नफरत नहीं करनी चाहिए। जिस तरह गौ को अपने नवजात बच्चे को देख कर खुशी होती है, उसी प्रकार तुम लोगों को एक-दूसरे से प्यार करना चाहिए। पुत्र को पिता की आज्ञा का पालन करना चाहिए। माँ से सम्मान के साथ व्यवहार करना चाहिए। पत्नी को अपने पति के साथ अपनत्व की भावना से रहना चाहिए और उसके साथ हमेशा मधुर शब्दों में बोलना चाहिए। भाई-बहनों में किसी भी प्रकार से नफरत की भावना नहीं होनी चाहिए। इस तरह मधुर वाणी से एकता का रक्षण करना चाहिए।

जोतीराव : उनके उस काल में लिखे हुए अथर्ववेद में यदि उस प्रकार के श्लोक थे तो निर्दयी आर्यों के कार्यकाल में शूद्रादि-अतिशूद्रों और म्लेच्छ लोगों को एकदम अलग जाति के लोग समझ करके उनका उत्पीड़न, शोषण करने की परंपरा क्या अपने-आप पैदा हुई होगी ?

यशवंत : प्राचीन काल से आज तक धूर्त आर्यों ने अपने नापाक वस्त्रों में वेदों को छुपाकर रखा था, इसलिए इस प्रकार का अनर्थ हुआ है।

जोतीराव : प्राचीन काल में—आर्यभट्ट-ब्राह्मणों के कार्यकाल में—दासों के दास बनाए हुए शूद्रादि-अतिशूद्रों को वे अपने वेदों का एक शब्द भी सुनने नहीं देते थे, लेकिन उन पक्षपात रहित अंग्रेज बहादुरों के राज में धूर्त ब्राह्मणों ने वेदों

के वचनों को बेचारे लोटन कबूतर की तरह तुच्छ समझे गए शूद्रादि-अतिशूद्रों के चरणों के पास लोटने के लिए लगाया है। अब उनकी वेदरूपी काली चिंदी हम शूद्रादि-अतिशूद्रों के बीच नहीं होनी चाहिए।

यशवंत : यह सब कुछ ठीक है, लेकिन अपने धर्मशील जवांमर्द मुसलिमों ने शूद्रादि-अतिशूद्रों को धूर्त ब्राह्मणों की बनावटी दासता से क्यों मुक्त नहीं किया?

जोतीराव : मुसलमानों को धूर्त ब्राह्मणों द्वारा अपने नापाक वस्त्रों में छुपाकर रखे हुए वेदों की खोज करनी चाहिए थी। फिर उन्हें उन वेदों के दोषों की जाँच करके शूद्रादि-अतिशूद्रों को मुसलिम बनाकर के सभी को अपनी तरह पवित्र मानवी अधिकारों का उपभोग लेने की प्रेरणा देनी चाहिए थी। लेकिन उन्होंने वैसे नहीं किया। इसलिए इस प्रकार का अनर्थ हुआ है। यह सब गैर-जिम्मेदार मुसलिमों की गलती है, इस बात को मैं कबूल करता हूँ।

यशवंत : धूर्त आर्य ब्राह्मणों के मुट्ठी-भर होने के बावजूद उनके वेदों की जाँच-पड़ताल करने के लिए आपके जवांमर्द मुसलिम लोग आर्यों के धर्म के भयंकर कोप प्रवृत्ति वाले ऋषियों के शाप से डर गए होंगे, मुझे ऐसा लगता है।

जोतीराव : यदि मुसलिम लोग इनके धूर्त आर्य ब्राह्मण ऋषियों के शाप से डरने वाले होते तो उन्होंने इनके सोरठी सोमनाथ की मूर्ति के टुकड़े-टुकड़े नहीं किए होते। लेकिन वे समृद्धि तथा प्रभुत्व के उन्माद में बेफिक्र हुए पड़े थे, उस समय बहुत ही चतुर मुकुंदराज, ज्ञानेश्वर, रामदास आदि ब्राह्मण महा-धूर्त संतों के काल्पनिक भागवत ग्रंथ के धोखेबाज अष्ट पहलू काले कृष्ण ने कुतर्क से भरी गीता में पार्थ को जो उपदेश दिया था, उसी का विश्लेषण किया और उस उपदेश का समर्थन करने के लिए उन्होंने प्राकृत भाषा में विवेकसिंधु, ज्ञानेश्वरी, दासबोध आदि जैसे कई पाखंडी ग्रंथों की रचना की और उन सभी ग्रंथों की कारस्तानी के जाल में अनपढ़ शिवाजी जैसे महावीरों को फँसाकर उसको मुसलिमों के पीछे लगने के लिए मजबूर किया। इसी की वजह से मुसलिम लोगों को सभी महाधूर्त ब्राह्मणों के बारे में समझने-सोचने का समय ही नहीं मिला। यदि ऐसा न कहा जाए तो मुसलिम लोगों के इस देश में आने के संक्रांतिकाल में धूर्त ब्राह्मण मुकुंदराज को शूद्रादि-अति-शूद्रों पर दया क्यों आई और उसने उनके लिए विवेकसिंधु नाम का ग्रंथ उसी समय क्यों लिखा? इसके पीछे धोखेबाजी यह है कि अनपढ़ शूद्रादि-अति-शूद्रों के मुसलिम हो जाने का डर था और तब धूर्त ब्राह्मणों के मतलबी धर्म की बेइज्जती होनी थी। इसी के बचाव का यह सब था। सारांश, मुसलिम लोगों को यदि इन धूर्त ब्राह्मणों के इस इरादे को भाँप लेने का मौका मिला होता तो उन्होंने इनके वेद और अन्य सभी ग्रंथों की धुनिया के रुई धुनने की तरह धज्जियाँ उड़ाकर उनका सत्यानाश कर दिया होता।

यशवंत : आर्यभट्ट ब्राह्मण लोग अपने पवित्र वेदों को अपवित्र वस्त्रों से बाहर निकालकर सभी मानवी प्राणियों को मुसलिमों की तरह अपनाने से इंकार क्यों करते हैं ? इसका राज क्या है, इसके बारे में यदि आप हमको समझाएँगे तो बहुत अच्छा होगा।

जोतीराव : धूर्त आर्य ब्राह्मणों ने आज तक बड़ी चालबाजी करके अपने भुक्खड़ सड़े-गले वेदों को बाहर नहीं निकाला। इसलिए उनको शूद्रादि-अतिशूद्रों के साथ बड़े गर्व से निकम्मी अकड़ दिखाने में मजा आता है। धूर्त आर्यों ने यदि वेदों के अनुवाद करके सभी लोगों में उनका प्रचार किया होता तो सभी शूद्रादि-अतिशूद्र और म्लेच्छ आदि लोग धूर्त ब्राह्मणों की हुर्रा-हुर्रा करके उनको मातंग-महारों के काम खुशी से करने के लिए मजबूर कर देते। क्योंकि धूर्त आर्य ब्राह्मणों ने इस बलिस्थान में जब-जब हमले किए, तब-तब उन्होंने यहाँ के मूल क्षत्रियों को किस-किस तरह से रसातल को पहुँचाया और उन सभी को किस-किस तरह से परेशान किया, इसके बारे में उनके वेदों में ही कहीं-कहीं पर कुछ-कुछ सुराग मिलते हैं। इसी आधार पर सभी शूद्रादि-अतिशूद्रों को यदि आर्यों के छल-कपट समझ में आ गए तो ये लोग उनके साथ चोरी-छिपे भी रोटी व्यवहार नहीं करेंगे और उनकी छाया को भी अपने बदन को छूने नहीं देंगे, इस तरह की मैं भविष्यवाणी करता हूँ। धूर्त ब्राह्मण जल में वेदसमान भैंस और उसका मोल किस तरह करते हैं ! इसको किस गाँव की नीति कहना चाहिए ?

यशवंत : सारांश, इस आधार पर आपके मतानुसार नीति किसको कहा जाना चाहिए ?

जोतीराव : हम सभी को निर्माता को संतुष्टि देने के लिए सार्वजनिक सत्य के प्रति अपने मन में डर रखना चाहिए और इसी आधार पर जो भी कोई अन्य लोगों के साथ आचरण करेगा, उसी को नीति कहना चाहिए, फिर वह ईसाई हो, मुसलिम हो, सत्यशोधक समाज का हो या कोई सामान्य आदमी ही क्यों न हो।

तर्क

गुंडीराम धोंडीराम प्रवासी : तर्क शब्द के कितने अर्थ होते हैं ?

जोतीराव गोविंदराव फुले : तर्क शब्द के तीन प्रकार के अर्थ होते हैं। इसका पहला अर्थ है, प्रत्यक्ष कर्ता के आधार से कर्म का ज्ञान होता है और कर्म के आधार से कर्ता का ज्ञान होता है। दूसरा अर्थ है, पदार्थों के लक्षण दर्शन से कर्मों का ज्ञान होता है, और तीसरा प्रकार है, कई बातों के बारे में कई,

प्रकार से केवल मन के आकार की लहरें होती हैं, जिनमें दृढ़ता नहीं होती।

गुंडीराम : पहला प्रकार, कर्ता के आधार से कर्म का और कर्म के आधार से कर्ता का ज्ञान होता है, वह किस प्रकार ?

जोतीराव : मकड़ी ने जाला बनाया, चमगादड़ ने घोंसला बनाया और मनुष्य ने हथियार बनाए— इस वाक्य में जाला, घोंसला और हथियार के कर्ता मकड़ी, चमगादड़ और मनुष्य हैं। उसी प्रकार मकड़ी, चमगादड़ और मनुष्य के कर्म जाला, घोंसला और हथियार हैं। इस तरह पहले प्रकार के तर्क का ज्ञान होता है।

गुंडीराम : दूसरा प्रकार, पदार्थ के लक्षण दर्शन से कर्म का जो ज्ञान होता है, वह किस प्रकार ?

जोतीराव : हमें कर्ता के लक्षण से कर्म का ज्ञान होता है। इसके आधार पर उसका कर्ता अदृश्य होना चाहिए, इस तरह का अनुमान होता है। जैसे, हवा से जहाज का डूबना, बिजली से मनुष्य का मरना और मन में कुतर्क का आना। इस वाक्य में जहाज, मनुष्य और कुतर्क इनके कर्ता—हवा, बिजली और मन हैं और हवा, बिजली और मन इनके कर्म जहाज, मनुष्य और कुतर्क हैं। इस प्रकार दूसरे तक का ज्ञान होता है।

गुंडीराम : तीसरा प्रकार, कई बातों के बारे में कई तरह की मन में जो लहरें होती हैं, जिनमें दृढ़ता नहीं होती, वह किस प्रकार ?

जोतीराव : जिसमें कर्ता के बिना कर्म होता है और उसके साक्षात्कार के बारे में या लक्षण के बारे में कुछ भी ज्ञान नहीं होता। जिसको भी देखिए वे सभी अनुमान से भँगेड़ी की तरह चाहे जैसे मनगढ़ंत बोल रहे होते हैं। इसके बारे में महाभारत के धूर्त ब्राह्मणों ने अज्ञानी लोगों से अपना मतलब निकालने के लिए हम सभी के निर्माणकर्ता के स्थान पर बड़ी चतुराई से अष्ट पहलू बालबोध काले कृष्ण की कल्पना की, और उन्होंने लोभी अर्जुन को ऐसा उपदेश दिया कि बाद में उसी का गीता नाम दे दिया गया। कुछ समय के बाद जब इस देश में जवाँमर्द मुसलिमों का राज आया तब अज्ञानी शूद्रादि-अतिशूद्रों को पवित्र क़ुरान के सार्वजनिक सत्य का आकर्षण होगा और वे मुसलिम होने लगेंगे, इस डर से धूर्त देशस्थ ब्राह्मण आलंदीकर ज्ञानेश्वर ने गीता के उपदेशों को ही स्वीकार करके उस पर 'ज्ञानेश्वरी' नाम के ग्रंथ की रचना की। उस सारे ग्रंथ को ध्यान से पढ़ने के बाद धूर्त आर्य धर्म का छक्के-पंजे वाला अंधा आध्यात्मिक विवेचन सभी लोगों के दिमाग में बड़ी आसानी से समझ में आएगा।

गुंडीराम : यहाँ उसके बारे में यदि संक्षिप्त में विवेचन करने की मेहरबानी करेंगे,

तो बहुत ही अच्छा होगा।

ज्ञानेश्वरी, बारहवाँ अध्याय

जोतीराव : ज्ञानेश्वरी अध्याय बारह[1] में यह कहा गया है कि "अजी प्राणी मात्र में कहीं। द्वेष का जो नाम भी नहीं। आप-पर-भाव भी नहीं। चैतन्य का-सा" ॥44॥ यदि सचमुच में इस प्रकार की समझ अनजान कृष्णजी में होती तो उन्होंने किसी भी हालत में पांडवों की मदद न की होती और उन्हीं पांडवों के हाथों कौरवों को पराजित करके उनका सर्वनाश न करवाया होता। उन्होंने यह जो कुछ करवाया है, वह हम सभी के निर्माता के लिए शोभा नहीं देता। उसी प्रकार उसके द्वारा निर्मित जंगली असभ्य लोगों को भी उस तरह का बर्ताव करना अच्छा नहीं लगेगा।

फिर उसमें कहा गया है कि "उत्तम का करना स्वीकार। अधम का करे अस्वीकार। नहीं जानती ऐसा प्रकार। जैसे धरणी" ॥45॥ यदि सच में इस प्रकार की समझ अनजान कृष्णजी की थी तो उसने धर्मराज को सम्मान देकर उसका हर तरह से सत्कार न किया होता। उसका यह पक्षपातपूर्ण आचरण किसी असभ्य आदमी को भी पसंद नहीं आएगा।

फिर कहा गया है कि, "करे गाय का तृष्णा-निवारण। विष बन व्याघ्र को दे मरण। न जानता ऐसा एक भी क्षण। नदी-नीर" ॥47॥ यदि सचमुच में इस प्रकार की समझ अनजान कृष्णजी की थी, तो उसने कालिया का नाश न किया होता।

फिर कहा गया है कि, "वैसे हैं सभी भूत-मात्र। उसके समान जो मित्र। जैसे धात्री को है सर्वत्र। सम-भाव" ॥48॥ यदि सच में इस प्रकार की समझ अनजान कृष्णजी की थी, तो उसने शिशुपाल के साथ ब्याही जाने वाली रुक्मिणी को चुराकर न ले गया होता और उसके साथ राक्षस विवाह न किया होता।

फिर कहा गया है कि "मैं-तू की भाषा बोलना। सुख-दुख को जानना। 'मेरा' ऐसा भी कहना। नहीं है उसे" ॥149॥ यदि सच में इस प्रकार की समझ अनजान कृष्णजी की थी, तो उसने द्रौपदीवस्त्र-हरण के समय बहुरूपिया की तरह छल से द्रौपदी को मदद न की होती।

फिर कहा गया है कि "क्षमा में वैसी ही क्षमता। धरित्री समान

---

1. ज्ञानेश्वरी : बाबूराव कुमठेकर, प्रकाशक : संत साहित्य सदन, मसूरी (उ० प्र०), पृ० 419

योग्यता। संतोष नित है बढ़ता। उसकी गोद में" ॥150॥ यदि सच में इस प्रकार की समझ अनजान कृष्णजी की थी, तो उसने छल-कपट से कालयवन की हत्या न करवाई होती। उसका यह कर्तव्य कर्म किसी असभ्य आदमी के भी दिमाग में न आया होता।

फिर कहा गया है कि "व्यापक तथा उदास। रहता जैसे आकाश। वैसे उसका मानस। सदा-सर्वत्र" ॥180॥ यदि सच में अनजान कृष्णजी का मन व्यापक होता, तो उसके प्रद्युम्न नाम के बेटे को जब शंबर नाम का दैत्य चुरा करके ले गया, उस समय उसकी व्यापकता क्या सोई पड़ी थी? फिर उसके बारे में कहा जाता है कि उसने नरकासुर के साथ उसके सात हजार बेटों की भी हत्या की थी, इसका मतलब क्या है?

फिर कहा गया है कि "जो हैं संसार-व्यथा से मुक्त। निरपेक्षालंकार-भूषित। मानो व्याध-बाण से विमुक्त। विहंगम-सा" ॥181॥ यदि इसी प्रकार की अनजान कृष्णजी की आर्य (ब्राह्मण) संन्यासी की तरह जीविका थी, तो उसने सोलह सहस्र एक सौ आठ नारियों के साथ मजा लूट करके यादव कुल में संतानों की संख्या बढ़ाकर उन सभी में कलह पैदा करके आपस में सभी का नाश न कराया होता।

फिर कहा गया है कि "जो आत्मलाभ के समान। सुंदर कछु नहीं आन। तभी भोग में न दे मन। न हो आनंदित" ॥190॥ पहली गाथा से सातवीं गाथा तक जब हम सोचते हैं तब ऐसा लगता है कि केवल खोखले आत्मज्ञान को प्राप्त कर लेने से आत्मा का उद्धार होकर उसको अच्छी गति प्राप्त होती है, लेकिन उसकी आत्मा की हिफाजत करने वाले शरीर को उससे कौन-सा लाभ होने वाला है? इसके बारे में कृष्णजी ने गीता में कुछ भी नहीं कहा है, इसका मतलब क्या होना चाहिए? क्योंकि, यदि शरीर ही नहीं होता तो आत्मा का विचार कहाँ से आया होता?

फिर कहा गया है कि "अपनों को प्रकाश देना। परायों को अँधेरा देना। जैसा दीपयह सोचना। जानता नहीं" ॥198॥ लेकिन दिया तले अँधेरा होता है, यह बात अनजान कृष्णजी को कैसे मालूम नहीं थी? क्योंकि, उस समय शायद आरपार दिखनेवाली कांच की हंडियाँ नहीं थीं।

फिर कहा गया है कि "करता जो वृक्ष-छेदन। या करता गाछ-पालन। दोनों को दे छाया समान। जैसे वृक्ष" ॥199॥ इस दुनिया में कई जहरीले पेड़ हैं और उन्हीं की वजह से तालाब, कुएँ, बावली आदि का जल जहरीला बन जाता है और वह जहरीला जल पीते ही बेकसूर लोगों को हानि पहुँचकर उनकी जान तक छिन जाती है, यह क्यों?

फिर कहा गया है कि "माली को देता मीठा रस। पेरक को न खट्टा

रस। सबको है मधुर रस। देता ईख-सा" ॥200॥ माली गन्ने की बोआई करके जब उसको पानी देते हैं तब वे माली के आँखों पर पानी का जोर से छिड़काव करके उसकी आँखें बेमतलब घायल करते हैं, यह क्यों ?

फिर कहा गया है कि "तीनों ऋतुओं में समान। रहता है जैसे गगन। वैसे ही एक समान। शीतोष्ण जैसे" ॥202॥ आसमान में जैसे-जैसे ऊँचाई पर जाइए, वैसे-वैसे ज्यादा शीतलता का अनुभव होगा। फिर इसके बारे में क्या अनजान कृष्णजी को अनुभव नहीं था ?

फिर कहा गया है कि "चंद्रमा की शीतलता। राजा-रंक की समता। वैसे जो सकल भूत। हैं समान" ॥208॥ जब सागर के जल की तरंग का चढ़ाव-उतार चंद्रमा के आकर्षण से होता है, उस समय कितने जीव-जंतुओं का नाश होता है, इसके बारे में अनजान कृष्णजी को क्या कुछ भी मालूम नहीं ?

फिर कहा गया है कि "संपूर्ण जगत एक। जैसे सेवन उदक। वैसे उसकी त्रिलोक। करते चाह" ॥205॥ धरती के ऊपर जिसको जल (रॉक आयल) कहते हैं, उसका तीनों लोक के लोग उपभोग करना पसंद नहीं करते, इसका मतलब क्या होना चाहिए ?

फिर कहा गया है कि "लाभ से जो न हरषाता। न अलाभ से कुम्हलाता। वर्षा के बिन न सूखता। समुद्र जैसा" ॥210॥ वर्षा न होने पर भी सागर सूखता नहीं, उसी प्रकार ज्यादा वर्षा होने से भी सागर का जल बढ़ता नहीं, वह दोनों समय एक जैसा दिखाई देता है, आखिर इसका मतलब क्या है ?

फिर कहा गया है कि "जैसा वायु का इक ठौर। रहता नहीं है आधार। वैसा ही न उसका घर। कहीं रहता" ॥211॥ वायु ठोस शक्ल में नहीं रहता, लेकिन वह सभी रिक्त स्थानों में ठहरता है, यह निर्विवाद है।

फिर कहा गया है कि "विश्व ही यह मेरा घर। ऐसी मति जिसकी स्थिर। या हुआ जो सचराचर। अपने में आप" ॥213॥ इस पर भी "हे पार्थ, मेरे भजन में आस्था। उसको करूँ मैं माथा। पर मुकुट" ॥214॥ जिसकी मति स्थिर है, उसको विश्व को अपना घर मानकर, बल्कि जो कोई भी मानव प्राणी यदि चराचर हुआ तो फिर उसको खोखले कृष्ण के भजन के प्रति आस्था क्यों रखनी चाहिए ? क्योंकि, उसका इसी अध्याय की पहली गाथा (ओवी) से लेकर सातवीं गाथा तक वर्णित आचरण यदि लगातार कायम रहता है, तो उसमें पाप या पुण्य का आचरण करने से न कुछ कम होता न ज्यादा ही होता।

ज्ञानेश्वरी, तेरहवाँ अध्याय

तेरहवें अध्याय की सातवीं और आठवीं गाथा का प्रयोजन बारहवें अध्याय की दूसरी गाथा के बिलकुल विरोध में है, जैसे, जिस किसी को भी सर्वज्ञता प्राप्त होगी उसकी महिमा बढ़ेगी, इस डर से उसको पगले का स्वाँग रचाना और उसको अपनी चतुराई को चाह से छुपाने के लिए पागल होना। तेरहवें अध्याय की बीसवीं गाथा है, "अहिंसा के अनेक प्रकार। कहते हैं नाना मतांतर। करते हैं अपना प्रचार। निरूपण से" ॥217॥ इस तरह के शब्दों का इस्तेमाल करने से यह सिद्ध होता है कि दुनिया के अन्य धर्मों के बारे में अनजान कृष्णजी को कुछ जानकारी नहीं थी। क्योंकि यदि ऐसा होता तो कृष्णजी ने "करते हैं अपना प्रचार। निरूपण से।" इन शब्दों का इस्तेमाल न किया होता। और उसी प्रकार उन्होंने धूर्त ब्राह्मणों के मीमांसा ग्रंथों का आधार प्रस्तुत न किया होता। बारहवें अध्याय के "विश्व ही यह मेरा घर। ऐसी मति जिसकी स्थिर। या हुआ जो सचराचर। अपने में आप" ॥213॥ ऐसा होने पर भी तेरहवें अध्याय में कहा गया है कि "अजी, तोड़ बसाते घर। बांधे जाते मंदिर-द्वार। व्यवहार में लूट कर। बाँधा अन्न-छत्र" ॥230॥ इससे यह सिद्ध होता है कि अष्ट पहलू कृष्णजी केवल मूर्ति पूजक था। बारहवें अध्याय की पहली गाथा से सातवीं गाथा तक अध्ययन करने से यह सिद्ध होता है कि आर्यों के देवताओं का यदि यही आचरण है तो बदलते युग में जो नष्ट होनेवाले हैं, उन धूर्त आर्य लोगों को क्यों ध्रुव मानना चाहिए? इसका आज प्रयोजन भी क्या है?

फिर उसी अध्याय में कहा गया है कि, "अपने शिखरों का जो भार। नहीं जानता है गिरिवर। भूमि का बोझ वाराहावतार। नहीं जानता जैसे" ॥347॥ वराह ने (सूकर) अपने दाँतों पर पृथ्वी को उठाया उस समय उसको कुछ भी बोझ नहीं लगा। फिर उसी वराह (सूकर) का छोटा भाई कृष्णाजी ने गोवर्धन पर्वत को उठाकर अपनी छोटी अँगुली पर रखा तब उसको बोझ नहीं हुआ, इसमें कौन-सा आश्चर्य है?

फिर उसी अध्याय में उन्होंने कहा है कि "उदय होते ही बोधार्क। बुद्धि के अक्षत, सात्त्विक। भर के चढ़ाता त्र्यंबक। पर लक्षावधि" ॥387॥ यह गाथा बारहवें अध्याय की छठी गाथा के बिलकुल विरोध में है। फिर इसी तेरहवें अध्याय में कहा गया है कि "जैसे लाश पर लादा आभूषण। या गर्दभ को कराया प्रयाग-स्नान। कड़वी तुंबी पर मधु-लेपन। किया वैसे" ॥468॥ यदि गधे ने तीर्थस्थलों में जाकर स्नान किया, तब भी उसको पवित्रता नहीं आती, फिर धूर्त आर्य ब्राह्मणों में तीर्थस्थलों की जो इतनी बड़ाई की जाती है उसका आखिर मतलब क्या है? तात्पर्य, जानकार लोगों

को कुछ सही हकीकत मालूम हो, इसलिए नमूने के तौर पर आर्य ज्ञानोबा की ज्ञानेश्वरी के फालतू तर्कों के कुछ ही चुने हुए नमूने लेकर जितनी जरूरत है, उनका उतना ही खंडन करके इस विषय को यहाँ फिलहाल समाप्त कर रहा हूँ।

किस्मत

।।मना त्वांचि रे पूर्वसंचीत केलें ।। तयासारिखें भोगणे प्राप्त झाले ।।8।।

—रामदास

गणपतराव दर्याजी थोरात : किस्मत (दैव) के लिए विकल्प या प्रतिशब्द कौन-से हैं?

जोतीराव फुले : किस्मत के लिए दैव, भाग्य, नियति, नसीब, प्रारब्ध, कर्मफल, माथा, प्राक्तन, संचित कर्म, सुकृत, भाग्यरेखा, ब्रह्म लिखित आदि कई प्रति-शब्द हैं। इस संबंध में कुछ उदाहरण दे रहा हूँ—कोई माँ-बाप अपने बच्चे को विद्या पढ़ाने की इच्छा से उसका नाम स्कूल में दाखिल करवाकर उसको अभ्यास करने के लिए प्रेरित करते हैं, जबकि उसकी पढ़ने की बिलकुल इच्छा नहीं है, यह सब उसके मन के विरोध में हो रहा है। उसको वास्तव में विद्या पढ़ने की बिलकुल इच्छा नहीं होने की वजह से जब वह अनपढ़ रह जाएगा तो लोग उसके बारे में कहेंगे कि विद्या सीखना उसकी किस्मत में ही नहीं था। उसी तरह कोई माँ-बाप बच्चे को विद्या सीखने की इच्छा होने पर भी उसको स्कूल में भेजने का प्रयास नहीं करते फिर भी उस बच्चे ने खुद अपनी कोशिश से स्कूल में जाकर विद्या प्राप्त कर ली है, उसके बारे में सभी लोग कहेंगे कि विद्या सीखना उसकी किस्मत में ही था। किसी कारीगर ने शिल्प-शास्त्र आदि विद्या में आवश्यक जानकारी हासिल करने के पहले रेलगाड़ी बनाने की कल्पना करके उसको बनाने का प्रयास शुरू कर दिया तभी उसका सारा पैसा खर्च होने लगा। उसे बहुत धनहानि भी हुई, उसके बारे में लोग कहते हैं कि रेलगाड़ी तैयार करके उसमें सफलता हासिल करना उसकी किस्मत में ही नहीं था।

इसी प्रकार किसी कारीगर ने शिल्पशास्त्र आदि विद्या में अच्छी-खासी योग्यता प्राप्त की और उसके बाद उसने आसानी से रेलगाड़ी बनाई तो उसके बारे में कहने लगते हैं कि रेलगाड़ी बनाने की बात उसकी किस्मत में ही थी। किसी व्यापारी द्वारा व्यापार के बारे में किसी भी प्रकार की जानकारी हासिल करने के पहले ही व्यापार करनें का काम शुरू करते ही उसमें उसकी यदि पूरी तरह से हानि होती है तो लोग उसके बारे में कहने

लगते हैं कि व्यापार में सफलता पाना उसकी किस्मत में ही नहीं था। इसी प्रकार कोई व्यक्ति व्यापार के बारे में जानकारी प्राप्त करने के लिए किसी कुशल व्यापारी की दुकान में नौकरी करके व्यापार के संबंध में अच्छी जानकारी हासिल कर लेता है, फिर जब वह व्यापार करने लगता है तो उसको सफलता भी मिलती है। तब उसके बारे में लोग कहते हैं कि व्यापार में सफलता मिलना यह उसकी किस्मत में ही था। किन्हीं माँ-बाप को चोरी करने की आदत होने की वजह से उनके बच्चे भी उनकी तरह चोर बनते हैं। उसका परिणाम यह होता है कि अंत में उनको काले पानी की या फाँसी की सजा होते ही सभी लोग कहने लगते हैं कि उसको कालेपानी की सजा होना या फाँसी की सजा होना उसकी किस्मत में ही था।

उसी प्रकार किसी बच्चे के माँ-बाप के स्वभाव से सद्‌गुणी होने की वजह से उनके बच्चे भी उन्हीं की तरह सद्‌गुणी होते हैं और उनको बड़ी-बड़ी सरकारी नौकरियाँ मिलती हैं, उनका सम्मान बढ़ता है। उस समय लोग उनके बारे में कहने लगते हैं कि उनको बड़ी-बड़ी सरकारी नौकरियाँ मिलना और सम्मान बढ़ना उनकी किस्मत में ही था। कोई राजा युद्ध के लिए हर तरह के आवश्यक साधन तैयार किए बगैर ही दुश्मन के साथ युद्ध करता है और उसकी हार हो जाती है। तब सभी लोग उसके बारे में कहने लगते हैं कि युद्ध में उसकी पराजय होना उसकी किस्मत में ही लिखा हुआ था। इसी प्रकार कोई राजा युद्ध की सभी प्रकार की तैयारी करके हर तरह के हथियार जुटाकर जब दुश्मन का मुकाबला करता है और उसको पराजित करता है तो सभी लोग उसके बारे में कहने लगते हैं कि युद्ध में सफलता हासिल करना उसकी किस्मत में ही था।

यदि कोई अनपढ़ व्यक्ति जिसको व्यापार के बारे में स्वयं कोई अनुभव नहीं है, लेकिन वह हेरा-फेरी करके सरकारी काम में इजारा पा लेने की हिम्मत करता है। उस समय उसकी यह समझ होती है कि, "किस्मत के सामने अकल किसी काम की नहीं।" इस तरह के अनपढ़-गँवार मनुष्य ने मान लीजिए कोई बड़ा इजारा पा लिया और उसने केवल खोखली किस्मत पर भरोसा रखा और उसमें जान-बूझकर लापरवाही करने से उसको नुकसान हुआ है। उस समय सभी लोग उसके बारे में यह कहने लगते हैं कि उसको इजारे में घाटा हुआ है, इसका कारण है उसकी किस्मत। उसी प्रकार किसी अनपढ़-गँवार आदमी ने किसी बड़े इजारे में सरकारी कर्मचारियों को रिश्वत देकर या चलाकी से उस काम में कुछ खामियाँ रखकर जैसे-तैसे चला दिया, इसलिए उस काम में उसको अच्छी-खासी आमदनी हो गई। तब सभी लोग उसके बारे में यह कहने लगते हैं कि उसकी तो किस्मत

ही खुल गई, इसलिए उसको नफा हुआ है। इस तरह लोग किस्मत (दैव, भाग्य) के गुलाम बन जाते हैं।

सत्यशोधक समाज का एक कार्यकर्ता एक बार बैसाख माह की भरी धूप में यात्रा कर रहा था। वह दोपहर बारह बजे गर्मी की मार की वजह से कुंभला गया और नहर के किनारे एक शीतल वृक्ष की छाया में धूप से बचने के लिए बैठ गया। उसी समय बारह बजे की तोप गरजने लगी और नहर का कचरा साफ करने वाले कैदियों को दोपहर की छुट्टी मिलते ही कुछ हवलदार सभी कैदियों को दोपहर के भोजन के लिए उस पेड़ की छाया में ले आए जहाँ यह सत्यशोधक यात्री आराम करते हुए बैठा था। दोपहर के भोजन के बाद उनमें से कुछ कैदियों के साथ इस सत्य-शोधक यात्री की बातचीत हुई। उसका कुछ अंश यहाँ दे रहे हैं—

यात्री : (एक कैदी से सवाल करता है।) तू किस जाति का है?

पहला कैदी : महाशय, मैं ब्राह्मण जाति का हूँ।

यात्री : अरे, तू गौ की तरह जाति से ब्राह्मण है फिर भी तेरे पाँवों में इस तरह की बेड़ियाँ पड़ने की वजह क्या है?

पहला कैदी : मैं गौ की तरह गरीब जाति से ब्राह्मण हूँ, त्रिकाल पूजा-स्नान करने वाला हूँ, यह बात बिलकुल सही है, लेकिन बेड़ियाँ पड़ना यह मेरी किस्मत की बात है, इसलिए अब मैं क्या कर सकता हूँ।

यात्री : तेरी किस्मत की वजह से तेरे पाँव में बेड़ियाँ पड़ीं, तो फिर तेरे जैसे धूर्त आर्यों की किस्मत बड़ी चमत्कारिक है, कहना पड़ेगा।

पहला कैदी : महाशय, वैसी बात नहीं है, मैंने नकली नोट छापे और कई बार चौपाल पर दिन-दहाड़े डाका डाला, मैंने सरकार की आँखों में धूल झोंककर अपने आत्माराम को शांत किया। लेकिन मेरी यह सारी चलाकी जब सरकार के ध्यान में आई, तब उन्होंने मुझे मेरे अपराध के लिए यह सजा उचित ही दी है। इसमें किस्मत का सवाल ही कहाँ आता है? मैं यह अपने कुकर्मों का फल भोग रहा हूँ।

यात्री : (दूसरे कैदी से सवाल करता है।) तेरे गले में भी धूर्त आर्य ब्राह्मणों की तरह सफेद धागा है, इसलिए तुझे ब्राह्मण तो होना ही चाहिए, ऐसा मुझे लगता है।

दूसरा कैदी : हाँ, महोदय, मेरी जाति ब्राह्मण ही है।

यात्री : तुम ब्राह्मण लोग तो केवल दया, क्षमा और शांति के प्रतीक माने जाते हो, फिर यहाँ तुम्हारे पाँव में बेड़ियाँ क्यों?

दूसरा कैदी : इस जन्म में मेरे पाँव में कभी न कभी बेड़ियाँ पड़ने वाली थीं, यह तो मेरे भाग्य में ही लिखा हुआ था, इसको कौन बदल सकता है?

यहाँ तो हमारे वश में कुछ भी नहीं।

यात्री : तेरे पाँव में बेड़ियाँ पड़ना यह यदि तेरे भाग्य में ही लिखा हुआ था, तो फिर सरकार ने तेरे को सजा क्यों दी? उस समय उसने तेरे भाग्य की रेखा के बारे में कुछ सोच-विचार क्यों नहीं किया?

दूसरा कैदी : वैसी बात नहीं महोदय, मैं केवल सरकार के खर्च पर विद्वान हुआ हूँ और बाद में सरकारी कर्मचारी भी। लेकिन मैंने त्रिकाल स्नान-पूजा करके भगवान का स्मरण करने की बजाय सारे समय सुबह-शाम दीन, गरीब, अज्ञानी शूद्रादि-अतिशूद्रों पर जुल्म करके कई बार उनसे रिश्वत खाई, इसलिए सरकार ने मुझे उचित ही सजा दी है। वास्तव में सोचा जाए तो यहाँ न कहीं भाग्य है और न कहीं किस्मत।

यात्री : (हँसते-हंसते कहता है।) क्यों भाई सफेद धागे वाले तीसरे महाशय, अठारह वर्णों के तो तुम लोग अपने को गुरु कहलवाने लगते हो, तुम्हारी जाति क्या है?

तीसरा कैदी : महोदय, मैं भी ब्राह्मण जाति में ही पैदा हुआ हूँ।

यात्री : लगता है, यहाँ तो ब्राह्मण कैदियों की बाढ़ ही आई हुई है। खैर, तुम क्यों सजा भोग रहे हो? तुम किस वजह से यहाँ आए हो?

तीसरा कैदी : इस जन्म में सजा भोगना यह तो हमारे माथे पर ब्रह्म-लिपि में लिखा था, यह तो अपने हाथ की बात नहीं थी। यहाँ तो हमारा कोई उपाय नहीं चलता। अब मैं क्या कर सकता हूँ?

यात्री : अरे, जब तेरे माथे पर दुख भोगना ही लिखा हुआ था, तो फिर सरकार ने तुझे सजा क्यों दी?

तीसरा कैदी : ऐसी बात नहीं, महोदय, नाना पेशवा की तरह मैंने अपने धर्म के विरोधी हिंसक सरकार के खिलाफ बगावत करके कई अज्ञानी रामोशी, माली आदि लोगों की जानें ले लीं। इससे अज्ञानी लोगों की शांति भंग हुई, इसलिए मुझे सजा हुई है। यह ब्रह्मलेख में लिखा है सोचकर किसी को दोष नहीं दिया जा सकता, बल्कि मैं इसको अपने बुरे कर्म का परिणाम मानता हूँ और उसको मैं भोग रहा हूँ।

यात्री : कहो पंडितजी, यदि तुम हिंसक नहीं तो फिर तुम्हारा नाना पेशवा रेजिडेंट साहब की टेबिल पर बैठकर उसके हाथ-में-हाथ देकर, उसके साथ कभी-कभी मद्य और मांसाहार करते थे या नहीं? उसी तरह तुम ब्राह्मणों के पुरखे यज्ञ और श्राद्ध के बहाने गौ-बैल का मांस खाते थे या नहीं? यह बात हकीकत है फिर भी तू अंग्रेजो पर नाक चढ़ा करके क्यों बोल रहा है?

तीसरा कैदी : अब हमारे काम का समय हो रहा है, वरना इसके बारे

में मैं आपको उचित जवाब देता।

यात्री : अरे भाई, काले धागे वाले, तू किस जाति का है ?

चौथा कैदी : जोहार महाराज, मैं हूँ, मैं तुम्हारा दास जूठा खाने वाला महार (महरा) हूँ। कई साल हो गए, ब्राह्मण लोगों ने हमारे गले में काला धागा बांध करके हमारे लोगों को गाँव के बाहर भगा दिया।

यात्री : अरे, भले आदमी, तू वास्तव में निरुपद्रवी महार जाति का है, फिर भी तू सजा क्यों भोग रहा है ? तू इन बेड़ियों में क्यों जकड़ा हुआ है ?

चौथा कैदी : ऐसा है सरकार, कि इस जन्म में गुलामी-दुख बर्दाश्त करना यह मेरे भाग्य में ही था।

यात्री : अरे, यदि तेरी किस्मत में बेड़ियाँ ही लिखी थीं तो फिर इस अनजान सरकार ने तुझे सजा क्यों दी है ?

चौथा कैदी : ऐसी बात नहीं, देशमुख महोदय, मेरी औरत ने बड़ी बेवकूफी की, इसलिए गुस्से में आकर मैंने उसको एक थप्पड़ मार दिया, बस, उसकी जान निकल गई। इसलिए मुझे यह सजा भोगनी पड़ रही है। इसका दोष मेरी किस्मत पर कुछ भी नहीं है।

यात्री : तेरी औरत ने बहुत बेवकूफी की वह किस प्रकार से ?

चौथा कैदी : एक दिन मैं दुष्ट ब्राह्मण तहसीलदार के झमेले में फँस गया। उसने रात को बारह बजे तक बगैर खिलाए-पिलाए मुझसे गाँव की सेवा का काम लिया। फिर मैं घर चला गया। आकर मैंने घर में क्या देखा कि मेरी औरत ने चूल्हे के पास...गंदगी करके रख दी थी और घर के एक कोने में सोकर बड़े जोर-जोर से खर्राटे भर रही थी। जगाकर मैंने उसको पूछा कि तू घर के बाहर जाने के बजाय घर में ही क्यों...? वह 'अँधेरी रात होने की वजह से मुझे बाहर...जाने में बहुत डर लगा और चुड़ैल के डर से मैं घर के भीतर ही...' ऐसा सही जवाब देने की बजाय घबराकर जवाब दिया कि, 'चूल्हे के पास...और किस्मत में जो था वह हो गया।' मैंने दिन-भर का भूखा-प्यासा होने के कारण गुस्से में अपने होश खो दिए और उसको एक तमाचा मार दिया। मारते ही वह मुर्गी की तरह चोट खाकर चिल्लाई और वहीं उसकी जान खत्म हो गई। इसी की वजह से सरकार ने उस अपराध के लिए मुझे आजीवन कारावास की सजा दी। यहाँ भाग्य या दुर्भाग्य का क्या संबंध है।

गणपतराव : इसीलिए किस्मत है या नहीं, इसके बारे में यदि आप अच्छी तरह विश्लेषण करके बताएँगे तो बहुत ही अच्छा होगा।

जोतीराव : किस्मत एक काल्पनिक अंदाज से माना हुआ कर्म है। उसमें सच में वास्तविकता का कोई आधार नहीं होता, और न कोई उसको बनाने वाला

होता है। भाग्य, किस्मत, दैव आदि सभी के कर्ता को हमने अनुमान से, कल्पना से माना है। कर्मफल, भाग्यरेखा आदि को हमने अपने पूर्वजन्म का फल माना है। हमारे पूर्वजन्म के पाप और पुण्य के आधार पर हमें पैदा करते समय ब्रह्माजी ने भाग्यरेखा और ब्रह्मलेख हमारे माथे पर लिखकर रखा था, उसी के अनुसार यह सारा घटित हो रहा है। इन तमाम बातों से यह सिद्ध होता है कि उद्योग और आलस के परिणाम सभी लोग नहीं जानते, इसीलिए उसको वे लोग अनुमान से किस्मत कहते हैं। रामायण और महाभारत जैसी बेकार की पुराण कथाओं की तरह किस्मत की भी कल्पना की गई है। यह सब मिथ्या है। अब इसके लिए संत रामदास का ही उदाहरण ले लीजिए :

अभंग

एक देव आहे खरा ।। माये नाथिला पसारा ।।1।।
हेंचि विचारें जाणावें ।। ज्ञाता तयासी म्हणावें ।।2।।
रामदासाचें बोलणें ।। स्वप्नापरी जायी जिणे ।।3।।

अभंग

जया ज्ञान हें नेणवे ।। पशु तयासी म्हणावें ।।1।।
कोणे केले चराचर ।। कोण विश्वाचा आधार ।।2।।
ब्रह्मादिकाचा निर्माता ।। कोण आहे त्यापरता ।।3।।
अनंत ब्रह्मांडाच्या माळा ।। हे तो भगवंताची लिळा ।।4।।
रामदासाचा विवेक ।। सर्व-कर्ता देव एक ।।5।।

अभंग

ज्ञानाविणें जे जे कळा ।। ते ते जाणावी अवकळा ।।1।।
ऐसें भगवंत बोलीला ।। चित्त द्यावें त्याच्या बोला ।।2।।
एकें ज्ञानेची सार्थक ।। सर्व कर्म निरर्थक ।।3।।
दास म्हणे ज्ञानावीण ।। प्राणी जन्मला पाषाण ।।4।।

अभंग

ज्याचें होतें त्याणें नेले ।। एथें तुझे काय गेलें ।।1।।
वेगीं होई सावधान ।। करी देवाचें भजन ।।2।।
गती नकळे होणाराची ।। हे तो इच्छा भगवंताची ।।3।।
पूर्व संचिताचें फळ ।। होती दु:खाचे कल्लोळ ।।4।।
पूर्वी केलें जें संचित ।। तें तें भोगावें निश्चीत ।।5।।
दास म्हणे पूर्व रेखा ।। प्राक्तन टळे ब्रह्मादिकां ।।6।।

प्रस्तुत अभंगों में अनंत ब्रह्मांड के ब्रह्माजी को निर्माणकर्ता की लीला और

ज्ञान के बारे में अनंत ब्रह्मांड के निर्माणकर्ता भगवान ने जो कुछ कहा, वह मानव आर्य ब्राह्मण रामदास ने सुना, उसी प्रकार भगवान की इच्छा और आर्यों का ब्रह्म आदि को न भूलने योग्य पुण्य इन तीनों वाक्यों का सही तथ्य (संत) रामदास की समझ में नहीं आया था, इस बात का बड़ा आश्चर्य होता है। क्योंकि लीला के बारे में ज्ञान, इच्छा और पुण्य ये एक-दूसरे से कितना विरोधी अर्थ रखते हैं, यह बात सामान्य जनों को भी आसानी से समझ में आती है।

आर्यभट्ट ब्राह्मणों के वेद और उनकी सार्वजनिक सत्य से तुलना

गोविंदराव गणपतराव काळे : मुहम्मदी लोग अपने धर्म के मूसा, दाऊद, सुलेमान आदि महान पुरुषों के ग्रंथों के अनुवाद और हज़रत मुहम्मद पैगंबर के पवित्र क़ुरान का अनुवाद करके अन्य सभी लोगों के लिए सुलभ नहीं करते, फिर भी उनके धर्म की किताबें अन्य मानव समाज को सुनना चाहिए और पढ़ना चाहिए या उस प्रकार से आचरण करना चाहिए, इसके लिए वे किसी भी प्रकार का प्रतिबंध नहीं लगाते, इसका मतलब क्या है?

जोतीराव फुले : अन्य सभी लोगों ने क़ुरान के अनुसार आचरण करना शुरू किया तो मुसलिम लोगों को बहुत ही खुशी होती है क्योंकि वे ऐसा समझते हैं कि क़ुरान बहुत ही पवित्र ग्रंथ है और दुनिया के सभी लोगों ने उसके सिद्धांतों के अनुसार आचरण किया तो उनमें सही में मानवता का संचार होगा।

गोविंदराव : उसी प्रकार ईसाई धर्म के प्रमुख ग्रंथ बाइबल को ईसाई लोगों के अलावा दुनिया के सभी लोगों को अपनी निर्मल बुद्धि से पढ़ना चाहिए। इसलिए उन्होंने अधिकांश अलग-अलग भाषाओं में उसका अनुवाद करके सबके लिए सुलभ किया है। और इसी आधार पर मैं यह कह सकता हूँ कि वह सार्वजनिक ईश्वर प्रणीत सत्य के नाम को सार्थक करनेवाला है।

जोतीराव : उस संबंध में तेरे को कुछ भी लगे किंतु बाइबल में किसी भी प्रकार की पसंदगी-नापसंदगी नहीं होने पर भी उसका उपयोग सभी मानव प्राणी कर सकते हैं। यह होने पर भी धूर्त ब्राह्मणों के अज्ञानी शूद्र चहेते लोग अपने ग्रंथों में इस प्रकार से लिखते हैं कि "अंग्रेज लोगों की सत्ता इस देश में क़ायम हुई तो उन्होंने यहाँ अंग्रेजी स्कूलों की स्थापना करके और पादरियों की ओर से अपने ख्रिस्ती धर्म का उपदेश दिलवाकर इस देश में जो आस्तिकता थी उसका नाश करवाया। इसी की वजह से अंग्रेजी ज्ञान को पढ़नेवाले लोग हमारे (आर्य धूर्त ब्राह्मणों के) शास्त्र (धर्मशास्त्र) झूठे हैं और अज्ञान से भरे पड़े हैं, ऐसा मानने लगे हैं।" इसको किस प्रकार की बुद्धिमानी माननी चाहिए?

गोविंदराव : उसी प्रकार आर्यभट्ट ब्राह्मणों के वेद सार्वजनिक ईश्वर प्रणीत सत्य के नाम को शोभा देनेवाले हैं या नहीं ?

जोतीराव : धूर्त आर्य ब्राह्मणों ने जिन शूद्रादि-अतिशूद्रों को अपना गुलाम बनाया उनको छोड़ दीजिए लेकिन उन्होंने अपने आर्य ब्राह्मणों के अलावा अन्य परधर्मी अंग्रेज, फ्रेंच आदि म्लेच्छों का केवल कुछ धन की लालच दिखाने पर वेदों को दिखाया और पढ़ाया भी। लेकिन इनके अलावा उन्होंने और किसी को अपने वेदों की ज़रा-सी झलकी भी नहीं दिखाई। इस आधार पर हम यह कह सकते हैं कि आर्यों के मुख्य वेद सार्वजनिक ईश्वर प्रणीत सत्य के नाम को बिलकुल ही शोभा देने लायक नहीं हैं। फिर प्राचीनकाल में धूर्त आर्य, ब्राह्मण लोग ज्ञानवान, धर्मवादी, नीतिमान थे, ऐसा कहनेवाले बकवादी शूद्रों को किस प्रकार के नास्तिक कहना चाहिए ?

गोविंदराव : इस दुनिया में रहनेवाले अन्य सभी धर्मों के लोगों के साथ धूर्त ब्राह्मणों का व्यवहार चाहे किसी भी प्रकार का हो, लेकिन आर्यों ने प्राचीनकाल में धनुर्विद्या के बल पर और किसी जमाने में आर्यों के धूर्त ऋषियों ने अपने स्वार्थी ग्रंथों के द्वारा धूर्तता से जिनको दास-अनुदास बनाया हुआ है अर्थात् शूद्रादि-अतिशूद्रों को बिलकुल ही न तो वे लोग वेद सुनने देते हैं और न पढ़ने देते हैं, इसका रहस्य क्या होना चाहिए ?

जोतीराव : इसमें नकली आर्यों का कौन-सा रहस्य छिपा हुआ है, इसके बारे में तू धूर्त आर्य ब्राह्मणों को ही पूछ सकता है, वे ही लोग इसके बारे में तेरे को कुछ सही जानकारी दे सकते हैं।

गोविंदराव : धूर्त आर्य ब्राह्मण हथेली पर कील सह लेनेवाले पूरे पाखंडी हैं। वे अपने वेदों के रहस्य के बारे में अन्य किसी को कभी भी कुछ नहीं बताएंगे, फिर यहाँ मेरे जैसे साधारण आदमी की तो बात ही अलग है। इसलिए आप ही कृपया उनके बारे में कुछ बताएंगे तो बहुत ही अच्छा होगा।

जोतीराव : नहीं रे बाबा, नहीं ! वेदों का रहस्य तेरे को समझाने का अभी समय नहीं आया है। क्योंकि अज्ञानी शूद्रादि-अतिशूद्र लोग अब भी अनपढ़ हैं। इसलिए यदि वे आम रास्ते पर धूर्त आर्य ब्राह्मणों की धोती पकड़कर उनके साथ उन वेदों के बारे में शास्त्रार्थ करने लगें तो उन अनाड़ी लोगों को कौन समझाता रहेगा।

गोविंदराव : वे लोग कुछ भी क्यों न हों, लेकिन इस परमन्यायी अंग्रेज सरकार के राज में ईश्वर को याद करते हुए जो सत्य है, उसको दुनिया के सामने रखिए। अब इसके बारे में धूर्त आर्य ब्राह्मणों से बहुत डरने की कोई आवश्यकता नहीं।

जोतीराव : अरे बाबा, अटल धूर्त आर्य ब्राह्मण पाखंडियों ने पाप और पुण्य का कोई

विधिनिषेध नहीं माना। उन्होंने हम सभी के निर्माता के प्रति द्रोह करके उसकी जगह पर वे स्वयं अहंब्रह्म—मतलब अन्य सभी अज्ञानी जनों के भूदेव—बन बैठे। उन्होंने उनमें से केवल शूद्रादि-अतिशूद्र मूर्खजनों को बड़ी बेशर्मी से हमेशा के लिए खुलेआम तरह-तरह की धोखेबाजी करके लूट लिया है और आज भी वे लोग उनको चूस रहे हैं। लेकिन जब मैंने उनकी धोखेबाजी के विरोध में कुछ मात्रा में खुलेआम बोलना शुरू किया तो उन्होंने सारे बलिस्थान (देश-भर) में मेरे विरोध में भूंकना शुरू कर दिया और इस तरह से मुझे बदनाम करना शुरू कर दिया कि मैं ब्राह्मण और उनके काल्पनिक ब्रह्मा का बड़ा शत्रु बन गया हूँ। और अधिकांश शूद्रादि-अतिशूद्र के अज्ञानी होने की वजह से धूर्त ब्राह्मणों ने बड़ी चतुराई से उनको मेरी ही बुराई करने के लिए लगाया है। इसीलिए धूर्त आर्य ब्राह्मणों की धोखेबाजी बाहर प्रकट होने का समय अभी आया नहीं।

गोविंदराव : अधिकांश शूद्रादि-अतिशूद्रों को, उनके अज्ञानी होने की वजह से, धूर्त आर्य ब्राह्मणों ने हम पर पत्थर फेंकने के लिए कहा। तब भी हमें अपना पवित्र मानवीय कार्य करने में किसी भी प्रकार की न्यूनता नहीं रखनी चाहिए। जब यह हमारे सत्यशोधक समाजी जनों का ध्येय ही है तो फिर हम को ऐसे सत्यशून्य, आर्यभट्ट ब्राह्मणों के कुतर्कों से क्यों डरना चाहिए? यदि तुम लोग कमर कसकर इस बेरहम आर्य ब्राह्मणों के मरियल वेदों को बाहर निकालकर उनकी सार्वजनिक ईश्वर प्रणीत सत्य से तुलना करके दिखाओगे तो करोड़ों शूद्रादि-अतिशूद्र लोगों के पाँव इस धरती पर हमेशा-हमेशा के लिए टिक जाएँगे, इसमें कोई दो राय नहीं हो सकतीं।

जोतीराव : वेदों की रचना हुई तभी से धूर्त आर्य ब्राह्मणों ने अपने मरियल वेद यदि बिल में छुपाकर रखे हैं, तो उनको उनके बिल से बाहर निकालकर उन वेदों में से ऋग्वेद का अभी पूरी तरह से प्राकृत भाषा में अनुवाद कराके उसकी सार्वजनिक ईश्वर प्रणीत सत्य से किस प्रकार तुलना करनी चाहिए?

गोविंदराव : यदि धूर्त आर्य ब्राह्मणों ने प्रारंभ से आज तक अपने वेद छुपाकर रखे हैं, तो घोड़े की तरह उनके पेट के नीचे क्या गड़बड़ है?

जोतीराव : वेदों के पेट के नीचे घोड़े की एक भँवरी की तरह बहुत बड़ा राज छुपा हुआ है। वह यह कि कंगाल आर्य[1] लोगों ने सबसे पहले जब ईरान से अपना

---

1. आजकल जिनको कोंकणस्थ ब्राह्मण कहते हैं, उन्होंने ईरान से बलिस्थान में आते समय अपने साथ देशस्थ ब्राह्मणों को नहीं लिया था, इसलिए ये मूल में बलिस्थान के क्षेत्रस्थ होने चाहिए, यह बात कई प्रमाणों के आधार पर सिद्ध की जा सकती है। आर्यों ने जब इस बलिस्थान पर हमले किए, उस समय

काला मुँह करके धनुर्विद्या के बल पर जिद से लड़नेवाले धनी क्षत्रियों के सुवर्णमय बलिस्थान में आए, उस समय यहाँ उनके जानी दुश्मन कई प्रकार के लोग थे। उनको आर्य लोग नफरत से दस्यु कहते थे। फिलहाल हम शूद्रों में महामुनि गोसाइयों में गिरी, पुरी, भारथी आदि दशनामी (बदनाम) जाति के लोग हैं। इसी शब्द का मूल 'दस्यु' लगता है, ऐसा अनुमान किया जा सकता है। (लुटेरे बाद में दास) महाअरि के महार, महरा; क्षुद्र को शूद्र कहने लगे। दस्युओं में से कई लोग राज्य धुरंधर, महाप्रतापी प्रसिद्ध थे, उनको यवन लोग ईर्षा से दुश्मन और प्रेम से दोस्त कहते थे। (दुश्मन और दोस्त इन शब्दों का मूल दस्यु है, ऐसा अनुमान किया जा सकता है।) इनमें मुख्य लोगों के नाम निम्न प्रकार से थे—जिसके शरीर का कद ऊँचा और बहुत मजबूत था, जो शरीर से विशाल-विकराल थे, उनको डर से डरपोक ब्राह्मण राक्षस (रावण) कहते थे। जिन लोगों के चेहरे क्रूर और भयंकर दिखाई देते थे उनको डरपोक आर्य अचरज से उग्र कहते थे, जो लोग हमेशा आर्यों को तंग करके उनको परेशान करते थे, उनको

उन्होंने मूल देशस्थों को (ईसाई-मुसलमानों की तरह अपने आर्य धर्म में धर्मांतरित करके) देशस्थ नाम दिया ऐसा अनुमान लगाया जा सकता है। आर्यों ने देशस्थ ब्राह्मणों को अपने धर्म में धर्मांतरित करने के बाद उनको यजुर्वेद पढ़ने का अधिकार दिया होगा ऐसा अनुमान भी लगाया जा सकता है। क्योंकि आर्य ब्राह्मण और देशस्थ ब्राह्मण दोनों में कल के पेशवाई तक बिलकुल सरेआम पंक्ति में बैठकर एक साथ भोजन करने का रिवाज नहीं था फिर उनमें बेटी-व्यवहार (आपस में ब्याह आदि) की कल्पना कैसे की जा सकती है, क्योंकि आर्य अर्थात् कोकणस्थ ब्राह्मणों का वर्ण ईरानी और काबुली लोगों से मेल खाता है और देशस्थ ब्राह्मणों का वर्ण यहाँ के मूल निवासी शूद्रादि-अतिशूद्रों से मेल खाता है। इसके अलावा अधिकांश शूद्रादि-अतिशूद्रों के कुलस्वामी, देव, कीर्तन (गोंधल), डाक, पूजा (भराड़) आदि देशस्थों से मिलते-जुलते हैं। आर्यों ने यहाँ के मूलनिवासी क्षत्रियों को (जबर-दस्ती या प्रेम से कहो) अपने धर्म में धर्मांतरित करके उनको गाँव-गाँव में माफ़ीदार, जागीरदार (वतनदार), कुलकर्णी नियुक्त किया, उसी प्रकार बाद में मुसलिमों ने यहाँ के मूल क्षत्रियों को अपने धर्म में धर्मांतरित करके उनको माफ़ीदार (वतनदार), मुल्ला नियुक्त किया। जैसे, हमारे मित्र नारायणराव शेषाद्री, वे पहले आर्य धर्म में थे, बाद में उन्होंने ईसाई धर्म को अपनाकर इंद्रापुर में माफ़ीदारी, जागीरदारी (वतनदारी) प्राप्त की और वहाँ मंदिर बनाकर ईसाई धर्म का प्रचार करते रहे।

वे नफरत से पिशाच कहते थे। जो लोग हमेशा आर्यों को परेशान करने में खुशी मनाते थे उनको आर्य लोग घृणा से बेचैन होकर असुर कहते थे। इसके अलावा यज्ञ के बहाने घोड़े, गौ भूंजकर खानेवाले आर्यों की विधि का विध्वंस करके जो उनको हर तरह से परेशान करते थे उनको आर्य लोग अजास, यक्ष, शिग्रव, किकाट (कँकाड़ी) आदि कहते थे। और ये सभी दस्युगण (आर्यों के दुश्मन) काले वर्ण के थे और उनमें से जो हमेशा-हमेशा आर्यों के धर्म से नफरत करते उनको पूरी तरह से उनसे अरुचि हो गई थी। निर्दय आर्य लोग उनकी सारी देह की बड़ी क्रूरता से चमड़ी उधेड़ते थे। इसके बारे में आर्यों के पवित्र समझे गए वेदों में पर्याप्त प्रमाण मिलते हैं। इस संबंध में वेदों में कहा गया है कि, "त्वचं कृष्णामरंधवत्" अर्थात् उन्होंने काले लोगों की चमड़ी उधेड़ी। इसके अलावा अंग्रेज, फ्रेंच, जर्मन और अमेरिकन लोगों के महान पुरुषों के लेखों में भी निर्दय आर्यभट्ट ब्राह्मणों के अमर्याद दुष्ट कृत्यों के बारे में सशक्त प्रमाण मिलते हैं।

गोविंदराव : इस तरह से आर्य ब्राह्मणों के वेदों में यदि जबर्दस्त जहरीला राज छुपा हुआ है तो आर्य लोगों को वेदरूपी घोड़े को मैदान में उतारकर उसको फिलहाल बाजार में खड़ा नहीं करना चाहिए। इतना ही नहीं, उन्हें अपने वेदरूपी घोड़ों को शूद्रादि-अतिशूद्रों की नजरों के सामने भी खड़ा नहीं करना चाहिए, यही मैं कहना चाहता हूँ। क्योंकि यदि धूर्त आर्य ब्राह्मणों ने उस तरह से करने का प्रयास किया तो जो शूद्रादि-अतिशूद्र उनसे आज तक सताए गए हैं उनकी किस प्रकार से और कितनी बेइज्जती करेंगे, इसकी तो मैं कल्पना भी नहीं कर सकता। लेकिन आपके इस कलम से जो लिखा जा रहा है इस कारण से आर्य धूर्त ब्राह्मणों ने अपने वेदों को प्राकृत भाषा में अनुवाद करके तमाम लोगों के सामने रखा तो वे दोषमुक्त होंगे या नहीं?

जोतीराव : यदि उन्होंने उस तरह से किया तो उनको कोई भी आदमी दोष नहीं देगा। लेकिन धूर्त आर्य ब्राह्मणों द्वारा अपने कपड़े में छुपाकर रखे हुए वेदों को प्राकृत भाषा में अनुवाद करके आज तक आम लोगों के सामने लाना संभव नहीं हुआ, इसलिए आज भी उनसे इस तरह करना संभव नहीं होगा। इसका पहला कारण यह है कि क्रूर आर्यभट्ट ब्राह्मणों ने शूद्रादि-अतिशूद्र, भील, खोंड, राक्षस, पिशाच आदि लोगों को विनाश के कगार पर पहुँचा दिया, इसके कई प्रमाण आर्यों के वेदों में उपलब्ध हैं। दूसरा कारण यह है कि बाद में आर्यों के मुकुंदराज, ज्ञानोबा, रामदास, मोरोपंत, वामन आदि साधुओं ने बच्चों का खेल खेलकर वेदों में कल्पित ब्रह्म की रूपरेखा तैयार की है उनकी यह रूपरेखा टूट करके चूर-चूर हो जाएगी, इस डर से धूर्त आर्य ब्राह्मण स्वयं तैयार होकर खुलेदिल से वेदों का अनुवाद करके कभी भी लोगों

के सामने नहीं लाएँगे, ऐसा मुझे लगता है।

गोविंदराव : आप कहते हैं कि वेदों में शूद्रादि-अतिशूद्र, भील, खोंड, राक्षस, पिशाच आदि लोगों का विनाश करने के बारे में लिखा गया है और सभी धूर्त आर्य ब्राह्मण बड़े घमंड से कहते हैं कि सभी मानव प्राणियों के उद्धार के लिए ईश्वर ने वेदों की रचना की है।

जोतीराव ; आर्य ब्राह्मणों का इस तरह से कहना बिलकुल झूठ है। क्योंकि हम सभी के निर्माणकर्ता ने यदि सभी मानव प्राणियों के उद्धार के लिए वेदों की रचना की होती तो वेदों का आज तक दुनिया की तमाम भाषाओं में अनुवाद हो गया होता और आर्य ब्राह्मणों के अलावा अन्य लोगों पर यह नौबत न आई होती कि वेदों को केवल मृत कठिन संस्कृत भाषा में ही रखकर केवल ब्राह्मण पंडित ही उनको उपयोग में लाते और बाकी वे लोग उनके मुँह ताकते रहते। इसी की वजह से स्वार्थी आर्यों के वेद और सार्वजनिक ईश्वर-प्रणीत सत्य में सही क्या है और झूठ क्या है, यह खोजने का कोई रास्ता ही नहीं है।

गोविंदराव : क्यों तात्या साहब[1], यदि सभी आर्य ब्राह्मणों की सच में लाचारी है, यह कहा जाए तो आज के कई धूर्त आर्य ब्राह्मण राजद्रोही-बागी वासुदेव फड़के के बारे में और मनगढ़ंत रामायण, भागवत, सत्यनारायण कथा आदि के बारे में बड़े-बड़े कूड़े के ढेर की तरह ग्रंथों की रचना कर रहे हैं और अज्ञानी शूद्रादि-अतिशूद्रों के मन भ्रष्ट करके खराब कर रहे हैं, परंतु आज तक वेदों का अनुवाद करके उनको दुनिया के सामने रखने की योग्यता उनमें नहीं आई है, इसकी वजह क्या है ?

जोतीराव : धूर्त आर्य ब्राह्मण षण्ढ बाजीराव पेशवा ने अपने नापाक पेशवाई के काल में रात और दिन खेतों में काम करके बर्बाद हुए अन्य जातियों के शूद्रादि-अतिशूद्र अपाहिज बूढ़ों की एक छदाम की भी मदद नहीं की, लेकिन जो आर्य ब्राह्मण अपनी लाचारी की वजह से अपने में वेदों का अनुवाद करने की योग्यता नहीं ला सके उन अपने स्वजाति के पाखंडी भिक्षुकों को उसने लाखों रुपयों की मदद कैसे की और हर साल पानी की तरह पैसा बहाकर एक जाति के लिए ही मौज-मस्ती करने के सभी अवसर उपलब्ध करवाए, इसका मतलब क्या है ? ऐसे धनी और अमीर आर्य बाजीराव में वेदों का अनुवाद कराने के पीछे कोई लाचारी रही होगी, यह कहना क्या शोभा देगा ? उसी प्रकार कई ब्राह्मण भिक्षुक कथापाठ करके अपने नकली धर्म की

---

1. उम्र में बड़े व्यक्ति को संबोधित करने का शब्द, अर्थ है—अध्यापक, गुरु-जी।

आड़ में अज्ञानी शूद्रों की रियासतों से—आज के शिंदे, होलकर, गायकवाड़ आदि की सरकारों से—लाखों रुपया हड़प लेते हैं फिर भी उनमें वेदों का अनुवाद करके सबके सामने लाने की योग्यता नहीं है, इसको किस प्रकार की धूर्तता कहना चाहिए ?

गोविंदराव : खैर, धूर्त आर्य ब्राह्मणों ने आज तक यदि अपने वेदों को आम लोगों के सामने नहीं रखा तो हम लोगों ने भी क्या यह प्रयास किया है कि वेदों के अंधे पाखंड को खोलकर अज्ञानी शूद्रादि-अतिशूद्रों के सामने रखें ? अब इसको क्या कहा जाना चाहिए ?

जोतीराव : इन धूर्त आर्य ब्राह्मणों ने आज तक हम शूद्रादि-अतिशूद्रों को संस्कृत पढ़ने का अधिकार नहीं दिया था, इसीलिए हमको उनके वेदों के पाखंड को, रहस्य को खोजकर निकालने का कोई रास्ता ही नहीं मिला था, लेकिन कर्नल लिग्रयाण्ड जेकब, वुइल्संस आदि कई दयावान यूरोपियन सज्जनों को हम शूद्रादि-अतिशूद्रों की दया आई और उन्होंने वेदों के पाखंड को खोलकर सारी दुनिया के सामने रखा। इसके प्रमाण यूरोपियन लेखकों के लेखों में मिलते हैं।

गोविंदराव : कर्नल लिग्रयांड जेकब, वुइल्संस आदि सज्जनों को हम गरीब-अज्ञानी शूद्रादि-अतिशूद्रों पर दया आई और उन्होंने वेदों के पाखंड को बाहर आम जनता के सामने रखने का प्रयास किया, यह तो बहुत ही अच्छी बात है, लेकिन उन्होंने धूर्त ब्राह्मणों की जाल से उत्पीड़ित हम सभी शूद्रादि-अतिशूद्रों को मुक्त करने के संबंध में न तो कुछ प्रयास किया है और न कुछ सोचा ही है। इसीलिए मैं उनके राजषड्यंत्र को या डरपोकपन को दोष दे रहा हूँ, क्योंकि अंग्रेज लोगों में से कुछ लोगों को यदि धूर्त ब्राह्मणों ने जोर-जुल्म करके गुलाम बना लिया होता तो उन्होंने धूर्त ब्राह्मणों और उनके वेदों की धज्जियाँ उधेड़कर रख दी होतीं और अपनी जाति के अंग्रेज लोगों को आर्यों की दासता से मुक्त करने के लिए कभी आगे-पीछे नहीं देखा होता।

जोतीराव : किंतु कर्नल लिग्रयांड जेकब, वुइल्संस आदि सज्जन बेचारे क्या करेंगे, यह बात हम अज्ञानी शूद्रादि-अतिशूद्रों के दिलो-दिमाग पर असर करने की योग्यता हम में नहीं आई थी। हम लोग केवल जुल्म से पकड़कर ले जाए गए काले गुलामों की तरह खानदानी गुलाम हो गए थे। उन्होंने यदि उस तरह से उस समय किया होता तो हमारे अनपढ़ अज्ञानी शूद्रादि-अतिशूद्रों के पुरखों ने धूर्त आर्यों के बहकाने से, कल के आर्य पांडे (मंगल) के उत्पाती विद्रोह की तरह, बेगुनाह यूरोपियन लोगों के साथ बड़ा उत्पात मचा दिया होता और तब लाखों शूद्रादि-अतिशूद्र तथा अंग्रेज लोगों ने अपनी जान को गँवा दिया होता।

गोविंदराव : कर्नल लिग्रयांड जेकब सज्जन व्यक्ति की तरह आप अब अकेले नहीं हैं। महाराष्ट्र के अंग्रेजी पढ़े-लिखे कुछ आर्य ब्राह्मण पूरी तरह पवित्र मन से साथ नहीं होने के बावजूद ऊपरी दिखावे के लिए ही क्यों न हो आपके मत का समर्थन करेंगे, इस तरह की संभावना है। उसी प्रकार सैकड़ों शूद्रादि-अतिशूद्र लोग सत्य का स्मरण करके निश्चित रूप से आपके विचारों का समर्थन करेंगे, इस बात का मुझे पूरा विश्वास है। इसलिए धूर्त आर्य ब्राह्मणों के वेद-विवाद में वे उलझते रहे, लेकिन आप लोगों ने उनकी किसी भी तरह की परवाह करने के बजाय व उनके वेदों की परवाह करने के बजाय सभी धूर्त आर्य ब्राह्मणों के पिछले और आज के व्यवहार से ईश्वर-प्रणीत सार्वजनिक सत्य की तुलना की तो सारी सच्चाई अज्ञानी शूद्रादि-अतिशूद्रों की समझ में आ जाएगी और इससे उनका कल्याण ही होनेवाला है।

जोतीराव : हम सभी के निर्माता के निर्माण किए हुए इस विशाल अवकाश में अनंत सूर्यमंडल हैं। उसी प्रकार इन उपग्रहों की अनंत हलचलों की व्यवस्था किस प्रकार से की गई है, उन सभी बातों का ज्ञान प्राप्त होना मानव समाज की बुद्धि की क्षमता के बाहर की चीज है। मानवों की बुद्धि पल-पल विनाश होनेवाली है। किंतु जिस पृथ्वी पर हम लोग रहते हैं उस पृथ्वी पर सभी जीव प्राणियों के अलावा हम मानव प्राणियों के लिए परमात्मा ने क्या-क्या व्यवस्था करके रखी है, इन तमाम बातों के बारे में आर्यों के पास कोई विशेष जानकारी नहीं थी, क्योंकि इस समय तक निर्माणकर्ता के बारे में मनुष्य के जो कर्तव्य हैं और जिनका अनुभव हर व्यक्ति को है और उसी तरह मनुष्यों को अपने पड़ोसियों के साथ किस प्रकार से व्यवहार करना चाहिए इसके बारे में हर व्यक्ति को अनुभव है, यह बात सभी लोग सिद्ध कर सकते हैं। इन दोनों सिद्धांतों के बारे में सभी आर्य ब्राह्मणों को और उनके वेद-रचयिताओं को बिलकुल ही ज्ञान नहीं हआ था। यह बात ब्राह्मणों के आज के और पिछली सदियों के जनविरोधी, जगविरोधी व्यवहार से सिद्ध होती है।

गोविंदराव : हम सभी के निर्माता के प्रति मनुष्यों का कर्तव्य क्या है, इसका अनुभव हर मनुष्य को है। लेकिन उस संबंध में सभी आर्यों को और उनके वेद-रचयिता ऋषियों को बिलकुल ही ज्ञान नहीं था, इस संबंध में यदि सबसे पहले आपने विश्लेषण किया तो बहुत ही अच्छा होगा।

जोतीराव : आर्य लोगों के वेदों में सभी आर्य ब्राह्मण यहाँ केवल अकेले सूर्य को देवता मानकर उसके नाम से पाठ करके पूजा करते थे। इससे यह सिद्ध होता है कि इस विशाल अवकाश के अनंत सूर्यमंडलों के निर्माणकर्ता के बारे में आर्यों को कोई ज्ञान नहीं था।

गोविंदराव : आर्यों के वेदों के आधार पर सभी आर्य ब्राह्मण सूर्यनारायण के अलावा किसी तत्त्व को देव मानकर उसकी पूजा करते थे या नहीं?

जोतीराव : आर्यों के वेदों में इस बात की भी चर्चा है कि सभी आर्य ब्राह्मण सूर्यनारायण के अलावा अग्नि तत्त्व को भी मुख्य देवता मानते थे और उसकी पूजा करते समय उसके सामने उसके नाम से गौ, भेड़, बैल आदि अर्पण करते थे। और उन गूंगे जानवरों के मुँह से आवाज नहीं निकलनी चाहिए, इसलिए उनके मुँह में कपड़े के गोले ठूँसते थे। उसी प्रकार सोमरस (शराब) के घड़े में से शराब देकर उनकी गरदन पर मुक्के से वार करते थे जिसका परिणाम यह होता था कि उनकी जान खत्म हो जाती थी और ये लोग उनका मांस खाते थे।

गोविंदराव : आर्य लोग पहले के जमाने में गौ-बैलों को और आजकल भेड़ों को बेहाल करके उनकी जान लेते हैं। ये लोग मुसलिमों की तरह एकदम एक झटके से वार करके इनका कत्ल करके क्यों नहीं खाते? इसके पीछे क्या रहस्य होना चाहिए?

जोतीराव : आर्यों को मुसलिमों की तरह हलाल का मांस पसंद नहीं है। उनकी मान्यता है कि मुसलमानों की तरह जानवरों का छूरी से गला काटने से शरीर का खून (सत्त्व) निरर्थक चला जाता है और जानवरों के मांस में जिस प्रकार का स्वाद होना चाहिए उस प्रकार का रहता नहीं। यही पुरातन काल के और आजकल के आर्यों की समझ है। यही जानवरों को वैसे मारने का रहस्य है। इसीलिए गौ-बैल का और भेड़ों का मांस भूंजने के लिए अग्नि देवता को प्रसन्न करने का विधान किया गया है। लेकिन इससे यह सिद्ध होता है कि सभी जीव-प्राणियों के प्रति दयाभाव रखने वाले हम सभी के निर्माता ने अमंगल भोजन केवल आर्य ब्राह्मणों के खाने के लिए गौ, बैल, भेड़ों को पैदा किया होगा, इस प्रकार का सिद्धांत निकलता है।

गोविंदराव : फिलहाल इन बातों को एक ओर रखो। लेकिन जिंदे गौ-बैलों को और भेड़ों को मुक्के से मार करके उनकी जान लेकर उनका मांस खानेवाले अमंगल आर्य ब्राह्मण और रोग से ग्रस्त या अपाहिज या बीमारी की वजह से मरे हुए या अपने-आप मरे हुए जानवरों का मांस खानेवाले गरीब-लाचार मातंग-महार इन दोनों में आप किसको निर्दयी और क्रूर मानेंगे?

जोतीराव : इन दोनों में धूर्त आर्य ब्राह्मणों को ही पूरी तरह से निर्दयी और क्रूर कहना चाहिए, यही न्यायोचित है।

गोविंदराव : आप किस न्याय से गरीब-लाचार मातंग-महारों को निर्दयी कहकर क्रूर मान सकते हैं? इसके लिए आपके पास क्या आधार है?

जोतीराव : अरे, यहाँ तू बीच में ही न्याय कहाँ से ले आया? अमंगल खाऊ आर्य

ब्राह्मण मोटे-ताजे गौ-भेड़ों की जान लेकर उनका मांस बड़ी रुचि से बेहिचक खाते हैं। इसका मूल आधार धूर्त आर्य ब्राह्मण ऋषियों के ताड़पत्तों पर लिखकर रखे हुए वेद हैं।

गोविंदराव : आर्य ऋषियों के ताड़पत्रों पर लिखकर रखे हुए वेदों में आधार होने का मतलब है धूर्त ब्राह्मणों को मनचाहे वह सब बेधड़क करना चाहिए, उनको न मन की लज्जा है और न जनों की। लेकिन उनको हम सभी के निर्माता का भी डर नहीं लगता, इसका मतलब क्या होना चाहिए ?

जोतीराव : धूर्त आर्य ब्राह्मणों के मन को हम सभी के निर्माता का बिलकुल ही डर नहीं लगता। क्योंकि वे वेदांती होकर भृगु ब्राह्मण की तरह काल्पनिक विष्णु देवता को लात मारकर खुद स्वयं अहंब्रह्म या भूदेव होकर हम सभी के निर्माता को पाँवों तले रौंदने में आगे-पीछे नहीं देखते, तो फिर उनमें निर्माता के प्रति डर की भावना कहाँ से होगी ?

गोविंदराव : इसके अलावा आर्य लोग गौ-बैल-भेड़ (खास तौर पर काली-कपिला गौ) खाने में पुण्य मानते थे, फिर भी उन्होंने आगे बौद्धधर्म के डर से जबकि मांस खाना छोड़ दिया, तब भी फिलहाल वे शुद्ध होने के बहाने गौमांस की बजाय गौमूत्र पीते हैं और अपने-आपको पवित्र मानते हैं, अब इसको क्या कहना चाहिए ?

जोतीराव : पुरातन काल के ब्राह्मण पुण्य-प्राप्ति के लिए यज्ञ और श्राद्धकर्म में गौ-भेड़ों की हत्या करके उनका मांस खाते थे, लेकिन लोकलज्जा के लिए आजकल के ब्राह्मण गोमूत्र पीकर अपने-आपको पवित्र मान लेते हैं। इसी आधार पर अब तू ही सोच कि सभी धूर्त आर्य ब्राह्मणों के आचरण में किसी भी प्रकार का चिरकाल तक बंधन नहीं होता है। वे लोग किस समय अपना पेट पालने के लिए क्या करेंगे, इसके बारे में कोई अनुमान नहीं लगा सकता।

गोविंदराव : अब एक बहुत अच्छी बात ध्यान में आई है, यह बताइए, 'अठरा वर्णानां ब्राह्मणो गुरुः' होने पर भी वे मानवीय शूद्रादि-अतिशूद्रों का मैला खानेवाले गौ-पशु के पेशाब को भी शुद्ध मान कर पी लेते हैं लेकिन वे लोग सबसे उत्तम अतिशुद्ध मानव का यदि भोजन करते समय स्पर्श हुआ तो इसे एकदम अपवित्र, अशुद्ध मानते हैं, उसका छूना भी पसंद नहीं करते, इस बात को किस चीज का आधार होना चाहिए ?

जोतीराव : शूद्रादि-अतिशूद्र मानव के केवल अज्ञानी होने की वजह से धूर्त आर्य ब्राह्मण मजाकिया पशु बंदर से लेकर रेंगनेवाले जहरीले साँपों की पूजा करने में शर्माते नहीं। उसी प्रकार शूद्रादि-अतिशूद्रों ने जिनको नीच मानकर लेन-देन बंद कर दिया ऐसी वेश्याओं और रंडियों के साथ वे लोग बड़ी बेशर्मी से

खाना-पीना आदि सारा व्यवहार करते हैं और उसी में आनंद मानते हैं। फिर धूर्त आर्य ब्राह्मणों के पास सबसे उत्तम अतिशूद्रों को नीच मानने का आधार ही क्या है? इसलिए तुम जरा सोचो, फिर बड़ी आसानी से सारी बातें तुम्हारे ध्यान में आ जाएंगी।

गोविंदराव : इस सारे पिछले इतिहास से यह सिद्ध होता है कि आर्य ब्राह्मण अपने वेदों को ईसाई लोगों की तरह आम आदमी को पढ़ने के लिए उपलब्ध नहीं कर देते तो सही में बहुत ही धूर्त हैं और उनके वैसा करते ही वेदों का महत्त्व एकदम कम हो जायगा, यह सिद्ध होता है।

जोतीराव : धूर्त आर्य ब्राह्मणों ने अपने वेदों को आम आदमी से छुपाकर रखा, इसी की वजह से अज्ञानी शूद्रादि-अतिशूद्रों में वेदों की खोखली प्रतिष्ठा (महत्त्व) बढ़ी है, लेकिन इसके बाद उनके द्वारा ईसाई लोगों के बाइबल की तरह अपने वेदों को आम आदमी के पढ़ने के लिए खुला करके उनका प्राकृत भाषा में अनुवाद करके प्रकाशित करते ही खुद उन धूर्त ब्राह्मणों को भी वेदों पर नुक्ताचीनी करनी पड़ेगी। और तब बाजार की नटनी (कोल्हाटणी) भी वेदों की बेइज्जती करने में आगे-पीछे नहीं सोचेगी, इस बात को मैं बड़ी जिम्मेदारी के साथ कह रहा हूँ।

गोविंदराव : तो फिर आर्यों के वेदों में सारी दुनिया के लिए बोध पाने लायक बिलकुल कुछ भी नहीं, ऐसा आपका कहना है?

जोतीराव : तू इस तरह से कैसे कह रहा है? वेदों में नीति आदि के बारे में जो कुछ कहा गया है, वह सारा अपने जाति के स्वार्थी धूर्त ब्राह्मणों के हित में इस्तेमाल किया गया है। और इसे सभी पराजित शूद्रादि-अतिशूद्र, भील, केवट और म्लेच्छ आदि लोगों को मंजूर करना पड़ा है और उससे उन सभी का बिलकुल कल्याण होने वाला नहीं है।

गोविंदराव : दूसरी बात, आपने पहले कहा है कि 'मनुष्य को अपने पड़ौसियों के साथ किस प्रकार से व्यवहार करना चाहिए", इसके बारे में हर व्यक्ति को अपने स्वयं के अनुभव से आसानी से सिद्ध करना संभव होगा, इस सिद्धांत के बारे में सभी आर्य लोगों को और उनके वेदकर्ताओं को बिलकुल ही ज्ञान नहीं था। इसके बारे में अभी थोड़ा-सा स्पष्टीकरण देंगे तो बहुत ही अच्छा होगा।

जोतीराव : हम सभी के निर्माता ने सभी जीव प्राणियों को पैदा करते समय मनुष्य प्राणी को जन्म के समय से ही स्वतंत्र प्राणी के रूप में पैदा किया है और उनको आपस में सभी समान हकों का उपभोग करने के लिए समर्थ बनाया है, इसी की वजह से हर आदमी गाँव में और क्षेत्र में अधिकारों के पद संभालने के क़ाबिल है।

गोविंदराव : इससे यह स्पष्ट होता है कि सभी मनुष्य सभी प्रकार के काम करने लिए समान रूप से हकदार हैं, फिर आर्य धूर्त ब्राह्मण किस वजह से शूद्रादि-अतिशूद्रों को अपने दास और अनुदास बनाकर उनके स्वामी बन गए हैं? यह कौन-सा न्याय है?

जोतीराव : धूर्त आर्य ब्राह्मण बिलकुल अन्याय से शूद्रादि-अतिशूद्रों के स्वामी बन गए हैं। इसीलिए हम सभी के निर्माता को गुस्सा आया और उसने मुगल, पठान, पोर्तुगीज, फ्रेंच और अंग्रेज आदि इन सभी लोगों के द्वारा धूर्त आर्य-ब्राह्मणों के भोग-ऐश्वर्य को नष्ट करके इनको उनका गुलाम बनाया।

गोविंदराव : हम सभी के निर्माता ने मुसलिम और ईसाई आदि लोगों के द्वारा आर्य ब्राह्मणों के भोग-ऐश्वर्य को नष्ट करके मुसलिमों और ईसाइयों को इनका स्वामी बनाया, लेकिन उसस हम शूद्रादि-अतिशूद्रों का किस प्रकार से लाभ हुआ है, इसके बारे में मुझे साफ तौर पर कुछ भी दिखाई नही दे रहा है।

जोतीराव : अरे, बाबा ! हम सभी का निर्माता परम दयालु और परम न्यायी है। और तू कहता है कि उसके न्याय के बारे में स्पष्ट रूप म कुछ भी समझ में नहीं आ रहा है, इसलिए मुझे तेरे ऊपर बड़ी दया आ रही है, क्योंकि सबसे छोटी चींटी की इंद्रियों का और उन इंद्रियों के काम का हम कभी विचार ही नहीं करते, फिर भी उसको बेफजूल परेशान करने की किसी की हिम्मत नहीं। उसी प्रकार इस सबसे उत्तम मानव-प्राणी की इंद्रियों का, उसके दस इंद्रियों और उसके ज्ञान की महत्ता क बारे में जब हम सोचने लगते हैं तो हमको उसका अंदाज ही नहीं लगता और ऐसे मानवों में से शूद्रादि-अतिशूद्रों के ऊपर पहले तलवार के बल पर और आजकल धोखेबाजी के बल पर धनी आर्य मानव बने हुए हैं। इसीलिए सर्वन्यायी अपने सभी के निर्माता ने शूद्रादि-अतिशूद्रों के बारे में धूर्त ब्राह्मणों को सजा देकर उनको होश में लाने के लिए पहले मुसलिमों को और आजकल ईसाई लोगों को आर्य ब्राह्मणों का मालिक बनाया है, यह बात एकदम सही है।

गोविंदराव : मुसलिम लोगों ने शूद्रादि-अतिशूद्रों की बारे में धूर्त ब्राह्मणों को किस प्रकार की सजा दी है, इसके बारे में यदि आप संक्षिप्त में विवेचन करेंगे तो बहुत ही अच्छा होगा।

जोतीराव : मुसलिम लोगों ने धूर्त आर्य ब्राह्मणों की पत्थर की मूर्तियों को तोड़-फोड़ कर रख दिया और उन्होंने आर्यों के जुल्म से दास तथा अनुदास बनाए गए शूद्रादि-अतिशूद्रों के समूह के समूह को उनकी गुलामी से मुक्त करके मुसलिम धर्म में अपना करके मुसलिम समाज में सम्मिलित कर लिया। इतना ही नहीं, उन सभी के साथ रोटी और बेटी का व्यवहार शुरू करके उन सभी को सभी कामों में बराबरी का हक दिया और सभी को अपनी तरह

सुखी बना करके रखा तो आर्यभट्ट ब्राह्मण उनके मुँह की ओर देखते ही रह गए।

गोविंदराव : उसी प्रकार ईसाई लोगों ने शूद्रादि-अतिशूद्रों के बारे में धूर्त ब्राह्मणों को होश में लाने के लिए किस-किस प्रकार की सजा दी, इसके बारे में यदि थोड़ा-सा विवेचन करेंगे तो बहुत ही अच्छा होगा।

जोतीराव : सबसे पहले कर्नल लिग्रयांड जेकब, सर विलियम जोंस आदि अंग्रेज विद्वानों ने धूर्त ब्राह्मणों के वेद, स्मृतियों, संहिताओं आदि का भंडाफोड़ किया। उन्होंने उन ग्रंथों, धर्मशास्त्रों में शूद्रादि-अतिशूद्रों के बारे में जो कुछ कहा गया है तथा इन लोगों का क्षत्रियत्व निकालकर उनको किस-किस तरह से सताया गया है, इसके बारे में सारे इतिहास की जाँच-पड़ताल करके आम आदमी के सामने रखा है। इसी की वजह से हम सभी शूद्रादि-अतिशूद्रों की आँखें खुल गई और सभी धूर्त ब्राह्मणों का ब्रह्मजाल हम सभी की नजरों के सामने अपने-आप नाच रहा है।

गोविंदराव : कर्नल लिग्रयांड जेकब, सर विलियम जोंस आदि विद्वान पुरुषों ने धूर्त आर्य ब्राह्मणों के ब्रह्मजाल को जब सामने रखा, तब भी हमारी अंग्रेज सरकार ने हम शूद्रादि-अतिशूद्रों की मुक्ति के लिए कुछ भी प्रयास नहीं किया, इसका बड़ा आश्चर्य हो रहा है।

जोतीराव : धूर्त आर्य ब्राह्मणों के पुरखों ने शूद्रादि-अतिशूद्रों के बारे में जो ब्रह्म-षड्यंत्र रचा था उसकी जानकारी उनको प्राप्त हुई। उस बात पर उनको पूरा यकीन आ गया और उनको अफसोस भी हुआ। तब उन्होंने स्वयं दखल देकर शूद्रादि-अतिशूद्रों को नीच मानकर उनको उनकी जिन्दगी से तबाह करना निषिद्ध ठहराया, इसलिए सबसे पहले अंग्रेज सरकार ने इस सारे बलिस्थान के शूद्रादि-अतिशूद्रों के टैक्स से प्राप्त पैसा खर्च करके ब्राह्मणों के बच्चों को सही ज्ञान हो, इसलिए जगह-जगह अंग्रेजी स्कूलों की स्थापना करवाई, और उनके लिए मुक्त शिक्षा का प्रबंध किया गया।

गोविंदराव : शूद्रादि-अतिशूद्र अपनी मेहनत से जो कुछ रुपया कमाते थे, उसमें से सरकार को जो टैक्स के रूप में देते थे उन पैसों से सरकार ने धूर्त आर्य ब्राह्मणों के बच्चों के लिए सबसे पहले अंग्रेजी स्कूलों की स्थापना की और उन्हें शिक्षित किया गया, यह बात सही है लेकिन उनके बच्चों ने पढ़-लिखकर अंत में क्या किया, इस संबंध में जब हम सोचने लग जाएँगे तो शूद्रादि-अतिशूद्रों की आँखें खुल जाएँगी।

जोतीराव : अज्ञानी शूद्रादि-अतिशूद्रों की मेहनत की कमाई से टैक्स के रूप में दिए गए पैसों से धूर्त आर्य ब्राह्मणों के बच्चे पढ़-लिखकर जब शिक्षित हुए तब वे अपने पुरखों की हर गलतियों का निषेध करने की बजाय समर्थन

करने लगे। वे अपने पुरखों के बनावटी धर्म के बारे में, जो भीतर से पूरी तरह राजनीतिक है, लिखे गए ब्रह्म-बाज़ीगरी पर परदा डालने के लिए प्रयास कर रहे हैं। उन्होंने फिलहाल बड़ी कुटिलता से अपना बचाव करने के के लिए अपनी आँखों पर पट्टी डालकर बड़ी बेसबरी से ब्रह्म समाज और प्रार्थना समाज की स्थापना की है। उन्होंने अपने उन समाजों में ईसाई धर्म की सारी अच्छी-अच्छी बातें चुरा करके अपने काल्पनिक ब्रह्माजी की ओर से आँखें बंद कर रखी हैं और सभी अज्ञानी शूद्रादि-अतिशूद्रों के मन में पुनः एक तरह का ब्रह्म-घोटाला पैदा करने का प्रयास शुरू कर दिया है।

गोविंदराव : इन समाजों के अलावा धूर्त आर्य ब्राह्मणों के बच्चों ने अन्य कुछ सभाएँ स्थापित की हैं या नहीं ?

जोतीराव : धूर्त आर्य ब्राह्मणों के बच्चों ने जो सभाएँ स्थापित की हैं उनमें मुख्य हैं : पूना की सार्वजनिक सभा और नेशनल कांग्रेस। बस, यही दो मुख्य संस्थाएँ स्थापित की गई हैं, ऐसा मैंने सुना है।

गोविंदराव : उनके इस सार्वजनिक सभा के शुद्ध कुलनाम से इस सभा में कुनबी, माली, धनगर, केवट, भील आदि किसान लोग सदस्य होंगे या नहीं ?

जोतीराव : तुम्हारे कहने के अनुसार कुनबी आदि किसान लोगों का इस सभा के सदस्य होना असंभव है, ऐसा मुझे लगता है।

गोविंदराव : तो फिर बनिया-पंसारी का धंधा करने वाले गूजर, मारवाड़ी आदि दुकानदार और कपड़ा-लत्ता बेचने वाले जुलाहा, बुनकर, खत्री आदि लोग इस सभा के सदस्य होंगे या नहीं ?

जोतीराव : मैंने यह सुना है कि गूजर, मारवाड़ी आदि दुकानदार और कपड़ा-लत्ता बेचने वाले जुलाहा, बुनकर आदि लोगों का इस सभा से कोई संबंध ही नहीं है।

गोविंदराव : खैर, कोई बात नहीं। लेकिन लुहार, सुनार, बढ़ई, चमार, कुम्हार, नाई, धोबी आदि बारह जातियों के (बलुते) लोग और मातंग, भट, जोशी आदि मिलकर बारह जातियों के (आलुते) लोग भी इस सभा के सदस्य हैं या नहीं ?

जोतीराव : अरे, इस सभा में बारह पिछड़ी या अछूत जातियों के लोग होंगे इसकी तो कल्पना ही नहीं की जा सकती, उनका नाम ही मत लो। लेकिन अन्य बारह जातियों में से ब्राह्मण जोशी, उपाधी आदि जाति के लोगों की संख्या इस सभा में काफ़ी है। इनके जो लोग सरकारी कर्मचारी हैं वे खुले रूप से इस सभा के सदस्य नहीं हैं, लेकिन उनके लिहाज के लिए अन्य जाति के पाँच-पचीस लोगों को सदस्य बना लिया गया है। उनमें से एक-दो तो अमीर हैं और कुछ वकील, कुछ कर्मचारी हैं।

गोविंदराव : महोदय, इस बलिस्थान में आज सभी मिलाकर बीस करोड़ लोग रहते हैं और उनमें दो करोड आर्य ब्राह्मण हैं। फिर पूना के ब्राह्मणों ने उनमें से पाँच-पचीस अन्य जातियों के लोगों को इकट्ठा कर लिया और सभा स्थापित की तो क्या वह सार्वजनिक सभा हो गई ?

जोतीराव : तुम्हारा कहना बिलकुल सही है, क्योंकि महारों की लाचार अवस्था के बारे में सोच-विचार करने के लिए इस सार्वजनिक सभा में ब्राह्मण सदस्यों ने महार सदस्यों को अपने साथ में लेकर कभी बातचीत भी की है ? या उनकी लाचार अवस्था के बारे में उन्होंने कभी सरकार को सूचित भी किया है, ऐसा मैंने कभी नहीं सुना है।

गोविंदराव : लेकिन एक सार्वजनिक छोकरी के घरौंदे के समान इस सभा में बैठकर गप मारनेवाला एक व्यक्ति कह रहा है कि इस सभा के रेकार्ड में जितनी अर्जियाँ हैं उनमें से एक भी अर्जी कोई ऐसी नहीं है कि जिसमें एक ही वर्ग का या एक ही जाति का संबंध है।

जोतीराव : उनका कहना बिलकुल सही है। क्योंकि उनको ऐसा लगता है कि, हमारे अलावा इस दुनिया में और कोई व्यक्ति बुद्धिमान नहीं है। लेकिन तुम इस तरह से कल्पना करो कि आज सरकार ने इस प्रकार का एलान किया है कि जिस किसी को संस्कृत, मराठी और अंग्रेजी भाषाओं का ज्ञान है और जो इन भाषाओं में पत्राचार कर सकता है ऐसे महार या मातंग जाति के व्यक्ति को हर माह डेढ़ हजार रुपया दिया जाएगा। क्या इस पद के लिए कुछ महार या मातंग जाति के उम्मीदवार को चुना जाएगा ?

गोविंदराव : इस पद के लिए एक भी महार या मातंग उम्मीदवार नहीं चुना जाएगा।

जोतीराव : उसी प्रकार हम हिंदुओं को कलेक्टर का पद मिलना चाहिए, जैसे यूरोपियन लोगों को अंग्रेज सरकार देती है, इस तरह हिंदू शब्द का गोलमोल (अनिश्चित) प्रयोग करके कुछ अर्जियाँ सार्वजनिक सभा के दफ्तर में होंगी। लेकिन वे अर्जियाँ अनपढ़ शूद्रादि-अतिशूद्रों के किस काम की ? क्योंकि हिंदू शब्द का गोलमाल प्रयोग करके उसका पूरा लाभ उठाने वाले अकेले ब्राह्मण हैं ! वाह रे सभा ! और वाह रे उसका दोमुंहा रेकार्ड !

गोविंदराव : अब इस नेशनल कांग्रेस के बारे में कुछ समझाइए, जिससे कि हमारे भोली-भाली सरकार की आँखें खुल जाएँगी और शूद्रादि-अतिशूद्रों की भी आँखें खुल जाएँगी और इन दोनों का कुछ लाभ हुआ तो अच्छा ही होगा।

जोतीराव : बता रहा हूं, सुनो—आर्यों के पाखंडी, स्वार्थी धर्म की वजह से धूर्त आर्य ब्राह्मण अज्ञानी शूद्रों को नीच मानते हैं। अज्ञानी शूद्र अज्ञानी महारों

को नीच मानते हैं। और अज्ञानी महार लोग मातंग को नीच मानते हैं। लेकिन अतिशुद्ध धूर्त आर्य ब्राह्मण शूद्रादि-अतिशूद्रों को नीच मानकर ही नहीं रुकते, बल्कि उन्होंने इन सभी लोगों में आपस में रोटी-व्यवहार और बेटी-व्यवहार नहीं होना चाहिए, इसलिए प्रतिबंध भी लगाए हैं। मतलब उन सभी के भिन्न-भिन्न प्रकार के आचार-विचार, खाना-पीना, रस्म-रिवाज आपस में एक-दूसरे से मेल नहीं खाते। फिर ऐसे अट्ठारह प्रकार के लोगों में एकता होकर उनकी चटपटी नमकीन, मतलब, एकजान जीव (एकात्म समाज) 'Nation' कैसे बन सकेगा ? अरे, ये धूर्त आर्य ब्राह्मण सारी दुनिया के लोगों को नीच मानते हैं और उनसे घृणा, नफरत करते हैं। ये लोग केवल अपने स्वार्थ के लिए अज्ञानी शूद्रादि-अतिशूद्रों को किस समय किस गड्ढे में डाल देंगे, इसका कोई अंदाज़ नहीं। इसीलिए आर्य ब्राह्मण एकधर्मी अमेरिकी या फ्रेंच आदि यूरोपियन लोगों की नकल करके सैकड़ों नेशनल कांग्रेसें स्थापित कर लें, फिर भी उनके नेशनल कांग्रेस में समझदार शूद्रादि-अतिशूद्र व्यक्ति कभी भी सदस्य नहीं होगा, इस बात का मुझे पूरा भरोसा है। क्योंकि, वैसा करने से हमारी दयालु अंग्रेज सरकार शूद्रादि-अतिशूद्रों की ओर कोई ध्यान नहीं देगी।

गोविंदराव : समझदार शूद्रादि-अतिशूद्र लोग यदि उनके नेशनल कांग्रेस में सदस्य नहीं होंगे तो उस सभा में यूरोपियन मि० हंटर साहब जो अंग्रेज सरकार को इस तरह अकल की बातें बताते हैं कि हिंदू लोगों को बड़ी-बड़ी नौकरियाँ देनी चाहिए, इसका क्या परिणाम होगा ?

जोतीराव : मतलब, हिंदुओं में ब्राह्मणों के अलावा शूद्रादि-अतिशूद्र, भील, केवट आदि लोगों के बारे में मि० हंटर साहब को कोई जानकारी नहीं है। इसलिए वे केवल उस तरह की बेवकूफी कर रहे हैं। उसी तरह पहले लार्ड रियन गव्हर्नर जनरल साहब द्वारा हिंदुओं के शूद्रादि-अतिशूद्रों के बारे में, भील, केवट आदि लोगों के बारे में जानकारी हासिल करने की बजाय अकेले आर्य ब्राह्मणों को हिंदू समझकर उनको म्युनिसीपालिटी का अधिकार देने की वजह से अन्य सभी अनार्थ लोगों को कितनी परेशानी सहनी पड़ती है, इसका जरा तुम लोग ही विचार करो तो सब कुछ तुम्हारी समझ में आ जाएगा।

गोविंदराव : फिर भी इस नेशनल कांग्रेस में शूद्रादि-अतिशूद्रों को सदस्य होकर ब्राह्मणों के साथ अपने उचित हक़ सरकार से माँगने में कौन-सी आपत्ति है, इसके लिए किसने उनके हाथ को पकड़ रखा है, इस तरह की बात एक शौकीन ब्राह्मणों की नकल करने वाला पाखंडी व्यक्ति कर रहा है।

जोतीराव : मै इस समय उस पाखंडी के बारे में कुछ भी बोलना नहीं चाहता। छोड़ दीजिए उसको ! यहाँ उसका नाम लेने का भी कोई मतलब नहीं। किंतु

मैं यहाँ तुमसे कुछ सवाल करता हूँ। वह इस प्रकार से कि आज तक धूर्त-ब्राह्मणों ने शूद्रों को संस्कृत पढ़ने की मनाही की थी या नहीं ? उसी प्रकार उन्होंने अतिशूद्रों के बच्चों को आज तक स्कूल में प्रवेश पाने पर पूरी तरह से रोक लगा दी थी या नहीं ? फिर उनमें तहसीलदार की कचहरी में निचले दर्जे की कारकुनी का काम करने की भी योग्यता कहाँ से आएगी ? फिर बलिस्थान के कुशल लोगों को "कला-कौशल में यूरोपियन लोगों की बराबरी करके सारी दुनिया के लोगों के साथ चलने की तैयारी रखिए, वरना ठहरो या मरो !" यह कहने वाले साढ़े तीन सयाने चुगलखोर नारद मुनि के पीछे लगने से क्या फायदा ? लेकिन ऐसे नादानी ही नहीं बल्कि शरारत का समर्थन करने को अज्ञानी शूद्रादि-अतिशूद्रों को व्यापार का लालच दिखाकर वेदों की गठरी ढोनेवाला उचक्का, धूर्त आर्य ब्राह्मणों का मुहरा माना गया है, उनको उनका छोटा भाई कहना चाहिए !

गोविंदराव : आज तक धूर्त ब्राह्मणों ने शूद्रों को संस्कृत पढ़ने नहीं दिया। उसी तरह उन्होंने अतिशूद्रों के बच्चों को आज तक स्कूल में पढ़ने नहीं दिया। इसी की वजह से मातंग-महारों के बच्चों को तहसीलदार की कचहरी में मामूली लिपिक का काम करने की भी योग्यता नहीं आई, यह बात पूरी तरह सच है।

जोतीराव : खैर, इस निष्पक्ष अंग्रेज सरकार के राज में सभी मातंग-महारों के बच्चों को शिक्षा मिलना संभव है। और यदि ऐसा होता है तो उन सभी लोगों को इकट्ठा होकर पूर्व गव्हर्नर लार्ड रिपन और मि० हंटर साहब को आगे करके महारानी व्हिक्टोरिया माँ साहब के सामने जाकर उनको ऐसे पूछा जा सकता है कि आज तक यदि धूर्त ब्राह्मणों ने हमको पढ़ने-लिखने नहीं दिया तो फिर आज हमको उनकी तरह शिक्षित होने तक अकेले आर्य धूर्त ब्राह्मणों को बड़े-बड़े सरकारी पदों पर नौकरियाँ दी गईं तो फिर वे लोग हम लोगों को पुनः दूसरे रास्ते से विनाश के कगार पर खड़े करेंगे या नहीं ? इस तरह का सवाल आज के अंग्रेज सरकार को पूछा गया तो वे क्या जवाब देंगे ?

गोविंदराव : इस सवाल का जवाब देने की बजाय वे दोनों लोग निस्संदेह अपनी गरदनें नीचे झुका देंगे। और शर्म से नजरें टेढ़ी करके बुर्का पहने पाखंडी की मुँह की ओर देखकर उसके नाम से उँगलियाँ चबाते रहेंगे। इसके अलावा उनके पास दूसरा कोई रास्ता नहीं रहेगा। फिर आगे क्या होगा ?

जोतीराव : इसलिए इस बलिस्थान के सभी शूद्रादि-अतिशूद्र लोग, भील, केवट आदि सभी लोग जब तक शिक्षित होकर सोच-विचार करने योग्य नहीं बनते तब तक वे सभी संगठित हुए बगैर एकात्म राष्ट्र (Nation) बना नहीं

सकते। यह सच्चाई के होने पर भी अकेले बाहरी आक्रामक आर्य ब्राह्मण लोगों ने नेशनल कांग्रेस की स्थापना की, तब भी उससे क्या होने वाला है?

गोविंदराव : मतलब शूद्रादि-अदिशूद्रों के घर के पास स्कूल होने पर भी उन्होंने अपने बच्चों को स्कूल नहीं भेजा तो उनके बच्चों को उदासीन ब्राह्मणों को अपने कंधों पर उठाकर स्कूल पहुँचाना चाहिए, यही सिद्ध होता है।

जोतीराव : ब्राह्मणों ने आज तक शूद्रों को संस्कृत पढ़ने और अतिशूद्रों को स्कूल में जाने पर पाबंदी लगा दी थी। उनकी इस मूर्खता के कारण ही उन्होंने यह किया लेकिन अब उनके काल्पनिक ब्रह्माजी ने, महापिता ने भी शूद्रादि-अतिशूद्रों के बच्चों को अपने कंधों पर उठाकर उनको हर दिन स्कूल में पहुँचाया और घर लाकर छोड़ देने का काम किया, तब भी सभी धूर्त ब्राह्मण प्राचीन काल से किए हुए अपराध से मुक्त नहीं हो सकते, क्योंकि ज्ञान खानदानी चीज नहीं है।

गोविंदराव : अपनी अंग्रेज सरकार ने कुछ दिन पहले धूर्त आर्य ब्राह्मणों को ही सभी शूद्रादि-अतिशूद्रों को शिक्षित करने का काम सौंप दिया था। लेकिन आज अपनी निष्पक्ष अंग्रेज सरकार की ओर से सभी जातियों के बच्चों को स्कूल में प्रवेश देने की छूट देने पर ही अतिशूद्रों के बच्चे पढ़-लिखकर शिक्षित हुए हैं और बड़े-बड़े सरकारी पदों पर काम कर रहे हैं, यह न मैंने देखा है और न सुना है। इसकी सही वजह क्या होनी चाहिए?

जोतीराव : अपनी अंग्रेज सरकार ने सभी जातियों के बच्चों को स्कूल में प्रवेश देने की छूट तो दी है तब भी अतिशूद्रों की जाति में अध्यापक तैयार करने के संबंध में उन्होंने कोई व्यवस्था नहीं की। यही वजह है कि आर्य धर्मानुयायी भट्ट ब्राह्मण अध्यापकों के द्वारा अतिशूद्रों के बच्चे शिक्षित होकर बड़े अफसर कभी नहीं होंगे। इस संबंध में हमारी भोली-भाली सरकार ने कुछ विचार भी किया है या नहीं? क्योंकि आर्य लोगों के एकतरफा ग्रंथों में शूद्रादि-अतिशूद्रों को ज्ञान न देने के बारे में पूरी व्यवस्था करके रख दी गई है, इधर धूर्त आर्य ब्राह्मण अपना पेट पालने के लिए पढ़-लिखकर तैयार हैं। स्वार्थी ब्राह्मण अध्यापकों द्वारा गाँव-खेड़ों के अतिशूद्रों के बच्चे स्कूल में पढ़कर शिक्षित होंगे, ऐसा मुझे बिलकुल नहीं लगता।

गोविंदराव : अंग्रेज सरकार के शिक्षा विभाग में पक्षपात होने की वजह से सभी धूर्त आर्य ब्राह्मणों के बच्चों को पढ़-लिखकर तैयार होते ही, भले ही सरकारी या फौजी दफ्तर में नौकरी नहीं मिलती तब भी अन्य सभी विभागों में उनको बड़ी आसानी से नौकरी मिल जाती है। लेकिन शूद्रादि-अतिशूद्र अज्ञानी हैं इसलिए आजादी किस चीज का नाम है यह उन्हें बिलकुल ही समझ में नहीं आता, इसी की वजह से धूर्त ब्राह्मण कर्मचारी उनको किस-किस तरह से

चूसते होंगे, यह बात अब अच्छी तरह मेरी समझ में आई है। लेकिन वेद-संहिता काल से लेकर आज तक—आर्य ब्राह्मणों के शासन काल तक—हर व्यक्ति को उन्होंने स्वयं कमाए हुए धन-दौलत का उपभोग करने की सहूलियत दी थी या नहीं?

जोतीराव : प्राचीन काल में आर्य ब्राह्मणों के शासन काल में किसी शूद्र ने अपनी जान को दाँव पर लगाकर आर्य पुरोहित और उसके परिवार के सभी व्यक्तियों की जान बचाई ऐसी स्थिति में वह बड़ी उदारता से उस जवाँमर्द शूद्र को अपनी दासता से मुक्त कर देता था। लेकिन उसके मुक्त होते ही दूसरा कोई जहरीला आर्य ब्राह्मण उस परोपकारी शूद्र को पकड़कर उसको अपने बाप की जायदाद समझकर अपनी गुलामी करने के लिए मजबूर कर देता था। इसी तरह अकाल में आर्य ब्राह्मण को शूद्र की संपत्ति का मनचाहा उपभोग करना चाहिए, इस तरह की बात मनुसंहिता में कही गई है। इतना ही नहीं, शूद्र की स्वपत्नी का पावित्र्य किसी आर्य ब्राह्मणों ने नष्ट किया तो उसे नाममात्र के लिए चौदह रुपया दंड देना पड़ता था। लेकिन आर्य ब्राह्मण की किसी इश्कबाज औरत ने किसी शूद्र के पीछे लगकर अपना मतलब निकाल लिया तो उसके लिए उस ब्राह्मण औरत को छूट देकर उस शूद्र के मुँह में सीसा पिघलाकर डाला जाता और उसके लिंग को भी काट देने की सजा दी जाती थी।

गोविंदराव : इस तरह सभी धूर्त आर्य ब्राह्मणों ने पराजित शूद्रादि-अतिशूद्रों के साथ जो अमानवीय बर्ताव किया, वह सुनने में भी मुझे लज्जा आती है।

जोतीराव : धूर्त ब्राह्मणों ने शूद्रादि-अतिशूद्रों के साथ जो अमानवीय बर्ताव किया, उसको सुनने में भी तुम्हें लज्जा आती है, यह तो उचित ही है, क्योंकि तुम्हें इस दयालु अंग्रेज सरकार के राज में मनुष्यतापूर्ण व्यवहार प्राप्त हुआ है। लेकिन धूर्त ब्राह्मणों के पुरखों द्वारा प्राचीन काल में अपने शूद्रादि-अतिशूद्रों के पुरखों को बेहद परेशानी में डालते समय उनको कुछ भी लज्जा नहीं आतो थी और आज भी आर्यों के वंशज शूद्रादि-अतिशूद्रों को अपने पाखंडी, नकली धर्म के बारे में बताते हैं तथा राजनीतिक काम में तरह-तरह के दाँव-पेंच खेलकर हम लोगों को मूर्ख बनाने में शर्माते नहीं। इससे यही सिद्ध होता है कि आर्य ब्राह्मणों में मनुष्यता नाम की कोई चीज ही नहीं है।

गोविंदराव : तात्या साहब ! आर्यों ने जो कुछ किया वह अब पुनः लौटकर आने वाला नहीं है। अब इसके लिए उन्हें क्या करना चाहिए?

जोतीराव : अब इसके लिए इलाज एक ही है कि सभी आर्य ब्राह्मण लोग स्वयं को बडी बेशर्मी से 'अहम्-ब्रह्म' कहलवा लेते हैं इसके लिए उन्हें शर्म महसूस करनी चाहिए, उन्हें हर तरह के सत्य को पहचान करके उसके अनुसार

अपना व्यवहार रखना चाहिए। तब तो सभी शूद्रादि-अतिशूद्र, भील, केवट, जुलाहे आदि लोग उनके प्राचीन तथा आज के सभी नीच कर्मों के लिए सभी अपराधों के लिए बदला लेने की बजाय उनको क्षमा कर देंगे।

गोविंदराव : लेकिन सारी दुनिया के मानव प्राणी आर्यों को छि:-छि:, थू-थू करते हैं, इसके बारे में आपका क्या कहना है?

जोतीराव : सभी आर्य ब्राह्मण अपने पाखंडी ग्रंथों को गड्ढे में डालकर जब सभी मानव नर प्राणियों के साथ सत्य व्यवहार करने लगेंगे, तब सारी दुनिया के सभी मानव नर-नारी आर्यों के कल्याण की कामना करेंगे, इसमें कोई संदेह नहीं। यह विषय कुछ ज्यादा ही विस्तार में चला गया है, इसलिए हम अब यहीं रुक जाएँगे।

सत्य

गणपतराव दर्याजी थोरात : हमें किसको सत्य आचरण करनेवाला कहना चाहिए?

जोतीराव फुले : सत्य आचरण करने वाले के संबंध में कुछ नियम दे रहा हूँ, वे निम्न प्रकार हैं :

1. हम सभी के निर्माणकर्ता ने सभी जीव प्राणियों को पैदा किया है। लेकिन उनमें नर और नारी दोनों जन्म से ही स्वतंत्र हैं। वे दोनों सभी अधिकारों का उपभोग करने के योग्य बनाए गए हैं, यह जो लोग स्वीकार करते हैं, उन्हीं को सत्य आचरण करनेवाला कहना चाहिए।

2. नारी हो या पुरुष, वह अपने निर्माणकर्ता के इस विशाल आकाश में स्थित अनंत सूर्यमंडलों को और उनके ग्रहों-उपग्रहों को या किसी विचित्र तारे को या किसी धातु-पत्थर की मूर्ति को निर्माता के अलावा न पूजता हो तो, उसको सत्य आचरण करनेवाला जानना चाहिए।

3. हम सभी के निर्माणकर्ता द्वारा उत्पन्न किए हुए सभी चीजों का पूरी तरह से सभी प्राणियों को उपभोग करने की अनुमति न देते हुए निर्माता के नाम से बेमतलब अर्पण करके उसका खोखला नाम स्मरण जो लोग नहीं करते, उनको सत्य आचरण करनेवाला जानना चाहिए।

4. जो हम सभी के निर्माणकर्ता द्वारा पैदा किए हुए सभी प्राणियों को सभी चीजों का मनचाहे उपभोग करके उनको निर्माता का आभार मानकर उसका गौरव करने देता है, उसको सत्य आचरण करनेवाला जानना चाहिए।

5. विश्वकर्ता द्वारा निर्मित सभी प्राणियों के लिए जो किसी भी

प्रकार की बेमतलब की परेशानी नहीं पैदा करता, उसको सत्य आचरण करने वाला जानना चाहिए।

6. हम सभी के निर्माता ने सभी नारी-पुरुषों को सभी मानवी अधिकारों का मुख्य हकदार बनाया है। उनमें किसी व्यक्ति या कुछ व्यक्तियों का समूह किसी व्यक्ति पर जोर-जबर्दस्ती नहीं कर सकता और उस तरह जोर-जबर्दस्ती न करनेवाले व्यक्ति को ही सत्य आचरण करनेवाला जानना चाहिए।

7. हम सभी के निर्माता ने सभी मानव नारी-पुरुषों को धार्मिक तथा राजनीतिक स्वतंत्रता दी है, उससे किसी दूसरे व्यक्ति को किसी भी प्रकार की हानि नहीं पहुँचाई जा सकती, यह मानकर जो कोई अपनी तरह दूसरे व्यक्ति के हकों को जानकर दूसरों को सताता नहीं, उसको सत्य आचरण करनेवाला जानना चाहिए।

8. हम सभी के निर्माता ने प्राणियों को पैदा किया है। उनमें हर एक नारी मात्र एक पुरुष से अपना ब्याह करके बाकी पुरुषों को भाई माने, ऐसे ही हर एक पुरुष एक नारी को अपनी बीवी बनाकर बाकी नारियों को अपनी बहनें माने। इस तरह जो नारी या पुरुष एक-दूसरे के साथ बड़ी खुशी से भाई-बहन की तरह आचरण करता है, उसको सत्य आचरण करनेवाला जानना चाहिए।

9. हम सभी के निर्माता ने सभी नारियों को या पुरुषों को सभी मानवी अधिकारों के बारे में जो चाहे वे विचार या अपने मनचाहे मतों को अभिव्यक्त करने के लिए, लिखने के लिए और प्रसिद्ध करने के लिए स्वतंत्रता दी है। लेकिन इन विचारों से और इन मतों से किसी भी व्यक्ति को किसी भी प्रकार की हानि नहीं होनी चाहिए, इसकी खबर जो रखता है, उसको सत्य आचरण करनेवाला जानना चाहिए।

10. हम सभी के निर्माता की व्यवस्था से जो सभी नारी-पुरुष दूसरों के धर्म के बारे में मतभिन्नता की वजह से या राजनीतिक कारणों से उनको किसी भी तरह नीच नहीं मानते और न उनका शोषण करते हैं, उनको सत्य आचरण करनेवाला जानना चाहिए।

11. हम सभी के निर्माता ने सभी नारी-पुरुषों को धर्म के संबंध में स्थानिक या क्षेत्रीय अधिकारों के पद उनकी योग्यता के अनुसार और सामर्थ्य के अनुसार मिलना चाहिए, इसके लिए उनको समर्थ बनाया है, ऐसी बातों को जो लोग स्वीकार करते हैं, उनको सत्य आचरण करनेवाला जानना चाहिए।

12. हम सभी के निर्माता के नियमों के अनुसार सभी मानव नारी-पुरुषों में धर्म, स्थानीय और क्षेत्रीयता-संबंधी हर मनुष्य की स्वतंत्रता, संपत्ति,

संरक्षण और उसके जुल्म से बचाव करने के बारे में जो लोग कठिनाइयाँ पैदा नहीं करते, उनको सत्य आचरण करनेवाला जानना चाहिए।

13. नारी या पुरुष जो लोग अपने माता-पिता से बुढ़ापे में सलाह-मंत्रणा करते हैं और अन्य बुजुर्गों को सम्मान देते हैं या जो माता-पिता से सलाह-मंत्रणा करके अन्य बुजुर्गों को सम्मान देनेवालों को बड़ा आदर देते हैं, उनको सत्य आचरण करनेवाला जानना चाहिए।

14. नारी या पुरुष, जो हकीम की आज्ञा के बिना अफीम, भाँग, मद्य आदि नशीले पदार्थों का सेवन करके हर तरह से अन्याय करने में नहीं लगा होता या नशीले पदार्थ सेवन करनेवाले को आसरा नहीं देता, उसको सत्य आचरण करनेवाला जानना चाहिए।

15. खटमल, जूं, पिस्सू आदि जंतु, बिच्छू, साँप, बाघ, सिंह, लकड़बग्घे आदि जानवरों और उसी तरह लोभी मानव, दूसरे मानव प्राणी की हत्या करनेवाले या आत्महत्या करनेवालों को छोड़कर जो नारी या पुरुष दूसरे मानव प्राणियों की हत्या नहीं करता या हत्या करनेवाले की सहायता नहीं करता, उसको सत्य आचरण करनेवाला जानना चाहिए।

16. नारी या पुरुष, जो अपने फायदे के लिए दूसरे का नुकसान करने के लिए झूठ नहीं बोलता, या झूठ बोलनेवाले की मदद नहीं करता, उसको सत्य आचरण करनेवाला जानना चाहिए।

17. नारी या पुरुष, जो व्यभिचार नहीं करता या व्यभिचार करने वालों का सम्मान नहीं करता, उसको सत्य आचरण करनेवाला जानना चाहिए।

18. नारी या पुरुष, जो किसी भी प्रकार की चोरी नहीं करता या चोरों की मदद नहीं करता, उसको सत्य आचरण करनेवाला जानना चाहिए।

19. नारी या पुरुष, जो घृणा से दूसरों के मकान को या उनके सामान को जलाता नहीं या आग लगानेवालों से कोई संबंध नहीं रखता, उसको सत्य आचरण करनेवाला जानना चाहिए।

20. नारी या पुरुष, जो स्वयं के स्वार्थ के लिए न्याय से राज करनेवाली रियासतों पर या राज्य पर या सारी प्रजा द्वारा मुखिया बनाए हुए प्रतिनिधि के विरोध में विद्रोह करके लाखों परिवारों को बर्बाद नहीं करता या विद्रोह करनेवालों को पनाह नहीं देता, उसको सत्य आचरण करनेवाला जानना चाहिए।

21. नारी या पुरुष जो 'सारी दुनिया के कल्याण के लिए यह धर्म पुस्तक बनाई गई है' कहकर बड़ी बकवास करता है, किंतु उस धर्म पुस्तक को अपनी

बगल में दबाकर दूसरे लोगों को दिखाता तक नहीं, ऐसे दुष्ट बड़ाईखोरों से जो दूर रहते हैं और उन पर भरोसा नहीं करते, उनको सत्य आचरण करनेवाला जानना चाहिए।

22. नारी या पुरुष, जो अपने परिवारों के साथ, अपने भाई-बहनों को, अपने रिस्तेदारों को और अपने दोस्तों को बड़े घमंड से खानदानी श्रेष्ठ मानकर स्वयं को पवित्र नहीं मानता और सभी मानव प्राणियों को खानदानी नफरत के जरिये अपवित्र मानकर उनको नीच नहीं मानता, उसको सत्य-आचरण करनेवाला जानना चाहिए।

23. नारी या पुरुष, जो प्राचीनकाल में घृणा से लिखे गए ग्रंथों की शिक्षा के आधार पर कुछ मानव समाजों को खानदानी गुलाम नहीं मानता या उनको दास माननेवालों की परवाह नहीं करता, उसको सत्यवर्तन करनेवाला जानना चाहिए।

24. नारी या पुरुष, जो अपने लोगों की प्रभुता कायम रखने के लिए स्कूल में पढ़ाते समय अन्य लोगों के बच्चों से परायेपन का व्यवहार नहीं करता या स्कूल में पढ़ाते समय परायेपन का व्यवहार करनेवालों का निषेध करता है, उसको सत्यवर्तन करनेवाला जानना चाहिए।

25. नारी या पुरुष, जो न्यायमूर्ति के पद पर विराजमान होने के बाद अन्यायी लोगों का, उनको जुर्म के अनुसार सजा देने में कोई कसर बाकी नहीं रखता या अन्याय करनेवालों का निषेध करता है, उसको सत्यवर्तन करनेवाला जानना चाहिए।

26. नारी या पुरुष जो खेती का काम करके या अन्य प्रकार की कारीगरी करके पेट पालनेवालों को श्रेष्ठ मानता है, और किसानों की सहायता करनेवालों का आदर-सत्कार करता है, उसको सत्य-आचरण करनेवाला जानना चाहिए।

27. नारी या पुरुष, जो चमार के घर का ही क्यों न हो, बेगारी का काम करके अपना पेट पालनेवालों को नीच नहीं मानता बल्कि उस काम में मदद करने वालों की प्रशंसा करता है, उसको सत्य आचरण करनेवाला जानना चाहिए।

28. नारी या पुरुष, जो स्वयं कोई व्यवसाय किए बगैर ही बेमतलब धार्मिकता का दिखावा करता है और अज्ञानी लोगों को नवग्रहों का डर बताकर उनको लूट करके नहीं खाता या उसके बारे में किताबों की रचना करके अपना पेट नहीं पालता, उसको सत्य आचरण करनेवाला जानना चाहिए।

29. नारी या पुरुष, जो श्रद्धावान मूर्ख को फुसलाकर खाने के लिए ब्रह्मर्षि का स्वांग रचाकर उनको राख-धूप नहीं देता या वैसे काम के लिए

किसी भी प्रकार की मदद नहीं करता, उसको सत्य आचरण करनेवाला जानना चाहिए।

30. नारी या पुरुष, जो काल्पनिक भगवान की शांति करने के बहाने आसन लगाकर अज्ञानी जनों को लूटकर खाने के लिए जपजाप करके अपना पेट नहीं भरता या उसके लिए किसी भी प्रकार की सहायता नहीं करता, उसको सत्य आचरण करनेवाला जानना चाहिए।

31. नारी या पुरुष, जो अपना पेट पालने के लिए अज्ञानी जनों में कलह पैदा नहीं करता या उसके लिए मदद करनेवालों की छाया को छूना भी पसंद नहीं करता, उसको सत्य आचरण करनेवाला जानना चाहिए।

32. नारी या पुरुष जो हम सभी के निर्माता द्वारा पैदा किए हुए प्राणियों में से मानव नर-नारियों में किसी भी प्रकार की पसंदगी-नापसंदगी रखे बगैर उनका खाना-पीना और पहनना आदि के बारे में किसी भी प्रकार का विधि निषेध किए बगैर ही उनके साथ पवित्र मन से आचरण करता है, उसको सत्य आचरण करनेवाला जानना चाहिए।

33. नारी या पुरुष, जो सभी मानव नर-नारियों में किसी के प्रति पसंदगी-नापसंदगी रखे बगैर उनमें से महारोगी को, अपाहिज को और बेसहारा बच्चों को अपनी क्षमता के अनुसार मदद करता है या मदद करनेवाले को सम्मान देता है, उसको सत्य आचरण करनेवाला जानना चाहिए।

गणपतराव : आपके इन उपरोक्त नियमों से यह सिद्ध होता है कि सभी मानव प्राणियों को किस प्रकार से सत्य का आचरण करना चाहिए, इस संबंध में अपने दयालु निर्माता ने स्वयं किसी किताब की रचना ही नहीं की है, ऐसे ही आपको लगता है।

जोतीराव : बहुत अच्छे, शाबाश ! क्योंकि हम सभी के निर्माता ने इस गूढ़ अवकाश के अनंत सूर्यमंडल और उनके ग्रहों तथा उपग्रहों के अनंत जीव प्राणियों को कुछ नियम बना के दिए हैं, इसीलिए वे अपने कुशल आचरण से किस तरह का व्यवहार कर रहे हैं, इसके बारे में तसल्ली करने की बात एक ओर रखकर इस धरती के मानव नारी-पुरुषों को सत्य आचरण करना चाहिए। इसलिए कि हमारे निर्माता ने स्वयं यदि किसी धर्मग्रंथ की रचना की होती तो उसने यहाँ के नारी-पुरुषों की पसंदगी-नापसंदगी का ख्याल रखे बिना उन दोनों के मानवी अधिकारों के बारे में निष्पक्ष होकर लिखा होता। उसी प्रकार उसने उस धर्मग्रंथ को दुनिया की तमाम भाषाओं में भी लोगों को समझ में आने योग्य बनाया होता।

गणपतराव : तो फिर यह अलग-अलग धर्मग्रंथों की रचना इस दुनिया में किसने की ? और इन ग्रंथों में तो पुरुषों के मानवी अधिकारों के बारे में विस्तार से

लिखा गया है?

जोतीराव : लेकिन यह सब अलग-अलग धर्मग्रंथ कई दयालु-परोपकारी सत्पुरुषों ने लिखा है, उसमें उनकी समझ के अनुसार पुरुषों के हक़ों के बारे में कुछ-न-कुछ कहा गया है।

गणपतराव : अच्छी याद आई! फिर भी, पहली बात यह कि आर्यों के धर्म में हम सभी के निर्माता के अस्तित्व को नकारते हुए सभी आर्य लोग अपने-आपको अज्ञानी जनों के भूदेव कहलवाते हैं। दूसरी बात यह कि ईसाई धर्म में येशु को सभी के निर्माता का पुत्र कहते हैं—और तीसरी बात यह कि इस्लाम धर्म में मुहम्मद को हम सभी के निर्माता का पैगंबर कहते हैं। इन सभी के बारे में विस्तार से बताएँगे तो बहुत ही अच्छा होगा।

जोतीराव : पहला कारण यह है कि आर्यों ने अपने कुतर्कों पर आधारित दर्शन की बदमाशी से वेदांती होकर हम सभी के निर्माता को बेकाम बनाकर भगा दिया। और वे स्वयं को अहम्ब्रह्म मानकर पराजित किए हुए अज्ञानी लोगों के भूदेव बन गए। इसी की वजह से सारी दुनिया के जानकार लोग उनको निकम्मे, पाखंडी, नास्तिक कहने लगे। और दूसरी बात यह कि हम सभी के निर्माता के बारे में येशु ने जो कुछ उपदेश किया था, उसमें उसने हम सभी के निर्माता को पिता के समान माना था और अज्ञानी मानवों को तारने के लिए उनको बड़ी उम्मीदों के साथ उपदेश किया था। इसी से, मतलब, आज के सभी ईसाई लोग उसको भगवान के पुत्र के समान मानते हैं और दुनिया को तारने वाला मानते हैं। और तीसरी बात यह कि मुहम्मद ने निर्माता के अधिकारों के बारे में बहुत सारी बातें क़ुरान में लिखकर रखी हैं। उसमें उसने जो कुछ उपदेश किए हैं उनसे जाहिर है कि सभी मानवों को सुमार्ग पर लाने के लिए हम सभी के निर्माता ने मुहम्मद को यहाँ भेजा है। यह उसने बड़े जोश में सभी को सूचित किया है। इसी की वजह से सभी सुन्नी या शिया मुसलिम लोग उसको पैगंबर या हम सभी के निर्माता द्वारा भेजा हुआ दूत मानते हैं।

गणपतराव : क्यों तात्या साहब, ये सारी धर्म किताबें कई सत्पुरुषों ने यदि लिखी हैं तो इनमें से किसी एक धर्म किताब को किसी सन्नारी ने भी लिखा है या नहीं?

जोतीराव : किसी सन्नारी ने आज तक यदि किसी धर्म किताब की रचना की होती तो मानव पुरुषों द्वारा सभी नारियों के अधिकारों के बारे में आपत्ति करके अपने पुरुष जाति के अधिकारों के बारे में वे बकवास न करते। क्योंकि नारियाँ यदि ग्रंथ लिखने योग्य होतीं तो पुरुषों ने इस तरह से उनका शोषण करके उनसे भेदभाव किया ही नहीं होता।

गणपतराव : खैर, इन महान सत्पुरुषों की अलग-अलग धर्म किताबों में उनकी

समझ के अनुसार पुरुषों के हकों के बारे में कुछ-न-कुछ यदि सत्य का प्रतिपादन किया गया है तो उनके अनुयायियों में इतना जो भेद-भाव फैला हुआ है, इसकी वजह क्या है ?

जोतीराव : उनमें इतना भेद-भाव पैदा होने का कारण यह है कि हर कोई अपने धर्म के आधार पर दूसरे के धर्म के बारे में पूरी तरह सोच-विचार करने की बजाय 'मेरा ही धर्म सही है' इस तरह के दुराग्रह से जकड़ा हुआ है किंतु एक-दूसरे के धर्म के बारे में पूरी तरह सोच-विचार करने के बाद कोई भी व्यक्ति किसी के भी धर्म को असत्य नहीं मानेगा, ऐसा मुझे लगता है।

गणपतराव : लेकिन दूसरी बात यह कि वे एक-दूसरे की धर्म किताबों के सत्य के बारे में जबकि पूरी तरह सोच-विचार करते हैं, फिर भी वे लोग एक-दूसरे के इतने दुश्मन क्यों हैं ?

जोतीराव : लेकिन एक-दूसरे के धर्मसंस्थापक सत्पुरुषों के साथ उस समय के अज्ञानी लोगों के सत्य आचरण की अनुमानित स्थिति के बारे में वे पूरी तरह सोच-विचार नहीं करते, इसीलिए यह होता है।

गणपतराव : आपके इस सिद्धांत के अनुसार आज की तरह एकदम प्राचीन काल के मानव समझदार थे या नहीं ?

जोतीराव : इसमें संदेह किस बात का। क्योंकि आज की तरह एंकदम प्राचीन काल के लोग यदि समझदार होते तो शूद्रादि-अतिशूद्र मनुष्यों को धिक्कारते हुए नीच कहने का रिवाज ही न पड़ा होता। उसी तरह प्राचीन काल के मानवों ने पराजित हुए मानवों के बाल-बच्चों को अपने खरीदे गुलाम या दास बनाकर उनको अपनी सेवा करने के लिए मजबूर न किया होता, और इस तरह का अधिकार कुछ लोगों के पास ही होता। तब किसी धर्म किताबों में महासत्पुरुषों ने यह सब घोषित रूप से लिखकर न रखा होता। इससे यही सिद्ध होता है कि वे जिद्दी स्वभाव के थे और दूसरों से बदले की भावना रखने वाले स्वभाव के भी। यही सिद्ध होता है।

गणपतराव : इस तरह की धर्म किताब किसी जंगली, पशु समान आदमी को भी लिखकर रखने की हिम्मत न हुई होती। इसलिए धर्म किताब किस तरह की होनी चाहिए, इसके बारे में आप कुछ कहेंगे तो बहुत ही अच्छा होगा।

जोतीराव : सभी गांव के, प्रांतों के, देश के और महाद्वीप के संबंध में या किसी भी धर्म के विचारों के संबंध में नारी और पुरुष इन दोनों को या सभी नारियों को या सभी पुरुषों को एक-दूसरे में एक-दूसरे के प्रति किसी भी प्रकार की पसंदगी-नापसंदगी का विचार न करते हुए इस धरती पर अपना एक परिवार समझकर एकता, दिल से सभी के साथ सत्य आचरण करके हम सभी के निर्माता को संतुष्ट करना चाहिए। लेकिन उक्त प्रकार के नियमों

का पालन करके सभी नारी-पुरुषों ने यदि सत्य का आचरण किया होता तो सारी दुनिया के देवता परशुराम आदि जैसे चपरासियों की, पुलिस की, न्यायाधीशों की और जेल के पहरेदारों की कोई आवश्यकता ही नहीं रही होती।

गणपतराव : तो फिर सारी दुनिया के नारी-पुरुषों को किस धर्म को स्वीकार करना चाहिए, इसके बारे में आप निर्णय करेंगे, तो बहुत ही अच्छा होगा।

जोतीराव : अरे बाबा, इस धरती पर महासत्पुरुषों ने जितनी धर्म किताबें लिखी हैं उन सभी में उस काल के अनुरूप उनकी समझ के अनुसार कुछ न कुछ सत्य है, इसलिए किसी परिवार की एक नारी बौद्ध धर्म की किताब पढ़कर अपनी इच्छानुसार यदि वह उस धर्म को स्वीकार करना चाहती है तो कर सकती है। और उसी परिवार का उसका पति बाइबिल का नया या पुराना करार (New and old testament) पढ़कर अपनी इच्छा के अनुसार चाहे तो ईसाई धर्म को स्वीकार कर सकता है, और उसी परिवार में उसकी लड़की को क़ुरान पढ़कर उसकी मर्जी इस्लाम धर्म की तरफ हो गई तो उसको इस्लाम धर्म को स्वीकार कर लेना चाहिए। उसी परिवार के उसके लड़के को सार्वजनिक सत्य धर्म किताब पढ़कर उसकी इच्छा यदि सार्वजनिक सत्यधर्म में हो गई तो उसको सार्वजनिक सत्यधर्मी होना चाहिए। और इन सभी माता-पिताओं तथा बाल-बच्चों को अपना पारिवारिक जीवन व्यतीत करते समय किसी को भी किसी के धर्म से नफरत या घृणा नहीं करनी चाहिए। वे सभी हम सभी के निर्माता द्वारा निर्मित संतान हैं और हम सभी उसी के परिवार के लोग हैं, ऐसा समझकर हम सभी को एक-दूसरे के साथ प्यार और मोहब्बत से एक-दूसरे के साथ व्यवहार करना चाहिए। मतलब, वे हम सभी के निर्माणकर्ता के राज में धन्य होंगे।

गणपतराव : बहुत अच्छे, क्योंकि इन सभी धर्म किताबों में कुछ न कुछ यदि सत्य है तो इस धरती पर जितने धर्म हैं, वे सभी सार्वजनिक सत्य की संतान हैं, इस बात पर मेरा पूरा भरोसा है।

जोतीराव : इसी आधार पर सभी धर्मों और उनके अनुयायी लोगों को विनम्र होकर सार्वजनिक सत्य को प्रणाम करना चाहिए या सार्वजनिक सत्य को भी सभी धर्मों को और उनके अनुयायियों को किस प्रकार का सम्मान देना चाहिए, इसके बारे में आप स्वयं ही सरल और सही सोच-विचार करके देखिए। खैर, हर नारी-पुरुष को दूसरे व्यक्ति की किसी भी प्रकार की हानि किए बगैर उनको स्वेच्छा से आचरण करने का अधिकार यदि है तो आप किसी भी धर्म की तथा उसके अनुयायियों की पसंदगी-नापसंदगी की बात बगैर किये उन सभी के साथ भाई-बहनों की तरह सत्य

आचरण करना शुरू कर दीजिए। मतलब, तभी आप लोग हम सभी के निर्माता के सामने धन्य होंगे।

आसमान के ग्रह

बलवंतराव हरी साकवलकर : आसमान के ग्रह अपने इस भूमंडल के मानव नारी-पुरुषों को कष्ट देते हैं, यह ग्रहशास्त्रों के जानकारों का कहना है। क्या यह बात सच है ?

जोतीराव फुले : इस सारे विशाल आसमान में अनंत ग्रह और तारे हैं। उनमें से सूर्य और चंद्रमा दोनों हमारे सबसे निकट के ग्रह हैं। इस धरती पर जितने भी जलचर हैं, भूचर हैं, वनचर हैं और वनस्पति हैं उन सभी के ये प्राण जीवन हैं, यह बात किसी विवाद से परे है। उसी प्रकार बाकी शनि आदि ग्रह अकेले मानव नारी-पुरुषों को कष्ट देते हैं, इस बात को सिद्ध नहीं किया जा सकता, उसी प्रकार शनि आदि ग्रहों के भ्रमण के संबंधों से किसी समय अपने इस धरती के सभी जीव प्राणियों को कभी कुछ लाभ भी हो सकता है या कभी कुछ अहित भी होने की संभावना है। फिर भी उन सभी प्राणियों में वे केवल मानव नारी को या पुरुष को ही कष्ट देते हैं, यह सिद्ध करना असंभव है। क्योंकि शनि ग्रह का भूप्रदेश इतना विशाल है कि उसके निर्वाह के लिए चार चंद्रमा हैं और उसको हम सभी के निर्माता ने कुछ काम तय करके दिए हैं। लेकिन उन सभी कामों को दूर रखकर वह इस धरती के किसी मानव व्यक्ति को कष्ट देता है और उस कष्ट से मुक्ति पाने के लिए अज्ञानी लोगों द्वारा धूर्त आर्य ब्राह्मण, जोशी-पुरोहित को भारी-भरकम दक्षिणा देने पर ही ये उपाय किए जा सकते हैं। पेट भरने के लिए यह सीधी-सादी कमाई ब्राह्मण पुरोहितों की धोखाधड़ी है।

बलवंतराव : उसी तरह आसमान के मेष और वृषभ ग्रह की इस भूमंडल के चौपाए बैल और भेड़ों के साथ टक्कर होती है। यहीं से आगे बढ़कर वे ग्रह यहाँ के किसी दोपैरवाले मानव नारी-पुरुषों की राशि में आकर उनको कष्ट देने लगते हैं, इसका मतलब क्या है ?

जोतीराव : अरे, उनके इस भूमंडल के चौपाए भाई-बहनों को मतलब बैल को जन्म देनेवाली गौ को, भेड़ों को क्रूर आर्य ब्राह्मण खाने के बहाने यज्ञस्थलों पर ले जाते थे और उनको मुक्के से मार-मारकर उनकी हत्या करते थे फिर वे लोग उनका मांस गीदड़ों की तरह खाते थे। तब भी उन ग्रहों ने उस समय उन आर्य ब्राह्मणों का कुछ भी नुकसान नहीं किया। लेकिन आज के सत्युग में यदि गौ-भेड़ों को भगवान की कृपा से जबान होती तो उन्होंने धूर्त

आर्य ग्रंथकारों की नाक तोड़ने में किसी भी प्रकार की परवाह न की होती।

बलवंतराव : लेकिन आर्यों के ग्रहशास्त्र के पंडित आकाश के तारों के संबंध में नारी-पुरुषों के जन्म के समय के आधार पर उनके नाम के आदि अक्षर खोजते हैं और उन आदि अक्षरों के आधार पर उनकी जन्मकुंडली बनाते हैं, और उसमें उनको आगे क्या-क्या फायदे होने वाले हैं और क्या-क्या आपत्तियाँ आ सकती हैं इसका भविष्यकथन भी लिख देते हैं, इस संबंध में यहाँ कुछ विवेचन करके समझाएँगे तो बहुत ही अच्छा होगा।

जोतीराव : आकाश में सत्ताईस नक्षत्र हैं, उनके साथ मानव नारी-पुरुषों के मूल नाम का सिद्धांत सिद्ध करने के लिए यहाँ सत्ताईस नक्षत्रों और बारह राशियों के नाम तय किए हुए हैं। उन नक्षत्रों और राशियों में से कुछ के नाम नाममात्र को ले रहा हूँ। वे इस प्रकार हैं : नक्षत्र—अश्विनी, भरणी, कृत्तिका और रोहिणी आदि और राशियाँ—मेष, वृषभ आदि। अब हर दिन का एक नक्षत्र होता है। उसके केवल चार हिस्से करके पहले हिस्से को पहला चरण, दूसरे हिस्से को दूसरा चरण आदि तय किए हुए हैं। ऐसे हर चरण का एक अक्षर निश्चित है। अगर किसी नारी या पुरुष का जन्म अश्विनी नक्षत्र के पहले चरण में हुआ तो उसके नाम का पहला अक्षर 'चु' होता है, दूसरे चरण में हुआ तो उसका पहला अक्षर 'चे' होता है, तीसरे चरण में हुआ तो उसका पहला अक्षर 'चो' होता है और चौथे चरण में हुआ तो उसका पहला अक्षर 'ला' होता है। भरणी नक्षत्र के पहले चरण में हुआ तो उसके नाम का पहला अक्षर 'ली' होता है, दूसरे चरण में हुआ तो उसका पहला अक्षर 'लू' होता है, तीसरे चरण में हुआ तो उसका पहला अक्षर 'ले' होता है, और चौथे चरण में हुआ तो उसका पहला अक्षर 'लो' होता है। कृत्तिका नक्षत्र के पहले चरण में हुआ तो उसके नाम का पहला अक्षर 'अ' होता है, दूसरे चरण में हुआ तो उसका पहला अक्षर 'इ' होता है आदि। इसके आधार पर मानव नारी-पुरुष का जन्म होते समय किस नक्षत्र का कौन-सा चरण था यह समझनेवाले लोग शायद ही मिलेंगे। इसमें नक्षत्र के पहले और दूसरे चरण की संधि होते समय पल-भर के शतांश की उथल-पुथल होते ही चे का चू या चू का चे होने की संभावना रहती है। उसी तरह अश्विनी के चार चरण, भरणी के चार चरण और कृत्तिका का पहला चरण इस प्रकार कुल नौ चरण एक मेष राशि में होते हैं। अब मेष और वृषभ राशि की संधि होते समय उनमें पल के शतांश-भर की उथल-पुथल होते ही, वृषभ राशि की मेष राशि या मेष राशि की वृषभ राशि होने की संभावना रहती है। उन सभी के आधार पर मानव नारी-पुरुष का जन्म होते समय कंडाल के पानी में कटोरी डालकर घटिका देखनेवाले बहुत ही कम लोग हैं। लेकिन पाँच हाथ के माप से या लगाम से

से सूरज या कोई रात का सितारा गिनने वाले लोग बहुत मिलेंगे। इसी के आधार पर आर्यों के ग्रहशास्त्र के पंडित लोग लड़के-लड़कियों की जन्म कुंडलियाँ किस प्रकार से बनाते हैं, इसके बारे में आपको सही जानकारी होगी ही, इसके अलावा आप लोग पेशवा सवाई माधवराव की जन्म कुंडली पढ़कर देखिए, फिर आपको ब्राह्मण जोशियों की धोखेबाजी अच्छी तरह समझ में आ जाएगी।

बलवंतराव : अच्छी बात याद आई। मानव नारी-पुरुष बच्चों के अपनी माँ की कोख से पैदा होने के समय के संबंध में आर्य ग्रहशास्त्र पंडितों ने जो मान्यताएँ प्रचारित की हैं उनके बारे में आपने कहा है, यह बहुत ही अच्छा हुआ। लेकिन सभी मानव नारी-पुरुष जब अपनी माता की कोख में होते हैं और जब वे (पेट में) सात माह के, आठ माह के, नौ माह के होते हैं अर्थात् जब वे प्रत्यक्ष सजीव प्राणी होते हैं तब से उसको उनके जन्म होने का सही समय मानना चाहिए या माँ की कोख से बाहर आने के तुरंत बाद के समय को उनके जन्म का सही समय मानना चाहिए, इन दोनों में सही समय कौन-सा है? इसके बारे में स्पष्टीकरण करके बताएँगे तो बहुत ही अच्छा होगा।

जोतीराव : इसके बारे में आर्यों के ग्रहशास्त्र के पंडितों ने इस काम में केवल अपना पेट पालने के लिए ज्योतिषशास्त्र में मनगढ़ंत पाखंडों की ईजाद की है। क्योंकि मानव नारी की कोख में प्राण-प्रतिष्ठा प्राप्त होने पर या कोख के बाहर आने पर बालकों के जन्म के ये दोनों समय सही समय नहीं हैं। किंतु नारी-पुरुष एक ही स्थान में एकांत में समागम करते हैं, तब नारी की कोख में मानव पुरुष अपने स्वयं के स्वयंभू जीव के बीज को बोता है। इसके हिसाब से आर्यों के ग्रहशास्त्र के पंडितों ने यदि नारी-पुरुषों से उनके समागम के समय की सही जानकारी हासिल करके जन्मकुंडली बनाने की परंपरा शुरू की होती तो उन सभी को मजाक के लिए ही सही इस समय अच्छा कहा गया होता।

बलवंतराव : मानव पुरुष जब स्वयं अपनी नारी की कोख में जन्म ग्रहण करता है, तब वह अपने जैसा मानव पुरुष ही नहीं पैदा होता, बल्कि वही हमेशा या बारी-बारी से नर या नारी होकर जन्म ग्रहण करता है, इसके बारे में हम सभी के निर्माता ने अपने हाथ में किस मूल चीज को रखा है, उसका आप कृपा करके यदि यहाँ कुछ स्पष्टीकरण करेंगे तो आपकी तमाम मानव प्राणियों पर बड़ी मेहरबानी होगी।

जोतीराव : हम सभी के निर्माता ने सभी जीव प्राणियों को पैदा किया है। उन सभी जीव प्राणियों के साथ ही मानव पुरुष जब स्वयं नारी की कोख में

जन्म ग्रहण करता है तब वह अपने जैसा मानव पुरुष होकर पैदा नहीं होता। बल्कि वही हमेशा या बारी-बारी से नारी या पुरुष होकर जन्म ग्रहण करता है। इसके लिए हम सभी के निर्माता ने अपने हाथ में किस मूल चीज को रखा है, इसके बारे में बताने की यह उचित जगह नहीं है। वैसा करने से यहाँ यह विषय काफी बड़ा हो जाएगा और उसको पढ़ने में मेरे अज्ञानी शूद्रादि-अतिशूद्र भाइयों को और अन्य सभी लोगों को मजा नहीं आएगा। इसी की वजह से हम सभी के निर्माता की सत्ता के बारे में अन्य किसी समय मैं विस्तार से स्पष्टीकरण करूँगा।

जन्म

लक्ष्मण मनाजी : इस दुनिया में मानव नारी-पुरुष के लड़का या लड़की होते ही उनको कैसा लगता है?

जोतीराव फुले : मानव नारी-पुरुष के लड़का या लड़की होते ही उनको बड़ी खुशी होनी है यह बात सही है लेकिन यहाँ उनसे एक गलती भी होती है। नारी ने या पुरुष ने अपने पहले के बुरे गुणों का पूरी तरह से समूल त्याग नहीं किया तो उनसे पैदा हुए लड़के-लड़कियों का उनके (माता-पिता के) अंतिम समय में संपर्क में रहने से बहुत ही बुरा होनेवाला है।

लक्ष्मण : मानव माता-पिता को बच्चा पैदा होते ही उन्होंने अपने में विद्यमान बुरे गुणों का यदि समूल त्याग नहीं किया तो उससे उनके लड़के-लड़कियों का नुकसान होने वाला है, वह किस प्रकार से?

जोतीराव : क्योंकि हम सभी के निर्माता ने मूलतः नारी और पुरुष को बहुत ही पवित्र और बहुत ही नाजुक पैदा किया है, यह उनके चेहरे से ही सिद्ध होता है, इसलिए मानव माँ-बाप में पहले से ही चोरी करने की जो आदत थी, उसको यदि वे अब भी कायम रखेंगे तो उसका उनके लड़के-लड़कियों के नाजुक दिलो-दिमाग पर चोरी करने का संस्कार पड़ जाएगा और वे बाद में फिर कभी भी चोरी करने की आदत का निषेध नहीं कर पाएँगे। उसी तरह माँ-बाप पहले से विद्यमान सभी बुरे आचार-विचार यदि अब भी कायम रखेंगे तो उनके लड़के-लड़कियों को सद्गुणी होने में काफी दिक्कत सहनी पड़ेगी। इसलिए सभी माता-पिता को अपना लड़का या लड़की पैदा होते ही अपने भीतर के सभी बुरे संस्कारों का पूरी तरह से त्याग कर देना चाहिए, और स्वयं दुर्गुणों से मुक्त होकर अपने लड़के-लड़कियों को सत्य और सदा-चरण के मंगलस्नान से नहीं नहलाया तो फिर उनको लाखों जल स्नान करवाने पर भी कोई फायदा नहीं! इस तरह से माता-पिता ने स्वयं सत्य-

सदाचार का मंगलस्नान करके अपने अज्ञानी-अनजान बच्चों को सत्य की राह पर लाने का यदि प्रयास किया तो उनके बच्चे सभी मानव नारी-पुरुषों को निस्संदेह बड़े प्यारे होंगे। लड़कों का या लड़कियों का जन्म होते ही उनके कुल में जो सत्य का आचरण करनेवाला होगा, उसको सबसे पहले उनको चूमना चाहिए। बाद में बच्चों के जन्मदाता माता-पिता को उनका चुंबन लेना चाहिए। फिर सभी संबंधियों, मित्रों, रिश्तेदारों को बड़ी शांति से सत्य का स्मरण करते हुए हम सभी के निर्माणकर्ता की कृपा के बारे में मधुर स्वरों में गायन करके मानव समाज के सभी अंधे, अपाहिज लोगों को अपनी सा र्थ्य के अनुसार सहायता देकर सभी लोगों को आनंद और खुशी मनानी च हिए।

कन्या या पुत्र का नाम-संस्कार, अन्न-संस्कार और शिक्षा-संस्कार

यशवंतराव फुले : कन्या या पुत्र का नाम संस्कार किस समय करना चाहिए ?

जोतीराव फुले : कन्या हो तो उसका नाम संस्कार बारहवें दिन करना चाहिए, पुत्र हो तो उसका नाम-संस्कार तेरहवें दिन करना चाहिए।

कन्या या पुत्र का नाम-संस्कार करने के पहले माता-पिता का अपने बच्चों का जन्म होते ही 'हमने पहले से ही दुर्गुणों के जो संस्कार हैं उनका त्याग करेंगे' इस तरह का जो संकल्प किया था, उस पर उन्हें अपने मन में अटल निर्णय करके और 'हम दोनों किसी भी मानव प्राणी से नफरत नहीं करेंगे और सभी के साथ अपने भाई-बहनों की तरह प्यार रखेंगे' ऐसा निश्चय करके बच्चे की तेल से मालिश करवाकर, नहलाकर, कपड़े पहनाने चाहिए। माता-पिता के सद्गुणों के अलावा बच्चे के बदन पर चाँदी, सोना, रत्न आदि किसी भी प्रकार की कीमती वस्तु के अलंकार नहीं होने चाहिए, क्योंकि इस तरह के कीमती अलंकारों से बच्चे की जान को खतरा हो सकता है। लेकिन सद्गुणों के अलंकारों से बच्चे को और सभी मानव समाज को सज्जनों की तरह लाभ-ही-लाभ होनेवाला है। घर की महिलाओं को पुरुषों की सलाह से बच्चे के नाम का संस्कार करके उसको झूले में डालकर निर्माता के प्रति आभार-प्रशंसा के गीत गाना चाहिए।

बच्चे की माँ के स्तनों में दूध पर्याप्त मात्रा में हो तो बच्चे को छह माह तक किसी भी प्रकार का अन्न-संस्कार नहीं करना चाहिए।

लड़की को या लड़के को जब कुछ बोलना आ जाए तब उसकी माँ को उसे स्वयं छोटे-छोटे वाक्य बोलने के लिए सिखाना चाहिए। और वर्ण-

माला को तो उससे खेलते-खेलते याद करवाना चाहिए। आगे पाँचवाँ साल शुरू होते ही उसको स्कूल में भेजने की व्यवस्था करनी चाहिए। लेकिन अध्यापक ऐसा हो जिसमें करुणा, दया, प्रेम और स्नेह का उभार हो। उसे लोलुप, स्वार्थी, लोभी तथा पाखंडी और धर्माभिमानी नहीं होना चाहिए।

शादी-ब्याह

गणपतराव वर्धाजी थोरात, पेंशनर : शादी का मतलब क्या है?

जोतीराव फुले : हम सभी के निर्माता ने जितने जीव प्राणी पैदा किए हैं, उसमें उसने मानव नारी-पुरुषों को एक तरह से सोच-विचार करने की बुद्धि और अकल दी है, वे उसकी सहायता से सभी मानव प्राणियों के बीच कुछ नासमझ उपद्रवी लोगों को कलह, अशांति पैदा करने का अवसर न मिलने दें, इसलिए सभी की सलाह से यह तय किया गया हो कि हरएक मानव पुरुष और नारी दोनों अपने अंतिम समय तक एक-दूसरे के साथी और सहयोगी होकर एक-मन से आचरण करके अपने जीवन में सुख की प्राप्ति करेंगे। इस तरह एक-दूसरे से जो कुछ स्वीकार करने की परिपाटी चली है, उसी को शादी कहा जाता है।

गणपतराव : मानव लड़के-लड़कियों को किन गुणों के आधार पर एक-दूसरे से शादी करनी चाहिए, इसके बारे में कुछ नियम हों तो हमको समझाइए, तो बहुत अच्छा होगा।

जोतीराव : मानव लड़के-लड़कियों का एक-दूसरे के किन गुणों के आधार पर एक-दूसरे के साथ शादी करनी चाहिए, इसके बारे में कोई भी तय नियम नहीं है। कई लड़कियों के माता-पिता 'हमारी लड़की कुछ दिनों तक खाएगी-पिएगी, पहनेगी-ओढ़ेगी और मौज करेगी' इस आशा से बगैर उनकी स्वीकृति लिए उनको धनवानों के घर में बहू बनाकर भेज देते हैं। कई लड़कों के माता-पिता 'हमारा लड़का कुछ दिनों तक खाएगा-पिएगा, पहनेगा-ओढ़ेगा और मौज करेगा' इस विचार से बगैर उनकी अनुमति के अमीर-उमरावों राजा-रजवाड़ों के दामाद बना देते हैं। कई लड़कियाँ युवा लड़के की बदसूरती की बगैर परवाह किए उसके केवल साहस पर फिदा होकर उसको अपना शौहर बनाती हैं। कई लड़के युवा लड़कियों की बदचलनी की परवाह किए बिना उनकी केवल खूबसूरती पर फिदा होकर उनको अपनी बीवी बनाते हैं। परंतु नियमित विवाह में लड़के-लड़कियों को अपने माता-पिता, बुजुर्ग, छोटे भाइयों, मित्रों, रिश्तेदारों से सलाह-मशविरा करके उन्हें खुद आगे-पीछे का सोच-विचार करना चाहिए। और दुलहन या दूल्हे के घर में

या सत्यशोधक समाज सभागृह में दुलहन और दूल्हे को एक-दूसरे के आमने-सामने आसन पर बैठकर या खड़े होकर पंचों के सामने निम्न प्रकार की अपनी-अपनी प्रतिज्ञाओं की मंगल गाथाओं का स्वयं क्रम से उच्चार करके शादी संपन्न करानी चाहिए। इस तरह से शादी संपन्न होने पर हम सभी के निर्माता को बहुत ही खुशी होती है।

मंगलगाथा

(वर)

मराठी : देवाचे नियमा प्रमाण धरुनि चाले तुझें कूळ गे ॥
सत्यानें अवघ्यांत श्रेष्ठ असशी तैसेचहि त्वत्सगे ॥
अज्ञान्या समदृष्टिनें शिकविशी, तूं ज्ञानत्या दाविशी॥
प्रीतीनें वरितों तुला अजि तुझी ऐकून किर्ती अशी ॥
शुभमंगल सावधान ॥ 1 ॥

हिंदी : भगवान के नियमों की प्रमाणता पर, आचरण है तेरे कुल का ॥
सत्य में सबसे श्रेष्ठ है, वही गुण तेरे संबंधियों का ॥
अज्ञानी को समदृष्टि से पढ़ाता, तू ज्ञान उनको दिखाती ॥
प्रीत से ब्याहता हूँ तुझे अरी, तेरी ऐसी सुनकर कीर्ति ॥
शुभमंगल सावधान ॥ 1 ॥

(कन्या)

मराठी : मानीशी जरी त्वां दिलें अनुदिनीं, कर्त्या समाधानसें ॥
आम्हां सर्व स्त्रियां असे बहु पिडा, हें नेणशी तूं कसें ॥
स्वातंत्र्यानुभवाची ओळख आम्हां, झाली नसे मानशीं ॥
यासाठीं अधिकार देशिल स्त्रियां, घे आण त्याची अशी ॥
शुभमंगल सावधान ॥ 2 ॥

हिंदी : तुझे दिया यद्यपि मानता नित्यप्रति, कर्ता समाधानी जैसे ॥
हम सभी नारियों के जीवन में है पीड़ा, जानेगा तू कैसे ॥
स्वतंत्रतानुभव की पहचान हमें, नहीं है मनुष्यों के ।
इसलिए अधिकार दे नारी को, खाना पड़ेगा कसम तुझको ॥
शुभमंगल सावधान ॥ 2 ॥

(वर)

मराठी : स्थापाया अधिकार मी झटतसें, या बायकांचे सदा ॥
खर्चाया न मनीं मीं भीं किमपिही, सर्वस्व माझें कदा ॥
मानोतों सकला स्त्रियांस बहिणी, तूं एकली मत्प्रिया ॥
कर्त्याचें भय मी मनांत तुजला, ठेवीन पोसावया ॥
शुभमंगल सावधान ॥ 3 ॥

हिंदी : अधिकार दिलाने मैं झगड़ता हूं, नारियों के लिए सदा ॥
खर्च की परवाह नहीं मुझे, इससे कभी न था मैं जुदा ॥
समझता हूँ सारी नारी को बहन, तू अकेली मेरी प्रिया ॥
कर्ता का डर मन में मेरे तुझको, पालने का वचन दिया ॥
शुभमंगल सावधान ॥ 3 ॥

(कन्या)

मराठी : बंधूवत्मजला समस्त असली, त्वद्भिन्न जे कीं नर ॥
आज्ञाभंग तुझा करीन न कदां, मी सत्य कर्त्यावर ॥
ठेवोनी अवधाचि भार झटुं या, लोकां कराया हिता ॥
हाताला धरुनी तुला वरितसें, सर्वांपुढें मी अतां ॥
शुभमंगल सावधान ॥ 4 ॥

हिंदी : भाई समान सभी हैं मुझको, तू अकेला मेरा वर ॥
आज्ञाभंग कभी न करूंगी तेरा, मैं अटल सत्य कर्ता पर ॥
लीजिए सारा बोझ लड़ेंगे, करेंगे जनता का हित ॥
सभी के सामने ब्याहती तुझसे, हाथ में देकर हाथ ॥
शुभमंगल सावधान ॥ 4 ॥

सत्यवादी नारी-पुरुषों का आशीर्वाद

मराठी : आभारा बहु मानिजे आपुलिया, माता-पित्यांचे सदा ॥
मित्रांचे तुमच्या, तसेच असती जे इष्ट त्यांचे वदा ॥
वृद्धां पंगु सहाय द्या मुलिमुलां, विद्या तया शीकवा ॥
हर्षे वृष्टि करा फुलांचि अवघे, टाळी अतां वाजवा ॥
शुभमंगल सावधान ॥ 5 ॥

हिंदी : आभार बहुत मानिये अपने माता-पिता के सदा ॥
मित्रों के तुम्हारे वैसे ही हैं जो, वांछित न हो उनसे जुदा ॥

वृद्ध पंगु सहाय दो बच्चे-बच्ची, ज्ञान उनको पढ़ाओ ॥
खुशी से फूल बरसाओ सभी, ताली अभी बजाओ ॥
शुभमंगल सावधान ॥ 5 ॥

वर (प्रतिज्ञा)

मैं आज से तुमको अपनी पत्नी स्वीकार करता हूँ। मैं मानव पंचों के सामने यह प्रतिज्ञा करता हूँ कि आज से मैं अपने मन में किसी भी प्रकार की गलत धारणा न रखूंगा और एक पल-भर के लिए तुम्हारे कहने का अनादर नहीं करूंगा। इसलिए हम सभी के निर्माणकर्ता और अपने कुलदेवता का स्मरण करते हुए प्रतिज्ञा कर रहा हूँ।

कन्या (प्रतिज्ञा)

मैं आज से तुमको अपने पति के रूप में स्वीकार करती हूँ। मैं मानव पाँच पंचों के सामने प्रतिज्ञा करती हूँ कि आज से मैं अपने मन में किसी भी प्रकार की गलत धारणा अपने मन में न रखूंगी और एक पल-भर के लिए तुम्हारे कहने का अनादर नहीं करूंगी। इसलिए हम सभी के निर्माणकर्ता और अपने कुलदेवता का स्मरण करते हुए प्रतिज्ञा कर रही हूँ।

अंत में दूल्हा और कन्या को सभी दोस्तों को, संबंधियों को मिलने के बाद उन्हें बड़ी खुशी से किसी भी धर्म की या देश की पसंदगी-नापसंदगी का ख्याल किए बगैर सभी मानव भाइयों में जो अनाथ-बेसहारा लड़के-लड़कियाँ हैं, अंधे-अपाहिज लोग हैं, उनको अपनी क्षमता के अनुसार दान बाँटते हुए अपने घर या अपने गाँव चले जाना चाहिए।

दुष्ट आचरण

लक्ष्मण मानाजी पाटील, मगर : हम सभी के निर्माता ने सभी जीव प्राणियों को पैदा करते समय केवल नारी-पुरुष को ही सोच-विचार करने की बुद्धि दी है, उनको ही परिशुद्ध किया है, यही यदि आपका सिद्धांत है तो फिर इस दुनिया में कुछ नारी-पुरुष दुष्ट आचरण करने वाले क्यों हुए हैं?

जोतीराव : इस सारी धरती पर रहने वाले कुछ मानव नारी-पुरुष आलसी, कामचोर होने की वजह से दुष्ट आचरण करने वाले हुए हैं।

लक्ष्मण : इस बात को स्पष्ट करने के लिए यदि आप कोई प्रत्यक्ष उदाहरण देंगे, तो सभी मानव नारी-पुरुषों पर आपकी बड़ी मेहरबानी होगी।

जोतीराव : सबसे पहले, उन आलसी मानव नारी-पुरुषों ने अपने पास-पड़ोस के

लोगों को पूछे बगैर जब उनकी चीजें चुराकर ले जाने लगे, तब सभी मानव नारी-पुरुषों को अपने-अपने खेतों-बागों के काम करने के लिए जाने से पहले हर घर-मालिक को अपने परिवार के एक व्यक्ति को घर में रखवाली करने के लिए रखना पड़ा। उन सभी पर अपने-अपने घर की रखवाली करने की मुसीबत आ पड़ी। और इस मुसीबत को हल करने के लिए सारी दुनिया के मानव समाज को कुछ मानव नौकर रखना जरूरी हो गया। उनको अपनी आवश्यकताओं की चीजों का निर्माण करने के लिए समय मिलना मुश्किल हो गया। वे लाखों रुपया मूल्य के ताले बनाने में व्यस्त हो गए। इसी की वजह से सारी दुनिया के मानव नारी-पुरुषों का कितना समय बेकार गया होगा और आर्थिक रूप से उनकी कितनी हानि हो गई होगी और आज भी हो रही है, इसकी तो मैं कल्पना कर सकता हूँ लेकिन यह शब्दों में व्यक्त नहीं कर सकता।

लक्ष्मण : खैर, लेकिन सभी मानव नारी-पुरुषों ने अपने-अपने घर की चीजों के बचाव के लिए ताले खरीदना शुरू किया जिससे उनके घर की सभी चीजें सुरक्षित हो गई परंतु वे क्या सही में सुखी हुए होंगे ?

जोतीराव : अरे, ये आदत से पक्के चोर बने हुए लोग मानव कारीगरों के बनाए तालों की बाधाओं से कहाँ रुकने वाले हैं! लेकिन उनमें से (नारियों को छोड़कर) कुछ पुरुष चोर अपनी जान को दाँव पर लगाकर एक स्थल पर इकट्ठा होकर अपने चेहरे को काले रंग से रँगवाकर, फिर उस पर चूने की सफेद बिंदियाँ गोदवाकर, एक हाथ में मशाल और दूसरे हाथ में नंगी तलवारें लेकर रास्ते में गोखरू फैलाकर, लोगों को मारने के लिए जगह-जगह छोटी-छोटी ढेर लगाते थे—और सभी गाँववासियों की परवाह किए बगैर उनके सामने बेशर्म होकर 'हर-हर महादेव' या 'दीनदीन' के शोरगुल में धनवान लोगों के घर पर डाका डालते थे। और जोर-जबर्दस्ती से उनके घरों में घुस-कर उनके मकानों के ताले तोड़कर उनके घरों को लूटकर ले जाने लगे।

लक्ष्मण : फिर गाँववासी लोग क्या करते थे ?

जोतीराव : गाँव में डाका पड़ने लगा, तब गाँव और उसके पास-पड़ौस के लोगों ने अपने-अपने निर्वाह के सभी साधन दूर रख दिए और गाँव के सभी नारी-पुरुष इकट्ठे होकर, अपने सिर पर मिट्टी की टोकनियाँ ढोकर सारे गाँव के चारों ओर दीवारें खड़ी कीं और उन दीवारों में जगह-जगह पर बड़े-बड़े दरवाजे लगवाए। फिर उनकी सुरक्षा के लिए आपस में चंदा इकट्ठा करके उन्होंने नगरद्वार रक्षक[1] की नियुक्ति करके उसको वेतन के रूप में कुछ

1. महार जाति का व्यक्ति—वेसकर।

देने लगे।

लक्ष्मण : फिर लुटेरे कौन-से तरीके अपनाते हैं, इसके बारे में पूछकर मैं आपको और ज्यादा परेशान नहीं करना चाहता, लेकिन मैं सिर्फ इतना पूछना चाहता हूँ कि मूल मानव पुरुषों में किस वजह से चोर पैदा हुए ?

जोतीराव : परिवार में मुखिया हैं माँ या बाप, गाँव के मुखिया हैं चौधरी-चौधराइन, क्षेत्र के मुखिया हैं देशमुख या देशमुखानी, धरती पर मुखिया हैं महारानी या महाराजा, लेकिन इन तमाम मुखियाओं में सत्य का पालन करने की तमन्ना बिलकुल न होने की वजह से वे अपने बाल-बच्चों पर सख्त निगरानी रखने की बजाय उनको मनचाहे आचरण करने की सहूलियत देते हैं, उसी प्रकार उचित समय पर उनकी सही शिक्षा का भी प्रबंध नहीं करते। इसी की वजह से सारी दुनिया में चोरी, डकैती, लूट आदि सभी तरह के दुष्ट आचरणों का प्रसार हुआ है और हो रहा है।

लक्ष्मण : इसलिए इस **बलिस्थान** की मुखिया महारानी माँ साहब सरकार को अपने अधिकार की प्रजा के लड़के-लड़कियों को आलसी होने से बचाना चाहिए और उनकी उचित समय पर उचित शिक्षा का प्रबंध करना चाहिए। जिससे सारे बलिस्थान में चोरी, डकैती, लूट आदि सभी प्रकार के दुष्ट आचरणों का जो प्रसार हुआ है, उन पर पूरी तरह से नियंत्रण पाया जा सके।

जोतीराव : अरे बाबा, अपनी रानी साहिबा इस बलिस्थान के सभी किसानों से जितनी लगान वसूल करती हैं, उसकी तो मैं यहाँ बात भी नहीं कर रहा हूँ। लेकिन मैं तुमको यह पूछना चाहता हूँ कि यह अपनी दयालु रानी साहिबा बलिस्थान के अज्ञानी किसानों से जितना लोकल फंड जोर-जुल्म से वसूल करती हैं, वह सारा रुपया उन्होंने सभी शूद्रादि-अतिशूद्र किसानों के बाल-बच्चों के लिए स्कूलों की स्थापना करने में खर्च किया है और उन स्कूलों में उनको खेती के बारे में सभी तरह का ज्ञान देने की व्यवस्था की है ? उसी प्रकार यहाँ के सभी नकली, पाखंडी, धर्मभ्रष्ट धर्माचार्य और बागी ब्राह्मण पांडे और पेशवाओं की जाति के; जो अपने को स्वयं ही उच्च मानते हैं और दूसरों को नीच समझते हैं—ऐसे लोगों पर किसी भी प्रकार का यकीन नहीं रखें और केवल यूरोपियन कर्मचारियों के ही द्वारा उन पैसों को खर्च कर-वाएँ, तो क्या उन स्कूलों से किसानों में आज की तुलना में ज्यादा चोर पैदा होंगे, ऐसा तुमको लगता है ?

लक्ष्मण : सचमुच सरकार ने किसानों के स्कूलों में उपरोक्त तरह के लोगों की अध्यापकों के पदों पर यदि नियुक्तियाँ नहीं कीं तो पहले की तरह शूद्रादि-अतिशूद्र किसानों के बच्चे चोर नहीं बनेंगे। बल्कि वे लगातार काम में व्यस्त हो जाएँगे, इससे उनमें ज्यादा-से-ज्यादा लोग कर्मकुशल होंगे और वे लोग

इन ब्राह्मणों, मुफ्तखोर-चोर जैसे लोगों के पीछे पागल नहीं होंगे। वे लोग अपनी सरकार को किसी भी प्रकार की हानि पहुँचाए बिना बड़े उत्साह से ज्यादा-से-ज्यादा टैक्स देने के लिए समर्थ होंगे, इस बात को मैं प्रतिज्ञा के साथ कह सकता हूँ। लेकिन अपनी सरकार को बलिस्थान में किसानों के स्कूलों के अलावा अन्य किस-किस प्रकार के लोगों के लिए स्कूल खोलने चाहिए?

जोतीराव : अपनी दयालु सरकार को इस बलिस्थान में किसानों के स्कूलों के अलावा घिसाड़ी, लुहार, बढ़ई, बेलदार, बुनकर, चमार, सुनार, माली, नाई, धोबी, दर्जी आदि कारीगर जातियों के बच्चों के लिए तरह-तरह के स्कूल खोलने चाहिए और उन स्कूलों में उन सभी के हुनर के लिए आवश्यक सभी प्रकार की शिक्षा देने के लिए साधारण खर्च की व्यवस्था करनी चाहिए। उन सभी स्कूलों में कर्मकुशल कारीगरों के बच्चे जैसे संस्कार प्राप्त करके निकलेंगे, उनमें शायद ही कोई चोर बने, इस बात को मैं बड़े यकीन के साथ कह सकता हूँ।

लक्ष्मण : इस बलिस्थान के सभी कारीगरों के बच्चों के लिए स्कूलों की स्थापना करने के लिए अपनी सरकार को रैयत के किस फंड से खर्च करना चाहिए? क्योंकि कारीगर लोग (जाति) किसानों की तरह सरकार को लोकल फंड नहीं देते।

जोतीराव : यदि यही हमारी सरकार का कहना है तो यहाँ उनकी धारणाएं कुछ गलत लगती हैं, यही कहना चाहिए, क्योंकि उन्हें संभव हो तो किसानों से वसूल किए हुए टैक्स के रॉयल फंड से कुछ रुपया खर्च करना चाहिए और कारीगर लोगों के बच्चों के लिए स्कूलों का निर्माण करके वे यूरोपीय और अमेरिकी महाद्वीपों के कारीगरों की तरह साधारण मूल्य पर हल, हेंगा, बीज बोने का औजार, खुरपी, हँसिया, फावड़ा आदि तरह-तरह के औजार लगातार आसानी से जब किसानों के लिए बनाएंगे, तब किसान लोग अपनी सरकार को ज्यादा टैक्स देने के लिए आसानी से समर्थ होंगे। इससे सारे बलिस्थान के क्षत्रियों की और सरकार की प्रशंसा होगी और उनकी इस दुनिया में बड़ी ख्याति होगी, इसमें कोई संदेह नहीं।

लक्ष्मण : सरकार ने सभी किसानों के बच्चों के लिए और कारीगरों (जाति) के बच्चों के लिए स्कूल शुरू किए और उन्होंने धूर्त आर्य पुराणिकों के जलील करने पर अपने बच्चों को यदि उन स्कूलों में पढ़ने के लिए ही नहीं भेजा तो वहाँ अपनी सरकार को किस प्रकार के उपाय खोजने चाहिए?

जोतीराव : सभी अज्ञानी किसानों और कारीगरों (जाति) ने अपने-अपने बच्चों को उनके स्कूलों में यदि समझदारी से नहीं भेजा तो सरकार को ऐसे नासमझ

लोगों के बच्चों के स्कूल में भेजने के बारे में बेशक जबर्दस्ती करनी चाहिए और उस तरह का कानून भी बनाना चाहिए। उसी तरह सरकारी अधिकारियों के द्वारा उन सभी लोगों में इस तरह की समझ बनानी चाहिए कि यदि आपने अपने बच्चों को उनके स्कूलों में नहीं भेजा तो वे बच्चे खाली रहने से निठल्ले बन जाएँगे और अपने पेट पालने के लिए वे फिर चोरी जैसे कामों में लग जाएँगे। इससे उनको सख्त-से-सख्त सजा होगी, पाँव में बेड़ियाँ पड़ेंगी और फिर सरकार को ही उनकी देखभाल करनी पड़ेगी। उसी तरह तुम्हारे बच्चे खाली रहने से पक्के चोर होने के बाद पास-पड़ोस के लोगों के घरों पर डाका डालेंगे और ऐसा करके यदि सरकार को चोट पहुँचाएँगे तो सरकार उनको कालेपानी की भी सजा दे सकती है, और इसके लिए सारा खर्च फिर सरकार को ही करना पड़ेगा। उसी प्रकार तुम्हारे बच्चे उस खालीपन से बेशर्म बागी बन जाएँगे और हर प्रांत में जाकर वहाँ के गाँवों को लूटेंगे और कुछ घरों को जलाकर लोगों का खूनखराबा करेंगे, उनकी धन-दौलत को लूटेंगे, उनके बीवी-बच्चों को तबाह-बर्बाद करने लगेंगे और यदि वहाँ के सारे व्यापार में तबाही मचाएँगे तो सरकार को मजबूरी से उनमें से कई बागियों को तोपों के निशाने बनाकर, बाकी बागियों को फाँसी के फंदे पर टाँगना होगा। और इसके लिए जब सरकार को पुलिस रखनी पड़ेगी तब उस तमाम खर्चे का बोझ तुम किसानों को और कारीगरों को बर्दाश्त करना पड़ेगा, इतना ही नहीं, तुम्हारे बच्चों के ऐसे चोर, लुटेरे और बागी होने पर सरकार को मजबूरन उनको सजा देनी पड़ेगी और रास्ते में जगह-जगह पर जब वे घुमाएँगे, तब तुम लोगों को उन बागियों के माँ-बाप होने की वजह से शर्म महसूस करनी पड़ेगी और अपने मुँह काले करने पड़ेंगे और तुम्हारी बेसहारा-दुर्बल बहू-बेटियों को बेहद दुख सहना होगा। तुम्हारे भाई-बहनों के नाम पर कलंक लग जाएगा और तुम्हारे रिश्तेदारों का कोई आदर-सम्मान नहीं करेगा। तुम्हारे दोस्तों को लज्जा अनुभव होगी और उनको महफिल में गर्दन नीचे झुकानी पड़ेगी। उसी प्रकार तुम लोगों ने अपने बच्चों को उनके स्कूलों में यदि नहीं भेजा तो वे आवारा होकर उम्र में आते ही काले कृष्ण की तरह बेशर्म होकर व्यभिचार करने लगेंगे जिससे वे स्वभाव से सदाचारी सभी लोगों की नफरत के हकदार बन जाएँगे और उनके लिए सभी लोगों के साथ भयानक झगड़े, मारकाट, खूनखराबा करना पड़ेगा और फिर उन पर कड़ी निगरानी रखने के लिए सरकार को अस्थायी फौज रखनी पड़ेगी। उसके लिए जो कुछ खर्च आएगा, उसका बोझ तुम किसानों और कारीगरों की ही छाती पर आ पड़ेगा। उसी तरह तुम लोगों ने बच्चों को उनके स्कूलों में यदि नहीं भेजा तो वे बच्चे उम्र में आने के बाद अपना पेट पालने के लिए धूर्त,

आर्य ब्राह्मणों के नकली कजिया दलाल कुलकर्णियों के पिछलग्गू बनकर गाँव के बेगुनाह सज्जन लोगों के विरोध में झूठी गवाही देकर उन पर झूठे इल्जाम लगाएँगे, और सरकार के विरोध में नकली कागजात और नकली नोट छापकर पक्के झूठे जब बन जाएँगे तब सरकार को इसका इन्साफ करने के लिए वेतनभोगी न्यायाधीशों की नियुक्तियाँ करनी पड़ेंगी। उन सभी का खर्च किसानों और कारीगरों के सर पर बोझ के रूप में लद जाएगा। सारांश, दुनिया के सभी लोगों को अपने-अपने बच्चों को स्कूल में भरती करवाकर उनको सत्यज्ञान विद्या देने से ही वे सभी आसानी से सद्‌गुणी होंगे और फिर कोई भी राष्ट्र किसी और राष्ट्र पर हमले नहीं करेंगे, और इसी से सारी दुनिया में जगह-जगह पर किसानों और कारीगरों की मेहनत का करोड़ों रुपया खर्च करके फालतू फौज रखने की मुसीबत उस सरकार पर नहीं आएगी। इस बात को यदि तुम समझ लोगे तो फिर कोई समस्या ही नहीं रहेगी।

लक्ष्मण : क्यों तात्या साहब, चोरों से भी ज्यादा गुनहगार कौन है?

जोतीराव : चोरों के गुनाहों के बारे में मैंने तुमको पहले ही इस चर्चा में बताया है। लेकिन इस धरती पर जो कुछ लोग अपने स्वार्थ के लिए नास्तिक हुए हैं, जिन्होंने हम सभी के निर्माणकर्ता को निकाल बाहर किया है और उसकी जगह उन्होंने पराजित किए हुए अज्ञानी लोगों के स्वयं अहंब्रह्म या भूदेव बनकर उनको अपने से दूर रखकर नीच समझते हैं, ऐसे धूर्त स्वार्थी लोगों के स्कूलों में शिक्षित हुए बच्चे पक्के जालिम चोर बनें हैं।

लक्ष्मण : अब यहाँ इन जालिम चोरों के बारे में कुछ जानकारी देंगे, तो बहुत ही अच्छा होगा।

जोतीराव : अज्ञानी लाचार चोर पेट के लिए चोरी करते हैं, लेकिन स्कूल में पढ़े नास्तिक चोरों में कुछ लोग सरकार से महीने के महीने वेतन और गाड़ी-घोड़े के लिए यात्रा-खर्च भी लेते हैं और सरकार के सेवक बनते हैं और सरकार की नौकरी ईमानदारी से करने के बजाय अज्ञानी रैयत का न्याय करते समय उनसे रिश्वत खाकर वे ही लोग अपने घर में बेशर्मी से शुद्धता का दिखावा करके लोगों की आँखों में धूल झोंकते हैं।

लक्ष्मण : अज्ञानी रैयत से रिश्वत खाने वाले बेशर्म अछूते (ब्राह्मण) सरकारी नौकरों को फिलहाल बगैर किराये के घर में मौज करने के लिए छोड़ दीजिए। लेकिन उनमें से कई लोग सरकारी कर्मचारियों को फँसवाकर अज्ञानी लोगों में अपनी धाक जमाने के लिए सरकार से बिना वेतन के ऑनरेरी मजिस्ट्रेट के पदों को स्वीकार करते हैं, इसके बारे में आपका क्या विचार है?

जोतीराव : उनमें से कई लोग ऐसे होते हैं जिनको कुछ भी ज्ञान नहीं होता, कामचलाऊ भी नहीं। उनको दुनिया का कुछ भी अनुभव नहीं होता। जिनको मैट्रिकुलेशन का इम्तहान किसको कहना चाहिए यह भी मालूम नहीं होता, ऐसे अनजान मूर्ख लोग बड़े खानदानों के सरदारों के बेटे होने से ही ऑनरेरी मैजिस्ट्रेट के ओहदे पा जाते हैं। अरे, इनमें से कई लोगों को अपने घर का संसार और बीवी-बच्चों की सही देखभाल करने तक की अक़ल नहीं होती, तो फिर वे अज्ञानी शूद्रों के साथ इंसाफ कैसे कर सकते हैं ? जो लोग अपनी जाति की खोखली श्रेष्ठता का घमंड करते हैं और बाकी की तमाम जातियों के लोगों को नीच मानते हैं, फिर उन्होंने जिनको नीच समझा, उन लोगों को अपने न्याय के नाम पर गाली-गलौज क्यों करना चाहिए ?

लक्ष्मण : इसी तरह सभी बूढ़े पेंशनर अनुभवी और युक्तिबाज कुलकर्णी (पटवारी), ट-फ करने वाले पाटील (मुखिया) लोग बगैर वेतन लिए भी बिचौलिया का काम करते हैं, इसके बारे में आपका क्या विचार है ?

जोतीराव : पिंजरापोल के जानवरों की तरह सरकारी नौकरी करके जर्जर हुए पेंशनभोगी अनुभवी लोग और युक्तिबाज कुलकर्णी, ट-फ करने वाले मूर्ख मुखिया को अपने दबाव में रखकर उसकी किसी भी प्रकार की परवाह किए बगैर जो सभी लोगों को नीच समझकर अपनी जाति की श्रेष्ठता का घमंड दिखाते हैं, ऐसे दुनिया के लोगों से नफरत करने वालों से अज्ञानी लोगों को सही इंसाफ मिलेगा और उनका कल्याण होगा यह कहना बड़ा मुश्किल है।

लक्ष्मण : उसी प्रकार सरकार से किसी भी प्रकार की तनखवाह न लेते हुए सभी युवा या बूढ़े अनुभवी लोगों के म्युनिसिपैलिटी के सदस्य हो जाने की वजह से बाकी तमाम जातियों के लोगों का कुछ कल्याण भी होता है या नहीं इसके बारे में आपका क्या विचार है ?

जोतीराव : अरे, तुम्हारे इन सभी म्युनिसिपैलिटियों में धूर्त ब्राह्मणों के राज में नीच समझे गए चमारों, बुनकरों, मातंगों, लुहारों, सुनारों, महारों, बढ़इयों, धोबियों, धनगरों आदि लोगों में से एक भी आदमी इसका सदस्य है ? अगर हो तो बताइए ?

लक्ष्मण : आर्य ब्राह्मणों ने जिनको छल-कपट से नीच समझा है उन शूद्रों का और अतिशूद्रों का एक भी आदमी म्युनिसिपैलिटी में सदस्य नहीं हैं, क्योंकि उन लोगों में अभी तक म्युनिसिपैलिटी में जाने योग्य पढ़ा-लिखा जानकार आदमी आज तक हुआ ही नहीं।

जोतीराव : फिर अंग्रेजों के पौने दो अकलमंद गव्हर्नर जनरल लार्ड रिपन जैसे सरकारी नौकर ने इन आर्य ब्राह्मणों द्वारा नीच समझे गए अतिशूद्रों के बारे

में अच्छा गंभीर विचार किए बगैर किस आधार पर इस बलिस्थान के लोगों को म्युनिसिपैलिटी का अधिकार दिया ? क्योंकि उदाहरण के रूप में, इस पूना शहर की म्युनिसिपैलिटी का अधिकार सरकार ने अब अपने पास नहीं रखा बल्कि सभी जातियों के लोगों के हाथों में दे दिया, जिसकी वजह से यूरोपियन कलेक्टरों जैसे बड़े-बड़े सरकारी अफसर इस शहर की स्थिति की ओर झांककर भी नहीं देखते और वहाँ के सदस्यों की लापरवाही की वजह से आज इस म्युनिसिपैलिटी के स्वास्थ्य अधिकारी की हरामखोरी से सभी लोग अच्छी तरह परिचित हैं। उनका यह हरामखोरी का धंधा, जिसके लिए रैयत का रुपया-पैसा खर्च होता है और गंजपेठ में जो अव्यवस्था फैलाई गई है उस सबको अपनी आँखों से देखते ही उस अधिकारी के बारे में जिसको नफरत नहीं होगी, ऐसा आदमी शायद ही मिलेगा। क्योंकि किराये के टट्टू की उसके दलाल यजमानों ने उसको सही रास्ते पर चलाने के लिए, कितनी भी लगाम खींची, तब भी वह होश में आकर सही रास्ते पर नहीं चला। इसीलिए अतिशूद्र किसान समझदार होकर जब तक अपना कोड़ा बदन के चारों ओर लपेटकर उनको मनचाही मार नहीं लगाते तब तक वे उनके होश ठिकाने नहीं लगा पाएँगे। समझ लो।

लक्ष्मण : उसी तरह झूठे कागजात बनाकर चालाकी से बोलनेवाले से ज्यादा दोषी कौन है ?

जोतीराव : झूठे कागजात बनाकर चालाकी से बोलनेवालों से भी ज्यादा दोषी उसको मानना चाहिए, जो हम सभी के निर्माता के नाम से स्वयं की कल्पना से नकली धर्मग्रंथों की रचना करता है और अज्ञानी शूद्रादि को लूटता है, उनकी मेहनत पर अपने बाल-बच्चों को पालता है।

लक्ष्मण : अब उसके लिए हमें कौन-सा खास इलाज करना चाहिए, इसके बारे में हम सभी लोगों को समझाएँगे तो बहुत ही अच्छा होगा।

जोतीराव : इसका एकमात्र इलाज यही है कि आर्य ब्राह्मणों ने जिनको नीच कहा है उन तमाम शूद्रादि-अतिशूद्रों को, भील और ढिमर आदि मानव भाइयों को अपने-अपने लड़के-लड़कियों को स्कूल में भेजना चाहिए और उन सभी को सत्यज्ञान की शिक्षा दिलाने की शुरुआत कर देनी चाहिए। मतलब, कुछ समय के बाद हम सभी के लड़के-लड़कियों को सत्यज्ञान की प्राप्ति होते ही उनमें से शायद कोई सत्पुरुष पैदा होगा जो हम सभी की समाधि पर फूल बरसाकर, हम सभी में जान डालेगा, हम सभी को जगाएगा, स्वसंतोष से मैं इस तरह की भविष्यवाणी कर रहा हूँ।

मौत

यशवंत : मौत किसको कहते हैं ?

जोतीराव : सभी जीव प्राणियों की काया में विद्यमान प्राण का जो गमन है, वही मौत है ।

यशवंत : कई मानव नारी-पुरुषों के नन्हे बच्चे-बच्चियों की मौत होने से पहले पीड़ा होती है, इसकी क्या वजह है ? इसके बारे में कृपया संक्षिप्त में बताएँगे तो बहुत ही अच्छा होगा ।

जोतीराव : कई नन्हे बच्चे-बच्चियों को मौत आने से पहले उनको पीड़ा होती है, इसकी वजह यह है कि उनके माता-पिता ने बच्चे पैदा होने के पहले कुछ असाधारण गलतियाँ, गलत आचरण किया होता है, इसलिए उन दोनों के शरीर में कुछ विशेष प्रकार के रोग स्थायी रूप से अपनी जड़ मजबूत बना लेते हैं । इसलिए उनके नन्हे बच्चे मरने से पहले पीड़ा से तड़फड़ाते हैं और मर जाते हैं ।

यशवंत : नन्हे बच्चों के बारे में इतना काफी है । लेकिन कई मानव युवा या बूढ़े नारी-पुरुषों को भी मरने से पहले पीड़ा होती है, इसकी वजह क्या है ?

जोतीराव : इसके भी कारण बता रहा हूँ, सुनिए । एक मानव नारी मानव पंचों के सामने किसी मानव पुरुष को अपना शौहर स्वीकार कर लेती है और वह जब उस पुरुष के साथ सभी कामों में हर समय नफरत करती है, तब उसको मरने के पहले अफसोस होने से पीड़ा होती है । उसी तरह किसी मनुष्य ने मानव पंचों के सामने किसी नारी को अपनी बीवी स्वीकार कर लिया और जब उसके साथ हर समय हर काम में दगाबाजी करता है, तब उसको मरने के पहले अफसोस होने से पीड़ा होती है । इतना ही नहीं, कई मानव पुरुष अपने स्वार्थ के लिए अपने पड़ोसियों के साथ कई तरह की धोखेबाजी करते हैं, और कई ज्युलियस सीजर की तरह अपने को राज मिलना चाहिए इसलिए अपने अधीन जवाँमर्द फौजियों के द्वारा अपनी लाखों प्रजा की हत्या करवा देते हैं, ऐसी हत्याएँ करनेवाले को मौत आने से पहले पछतावा होने की वजह से बहुत भारी पीड़ा होती है । अरे, किसी आदमी ने किसी मामूली आदमी की बेवजह यदि हत्या कर दी तो हमको कितनी पीड़ा होती है ! उसी तरह ज़्यूलियस सीजर ने लाखों लोगों की यदि हत्या की तो उसको मरने से पहले पछतावा हुआ होगा और पीड़ा हुई होगी, यह सिद्ध कर दिखाने की यहाँ कोई आवश्यकता नहीं है ।

यशवंत : क्या ज्यूलियस सीजर को स्वाभाविक मौत आई थी ?

जोतीराव : ज्यूलियस सीजर को स्वाभाविक मौत नहीं आई थी । सबसे पहली बात

यह है कि वह जनतंत्रात्मक राज्य का पूरा हिमायती था और उस काम में उसको कुछ शक्ति प्राप्त होते ही उसने अपने रोम के जनतंत्रात्मक राज्य के सभी लोगों को गुलाम बनाकर उनका खुद राजा बन जाने का प्रयास किया। लेकिन यह बात ईश्वर को मंजूर नहीं थी। निष्पक्ष ब्रूटस, जो उसका बड़ा प्यारा दोस्त था, की प्रेरणा से भरे दरबार में क्यास्का ने सीजर के पेट में नगी तलवार घोंप दी। इस तरह उसको जब घायल किया गया था तब उसको मरने से पहले कितनी पीड़ा हुई होगी, इसके बारे में तुम ही सोचो, तो पता चल जाएगा।

यशवंत : इस धरती पर ज्यूलियस सीजर मे भी ज्यादा दुष्ट कौन था!

जोतीराव : इस धरती पर ज्यूलियस सीजर से भी ज्यादा दुष्ट आर्य ब्राह्मण परशुराम था। और प्राचीन काल में आर्यों ने जिन लोगों को पराजित करके उनको अपनी पीढ़ी-दर-पीढ़ी के लिए दासों के दास बना लिया, ऐसे केवल अज्ञानी शूद्रादि-अतिशूद्रों को, अपाहिजों को फंसाने के लिए ही बेशर्म आर्य आज परशुराम को ईश्वर का अवतार कहते हैं। लेकिन मनुष्य का अवतार जो परशुराम था उसने इस बलिस्थान (भारत) के क्षेत्रों के मालिकों में कई क्षत्रियों की नफरत की भावना से हत्या की, और फिर उसने उन जवाँमर्द क्षत्रियों की बेसहारा दुर्बल गर्भिणी औरतों का 'भेड़िये की तरह' पीछा करके उनके बच्चे पैदा होते ही उन बच्चों की बड़ी बेरहमी से हत्या करके इन लाचार क्षत्रियों को शोक संतप्त करके रख दिया। वाह, कितनी अच्छी है ब्राह्मणों की अवतार की कल्पना! इस दुष्ट-बेरहम परशुराम को कोई भी आदमी शैतान का अवतार मानने के लिए भी सहमत नहीं होगा, क्योंकि मुसलिमों ने जिन शैतानों की कल्पना की है, वे तो इस परशुराम से कई गुना अच्छे हैं, या नहीं?

यशवंत : इस धरती पर आर्यों के जितने भगवान हुए उनमें परशुराम से भी ज्यादा अधम कौन हुआ है?

जोतीराव : आर्यों के भगवान परशुराम से भी ज्यादा अधम कल के आर्य ब्राह्मण पांडे के चपाती विद्रोह का सूत्रधार ब्राह्मण पेशवा है, क्योंकि आर्यों के भगवान परशुराम ने अपने इस बलिस्थान के मूल जवाँमर्द क्षत्रियों के नवजात शिशुओं की हत्या की थी, लेकिन कानपुर की छावनी में ब्राह्मणों के अधम बागी पेशवा ने जवाँमर्द अंग्रेज फौजियों के सामने, जो अपने बीवी-बच्चों के प्यार से बंधे थे, उनकी घबराई हुई बीवियों को और उनकी छाती से लगे हुए नन्हे बच्चों को जबर्दस्ती छीनकर दिन-दहाड़े बड़ी बेरहमी से कत्ल करवाया और अंत में अंग्रेज पुरुषों में से हर एक को, मज़ाक-मज़ाक में, बारी-बारी से बंदूक-पिस्तौल की गोलियों से उड़ा दिया। उन सभी को बेहाल करके मौत के घाट

उतार तो दिया लेकिन इसकी वजह से पेशवा को मरने के पहले पछतावा हुआ होगा और पीड़ा हुई होगी ऐसा मुझे नहीं लगता। क्योंकि आर्य लोग हमेशा अहंब्रह्म हो जाते हैं। उनके मन को हम सभी के निर्माता का कोई डर नहीं होता है। इसीलिए उन लोगों के लिए पाप-पुण्य का कोई विधिनिषेध होता ही नहीं। और ऐसे असुरों की जाति को भूदेव मानकर उनके पाँव पखारनेवाले पानी को तीर्थोदक की तरह पीते हैं, ऐसे लोगों को क्या कहना चाहिए? ख़ैर, छोड़िए इन बातों को। लेकिन ऐसे लोगों को उनके माता-पिता ने पैदा होते ही मार दिया होता तो सारी दुनिया के लाखों परिवारों को बेहिसाब परेशानी व कष्ट भोगने का मौका ही न मिलता और उनको अपनी मौत के पहले पछतावा होकर पीड़ा भी न सहनी पड़ी होती।

यशवंत : इस तरह के लोग यदि इस धरती पर हैं तो आगे वे शायद किसी समय फुफकारनेवाले जहरीले साँप की तरह भयंकर साबित होंगे। इसीलिए हम सभी लोगों को उनके बारे में हमेशा होशियार रहना चाहिए। ख़ैर, लेकिन किन कारणों से मानव नारी-पुरुष अपने मरने के पहलें शांति से, बड़े आनंद में अपना प्राण त्याग देता है?

जोतीराव : मानव नारी-पुरुष अपनी शादी होने के बाद निर्मल मन से सत्य का स्मरण करते हुए एक-दूसरे के प्रति हमेशा के लिए हर काम में सत्य आचरण में अपनी सारी उम्र गुजार देते हैं। इस स्थिति में मौत आने पर वे शांति से अपना प्राण त्याग देते हैं। कई मानव नारी-पुरुष अपने पड़ोसियों की भलाई करने के लिए हमेशा प्रयास करते रहते हैं, इसलिए उनको मरने के पहले किसी भी प्रकार की पीड़ा नहीं होती। लेकिन कई दुर्बल-डरपोक स्वभाव के लोग या भावुक मानव नारी-पुरुषों की बीमारी नें उनकी इंद्रियाँ काफी कमजोर हो जाती हैं, वे डरते हैं, तब लोग बौखलाकर कहते हैं कि भगवान के दूत आए हैं, कई लोग कहते हैं कि यमराज के दूत आए हैं (यह डर ही दुख का कारण है।) और कई लोग सॉक्रेटिस, येशु ख्रिस्त, मुहम्मद आदि महापुरुषों की तरह सभी मानव समाज के प्रति सत्य का आचरण करके अपना जीवन आनंद से गुजारना चाहिए, यह बात मन में रखकर सारी उम्र-भर प्रयास करते रहते हैं, इसलिए मौत आने से पहले उनके चेहरे पर शांति और आनंद के भाव दिखाई देते हैं। ऐसे सत्पुरुषों को दुनिया के कल्याण के लिए सत्य के प्रतीक मानना चाहिए, और वही हमेशा-हमेशा के लिए जिंदा रहनेवाली चीज है भी। और वे ही लोग लोगों के दिलो-दिमाग में हमेशा के लिए अपना स्थान बना लेते हैं। इसलिए हर मानव नारी-पुरुष को इसी जीवन में सत्य को जीवन का आदर्श बनाकर उसके अनुसार आचरण करना चाहिए। उससे उसकी आदतों में अत्यंत गंभीरता आ जाती है और उसको

अपने मरने का समय नजदीक होने की कल्पना आने पर भी किसी प्रकार का डर नहीं होता है। इसलिए जब हम होश मे होते हैं तब अपने बाल-बच्चों को, अपने परिवार के सभी युवाओं को हमें सत्य के प्रति जागरूक कर देना चाहिए और तब कहीं अपने रिश्तेदारों से, दोस्तों से अलविदा होना चाहिए। और शांति से सत्य का स्मरण करते हुए निम्न प्रार्थना करनी चाहिए।

प्रार्थना

तुम्हारे इस असीम विशाल अवकाश में जो अनंत सूर्यमंडल और इस धरती पर जितने जीव-प्राणी हैं उन सभी के साथ मुझ जैसे मनुष्य को पैदा करके तुमने मुझे सत्य-असत्य का विचार करने की बुद्धि दी है। तुम्हारी आज्ञा के अनुसार सत्य का स्मरण करते हुए मैंने इस दुनिया में जो आचरण किया है, इसको तुम अच्छी तरह जानते हो। इसलिए तुम मेरा स्वीकार करोगे, यह मुझे भरोसा है। उसी तरह मेरे कुछ भाई-बहनों ने सत्य का स्मरण करते हुए आचरण करते हैं, उनको भी तुम स्वीकार करोगे। तुम्हारे सत्य का राज बढ़ता रहे।

यशवंत : मानव नारी या पुरुष के प्राण उसके शरीर से निकलते ही उसके मरे हुए शरीर का क्या करना चाहिए ?

जोतीराव : उस मृत काया को घर के किसी खुले कमरे में बिछौने पर लिटा देना चाहिए और उस कमरे में मृत काया के पास किसी समझदार मनुष्य को बैठा देना चाहिए। सारे घर की हवा शुद्ध रखने के लिए मामूली-मामूली कपूर का धूप जलाते रहना चाहिए। परिवार के सभी बाल-बच्चों, महिलाओं को जोर-जोर से रोने से मना कर देना चाहिए। सभी रिश्तेदारों, दोस्तों को कमरे के बाहर खुली जगह में बैठ जाना चाहिए और मृत व्यक्ति ने आज तक हम सभी के निर्माता का स्मरण करते हुए किस तरह से सत्य का पालन किया, इसके बारे में निश्चित रूप से कुछ समय के लिए स्मरण करना चाहिए।

मृत शरीर की अंतिम स्थिति

बलवंतराव : सभी मानव बेटे-बेटियों को अपने माता-पिता के मृत शरीर की अंतिम व्यवस्था किस प्रकार से करनी चाहिए ?

जोतीराव : सभी मानव बेटे-बेटियों के माता या पिता ने अपने मरने के पहले यदि यह कहा हो या लिखकर रखा हो कि हमारे मृत शरीर की अंतिम व्यवस्था

अमुक प्रकार से करना चाहिए तो उनके बेटे-बेटियों को और संबंधियों को उसी प्रकार से व्यवस्था करनी चाहिए। मानव माता-पिता ने अपने मरने से पहले अपने मृत शरीर के बारे में अपनी इच्छा किसी के पास यदि न प्रदर्शित की हो तो उनके परिवार में पहले से ही जो रिवाज चला आ रहा है, उसके अनुसार उसके मृत शरीर की अंतिम व्यवस्था होनी चाहिए।

बलवंतराव : मानव प्राणियों के मृत शरीर की अंतिम व्यवस्था करने के जो प्रकार हैं, उनके बारे में यदि संक्षिप्त में समझाएँगे तो बहुत ही अच्छा होगा।

जोतीराव : जमीन के भीतर के दीमक आदि कीड़े शरीर को खा लें ऐसी व्यवस्था करनी चाहिए, इस तरह की धारणाएं सभी महाद्वीपों पर रहने वाले लोगों में आदिम काल से आज तक दिखाई देती हैं। इसीलिए सभी लोग मृत शरीर को जमीन के अंदर दफनाकर उस पर निशानी के रूप में कोई बड़ा पत्थर रख देते हैं या उस पर समाधि बांध देते हैं। कुछ लोग अपने मृत संबंधी के शरीर को इसलिए पानी में बहा देते हैं कि पानी के मगरमच्छ आदि जंतु मृत शरीर को खा लें। कुछ लोग मृत शरीर को मामूली जलाकर के बहते पानी में डाल देते हैं। इसमें उनकी मान्यता है कि इस तरह मगरमच्छों को और अन्य जलप्राणियों को मृत शरीर का मांस ज्यादा मजेदार लगेगा। कुछ लोग अपने संबंधी के मृत शरीर के हाथ-पाँव काटकर आम रास्ते या चौराहे पर फेंक देते हैं। इसमें उनकी मान्यता यह हैं कि जमीन पर घूमनेवाले सियार, भेड़िया आदि चौपाये जानवरों को मृत शरीर को भोजन बनाकर खाना चाहिए। लेकिन फिलहाल उस तरह का रिवाज मैंने नहीं देखा है। फिर भी कुछ क्रूर जाति के लोग अपने संबंधी के मृत शरीर के साथ उसकी जिंदा औरत को भी जला देते हैं और इस बात के लिए उनके धर्मशास्त्रों में समर्थन भी किया गया है। लेकिन उसी प्रकार किसी पतिव्रता के मृत शरीर के साथ उसके जिंदा पति को भी जलाना चाहिए, इस बात का कोई समर्थन उनके धर्मशास्त्र में नहीं है। इससे यही सिद्ध होता है कि उनका धर्मशास्त्र पहले दर्जे का अधम है। आसमान के कौए, गिद्ध आदि दो पैर वाले पक्षियों को मृत शरीर का भोजन बनाकर खाना चाहिए, इसलिए कुछ लोग अपने संबंधी के मृत शरीर को जंगल में किसी विशेष स्थान पर रख देते हैं। कुछ लोग अपने संबंधी के मृत शरीर को अग्नि में खोर-खोरकर जलाते हैं और उसकी राख बना देते हैं। फिर बाद में जमीन के, जल के, जमीन के, ऊपर के और आसमान में विचरने वाले कीड़ों, पशुओं और पंछियों को निमंत्रण देकर उस मृत शरीर के नाम से मुट्ठी-भर भात का या आटे का पिंड बनाकर इसे कौए और अन्य बेजबान जानवरों को खिलाकर संतुष्ट करते हैं। उनकी गैर-मौजूदगी में कुश नाम की घास के नकली कौए को झूठ-मूठ ही वह पिंड अर्पण

करते हैं।

बलवंतराव : यह बताइए कि मूल मानव नारी-पुरुषों को यदि यह मालूम नहीं था कि लकड़ी से अंगार कैसे पैदा होता है, तो फिर ईरानी आर्य लोगों ने कौए-गीदड़ों के मुँह का भोजन छीनकर अपने संबंधियों के मृत शरीर को कैसे जलाया होगा ? इसके पीछे का मूल रहस्य क्या होना चाहिए ?

जोतीराव : ईरानी आर्य लोगों ने इस बलिस्थान में लगातार सैकड़ों साल तक हमले करके, जिनमें परशुराम आदि भी आते हैं, यहाँ के मूल निवासी दस्यु लोगों के कई महारथी वीरों का विध्वंस किया और उनकी औरतों के नवजात नन्हे बच्चों तक की हत्या की। उन्होंने मातंग, महार आदि लोगों को वंशपरंपरा से जब असीम कष्ट देना शुरू किया तब बलिस्थान के मूल निवासी दस्यु लोगों को बहुत ही परेशानी होने लगी, फिर उन्होंने आर्यों के मृत शरीरों को कौए, गीदड़ों के मुँह लगने नहीं दिया बल्कि उनके मृत शरीरों को जानबूझकर नष्ट-भ्रष्ट कर दिया और नफरत की भावना से खिल्ली उड़ाने लगे। इसी की वजह से सभी ईरानी आर्य लोग अपने सभी मरे हुए लोगों के शरीर को जलाने लगे होंगे, ऐसा अंदाज किया जा सकता है।

बलवंतराव : खैर, लेकिन आज सभी लोगों को अपने मरे हुए संबंधियों के शरीर की अंतिम व्यवस्था किस प्रकार से करनी चाहिए ?

जोतीराव : मृत शरीर की अंतिम व्यवस्था करने के लिए सबसे पहले उसके बेटे-बेटियों को, रिश्तेदारों को उसको नहलाना चाहिए और उसके शरीर को सुगंधित तेल या इत्र लगाना चाहिए। फिर उसको कपड़े पहनाने चाहिए और उसके लिए बनाई अर्थी या जनाजे में सुला देना चाहिए। फिर उसके सारे शरीर को कपड़े से ढँक देना चाहिए और उस पर फूलों की मालाएँ अर्पित कर देनी चाहिए। फिर उसके बाल-बच्चों को और सभी रिश्तेदारों को बारी-बारी से उस जनाजे को कंधा देना चाहिए और उसको श्मशान भूमि तक पहुँचा देना चाहिए। फिर उसकी अंतिम व्यवस्था किसी भी प्रकार से कर सकते हैं लेकिन उसके पहले उस मृत शरीर के कपड़े नहीं उतारने चाहिए फिर श्मशान से अपने-अपने घर लौटने से पहले किसी सत्य पालक बुजुर्ग व्यक्ति को निर्माता के प्रति निम्न प्रकार से प्रार्थना करनी चाहिए।

प्रार्थना

तुम इस धरती की मिट्टी के निर्माता हो, उसके द्वारा ही तुम हम सभी जीव-प्राणियों का पालन करते हो। इसलिए हममें से ही एक मानव ने जब अपना प्राण

त्याग दिया तब उसके मृत शरीर की मिट्टी मिट्टी में मिलाकर हम सभी तुम्हारे शाश्वत अविनाशी सत्य की राह पर चलते हैं।

बलवंतराव : मृत शरीर की व्यवस्था करते समय कुछ मानव नारी-पुरुष खुद को ही ऊँचा मानते हैं और दुनिया के सारे लोगों को नीच समझते हैं। स्वयं को अछूते रखकर बाकी सभी मानव नारी-पुरुषों के मृत शरीरों को छूते भी नहीं और उनके मृत शरीर के लिए किसी भी प्रकार की सहायता देने को अपवित्र, पाप समझते हैं। ऐसे लोगों के साथ अन्य लोगों को किस प्रकार से व्यवहार करना चाहिए ?

जोतीराव : ऐसी मानवद्रोही-खोखली बड़ाईखोर जाति के लोगों के नीच व्यवहार के लिए उनको जब तक पछतावा नहीं होगा तब तक यदि वे जिन्दे हैं तो दूसरों को उनकी छाँव को भी नहीं छूना चाहिए। उसी प्रकार उनसे किसी भी तरह का लेन-देन नहीं रखना चाहिए। मतलब, ऐसे वे होश में आएँ तो अच्छा ही होगा।

बलवंतराव : अछूते रहनेवाले लोगों में से कुछ लोगों का कहना है कि हमारे मूल कुलस्वामी ऋषि का जन्म मातंगी से हुआ है। इसके बारे में आप यदि समाधान करेंगे तो बहुत ही अच्छा होगा।

जोतीराव : कोई दूसरे देशों पर जब हमला बोल देता है तो वे लोग अपने साथ अपनी औरतों को नहीं ले जाते, यह परंपरा बहुत पहले से थी। उसी प्रकार ईरान के आर्य लोगों ने जब-जब बलिस्थान पर हमले किए तब-तब उनमें से कई हमलावर ढिमरी से संभोग करने लगे, इसलिए उनके कुल को वाल्मीकि और व्यास ऋषि का कुल कहने लगे। कोई हमलावर अतिशूद्री या परवारनी से संभोग करने लगे, इसलिए उनके कुल को सांख्य, कबीलर, पाराशर और सतीर ऋषि का कुल कहने लगे। और जब कोई हमलावर चमारिन से संभोग करने लगे, तो उसके कुल को टंक ऋषि का कुल कहने लगे।

बलवंतराव : लेकिन गधी, कुतिया या गीदड़ी आदि चौपाये जानवरों से ऋषियों के कुल कैसे बने ?

जोतीराव : मूल ऋषियों की माताएँ गधी आदि कुछ नहीं थीं। लेकिन उन नारियों में कोई गधी की तरह आर्यों पर भौंकने वाली, उनसे नफरत करने वाली थी। कोई गीदड़ी की तरह आर्यों पर गरजने वाली थी। और कोई कुतिया की तरह आर्यों पर गुरगुराने वाली थी, इसलिए उन सभी नारियों के अलग-अलग स्वभाव के आधार पर उनके नाम भी गधी, गीदड़ी और कुतिया आदि प्रचलित हुए होंगे, इस तरह का अनुमान लगाया जा सकता है। तात्पर्य,

ईरानी आर्य मानव नारी-पुरुषों से उत्पन्न खास संतानें इस बलिस्थान में बहुत ही कम होंगी।

श्राद्ध

गोविंद गणपतराव काले : श्राद्ध का मतलब क्या है ?

जोतीराव फुले : मरे हुए पुरखों के उद्देश्य मे पुत्रों-पौत्रों द्वारा ब्राह्मणों को भोजन-दान, पिंडदान देते रहना, यही इस श्राद्ध का प्रधान कर्म है।

गोविंद : इसका मतलब शूद्रादि-अतिशूद्रों के पुत्रों-पौत्रों को अपने मृत माता-पिता तथा पुरखों के उद्देश्य से आर्य ब्राह्मणों को भोजनदान, पिंडदान देते रहना चाहिए, ऐसा ही होता है ?

जोतीराव : शूद्रादि-अतिशूद्रों के घर में आर्य ब्राह्मणों को भोजन ग्रहण नहीं करना चाहिए, इसके लिए मनुस्मृति आदि ग्रंथों में कहा गया है कि "राजा ने यदि भोजन ग्रहण किया तो उसके बल का पतन होता है। शूद्र का भोजन ग्रहण करने से उम्र का पतन होता है। सुनार का भोजन ग्रहण करने से भी उम्र का पतन होता है। और चमार का भोजन ग्रहण करने से यश की हानि होती है।" इस तरह और "शूद्र उपाध्याय (याजक) जितने ब्राह्मणों को अपने बदन से स्पर्श कर लें, उन सभी ब्राह्मणों को दान देने पर दान देनेवाले मनुष्य को उस दान से किसी भी प्रकार के फल की प्राप्ति नहीं होती।" उसी तरह मनुस्मृति में कहा गया है कि "ब्राह्मणों के घर के भोजन को अमृत की तरह मानना चाहिए और शूद्रों के घर के भोजन को खून के समान। इसलिए शूद्रों के घर का भोजन वर्ण के आधार पर घटिया दर्जे का है।" लेकिन फिर यहाँ कोई संदेह खड़ा कर सकता है कि हम शूद्रों के घर का भोजन नहीं ग्रहण करते, कच्चा अनाज ही स्वीकार करते हैं, इसलिए कच्चे अनाज (रसद) में दोष नहीं है। ऐसा कहेंगे तो ऐसे कच्चे अनाज के बारे में प्रमाण इस प्रकार है कि "शूद्रों के यहाँ का जो कच्चा अनाज है उसको शूद्रान्न कहना चाहिए। और पका हुआ जो भोजन होगा उसको जूठा (उच्छिष्ट) समझना चाहिए। इसलिए शूद्रों के घर के दोनों प्रकार के भोजन का त्याग करना चाहिए। क्योंकि इन दोनों प्रकार के भोजनों से ब्राह्मण दोषी होता है।"

गोविंद : फिर गरुड़ पुराण में मृत पुरखों के नाम से दान करने के बारे में जो कहा गया है वह सब काल्पनिक है, यह आपके बोलने से सिद्ध होता है या नहीं ?

जोतीराव : धूर्त, स्वार्थी, निकम्मे आर्य भट्ट ब्राह्मणों ने अपना पेट पालने के लिए कच्छ, मच्छ आदि पुराणों जैसे ग्रंथों की रचना की है। उन्होंने गरुड़ पुराण जैसे पाखंड को अपनी कल्पना से लिखा है, इसके लिए बृहस्पति नाम के

महापुरुष के ग्रंथों का प्रमाण दे रहा हूँ। वह इस प्रकार है :

ततश्च जीवनोपायो ब्राह्मणैर्विदितस्त्विह।
मृतानां प्रेतकार्याणि न त्वन्य विद्यते क्वचित्॥

गोविंद : इस महाविद्वान बृहस्पति के प्रमाण से यह सिद्ध होता है कि शूद्रादि-अतिशूद्रों के लड़के-लड़कियों को अपने मृत माता-पिता के नाम से धूर्त आर्य ब्राह्मणों को सुवर्णदान, शय्यादान, छत्रदान, गौदान और जूतियों आदि का दान नहीं देना चाहिए।

जोतीराव : अरे बाबा, इसमें किस बात का संदेह है ? क्योंकि शूद्रादि-अतिशूद्रों के माता-पिता के जिंदे होने पर उन्होंने उनको दाने-दाने के लिए सताया और उनके मरने के बाद उनके नाम से धूर्त आर्य ब्राह्मणों को सुवर्ण दान देने से उसके बारे में उनके मृत पुरखों को कहाँ, किस प्रकार का और कब लाभ होगा ? वैसे तो उन्होंने अपने माता-पिता को कपड़ों-लत्तों से परेशान किया। लेकिन उनके मरने के बाद उनके नाम से धूर्त आर्य ब्राह्मणों को शय्यादान करके उनको नरम बिछौने पर लेटने के लिए अवसर प्रदान करा दिया, इसलिए उनके मृत पुरखों को कब, कहाँ और किस प्रकार का आराम, सुख मिलने वाला है ? उसी प्रकार उन्होंने अपने माता-पिता को धूप में तड़फड़ाते रखा और अब उनके मरने के बाद उनके नाम से धूर्त आर्य ब्राह्मणों को छतरीदान देने से उनके मृत माता-पिता को कब, कहाँ और किस तरह से छतरी की छाँव का सुख मिलने वाला है ? उसी प्रकार उन्होंने अपने माता-पिता को जलती धूप में नंगे पैर आने-जाने पर तड़फड़ाने के लिए मजबूर किया और अब उनके मरने के बाद उनके नाम से धूर्त आर्य ब्राह्मणों को जूतियाँ दान देने से उनके मृत पुरखों को जूता पहन कर चलने का सुख कब, कहाँ और किस तरह से मिलनेवाला है ? इन सभी बातों को सिद्ध नहीं किया जा सकता, इसलिए धूर्त आर्य ब्राह्मणों के बारे में बृहस्पति का कहना सही है या झूठ, इसके बारे में आप अपनी दृष्टि से सोचिए। बस, यही काफी है।

गोविंद : फिर शूद्रादि-अतिशूद्रों ने अपने मृत माता-पिता के नाम से आर्य ब्राह्मणों को यदि दान नहीं किया तो उनकी स्थिति किस प्रकार की रहेगी ?

जोतीराव : वाह, खास सवाल है ! धूर्त आर्य ब्राह्मणों के मृत माता-पिता की स्थिति ठीक बनाने के लिए वे भी क्या शूद्रादि-अतिशूद्रों को भी कुछ दान करते हैं ?

गोविंद : आर्य भट्ट ब्राह्मणों के माता-पिता की स्थिति ठीक बनाने के लिए वे लोग शूद्रादि-अतिशूद्रों को कुछ भी दान नहीं करते।

जोतीराव : फिर धूर्त आर्य ब्राह्मणों के मृत माता-पिता की स्थिति किस प्रकार से

ठीक-ठाक रहती होगी, इसके बारे में तुमको क्या लगता है ?

गोविंद : शूद्रादि-अतिशूद्रों के मृत माता-पिता की स्थिति ठीक करने के लिए धूर्त आर्य ब्राह्मण अपने पाँव का तीर्थोदक पिलाकर उससे यदि दान लेते हैं तो ये ब्राह्मण लोग अपने मृत माता-पिता की स्थिति ठीक करने के लिए शूद्रादि-अतिशूद्रों के पाँव का तीर्थजल क्यों नहीं पीते ? लेकिन वे उनका तीर्थजल भी नहीं पीते और न उनको दान ही देते हैं। इसी की वजह से ब्राह्मणों के पुरखें स्वर्ग के रास्ते के बीचों-बीच में लटकते रहते होंगे, ऐसा मुझे लगता है। लेकिन शूद्रादि-अतिशूद्रों को अपने मृत माता-पिता के उपकारों से मुक्ति पाने के लिए क्या करना चाहिए ?

जोतीराव : शूद्रादि-अतिशूद्रों के माता-पिता के मरते ही उनके परिवारजन, भाई-बहन, रिश्तेदार और मित्र सभी उनके घर पर आकर मृत शरीर की व्यवस्था करने के लिए उनको हर तरह की सहायता करते हैं। उसके वारिस बनने के लिए, उनके उपकारों से मुक्त होने के लिए मृत व्यक्ति के तेरहवें दिन अपने सामर्थ्य के अनुसार पुत्र सभी को भोजन खिलाते हैं और उन सभी के गले में फूलों की माला पहनाते हैं। उसी प्रकार अपनी क्षमता के अनुसार कुछ दान देते हैं। और अपने-अपने स्कूलों में जाने वाले उनके लड़के-लड़कियों को खुशी में खिलौने दान करते हैं। और हर साल अपने माता-पिता का स्मरण हो, इसलिए अपनी क्षमता के अनुसार हर साल वे श्राद्ध करते हैं। और उसमें अपने परिवार जनों को, रिश्तेदारों-मित्रों को भोजन करवाते हैं। उसी तरह किसी की भी पसंदगी-नापसंदगी का ख्याल किए बगैर हम सभी के निर्माता के नाम से स्कूल जानेवाले बेसहारा लड़के-लड़कियों को मामूली भी सहयोग हमने दिया तो हमारा मनुष्य जन्म में आना सार्थक हो गया समझ लीजिए।

सभी मानव नर-नारियों के लिए ग्रंथरचयिता की प्रार्थना

अखंड

निर्माता ने यदि एक धरती बनाई। उठाता बोझ भला। सभी का। ध्रु०॥
घास-पेड़-बोझ उगाता हमारे लिए। फल वे मधुर। और छाँव भी॥
सुख-सुविधा के लिए चारों ओर फेरा। रात और दिन सब। वही करता॥
मानव के धर्म न हो अनेक। निर्माता वही एक। जोती कहे। निर्माता॥

अखंड

जीव-प्राणियों की सुख-सुविधा के लिए। बनाया वर्षा को।
और नदियों को। ध्रु० ॥
उनका जल सारा तेजी से बहता। जल पहुँचाते। सभी प्राणियों को॥

सागर से. व्यापार करते। सुख देते-लेते। आपस में।।
मानवों के लिए कई धर्म कैसे। लगा क्यों पागलपन। जोती कहे। जीव।।

अखंड

एक सूरज सभी को प्रकाश देता। धंधे से लगाता। प्राणियों को। ध्रु० ।।
मानव और सभी प्राणियों का जीवन। सभी का पालन। वही करता ।।
सभी को सुख देता पिता के समान। नहीं रखता दूर। किसी एक को।।
मानवों का धर्म एक ही चाहिए। सचाई से चले। जोती कहे। एक।।

अखंड

एक चंद्रमा नित भ्रमण करता। सभी को सुख देता। अंधेरी रात को। ध्रु० ।।
चढ़ाव-उतार सागर को देता। जल को हिलाता। खार के साथ।।
जल वही मीठा बादलों से आए। समाधान करता। सारे प्राणियों का।।
मानवों के लिए कई धर्म कैसे। लगा क्यों पागलपन। जोती कहे। एक।।

अखंड

सभी के लिए वायु बनाया खास। लेते साँस। प्राणी सारे। ध्रु० ।।
पेड़-पौधे और सभी का जीवन। करता वह पालन। दुनिया का।।
वायु की वजह हवा शुद्ध होती। प्राणी को सुख देती। जोती कहे।।
मानवो, तुम सत्यधर्म को अपनाओ। निर्माता के गुण गावो। जोती कहे। सभी।।

अखंड

प्राणियों को आँखें निर्माता ने दीं। देखने लगे। एक-दूसरे को। ध्रु० ।।
बुद्धि सबको दी सत्य खोजने को। राह दिखाने। अज्ञानी को।।
निर्माता का धर्म सत्य है एक। झगड़े अनेक। किसके के लिए।।
मानवो, तुम निर्माता से नित डरो। सभी सुखी हो। जोती कहे। प्रा० ।।

अखंड

नर-नारी सभी मेहनती बनें। परिवार को पालें। आनंद से। ध्रु० ।।
नित बच्चे-बच्ची को पढ़ने भेजो। अन्नदान दो। छात्रों को।।
सार्वभौम सत्य स्वयं पालन करे। सुख दिलाए। दुर्बलों को।।
ऐसे आचरण से सभी को सुख देंगे। स्वयं सुखी होंगे। जोती कहे। न० ।।

अखंड

दुर्गुणों की लत जिसे लग गई। भिक्षा देने को। लायक नहीं। ध्रु० ।।
झूठ बोलनेवाला शराबी केवल। करो अड़तल। कुतर्की को।।
मानव भाई सभी एक समान। उनमें हो हमको। तुम श्रेष्ठ।।
बुद्धि के बल से सुख दो-लो। दीनों को सँभालो। जोती कहे। दुर्गु० ।।

अखंड

सभी का निर्माता है एक स्वामी । उसका डर मन में । रखो सभी । ध्रु० ॥
न्याय से चीजों का उपभोग लीजिए । आनंद मानिए । झगड़ो नहीं ॥
धर्म-राज्य-भेद मानवों में न हो । सत्य से जीएँ । निर्माता के लिए ॥
सभी सुखी हो भीख मैं माँगता । मानव को कहता । जोती कहे । सभी ॥

अखंड

सूर्यमंडल की करता हूँ गिनती । तर्क नहीं लगता । कल्पना का ॥
उनके चारों ओर उपग्रह कितने । जीव दुनिया में । गिनती न हो ॥
उसी ने बनाए मानव ये सारे । उसी के बच्चे । वही रखवाला ॥
अपने से दुनिया को जानो । सभी को सँभालो । जोती कहे । सूर्य ॥

सदसद् विचारसंपन्न महाराज सयाजीराव गायकवाड़ असिस्टेंट रा० ब० विश्राम रामजी घोले, ऑनरेरी असिस्टेंट सर्जन टु हिज हाईनेस द व्हॉईसराय और गव्हर्नर जनरल ऑफ इंडिया, दयालु नागेश्वरगीर कल्याणगीर महाराज और मोरो विट्ठल बाळवेकर आदि सभी लोगों की ग्रंथरचयिता के प्रति ममता ।

अखंड

गायकवाड़ का सहारा, घोले की निगाह । थी अबाध । कुछ न लिए । ध्रु० ॥
दुष्ट पीड़ा से फुले को बचाया । समाधान पत्नी को । दिया जिसके ॥
बाबा का पैसा समाज के नाम । फुले किया मर्द । रोगियों में ॥
तय करके मन में सवाल पूछने वाले । रिश्तेदार सारे । सताए हुए ॥
'सार्वजनिक सत्य धर्म' पूरा किया । उसको छपाने को । पैसा नहीं ॥
जानकर यह खबर मित्र मोरोपंत । ले गए छपाने । किताब यह ॥
जिसका मूल मुद्दा सभी का निर्माता । सत्य है एक । नहीं दूसरा ॥
स्वयं सुख के लिए उसने किया सारा । क्यों ढोता गर्व । पूजा में ॥
नर-नारी में भेद नहीं चाहिए । गुणों का आदर हो । हमेशा के लिए ॥
उन्नीसवीं सदी में ग्रंथ किया सिद्ध । पढ़े प्रबुद्ध । जोती कहे । गा० ॥

अखंडादि काव्यरचना

विभाग : एक

मानवों का धर्म एक

(1)

सभी का निर्माता है एक स्वामी। उसका डर मन में। रखो सभी ।।
न्यास से चीजों का उपभोग लीजिए। आनंद मानिए। झगड़ें नहीं ।।
धर्म-राज्य-भेद मानवों में न हो। सत्य से जीए। निर्माता के लिए ।।
सभी सुखी हों, भीख मैं माँगता। मानव को कहता। जोती कहे ।।

(2)

निर्माता ने यदि एक धरती बनाई। उठाता बोझ भला। सभी का ।।
घास-पेड़-बोझ उगाता हमारे लिए। फल वे मधुर। और छाँव भी ।।
सुख-सुविधा के लिए चारों ओर फेरा। रात और दिन सब। वही करता ।।
मानव के धर्म न हों अनेक। निर्माता वही एक। जोती कहे ।।

(3)

जीव प्राणियों की सुख-सुविधा के लिए। बनाया वर्षा को।
और नदियों को ।।
उनका जल सारा तेजी से बहता। आर्य खुराफाती। तीर्थ बनाए कई ।।
सिर-दाढ़ी-चोटी मूर्ख कटवाते। पंडे करते। धन की लूट ।।
आर्यों[1] ने बनाए पाखंड ये सारे। धोखा चारों ओर। जोती कहे ।।

(4)

जप अनुष्ठान से बारिश बरसाते। आर्य क्यों मरते। जल बिना ।।
पानी में डूबते, गोता खाते। जान गँवाते। तले फँसते ।।

---

1. 'आर्य' शब्द ब्राह्मण, पंडित, पुरोहित, पंडे आदि के लिए महात्मा फुले ने इस्तेमाल किया है।

फैल करके जल पर तैरते। मजा वे चखाते। मृत्यु लोक में ।।
अज्ञानी शूद्रों में भूदेव बनते। भिक्षा क्यों माँगते। जोती कहे ।।

(5)

जप अनुष्ठान से नारी के बच्चे होते। दूजा क्यों मानते। बच्चे के लिए ।।
पंडित-ब्राह्मणों में कई नारियाँ बाँझ। अनुष्ठान में शक्ति। क्यों नहीं ।।
अनुष्ठान बिना विधवा बच्चे देती। हत्या करवा देते। कोने-कोने में ।।
जिसका जैसे काम वैसे फल पाते। सजा वे भोगते। जोती कहे ।।

(6)

भगवान कहते आर्य परशराम को। वधता बच्चों को। क्षत्रियों के ।।
ढोंगी पेशवे पानीपत जाते। औंधे हो जाते। म्लेछों के आगे ।।
मर्द रावबाजी अंग्रेजों से घबड़ाया। गौप्रदानी हुआ। ब्राह्मणों को ।।
धूर्त आर्य नाना[1] शुद्धता दिखाता। गोरों के साथ खाता। जोती कहे ।।

(7)

एक सूरज सबको प्रकाश देता। धंधे से लगाता। सभी जीवों को ।।
मानव और प्राणियों का जीवन। सभी का पालन। वही करता ।।
सबको सुख देता पिता के समान। नहीं रखता दूर। किसी को ।।
मानवों का धर्म एक ही हो। सत्य का आचरण करे। जोती कहे ।।

(8)

एक चंद्रमा नित भ्रमण करता। सबको सुख देता। अँधेरी रात में ।।
चढ़ाव-उतार सागर को देता। जल को हिलाता। और खार को ।।
जल वही मीठा बादलों से आता। समाधान करते।
सभी प्राणियों का ।।
मानवों के लिए कई धर्म कैसे। लगा क्यों पागलपन। जोती कहे ।।

(9)

सभी के लिए वायु बनाया खास। लेते साँस। सारे जीव प्राणी ।।
पेड़-पौधे और सभी का जीवन। करता है पालन। दुनिया में ।।
वायु के कारण हवा शुद्ध बनती। प्राणी सुख देते। अँधेरी रात में ।।
मानवो, तुम भगवान से नित डरो। सभी सुखी हो। जोती कहे ।।

(10)

ईरानी साहसी, फसादी ढोंगी। हमले वे अनगिनत। किए उन्होंने ।।
बलिस्थान में उनका अधिकार हुआ। सत्ता फैलाई। बेहिसाब ।।

---

1. नाना पेशवा। पेशवा का मतलब है प्रधानमंत्री। मराठों के प्रधानमंत्रियों की उपाधि।

आर्य अपभ्रंश ईरानियों का हुआ। दिमाग से कहा। ब्राह्मण-श्रेष्ठ ।।
पाखंड सारे वेदों में छुपाया। दुनिया से डरते। जोती कहे ।।

(11)

क्षत्रियो, तुम मेहनती बनो। परिवार को पालिए। खुशी से ।।
बच्चे-बच्चियों को नित पढ़ाओ। अन्न दान दीजिए। छात्रों को ।।
सार्वभौम सत्य को स्वयं आचरिए। सुख से सँभालिए।
आर्य ब्राह्मणों को ।।
ऐसे आचरण से सबको सुख देंगे। स्वयं सुखी होंगे। जोती कहे ।।

(12)

गरीब बच्चों को शिक्षा पाना चाहिए। भिक्षा पाइए। पेट भरने को ।।
विद्वान बुजुर्गों को ज्ञान देना चाहिए। भिखारी होइए। गाँव में ।।
नर-नारी के लिए स्कूल खोलिए। ज्ञान पढ़ाइए। भेद नहीं ।।
अपने हित के लिए खर्च जो करते। पतन को पाते। जोती कहे ।।

(13)

दुर्गुणों का चस्का भाई जिसको लग गया। भिक्षा देने वह। योग्य नहीं ।।
झूठ बोलने वाला शराबी केवल। उसे न रोको। पाखंडी को ।।
तर्क-धर्म-बल, राजद्रोही, खल। शूद्रों में प्रबल। ज्ञान बताता ।।
इन्हें सहारा देते शोर मचाते। मानव को सताते। जोती कहे ।।

(14)

सही में बुद्धि नहीं पशुपक्षी आदि को। उन्हीं में भगाओ। वेदज्ञ को ।।
ख्रिस्त मुहम्मद मातंग[1] ब्राह्मणों को। लगाओ छाती से। भाई जैसा ।।
मानव भाई सभी एक समान। उसमें हैं हम। तुम सभी ।।
बुद्धि सामर्थ्य से सुख दो-लो। दीनों को पालिए। जोती कहे ।।

(15)

स्वभाषा सीखिए, भाषण कीजिए। सद्‌गुणी होइए। स्वभाव से ।।
चालीसा से ऊपर वे आगे आएँ। स्कूलों को देखिए। सही समय ।।
मूढ़ मातंग ब्राह्मण मुँहजोर। मूल सत्य सार। उन्हें बताइए ।।
निर्माता का धर्म एक है सत्य। व्यर्थ की पंडिताई। जोती कहे ।।

(16)

अंग्रेजी सीखिए भाषण कीजिए। दुनिया में छोड़ें। बुरी आदत ।।
चालीसा से ऊपर वे आगे आए। स्कूलों को देखिए। गाँव-गाँव में ।।

1. महाराष्ट्र की एक अछूत जाति—चांडाल।

उत्साही ख्रिस्त से करो सत्यबोध। करिए सजग। भाई समान॥
सत्य बिना नहीं जग में कोई धर्म। बताइए मर्म। जोती कहे॥

(17)

यवनी सीखिए, भाषण कीजिए। पूरी तरह छोड़िए। आदतों को॥
चालीसा से ऊपर वे आगे आएँ। स्कूलों को देखिए। नगरों के॥
सुनीशिया सभी करो सत्यवादी। उसकी जवांमर्दी। दुनिया में॥
सारी दुनिया में एक सत्यधर्म खास। बताइए सभी को। जोती कहे॥

(18)

तीनों भाषाओं में आज जो सिद्धहस्त। सद्‌गुणी संपन्न। मान का अधिकारी॥
चालीसा से ऊपर वे आगे आएँ। नेतृत्व सँभालें। समाज का॥
क्षेत्र के ख्रिस्ती मुहम्मदी को बुलाओ। सत्य कहलवाओ। उनके द्वारा॥
सत्यबिन नहीं जग में कोई धर्म। बताइए मर्म। जोती कहे॥

(19)

सभी भाषाओं में है जो सिद्धहस्त। सद्‌गुणी संपन्न। सत्यवादी॥
उसे नहीं दीक्षा-सत्ता का बल। उम्र की मर्यादा। उसको नहीं॥
मानता भाई वर हो या नारी। करता नहीं गर्व। पाखंड का॥
सत्यबिन नहीं उसका कोई धर्म। सत्य जिसका कर्म। जोती कहे॥

मानव नर-नारी

(1)

सारे नर-नारियों को भाई-बहन समझाना। मातंग-महारों[1] को पीड़ा। देते हैं कैसे॥
ख्रिस्त मुहम्मदी सत्य से पुकारो। मानव को ले चलें। निर्माता की ओर॥
धर्म-देश जाति भेद नहीं उनको। शोभा मनुष्य को। सही माता॥
ऐसी मानवी को सन्नारी कहो। उसकी कीर्ति गावो। जोती कहे॥

(2)

आत्मज्ञान नहीं ब्रह्मराक्षसों को। पीड़ा सभी को। शुद्धीपन से॥
अपने सुख-दुख दूसरों से तोलना। मेल बिठाना। उसमें कैसा॥
इसी को कहो अहंब्रह्म हुआ। गर्व से फूला। व्यर्थ गया॥
मानव को कलंक इसी ने लगाया। दुर्गुणी निराला। जोती कहे॥

---

1. महाराष्ट्र की किसी समय की एक अछूत जाति। लेकिन इस जाति के लोगों ने बौद्ध धर्म स्वीकार कर लिया है, अब न वे महार हैं न हिंदू।

(3)

निर्मल-निर्दोषी केवल विचारी। सदा सत्याचारी। प्रपंच में ॥
सूरज समान सत्यप्रकाश फैलाता। शांति सबको देता। चंद्रमा जैसा ।।
न हो भूदेव जती मारवाड़ी। मानव को न पीड़ता। सांप की तरह ॥
ऐसे सज्जनों को मानव कहिए। उनके गुण गावो। जोती कहे ॥

(4)

जग में अमंगल खल संसार सें। जाते सूने स्थान में। मुक्त कहते ॥
मुक्त हुए उन्होंने ग्रंथ कैसे लिखे। पाखंड लिखे। आर्य हित में ॥
आर्य श्रेष्ठ ने कैसे शूद्रों को लूटा। नित बर्ताव किया। दासों की तरह ॥
मानव से नफरत करने वाले धूर्त पूरे। देखो ग्रंथों में। जोती कहे ॥

(5)

सत्य आचरण से सभी सुखी होते। आर्य कुढ़ते। मन ही मन ॥
मेहनत स्वभाव ब्राह्मणों का नहीं। सिटपिटाकर देखता। शूद्र की ओर ॥
छलिया स्वभाव बिलकुल छोड़ते नहीं। चुनते दगाबाजों को।
सभी कामों में ॥
मेहनतकशो, करो दूर ऐसे ऐय्याश पंडे को। निकल जाए कांटा।
जोती कहे ॥

(6)

सत्य का बर्ताव मानवों का धर्म। जानता नहीं मर्म। ऐसा है ब्राह्मण ॥
मेहनती शूद्रों के लक्ष्मी पाँव दबाती। कहता नहीं कुनबी। उसको कभी ॥
सुख देने-लेने से सभी सुखी होते। संकट भागते। चारों ओर ॥
मेहनती मानव शूद्र भाई समझो। उसका कल्याण करो। जोती कहे ॥

(7)

सत्य का अनुग्रह खुद जिसको हुआ। पीड़ा नहीं देता किसी को। बिलकुल ही ॥
काया वाचा मन से ब्राह्मण कोई नहीं। श्रेष्ठत्व न दिखावे। शूद्रादि को ॥
कुलाभिमानी शान न दिखाता। किसी से न दिखाता। अर्थदंभ ॥
ऐसे आदमी को गुणज्ञ समझो। उसका साथ करो। जोती कहे ॥

(8)

सिर पर जटाभार मृगचर्मी वस्त्र। पढ़ता आर्यशास्त्र। साधु हुआ ॥
ताबूत बनाए स्वाँग रँगाए। घर में खेले। बाघ की तरह ॥
साधु समान बाघ मनुष्य को किया। पीछा करे न कुत्ते का।
दौड़ते हुए ॥
सत्यबिन साधु मानव हुए। सारा व्यर्थ गया। जोती कहे ॥

(9)

माता-पिता से न होता कुलीन । दुर्गुणों की खदान । जग के लिए ।।
धन के बल से शराब नहीं छोड़ता । पालता वेश्या को । इज्जत गई ।।
ब्राह्मण होने से मगरूर वह हुआ । कष्ट देता शूद्र को । पूरी तरह ।।
दुर्गुणों से मुक्त नहीं हुआ । भगाइये पापी को । जोती कहे ।।

(10)

स्त्री पुर्नविवाह करने की मनाही । अन्याय की खुमारी । सीमा नहीं ।।
झूठे नोट खाता आर्य बनाते । रिश्वत खूब खाते । अन्याय से ।।
अन्य शूद्रों को पुराण सुनाते । विद्रोह करते । स्वार्थ के लिए ।।
अन्यायी ब्राह्मण कई जहाँ वहाँ । पीड़ा सबको देते । जोती कहे ।।

(11)

म्लेच्छों के धर्म की जलन से निंदा । ग्रंथों में लिखते । उनकी निंदा ।।
नित्य शूद्रों को तुच्छ गर्व से कहते । उसको इस्तेमाल करते । पशु जैसे ।।
शूद्र की निंदा, उसी का सब खाते । उसी से दूर रहते । अछूतेपन में ।।
बदगोई करना ब्राह्मण-धर्म : सही में घोटाला । जोती कहे ।।

(12)

आर्य नहीं जानते दयाधन मूल । गुलामों का बालक । शूद्रों को कहे ।।
ब्राह्मण करता मातंग-महार पर जुल्म । स्मृति की चालाकी । लिखा दिखाया ।।
आर्य देवता सारे बहुत शरारती । भागने लगते । जंगल-पहाड़ों में ।।
जुल्म का कारण ब्राह्मण ही मूल । किया उसने अटल । जोती कहे ।।

(13)

मानवों का वह जो अन्याय न करे । भाई की तरह । देखता सभी को ।।
मातंग-महार निंदा जानता न पीड़ा । जलाओ आर्य ग्रंथ । आग में ।।
वैभव की मस्ती, किसी को न पीड़ा । दबाओ पाताल में । नफरत को ।।
इसी को कहो सत्यवादी पूरा । जोती बंधु सही । मानवों का ।।

(14)

क्रोध से नफरत, सत्यधर्म का पालन । वही सही बलवान । मानवों में ।।
सभी के प्रति दया मन में कोमल । करता वश में । इंद्रियों को ।।
जग में जीता सद्गुणी कोमल । वासना का मूल । दाग नहीं ।।
सत्य को पाते ही त्यागता कलह को । वही चाहे सत्य को । जोती कहे ।।

(15)

कमल पत्तों को जल न पकड़े । कृष्ण जी न हो । भगवान तुम्हारे ।।
सूई नोक पर सरसों न रुकें । ब्राह्मण न होवें । सतकर्मी ।।

जग में ऐसा दिखाओ संसारी ब्राह्मण। उसी का चुंबन। हम लेंगे ॥
दूसरों की तरह दुर्गुणी ब्राह्मण। लाएँगे कहाँ से। जोती कहे ॥

(16)

कोख में सँभाला, जन्म उसको दिया। पिलाया-पोसा। माता ने ॥
सबके प्रति दया, माँ की सेवा बिना। कहे न सज्जन। उसको कोई ॥
दंभभक्ति के लिए संन्यासी बनते। मिटाते संतान। जग में ॥
आर्य पाखंड से माँ को कष्ट देते। पतन को पाते। जोती कहे ॥

(17)

आत्मज्ञान नहीं आर्य ब्राह्मणों को। पीड़ा मानवों को। देते सारी ॥
क्षमा-दया नहीं अहंब्रह्म हुआ। भिक्षुक हुआ। किया जग को परेशान ॥
अतिशूद्र ने इसको घटिया माना। गर्व से फूला। गीदड़ की तरह ॥
श्राद्ध के बहाने मूक गौ काटता। स्वयं विधि करता। जोती कहे ॥

(18)

सबल-दुर्बल उसको प्रिय सारे। नहीं रखता वह दूर। किसी को भी ॥
दोष दिखाने वालों से डर के रहता। सही बर्ताव करता। उनके साथ ॥
नफरत करने वालों से नम्रता दिखाता। शुद्धता दिखता। अज्ञानियों में ॥
ऐसे ब्राह्मणों ने दाग मानवों को। लगाया वह खास। जोती कहे ॥

(19)

अज्ञानी शूद्रों को अहंकार से सताता। पूरी तरह डरता। अंग्रेजों से ॥
पंडिताई का नशा अछूतों को दिखाता। यवनों का खाता। गीदड़ों की तरह ॥
यज्ञ में गौ-घोड़ों को काटता। महारों की निंदा। नफरत से ॥
ब्राह्मणो, तुम दुर्जन क्यों होते ? मानवों को सताते। जोती कहे ॥

(20)

सत्यवक्ता होते यदि ब्राह्मणों में। तो ये भोगविलासी। आये कहाँ से ॥
बोध पर वाणी आर्यों की अखंड। पेशवा ने द्रोह। किया कैसे ॥
जग में सबको प्रिय कौन आर्य हुआ। दिखाइए हमें। एक भी ॥
कल्पना का कृष्ण इन्होंने बनाया। मल्लाह ने मारा। जोती कहे ॥

(21)

सत्य निर्माता को खोजे बिना ही। पाखंडी कल्पना। ग्रंथ बनाए ॥
उसके आसन पर भूदेव बैठते। शूद्रों को ठगते। जैसे बहुरूपिया ॥
मृत के बेटों को नित सताते। जूता भी हड़पते। दान के साथ ॥
आर्य ब्राह्मणों को संकट समझो। उसकी खोज-बीन करो। जोती कहे ॥

(22)

ऐहिक की इच्छा अंग्रेजी पढ़ने की। आर्य दास होते। अंग्रेजों के ॥
ब्राह्मण पूरी तरह होते हैं पक्षपाती। ब्राह्मण को बचाते। न्याय में ॥
परलोक-आशा यज्ञ करवाते। भेड़ को खाते। अंग्रेजीपन में ॥
जप-जाप दंभ से घर में अकड़ते। शूद्र को दोष देते। जोती कहे ॥

(23)

सत्य से चलो—जिसको लोभ हुआ। मानवी शोभा। वही सुखी ॥
सभी का कल्याण मूल आशा जिसकी। इच्छा सद्गुणों की।
वही ज्ञानी ॥
अपना सुख-दुख दूसरों का जानता। उन्हीं का साथी। वही धन्य ॥
ऐसे मानव को सद्गुणी कहो। भाई समझो। जोती कहे ॥

(24)

सच्च-झूठ दोनों प्रिय ब्राह्मणों को। ना निंदा ना प्रशंसा।
किसी एक की।
उसे नापसंद प्रीति-पवित्रता। शुद्र से दोस्ती। क्षमा नहीं ॥
कभी निषेध नहीं धूर्त ब्रह्मनिष्ठ। क्रूर कर्मी नष्ट। जगद्वेष्टा ॥
मनुष्यता की नहीं उसको चिंता। सब में दुर्जन। जोती कहे ॥

(25)

श्राद्ध में गौ आर्य ब्राह्मण खाते। मौज मनाते। मृतक के नाम ॥
मरियल गौ दीन मातंग खाते। ब्राह्मण घृणा करते। सभी उससे ॥
अहिंसक जती जल निकलवाते। जंतु को मोक्ष देते। तृष्णा के लिए ॥
आर्य और जती नहीं सत्य वे। जीवन सबका निरर्थक। जोती कहे ॥

(26)

ब्रह्म जानने से ब्राह्मण यदि होते। कैसे वे बचते। शूद्रादि ॥
सबसे करते रोटी-बेटी संबंध। नाग जैसा नशा। ब्राह्मणों में ॥
ख्रिस्त-मुहम्मदी की नीच मानते। सताते उनको। पशु जैसे ॥
ब्रह्म जानें वही ब्राह्मणों का लक्षण। दुर्गुणों की खदान। जोती कहे ॥

(27)

भूत-वर्तमान-भविष्य काल में। डरता नहीं किसी से।
सत्य के कारण ॥
त्रिकाल जग में सचाई से रहता। सुख बाँटता-लेता। सभी काम में ॥
उसके बाद सुख संतानों को। हर्ष मानवों को। जग में ॥
ऐसे को कहिए बुद्ध महाजन। मानवी भूषण। जोती कहे ॥

(28)

ब्राह्मणों का धर्म जती मारवाड़ी। अनाज-पेड़ा बाँटते। मरने के बाद ।।
स्नान-पूजा के बाद न छूता मानव को। न खाता न पीता सरेआम ।।
बेटी-व्यवहार न करता शूद्रों से। न देता उच्छिष्ट। अछूतों को ।।
आर्य ब्राह्मण शोभा नहीं देता मानव को। सही राह पर न आए।
जोती कहे ।।

(29)

कल्पना के भगवान बनाए अनेक। लिखा है पाखंड। हित के लिए ।।
किन्नर-गंधर्व ग्रंथों में आए। अनाड़ी फंसाए। नकल से ।।
बेशर्म शुद्धीपन उसका अधिष्ठान। फुसलाते नादान।
शूद्रादि को ।।
ब्राह्मणों ने नित्य हो निर्लज्ज। शूद्रों को किया लाचार। जोती कहे ।।

(30)

भगवान ने नहीं किया तेरे लिए सारा। कर मत गर्व। प्राणियों में ।।
देह देकर के बुद्धिमान बनाया। अमीरपन दिया। सभी में ।।
दुनिया के कल्याण में काया अर्पित करो। कार्य में लगावो। सत्य के लिए ।।
इसी से होगा जन्म सार्थक। समाधान निर्माता को। जोती कहे ।।

(31)

सत्य जिसका धैर्य सदैव गंभीर। सत्यवादी शूर। सम्माननीय ।।
जितेंद्रिय, जो मानव का भूषण। सद्‌गुणी संपन्न। सभी में ।।
दूसरों के सुख-दुख अपने से तोलता। सभी के प्रति। एकभाव ।।
ऐसे मानव को कहिए सज्जन। जोतिबा चुंबन। ले उसका ।।

आत्मपरीक्षा

(1)

दूसरों के लाभ में समाधानी होता। सहयोग देता-लेता। सद्‌गुणों का ।।
ज्ञानी बनाता पंगु दुनिया को। यही सदा निश्चय। घर में ।।
'अपने से दुनिया को जानो'। मानव को समझता वह। भाई समान ।।
आत्म परीक्षा करता है दुनिया में। धन्य मानी। जोती कहे ।।

(2)

दुनिया के सभी मेरे हो। किसी से न हो। नफरत मूल में ।।
स्वार्थ के लिए परेशान रहता। कोशिश हर करता। नाम के लिए ।।

सच्चा मतलबी सब में रहता। निराश करता। बेचारों को ॥
आत्म परीक्षा की परवाह नहीं। कुढ़ता खेद से। जोती कहे ॥

(3)

निर्माता की निर्मिति। मानव सकल। दिया बुद्धि बल। कम-ज्यादा ॥
अपनी समझ से धंधा अपनाते। सफलता मिलती। धंधे में ॥
सिपाही का धंधा आर्यों ने किया। शूद्रों को जीता। शस्त्रबल से ॥
खानदानी उनको दास बनाया। बदला चुकाया। पूरी तरह ॥
शूर मील-मछुआरे तीर से मारे। भगा दिए उन्हें। जंगलों में ॥
मातंग-महारों[1] को किया परास्त। सजा भयंकर। आर्यों की ॥
वेद-मनु नहीं आत्मपरीक्षा। आर्यों के दुष्कर्म। जोती कहे ॥

(4)

आर्यों ने सभी को पदच्युत किया। गर्व में डूबे। खोजा वेद ॥
निराशा शूद्रों को आज तक हुई। दासों में गिनती। उनमें से ॥
आनंदित हुए शिक्षाबंदी की। छूते ना छाँव। अछूतों की ॥
आर्यों ने नकारा आत्मपरीक्षा को। पीड़ा विजितों को। जोती कहे ॥

(5)

आर्यों की ईर्षा पीड़ा विजितों को। लूटा अज्ञानियों को। पूरी तरह ॥
छुपाए वेदों का आधार बताते। श्रेष्ठत्व लेते। अपनी ओर ॥
मानवों के हक शूद्रों का मुख्य दावा। यही वेदों की चाल। ब्रह्मकर्म ॥
आग लगे आर्य आत्मपरीक्षा को। पीड़ा अछूतों को। जोती कहे ॥

(6)

आर्य कुछ ग्रंथ तर्क से बनाए। नहीं भगवान से घबड़ाए।
स्वार्थ के लिए ॥
शूद्रादि के घर में पारायण किया। उसको ठगाया। धर्मामिष में ॥
धंधा किया नहीं सबको ठगाया। भूदेव बन गए। उनके यही ॥
आत्मपरीक्षा को आर्यों ने त्यागा। धर्म लंगूर हुए। जोती कहे ॥

(7)

शूद्रादि को सभी आर्यों ने लूटा। फूंक-फूंककर खाया। चूहे की तरह ॥
सारी बातों में सीमा को तोड़ा। छूते नहीं छाँव। खाते हुए ॥
ऐसे आचरण से डरता नहीं मन से। मन को नहीं लज्जा।
मन में घमंड ॥

1. महात्मा फुले के अनुसार ये जातियाँ किसी समय की क्षेत्रिय अर्थात् क्षत्रिय योद्धा जातियाँ हैं।

हमेशा मन में नफरत अपराधी हठ। नहीं उसको बल। सद्गुणों का ।।
आत्मपरीक्षा को नजरबंद किया। काला पानी जारी। जोती कहे ।।

(8)

मातंग-आर्यों में जाँचते ही खून एक। एक ही आत्मा जान। दोनों में ।।
दोनों समान सब खाते-पीते। इच्छा भी भोगते। एक समान ।।
मातंग-आर्य दोनों शोभा मानव की। दोनों का आचरण। एक जैसा ।।
सारे ज्ञान में आत्मज्ञान श्रेष्ठ। कोई नहीं भ्रष्ट। जोती कहे ।।

(9)

वहाँ कैसा देश, धर्म-जाति भेद। सभी की उम्मीद। सुख के लिए ।।
सुख की खातिर लोभ पैदा हुआ। पीड़ा सभी को। एक जैसी ।।
मानव का मोह-ईर्षा खास उसका। खून-खराबा हुआ। दुनिया में ।।
आपस्वार्थ में आत्मज्ञान भ्रष्ट। हुए बहुत दुष्ट। जोती कहे ।।

(10)

मानव के हक सभी को समझाओ। फिर कौन त्राता। ब्राह्मणों को ।।
पूछता हूँ सब हुए कैसे नीच। आर्य क्यों ऊँच। बलिस्थान में ।।
जहरीले वे वेद अज्ञानी को काटते। सुराख में भागते। साँप की तरह ।।
कलह भड़का, सभी का विनाश। पाखंडी धर्म। फेंको दूर ।।
आने वाला खतरा जैसे-तैसे टालो। शूद्रादि से नाता। जोड़ो अब ।।
वक्त आया आत्मपरीक्षा करो। निर्माता को याद करो।
जोती कहे ।।

(11)

भ्रष्ट आर्य, तुम सद्गुणी क्यों न होते। म्लेच्छों की मिसाल दो।
दुनिया में ।।
अब बस हो गया स्वाँग भूदेवों का। धूर्त नाटकबाज उनकी।
दुनिया में छि:-छि: ।।
शरण जाकर उनकी क्षमा माँगो। नहीं दूसरा स्थान। तुम्हारे लिए ।।
आत्मपरीक्षा को तुम अपनाओ। घृणा को रोको। जोती कहे ।।

(12)

अपने दोष, अपनी बुराई सुधारिए। सत्य से चलिए। सभी के साथ ।।
मेरे से लोग जैसा बर्ताव करे। वैसे ही मैं करूँ। दुनिया के साथ ।।
उसमें अपना-पराया न हो मन में। फिर मज़ा कीजिए। दुनिया में ।।
आत्म-परीक्षा में सावधान रहिए। जोती देता बोध। धूर्त लोगों को ।।

(13)

यदि तुम्हारी सुख के लिए दौड़ धूप। फिर भी चाहिए बल। सत्य का ।।
हिम्मत से चलिए सत्य जानकर। सुखी कीजिए जन। दुनिया में ।।

फिर तू सारा सुखी हो जायगा। पार हो, पार करेगा। दूसरों को ॥
सही यही ज्ञान, आत्मपरीक्षा। ज्ञाम का लक्षण। जोती कहे ॥

नीति

(1)

पैदा किए भाई नर-नारी प्राणी। उसमें गोरा कोई। रंग-वर्ण ॥
उनके कल्याणार्थ, बुद्धिमान किया। आजाद रखा।
अपने-अपने काम में ॥
किसी को न पीड़ा कमाए-खाए। सबको सुख दो। आनंद में ॥
सही यही नीति मानवों का धर्म। बाकी अधर्म। जोती कहे ॥

(2)

मेरा कोई कुछ न ले जग में। यही मन ही मन में। मानवों के ॥
मेरे मन में, सारा मुझे ही चाहिए। पराया कोई न हो। दुनिया में ॥
अपने-आपसे दुनिया जानो। उन्हीं के संग चले। सत्य वही ॥
मानवों का धर्म-सत्य-नीति लक्षण। दीजिए जीवनदान। जोती कहे ॥

(3)

सत्य बिन नहीं धर्म वह सीधा। जनों से टेढ़ा। मतभेद ॥
सत्य को छोड़ते ही विवाद में उलझता। बुद्धि से दुश्मनी। जीवन-भर ॥
सत्य वही धर्म करो कायम। मानव को आराम। पूरी तरह ॥
मानवों का धर्म सत्य, यही नीति। बाकी कुनीति। जोती कहे ॥

(4)

अपने हित के लिए सत्य से चलिए। सुमार्ग पर लगावें। भाइयों को ॥
अपना बर्ताव पहले करो ठीक। दुर्गुणों से घृणा। सही सुख ॥
मानवी सुख में हिस्सेदार होते। फल को पाते। सभी मिलकर ॥
मानवों का धर्म सत्य, सही नीति। बाकी कुनीति। जोती कहे ॥

(5)

अपने हित के लिए ले साथ सत्य का। निर्माता आधार। सारी जगह ॥
अपना-पराया नहीं देशधर्म की पहेली। करो घृणा। सत्य के लिए ॥
मानवी भूषण तू ही होगा खास। सबका पड़ोसी। दुनिया में ॥
मानवी नीति यही धर्मनीति। बाकी कुनीति। जोती कहे ॥

(6)

झूठ बोलकर अज्ञानी को चूसना। लूटकर खाना। भाइयों को ॥
दगाबाजी से दोस्तों को ठगना। नहीं है लक्षण। सज्जनों का ॥

धंधा कलाल का कर परिवार को पालना। शराबी करना। बच्चों को ।।
मानवों का धर्म सत्य, सही नीति । बाकी कुनीति । जोती कहे ।।

(7)

प्रामाणिकता हो जिसका मूल गुण। दिखाता नेकी। सभी को ।।
कृतज्ञ होकर मानव को सँभाल । निर्माता का बल । तुम्हीं पर ।।
विनम्र होकर राखिए सौजन्य को। लगिये काम को। दिन-रात ।।
मानवों का धर्म सत्य, सारी नीति। बाकी शरारती। जोती कहे ।।

धीरज

(1)

सत्य का प्रेम, मन की सफाई। चित्त को शांति। जहाँ है ।।
जहाँ स्थान स्थिर सदा हृदय में। सत्य व्यवहार में। इस्तेमाल करो ।।
पीड़ा-दुख सहा, संकटों से तारा। दुखियों को पार। किया जग में ।।
धीरज से सबको सुख देते। यशवंत होते । जोती कहे ।।

(2)

धीरज टूटते ही शूद्रों को दास बनाया। आर्य घमंडी हुए। भोग में ।।
डरपोक शूद्र मूर्ख-अज्ञानी बेचारे। आर्यों के चरण छूते। इज्जत गई ।।
अज्ञानी इसलिए म्लेछों से लड़े। जान भी गँवाए। आर्यों के लिए ।।
शूर मातंग-महारों को आर्यों ने सताया। पशु बनाए। जोती कहे ।।

(3)

धीरज होने से समय आने पर। निर्णय करने पर। सफलता आती ।।
निश्चय से ठान लेते। संकट टल जाते। दुनिया में ।।
बड़े-बड़े गुण स्थिर कर कीजिए धीरज। करो समर्थन । लगातार ।।
सत्य व्यवहार से खतरे दूर भागते। विनाश पाते। जोती कहे ।।

(4)

दुष्ट आचार से मन में डर रहता। परेशान होता। उसका चेहरा ।।
विनाशी कर्मों का भंडाफोड़ होते ही। होगी दुर्गति। मन में डर ।।
सरल स्वभाव सत्य आचरण। नहीं उसके बिना । समाधान ।।
निर्माता डर का लेता है आधार। सही उसका धीरज। जोती कहे ।।

(5)

मन निर्मल भार निर्माता पर। सत्य अपनायेगा । दुनिया में ।।
धर्म जाति भेद निकालो मन से। सुखी मानव में। धन्य वही ।।

सत्य कहने का आर्यों में नहीं धीरज। धूर्त नटखट। सही मसखरी॥
झूठे वेद-मनु अछूतों को न दिखाता। जनों में न लाता। जोती कहे॥

समाधान

(1)

जीव प्राणी सारे पैदा किए। साधन दिए। हर तरह॥
पदार्थ पैदा करके सबको पाला। आनंद दिया। हमेशा के लिए॥
उनमें मानव बुद्धिमान बनाया। सत्य का पालन। उदाहरण के लिए॥
दुखी-परेशान अनाथों को पालो। प्यार से रहिए। भाई समान॥
उसकी मेहनत पर सोचो अपने दिल में। उपकार मन में। जानो मन से॥
परपीड़ा देना मानव को कलंक। कलह का साधन। दुनिया में॥
कृतज्ञ होकर मानो समाधान। तृप्ति का लक्षण। जोती कहे॥

(2)

लापरवाही करती नीयत पुरोहिती की। शिकस्त दुर्गुणों की। संसार में॥
व्याधिग्रस्त होते दाँत-होंठ चबाते। तब खौलते। मन ही मन में॥
सरकार पर व्यर्थ गुस्सा खाते। स्नेह की निंदा करते। बीच-बीच में॥
समाधान समाप्त, खोता बुद्धिबल। व्यर्थ की चिंता। जोती कहे॥

(3)

मेरी ही योग्यता ज्यादा है कहता। दिखाता निडरता। अज्ञानियों को॥
मूर्ख के घर में न दूध (लेना) या न मूत्र (त्यागना)। मोक्ष वेदांत में॥
है कहता॥
अनपढ़ों को लूटकर प्रपंच चलाते। जग में चिल्लाते। हुए मुक्त॥
उसको कैसे सुख-समाधान-आनंद। पापी यही मुख्य। जोती कहे॥

(4)

अपनी योग्यता नहीं सद्गुणों में। न सोचता मन में। जैसे भेड़॥
आत्मज्ञान नहीं, बेटा कलाल का। धंधा कसाई का। ज्ञान कहे॥
समाधान उसने किया जलावतन। करो बरबादी। शांति की॥
नहीं उसको मूल में निर्माता का डर। अज्ञानी नहीं वह। जोती कहे॥

(5)

विनाशी आचार से व्याधिग्रस्त होते। संतान को धोखा देते।
कभी-कभी॥
भाग्य बताकर उसको दोष देते। गाली-गलौज करते। उसके नाम॥

भाग्य में था वैसे ही हुआ। ब्रह्मा ने लिखा। झूठ नहीं।।
अयोनिसंभव पैदा हुआ नारायण। झूठ समाधान। जोती कहे।।

(6)

स्वर्ग की शांति कल्पना मन में। लिखा है ग्रंथ में। तर्कबल से।।
कहाँ है स्वर्ग देखा है किसने। डरो नहीं मन में। दिखावो हमें।।
तुम पर सवाल जनेऊ वाले दादा। भड़कावो न विवाद। आर्यदादा।।
झूठ बोलने वालों को समाधान नहीं। खोज कर देखो। जोती कहे।।

(7)

जैसे उसके कर्म वैसे फल देते। रीत सिखाते। संतानों को।।
दुष्ट कर्म तुम बिलकुल छोड़ दो। आगे नहीं खतरा। बाल-बच्चों को।।
जो भी हुआ मन में चिंता न करो। सत्कार्य में लगावो। अपने को।।
सही समाधान पावो धीरे-धीरे। आनंद दुनिया को। जोती कहे।।

(8)

असंतोष राजा, मत्सर प्रधान। सिपाही दुर्जन। भली भाँति।।
ईर्षा चोपदार देते चिंघाड़। कहता दे दो बलि। सद्गुणों का।।
अज्ञानी प्रजा को शराबी बनाते। कलह घर-घर में। सुख नहीं।।
ऐसे आचार से नहीं समाधान। सही यह, पत्थर। जोती कहे।।

(9)

दुष्ट आचार से नीचता पाते। खतरे खड़े होते। तुरंत ही।।
पछतावे के बाद सोचने लगते। होश में आते। मन ही मन में।।
सुमार्ग पर चलते होते महाजन। होगा भी कल्याण। पल-पल में।।
समाधानी स्वभाव जिसका अखंड। सुख में आनंद। जोती कहे।।

(10)

समाधानी स्वभाव जिसका अखंड। खतरे भागते। तुरंत ही।।
सत्य का बल मन में, पूरा विश्वास। करो कोशिश। गरीबों के लिए।।
सज्जन सॉक्रेटिस को जहर उन्होंने पिलाया। सताकर मारा।
नफरत से।।
समाधान जिसका भंग नहीं हुआ। ग्रंथों को देखो। जोती कहे।।

सहनशीलता

(1)

संकट में खेद बिलकुल नहीं मानते। हिम्मत को रखते। क्रोध बिना।।
व्याधिग्रस्त होने पर मनोव्यथा नहीं। घर में करते नहीं। कटकट।।

गलत कामों की उपेक्षा करते नहीं। तरीका खोजते नहीं।
बदले के लिए ॥
उसको उपदेश करना न भूलते। विवाद में न उलझते। उसके साथ ॥
सहनशीलता के बिना सुख न पाएगा। समाधान न होगा। जोती कहे ॥

(2)

ईरानी ब्राह्मण[1] बलिस्थान[2] में आए। क्षत्रियों को जीता। द्रव्यलोभ मे ॥
वेदों में है उसका प्रमाण। सिपाही का काम। आर्यों ने किया ॥
विजित मानव को छूना मना किया। न लेता छाया। घृणा मे ॥
शिक्षा बंद की, अज्ञानी रखा। लंगूर अमीर हुए। लूट-खसोट से ॥
सहनशीलता सही मातंग-महारों की। दुर्गति आर्यों की। जोती कहे ॥

(3)

दुष्ट आचार से नष्ट कर्मी होते। संकट भोगते। और कष्ट भी ॥
दुख-कष्ट होते भगवान को दोष देते। निर्माता की निंदा। पूरी तरह ॥
जन्म-मरण और सुख-दुख देता। कर्ता करवाता। उसकी लीला ॥
किया दुष्ट कर्म कहने का डर। भगवान की अप्रतिष्ठा। मूल में ही ॥
सहनशीलता नहीं ऐसे पाखंडी को। ऐसे नास्तिक को। जोती कहे ॥

(4)

मानव एक जैसे निर्माता ने बनाए। कम नहीं बनाया। किसी को ॥
कम-ज्यादा बुद्धि मानव को दिया। किसी ने नहीं लिया। खानदान से ॥
शूद्रादि नहीं किसी में कम। इंद्रियों में निशान। आर्यों जैसे ॥
मानवों के हक वे क्यों भूल गए। अतिशूद्र हो गए। जनावरों जैसे ॥
शूद्र कब हुए आर्यों के दास। बाकी अनुदास। कैसे हुए ॥
आर्य लोभ मूल कलह का कारण। ग्रंथ देखने से। पता लगता ॥
मूल धर्म-भेद मानवों को न हो। एकता हो। दुनिया में ॥
सार्वजनिक सत्य ग्रंथ को लिखा। उसको छपाने को। धन का अभाव ॥
शूद्रादि पर दया आई जब लोगों को। देशस्थ भाइयों को।
मर्द की तरह ॥
ग्रंथ छपाने की हुई शुरुआत। प्रति दो हजार। एक साथ ॥
बिक जाने पर रुपया लेने की बात। शर्म नहीं आई। कंजूस शूद्रों को ॥

---

1. महात्मा फुले के मतानुसार ब्राह्मण अर्थात् आर्य। आर्य ईरान से भारत में एक हमलावर के रूप में आए थे। वे आर्यों को मूल भारतीय नहीं मानते।
2. बलिराजा के नाम पर महात्मा फुले ने आज के भारत को हिंदुस्थान नहीं बलिस्थान कहा है।

मोरो विठ्ठल वाड़वेकर भारी-भरकम । सहनशील अखंड । बंबई में ।।
सदसद्विवेकी सुबोध का दाता । नारी का पिता । जोती मित्र ।।

(5)

कुछ दिन के लिए शराब तो छोड़ो । वही पैसा जोड़ो । ग्रंथ के लिए ।।
ग्रंथ पढ़ करके मन में खोज करो । न दो सहारा । दुश्मनी को ।।
झूठे धर्म को नहीं सत्य का आधार । व्यर्थ की बड़ाई । स्वार्थ के लिए ।।
सत्य को छोड़कर धर्मवादी होते । युद्ध में करते । खून-खराबा ।।
कलह की शिक्षा बच्चों को देते । सदियों से देते । दुख दुनिया को ।।
सहनशीलता के बिना नहीं समाधान । एकता का बंधन । जोती कहे ।।

सद्विवेक

(1)

मन में बांध रखो सद्विवेक को । वही संतानों को । सुख देगा ।।
जगहित के लिए सत्य पर चलते । हित वे करते । अपना भी ।।
स्वार्थ के लिए नासमझ को सताया । उसने वैसा किया । फिर कैसे ।।
सद्विवेक से तुम करो न्याय । नहीं आगे डर । जोती कहे ।।

(2)

विवेकी न करे जप-अनुष्ठान । फिजूल दान । निर्माता के हेतु ।।
विवेकी न ढलता दीन रँड़ापे पर । उसको न मुँड़वाता । हजाम से ।।
विवेकी न पूजता धातु-पत्थरों को । कहे न शूद्रों को । तुम नीच ।।
सद्विवेक बिन करता कोशिश । पाखंडी केवल । जोती कहे ।।

(3)

पशुहिंसा है असल वेदांत । पुण्य गोवध में । धूर्त कहे ।।
शूद्रादि को प्रमाण देते मनु का । मजे ब्राह्मणों के । बलिस्थान में ।।
मनु का निषेध बाहर फेंक दो । मानिए शूद्रों को । भाई समान ।।
सद्विवेक बिन आर्य पाषाण । कलह का यह रक्षण । जोती कहे ।।

(4)

आर्यों ने त्रस्त मातंग-महारों को किया । पाताल में दबाया ।
स्पर्श बंदी ।।
धूर्त ऋषियों ने वेदों को बनाया । नफरत से सताया । सीमा नहीं ।।
अनाज बिन कई भूख से मरे । जूठन नहीं दी । ईर्षा मूल ।।
सद्विवेक को आर्यों ने त्यागा । उनको बेहाल किया । जोती कहे ।।

(5)

भाई आर्यो, दयालु होइए। जलाकर रखिए। मनुग्रंथ ॥
वेदांती कहते हो, तुमको कैसा भेद। दे दो मौका। मनुष्यों को ॥
ढुलाओ नहीं खिस्ती-मुसलिमों को। मातंग-महारों को।
और शूद्रों को ॥
निश्चय से रखो घर में सद्विवेक को। उदाहरण संतानों को।
जाती कहे ॥

(6)

भाई, सद्विवेक को बहुत लोग भूल जाते। धर्म को सिखाते।
घर-घर में ॥
मानवों का धर्म एक वह कौन-सा। दुनिया में खोजो। कई धर्म ॥
हर कोई कहे मेरा धर्म सच्चा। अहंकार में फूले। दुनिया में ॥
किस धर्म को दुनिया अपनाए। जीवन में लाए। जोती कहे ॥

(7)

वेद-मनुग्रंथ घर में छुपाए। म्लेछों को गुमराह किया। संदिग्धता में ॥
उनका ब्रह्मरहस्य अंग्रेजों ने खोजा। बाहर निकाला। छि:-छि: करवाई ॥
मातंग-महारों को बढ़ावा देते। बड़े ओहदे देते। फौज में ॥
अंग्रेज पालते सद्विवेक को। कलंक आर्यों को। जोती कहे ॥

(8)

अछूत भाइयो, तुम उपकार मानो। मन में याद करो। अंग्रेजों को ॥
आर्य हितों के लिए राष्ट्रीय सभा। शूद्रादि की शोभा। कैसे रहे ॥
गोरे लोग आएँ सभा में जाएँ। भंडाफोड़ करो। ब्रह्मरहस्य का ॥
मर्दानगी से सँभालो सद्विवेक को। खुशी यही मानव को।
जोती कहे ॥

(9)

समय आने पर कलह भड़काते। अज्ञानियों को लड़ाते। अटल धूर्त ॥
स्वार्थ के लिए कुछ चतुराई करते। ऊधम राज्य में। शूद्रों को हानि ॥
वक्त देखकर शूद्रों की देते कुरबानी। जप में होते। अटल धूर्त ॥
नित उनकी जो संगत करते। फजीता पाते। जोती कहे ॥

(10)

कलालों का धंधा नहीं दया-शांति। सरेआम लूटते। पंडों जैसे ॥
रंडियों का धंधा, किच-किच करतीं। नाच वे करतीं। उनके सामने ॥
गायन करके उनको लुभातीं। घर को रुलातीं। आँगन में ॥
सद्विवेक बिन मूर्ख शराब पीते। बच्चे को भी सिखाते। जोती कहे ॥

(11)

दुनिया में धर्म अनगिनत होते। युद्ध रचते। भैंसे की तरह ।।
भैंसे पकड़ने वाले जान गँवाते। कई लोग कहते। स्वर्ग में गया ।।
कोई कहे सबकी हत्या हुई। जन्नत में गये। कोई कहे ।।
सद्विवेक बिन सभी हड़बड़ाए। खून-खराबा किया। जोती कहे ।।

उद्योग

(1)

मानव के उद्योग कई हैं। अच्छे-बुरे। समय गुजरता है ।।
स्वार्थ के लिए उद्योग करते हैं। मार्ग दिखाते हैं। संतानों को ।।
उनमें आलसी-दुष्ट-दुराचारी। जनता से दुश्मनी।
उनकी हमेशा के लिए ।।
जैसा जिसका धंधा वैसे फल आते। सुख दुख में बदलते। जोती कहे ।।

(2)

सत्य उद्योग से व्याधि गायब होती। तबियत भी रहती। बलवान ।।
उत्साही मन लगे काम को। इस्तेमाल करता धन को।
हमेशा के लिए ।।
सदाचार सुख उसकी सेवा करते। शांति भी देते। शौक से ।।
नित यश देता उसके प्रयास को। सुख सभी को। जोती कहे ।।

(3)

प्रयास जो करता दीन भाइयों के लिए। ममता है मन में।
मानव के प्रति ।।
शिक्षा सबको देता सद्गुणों के प्यार की। करता नित चिंता।
अज्ञानियों की ।।
बेसहारा दीनों को सहाय्य करता। काम भी देखता। सँभाल के ।।
उसके प्रयासों को सफलता मिलती। दुनिया को सुखी करता।
जोती कहे ।।

(4)

सभी दुर्गुणों का आलस है पिता। बचपन की आदत। सभी को ।।
युवापन में दुर्गुणी संसारी। करता बुढ़ापे में। हाय हाय ।।
धंधा छोड़कर कलाल बनते। गाली-गलौज करते। दुनिया को ।।
आलसी को कभी सुख नहीं मिलता। शांति नहीं मिलती। जोती कहे ।।

(5)

धनवान आलसी - जुआरी होते। छुपकर खेलते। दूसरी ओर ।।
दाँव जीतते ही इनाम वेश्या को। खिलाते कंजूस को। हमेशा ।।
पैसा हारते ही खेतों की बारी। सबकी देता बलि। घर के साथ ।।
पूरे साल-भर घूमता नंगा-भूखा। चिल्लाते देखा। पेट के लिए ।।
आलसी का धंधा—बेशर्म होते। भीख माँगते। जोती कहे ।।

(6)

आलसी का धंधा—प्रयास करते। दुकानदारी करते। सोरही की ।।
बिलकुल पैसा देते नहीं किसी का। प्राप्ति मुनाफे की। देते नहीं ।।
उचक्के के समान अनपढ़ को ठगते। तमाशा दिखाते। काम वाले को ।।
ऐसे आलसी बेहाल होते। धूल-मिट्टी खाते। जोती कहे ।।

(7)

रोजगार के लिए पैसा नहीं पास। गया अज्ञानी के पास। मुनाफा हल ।।
सेर खरीदने वाले को फाँसी का फंदा। चौथाई में सारी। जड़ी-बूटी ।।
पैसे डूबने पर नहीं उसको न्याय। सूखा आशीर्वाद। पंडे के पास ।।
उचक्के की तरह जेब मारते हैं। मुँह छुपाते हैं। जोती कहे ।।

(8)

शेअर मार्किट में खपत कागजों की। मुनाफा दलालों का। बुनियाद अच्छी ।।
शेअर कागज को देखकर रोते। कोसते रहते। संयोजक को ।।
शेअर व्यापार का भाड़ में जाय धंधा। होकर बर्बाद। लूटता मूढ़ को ।।
आलसी का सचमुच रोज यही धंधा। दूर से ही टालो। जोती कहे ।।

(9)

पैसों की दुनिया में केवल गप मारना। फिजूल गप हाँकना। पैसों की लूट ।।
पैसे के लालच में खेत को बेचते। जल हटाते। सागर का ।।
दुनिया में ठग धनवान होते। दीवाला निकालते। अंत में ।।
उसकी संगत से कंगाल होते। जान भी गँवाते। जोती कहे ।।

(10)

शेअर्स खरीद कर उद्योग चलाता। हिसाब रखता। रोज के रोज ।।
खतौनी सारी सही-सही रखता। मुनाफे को नुकसान में दिखाता। खोजते उसको ।।
जमानत देकर नीति अपनाए। सबको बचाइए। इज्जत में ।।
शेअर्स बेचने पर कुछ मुनाफा हो। बताइए दुनिया को। जोती कहे ।।

(11)

आलसी का धंधा झंझट खड़ी करना। दीवारें तोड़ते। आधी रात में॥
ले जा सके उतनी चोरी करते। धीरे से जाते। घर के भीतर से॥
दुष्ट-विनाशी गुण खून में आते। साँप की तरह होते।
दुनिया को परेशानी॥
उसके धंधे को नहीं सफलता। निर्माता खफा। जोती कहे॥

स्वच्छता

(1)

स्वच्छता के लिए नहाना चाहिए। कपड़ों से पोंछो। तुरंत ही॥
नहाने का आलस। फुंसियों का, खुजली का मरीज। आद्यस्थान॥
दाँत चबाकर बोलते-चालते। नित खुजलाते। समय गँवाते॥
अपनी ही साफ-सफाई भूल गया। हकीम ने लूटा। जोती कहे॥

(2)

अंग वस्त्रों को धोने का जिसको आलस। सहलाता बार-बार।
दोनों आँख॥
दाँत उघाड़ते जाँघ सहलाते। निकालते ही किट। मजा आए॥
कपड़ों पर चिल्लड़ चुटकी में पकड़ते। मसलकर मारते। चुपचाप॥
अंग वस्त्र सफाई से रखना नहीं जानता। लानत है उसको। जोती कहे॥

(3)

नहाने के बाद उत्साह मन में। जुटता काम में। इच्छा से॥
स्वादिष्ट लगता रूखा-सूखा भोजन। न होता अजीर्ण। कभी उसको॥
छूत की बीमारी न होगी कभी उसको। मन का समाधान। हर तरह॥
शरीर की सफाई रखने को जो भूलता। सुख नहीं पाता। जोती कहे॥

(4)

कपड़े धोने से वे ज्यादा टिकते। खुशियाँ देते। पहनने वाले को॥
धूल और पसीना कपड़े सड़ाते। दुर्गंध फैलाते। नाक तक॥
दुर्गंध आते ही सब नफ़रत करते। दूर ही रहते। उनके संग से॥
कपड़ों की सफाई रखना न जानते। वे व्याधिग्रस्त होते। जोती कहे॥

(5)

निर्माता ने बनाया मानव पवित्र। कम-ज्यादा फर्क। बुद्धि में॥
परंपरा से बुद्धि नहीं किसी में। खोज करो पहले। पूरी तरह॥

सत्य पाकर के मन करो साफ। फिर समझ नीच। मानव को ।।
मन की सफाई को नहीं समझ सका। धरती पर बोझ हुआ। जोती कहे ।।

घर-कार्य में सावधानी

(1)

आवक से ज्यादा खर्च जो करते। कर्जदार होते। जान का काँटा ।।
सारे रिश्तेदार आते-जाते रहते। परेशान करते। बेहिसाब ।।
मतलबी स्नेही प्यार से बोलते। ठग करके खाते। मौका पाकर ।।
घर कार्य में सावधानी नहीं बरती। कंजूसों ने लूटा। जोती कहे ।।

(2)

पूरी तरह चतुर है जो मामूली। वही सुरक्षित। दुनिया में ।।
सज्जनों की संगत, निरोग संतान। भागते संकट। चारों ओर ।।
मृत के पीछे कोई दोष न देता। आनंद संतानों को। बहुत दिनों तक ।।
घर-कार्य को जिसने सँभाला। अभिमान निर्माता को। जोती कहे ।।

विभाग । दो

गणपति

पशु सिर में सूँड़, पुत्र मानव का । स्वांग गणपति का । लिखा है ग्रंथ में ।।
वैसे चूहे पर लाद करके शरीर । फूँकता है साँसें । सूँड़ से ।।
अछूतों से दुराव, पंडों को लड्डू देता । पवित्रता की डींग । हाँकता जैसे ।।
गारा खुँदवाकर बनाया गणेश । किया ढबुआ ढेर । भाद्रपद में ।।
.......................सिवाय । कराते भ्रमण । सारे लोक में ।।
............चंद्रमा की हँसी देखकर । शाप-वरदान । मन में ।।
............चंद्रमा को देखा । रीछ से ब्याहा । कृष्णपक्ष में ।।
.........घेरा गणपति ढेरी को । पति मिला है । देवबप्पा ।।
गणोबाजी पूजा श्रद्धालु से करवाते । हराम का खाते । घी-रोटी ।।
जय मंगलमूर्ति-जयमंगलमूर्ति । नित कितना गाते । तालियाँ बजाते ।।
उत्सव के नाम पर पैसा हड़पते । बाँटते प्रसादी । धूर्त पंडे ।।
जती मारवाड़ी गरीब ठगते । मंदिर बनाते । नाम के लिये ।।
भगवान के नाम पर दुनिया को सताते । पतन को पाते । निश्चित रूप से ।।
सच्चे भगवान भक्त शरीर को पीड़ा देते । पालन करते । परिवार का ।।
अनजानों को ज्ञान, पंगु को अन्नदान । वही सही स्मरण । निर्माता का ।।
भोला वारकरी, उसको दिया झाँसा । स्मरण में फल । है कहता ।।
क्षत्रिय राम का धूर्त बना दास । पाता शिवाजी को । स्वार्थी ।।
दादू कोंडदेव उसको रखते अज्ञान । कराते तुलादान । छद्मी पंडों को ।।
स्व जातिहित के लिए बताया पाखंड । धर्म लंगूर सही । जोती कहे ।।

आर्य ब्राह्मण पंडों की चालाकी

(1)

सभी का निर्माता एक है जान । पालन-पोषण । वही करता ॥
नर-नारी-हक़ सबको बताओ । सत्य को समझावो । मानवों को ॥
देश-धर्म-भेद न हो मन में । भाइयों के समान । जानिए सबको ॥
ऐसे अध्यापक हर जगह नामजद करो । आदि सत्य को नमन करो ।
जोती कहे ॥

(2)

सार्वभौम सत्य जिसकी दौलत । निर्माता श्रेष्ठ । सभी एक ॥
उसने बनाए मानव ये सारे । उसी की संतान । वही रक्षक ॥
अपने से दुनिया को पहचानो । सबको शांत कीजिये । संसार में ॥
जैसा हम लोगों से बर्ताव करेंगे । उसके फल पाएँगे । जोती कहे ॥

(3)

आर्यों ने क्षत्रियों को युद्ध में जीता । उनको दास बनाया । पीढ़ी-दर-
पीढ़ी ॥
घृणा से दासों को कहा उन्होंने क्षुद्र । अपभ्रंश शूद्र । उसका हुआ ॥
नफरत से पीड़ित किया शिक्षा बंद की । सहते न छाँव । खाते-पीते ॥
ऐसे पंगु शूद्र को शिक्षा तुम दो । शिक्षा ग्रह माँगो । जोती कहे ॥

(4)

विजयी आर्यों ने धर्मग्रंथ लिखा । शूद्रों को सताया । दास जैसा ॥
धूर्त पंडों ने बिलकुल वेद छुपाए । देखने न दिया । अछूतों को ॥
शूद्रादि कहते मेरा वेद धर्म । अज्ञानी को मर्म । मालूम नहीं ॥
वेदों का रहस्य जनता को बताओ । चौराहे पर लाओ । जोती कहे ॥

(5)

ख्रिस्त सारे ग्रंथ चौराहे पर लाते । पढ़कर सुनाते । नर-नारी ॥
ब्राह्मण और मातंग छाती से लगाते । व्यवहार करते । रोटी-बेटी का ॥
उसको मालूम, सत्य वही सिद्ध करते । मन में शांत करते । सभी को ॥
सारे महाद्वीप में दिखाते रिश्ते भाई के । पुत्र निर्माता के । जोती कहे ॥

(6)

मुहम्मद कहे निर्माता वह एक । न मानता अनेक । दुनिया में ॥
भाई की तरह मानव को मनाता । सत्य की ओर ले जाता । भगवान के
लिए ॥

देश-जातिभेद आज डुबाए । मूर्ति को तुड़वाए । कपटी के ।।
दासता से कई मुक्त किए । सचाई की ओर ले गए । जोती कहे ।।

(7)

निर्माता ने सभी शूद्रों को आर्यों-सा ही दिया । कम नहीं किया । कुछ भी ।।
निर्माता की दया; अंग्रेजों को लाए । पंडों को फटकारा । पूरी तरह ।।
आर्य क्यों स्वामी, शूद्र क्यों दास । खोजो नकली को । यही वक्त ।।
अब क्यों तुम विचार नहीं करते । धूर्त को फटकारो । जोती कहे ।।

(8)

शूद्र दीनभाई खेतों में जूझता है । परिवार को पालता है । बैलों को भी ।।
सबके साथ बारी लोकलफंड की । और भी देते । कुछ अनाज ।।
इकट्ठा सारा फंड अंग्रेज करते । शाला वे चलाते । नाम के लिए ।।
ब्राह्मण शूद्र के बच्चों से पंडित खिलवाड़ करते । गोरों को ठगते ।
जोती कहे ।।

(9)

बचकाने अंग्रेज पंडे को महत्त्व देते । अध्यापक बनाते । गाँव-गाँव में ।।
धूर्त ब्राह्मण अध्यापक बनते । शूद्रों को पढ़ाते । कृष्ण लीला ।।
समय आने पर शिवाजी बताते । नफरत करते । यवनों से ।।
देशभक्ति का ढोंग, अंग्रेजी-निंदा करते । अहंकार में शोर करते ।
जोती कहे ।।

(10)

साँप-बिच्छू में ब्राह्मण दिखावो । जनेऊ पहनाओ । उनके गले में ।।
स्वजाति को सताना उसका नहीं काम । करते नहीं अधर्म । जाति में ।।
सभी मानवों में ब्राह्मण हुआ । फटकारता शूद्र को । अहंकार में ।।
शूद्रों को अर्पित करना लाठी-जूता दान । सम्मान लक्षण । जोती कहे ।।

(11)

गधा ब्राह्मण कुम्हार पालते । बोझ भी लाद देते । पीठ पर ।।
भटकैया ब्राह्मण को टकोर मारते । तेज चलाते । रास्ते पर ।।
काम होने पर खुला छोड़ देते । फूँक करके खाते । कूड़ा-करकट ।।
जानवरों के पंडे अश्व-लीद खाते । चूतड़ पीटते । जोती कहे ।।

(12)

मानवी ब्राह्मण बागी होते । कालेपानी जाते । अंग्रेजी राज में ।।
ब्राह्मण वकील झूठे स्टंप बनाते । दगाबाज लेकिन । गुप्त फँसाते ।।
ब्राह्मण अभ्यंकर को मामूली दीक्षा । गधे की शिक्षा । सवारी देना ।।
धूर्त ब्राह्मणों की मानहानि करते । मस्ती उतारते । जोती कहे ।।

(13)

आर्य ब्राह्मणों में पेशवा सत्यानासी। खेली है खूनी होली। कानपुर में॥
नर-नारी और नन्हे बच्चों को। मारते अंग्रेजों को। बदला लेने॥
चूकती गोलीबारी, भाले से टोंचते। नन्हे को सुलाते। पिस्तौल से॥
वारिस यह सही ब्रह्मराक्षसों का। बेटा शैतानों का। जोती कहे॥

(14)

चांडाल ब्राह्मण मातंग दूर रखते। स्वयं पानी भरते। कुएँ से॥
प्यास से व्याकुल यदि मातंग मरा। दया ब्राह्मण को। आती नहीं॥
मानव के द्रोही, घमंडी-अभिमानी। दुनिया में दुर्गुणी। भकोसू॥
मातंगों की शादी में दक्षिणा वे लेते। धोकर के खाते। जोती कहे॥

(15)

धूर्त आर्य ब्राह्मण मत्सर-भरे निर्लज्ज। अहंकारपूर्ण। दया नहीं॥
मूल के क्षत्रिय भील और मल्लाह। भेजा उनको रसातल को।
नफरत से॥
भोले अंग्रेजो, जाग तो जावो। शिक्षा उन्हें दिलावो। भाई मेरे॥
वैसा न करोगे तो निर्माता होगा नाराज। पछतावा करोगे। जोती कहे॥

(16)

असल क्षत्रियों को युद्ध में सताया। भगा दिया। जंगलों में॥
कंद-मूल-फल खा करके रहे। आर्यों ने सताया। बाहर से॥
ब्राह्मणों के वेद चौराहे पर लाओ। पढ़कर सुनाओ। सारी दुनिया को॥
वेद-बल पर होते पाखंडी। कपटी चंट। जोती कहे॥

(17)

पाखाना खाती गौ, कहे द्विज 'माता'। शूद्रों को सताते। पुण्य होता॥
यज्ञ में आर्य घोड़े-गौ खाते। अंग्रेजों से घृणा करते। और म्लेच्छों से भी॥
कल्पना का धर्म शूद्रों को बताते। हराम का खाते। उनके घर में॥
पशु से भी शूद्र ब्राह्मणों को लगता दुष्ट। स्वयं ही सत्यभ्रष्ट। जोती कहे॥

(18)

गूँगी गौ को सारे अंग्रेज खाते। चिल्लाकर करते। ब्राह्मण बकवास॥
वेदों में नहीं गौ का विलाप। घोड़े झपाझप। आर्य खाते॥
ब्राह्मणों के वारिसों ने अछूतों को। सताया बहुत। बलि दी॥
मातंगों का विलाप पंडो को प्यारा। सही धर्म लंगूर। जोती कहे॥

(19)

व्यभिचारी-रंडीबाज-अमली। औरत को अकल। गूँगी कर दी॥
शराब की लत में मूढ़ खर्च करते। बनाते भिखारी। बाल-बच्चों को॥

धूर्त आर्य शूद्रों को धर्म की गप सुनाते। चूहे की तरह खाते।
फूंक करके ॥
ऐसे सोए हुओं को शिक्षा क्यों न देते। दान वह माँगो। जोती कहे ॥

(20)

ब्राह्मण कुलकर्णी शूद्रों को भड़काते। झगड़े खड़े करते। गाँव-गाँव में ॥
झगड़े के वास्ते शूद्रों को कर्ज देते। ब्राह्मण रिश्वत लेते। सभी से ॥
ज्ञानहीन शूद्र ब्राह्मणों ने किए। बदला लिया। हमेशा से ॥
ऐसे लोगों को शिक्षा दो जल्दी। भिक्षा प्राप्त करके। जोती कहे ॥

(21)

नेशनल सभा आर्यों ने बनाई। शामिल करते। मूढ़ शूद्रों को ॥
बाकी सारे शूद्रों को सताते दुनिया में। खाते होटलों में। ब्रह्म बीज ॥
आर्य स्वार्थी गोरों को खिझाते। ओहदे माँगते। जोखिम वाले ॥
ब्राह्मण अधिकारी दौलत कमाते। शूद्रों को सताते। जोती कहे ॥

(22)

स्वयं ब्राह्मणो, हिम्मत दिखाओ। क्षमा वह माँगो। दुनिया से ॥
शूद्र दासों को तुमने पढ़ने नहीं दिया। लीजिए अब छाँव। अछूतों की ॥
शूद्रादि को तुम प्यार से देखो। सचाई से चलो। मानवों के साथ ॥
ब्राह्मणो, तुम कृतघ्न क्यों हो? अंग्रेजों की निंदा करते हो। जोती कहे ॥

(23)

अज्ञानी शूद्रों को पिछलग्गू न बनाओ। धक्का न दो। यवनों को ॥
ब्राह्मणों की जाति नकली बहुत। सताया बहुत। शूद्रादि को ॥
मतलबी धर्म, जिसमें नहीं दया। काम की माया। पक्के धूर्त ॥
मल्लाह और सभी क्षेत्री गवाह देते। वेदों को बताते। जोती कहे ॥

(24)

शूद्र मातंग-महारों को अज्ञानी रखते। ब्राह्मणों को देते। अधिकार ॥
परशुराम की जाति भयंकर। काटते धड़ल्ले से। क्षेत्री बच्चे ॥
पाक ब्राह्मण कानपुर में नाना। काटता नन्हे-मुन्नों को। अंग्रेजों के ॥
अंग्रेजो, तुम क्यों भूलते हो। शूद्रों के हाथ में (हक) देते। जोती कहे ॥

(25)

बड़े-बड़े ओहदे ब्राह्मणों को दोगे। वश करेंगे। मूढ़ शूद्रों को ॥
मारना-मरना कछार का धर्म। सत्य का मर्म। जानो जरा ॥
अज्ञानी शूद्रों को मूल ज्ञान नहीं। आर्यों की ओर देखे। सारे काम में ॥
आर्यों के हाथ में सारे अधिकार आते ही। शूद्रों की नहीं खैर।
जोती कहे ॥

(26)

अंग्रेजो, तुम मत रहो चुपचाप। ब्रॉडला को जल्दी से। लाओ यहाँ ॥
उसका कान पकड़ो दिखाओ दुष्ट वेद। आर्यों का नशा। शूद्र छल ॥
उसको मालूम नहीं शूद्रादि का हाल। नकली लाल। चमकता नहीं ॥
अनुभव बिन फिजूल की बकवास। आग लगे ज्ञान को। जोती कहे ॥

(27)

हिंदू धर्म के ब्राह्मण हैं वकील। लूटा है सब। दुनिया उन्होंने ॥
धर्म के नाम पर जनता को सताया। स्वार्थ ही देखा। उन्होंने अपना ॥
नहीं चाहिए वकील भगवान के दरबार में। भक्ति एक सही।
जोती कहे ॥

(28)

कौन वे ब्राह्मण मुँह से हुए। शूद्र जिनको किया। किस भगवान ने ॥
ऋषि का वह कुल नदी का मूल। पूछते फिजूल। धूर्त कहे ॥
वैसे झूठे शास्त्र लिख करके ज्ञान। ईमान रखिए। डर बताते ॥
और ब्राह्मणों ने धोखा वह किया। ज्ञान भी रखा। अपने पास ॥
आज तक उनका झूठ चलता रहा। दूसरों को सताया। जोती कहे ॥

(29)

ये ही शास्त्रकर्ता, ये ही न्यायदाता। गुरु ये ही थे। पूर्व काल में ॥
इसलिए नीचों ने हमें नीच किया। श्रेष्ठत्व दिया। अपने को ॥
किस ब्राह्मण को पूज्य वे कहें। किसको बुलाएँ। धर्म कार्य में ॥
अब्राह्मणो, जरा सोचिए। अभिमान करिए। मानवों का ॥
इनकी उत्पत्ति सह्याद्रि में। कहाँ समूचे बयान में। जोती कहे ॥

सत्यपाठ

(1)

अंग्रेजों के साथ मद्य-मांस खाते। मातंग को दोष देते। भ्रष्ट कह के ॥
न्याय देते समय रिश्वत खाते। प्रोत्साहन देते। अन्याय को ॥
योनि का द्वार मौज से चूसते। महारों को कहते। नीच बच्चे ॥
ऐसे मानवद्रोही आर्यों को समझिए। पूरी तरह त्याग दीजिए ॥
जोती कहे ॥

(2)

दुनिया बनाने वाला पत्थर का विट्ठल। पंढरपुर में सभी को पागल किया ॥
विट्ठल की मूर्ति तन-मन में रखते। ताल पर गाते। जैसे नचनिया ॥

निर्लज्ज होकर किकली खेलते। महाराज की रखा। स्त्रियों के साथ।।
'सुखी रहो', उपदेश करते। भोला वारकरी। जोती कहे।।

(3)

आर्यों का ब्रह्मा इंद्रियों से जनता। छिलका हुआ। बिच्छू जैसा।।
विष्णु-ब्रह्मा को देखो नहीं वेदांत में। कल्पना समाप्त। सत्य शेष।।
शूद्रादि कुछ मुक्त हुए। मानव हुए। सुख के अधिकारी।।
तू क्यों यहाँ फिजूल जबान थिकाता। सत्य को छुपाता। जोती कहे।।

(4)

मुख में भावभक्ति कुहराम करता। आर्यों को बहलाता।
स्नेह के लिए।।
शूद्रों को मोहित करके गुलाम करता। ब्राह्मणों का खुला छोड़ता।
स्वामीपन।।
ब्राह्मणों की संगत करो नहीं अब। देंगे खास धोखा। अंत में।।
दुर्गुणों की खदान, नकली, भयंकर। दुनिया में तहलका। जोती कहे।।

(5)

अंग्रेजों के साथ आर्य खाते-पीते। शुद्धता दिखाते। घर में शूद्रों को।।
नेशनल सभा अज्ञानी शूद्रों को दिखाती। तुलना करो। अंग्रेजों से।।
सभा-उपदेश बखेड़ा होगा। शूद्र मरेंगे। मजा ब्राह्मणों की।।
राजा वही सही बंदोबस्त जारी। मूढ़ शूद्रों को पार लगाता।
जोती कहे।।

(6)

सर्वधर्मी, करो नेशनल सभा। उसमें बड़ा। करो आर्य।।
जिनके पुरखों ने रचाया पाखंड। वेदों का मदारी। शत्रुतापूर्ण।।
शूद्र और म्लेच्छों को सताया बहुत। सही में पतन युग। मानव में।।
इसको तुम समझाओ सत् आचरण करे। दुनिया सुखी करो।।
जोती कहे।।

(7)

जातिभेद ब्राह्मणों को यथार्थ लगता। म्लेच्छों को चीरता।
स्वार्थ के लिए।
ब्राह्मण सारे श्रेष्ठ खानदान से बनते। हीन समझते। दुनिया को।।
धर्म भेद उन्होंने स्वार्थ के लिए किया। शूद्रों को लूटने के लिए।
धर्म के नाम पर।।
आर्य और ख्रिस्त-मुहम्मदी को बताओ। नहीं उनमें भेद! जोती कहे।।

पुरोहित बाणी

(1)

मेरी तुंबड़ी भर दे। मेरी तुंबड़ी भर दे॥ ध्रु०॥
आए आचार्य-पंडे दस-पाँच के दल में। जोर से करते बकवास॥
हाथ फैलाते झट। लेते दक्षिणा कड़ी। ऊपर से कसते लँगोट॥
मेरी तुंबड़ी भर दे। मेरी तुंबड़ी भर दे॥

जाति बाजीगरी की नचैया। रोककर रखता कलाई॥
लेता दक्षिणा झट। देखता रांड़ों का मठ॥
मेरी तुंबड़ी भर दे॥

मैना-तोता मिलते। जब शेखी बघारते। इश्क भी चटपट॥
चुंबन लेते झटपट। मेरी तुंबड़ी भर दे॥

लार टपकाता ऐसा। पापी महानचैया कैसा॥
धोकर अपने अँगूठे को। दुष्ट पिलाते शूद्र को॥
दान नहीं देख बखेड़ा करते। मेरी तुंबड़ी भर दे॥

बानी पर दुलहिन करेंगे। खुशियों के घूँट दर्जनों पी जाएँगे॥
फौज-प्यादे मंद॥
मेरी तुंबड़ी भर दे। मेरी तुंबड़ी भर दे॥

अरी, उसको जला दो। अरी, उसको जला दो॥
अरी शूद्रों का काल। आए ब्राह्मण चांडाल॥
यह दुष्ट तत्काल। ठनका कपाल॥
मेरी तुंबड़ी भर दे। मेरी तुंबड़ी भर दे॥

छीन लो जयमाला। दान भगवान दे॥
मेरी तुंबड़ी भर दे॥

भला भला भला भला। अरे, काहे का भला॥
पोथी बगल में डाल। जाते शूद्रों के घर में॥
मेरी तुंबड़ी भर दे॥

भारी बकबक करते। स्वाँग भेड़ का भरते। दाढ़ीवाली सारी॥
मेरी तुंबड़ी भर दे॥

बहाना तीर्थ का बनाते। कटोरे में खाते। कुपात्र में पानी देते॥
जाति ठग की भली॥

मेरी तुंबड़ी भर दे । मेरी तुंबड़ी भर दे ॥

हाथ गौमुख पर रखते । मन पैसे पर लगाते ॥
या जवान लड़कियों पर लगाते ।'
भड़ुआ रात-दिन शय्या का साथ करते । मेरी तुंबड़ी भर दे ॥

अरे काहे का भार । कई ब्राह्मण तहसीलदार ॥
कोई पंच फौजदार । कोई रिश्तेदार ॥
कोई कुलकर्णी साहूकार ॥
मेरी तुंबड़ी भर दे ॥

बड़े-बड़े दुकानदार । सारे ब्राह्मण ही अमलदार ॥
कहर गरीब शूद्रों पर । ये करते जोहार ॥
ऐसी अंधी सरकार । कुछ न करती विचार ॥
जोतीराव का भार । फूलों से भी सुकुमार ॥
मेरी तुंबड़ी भर दे ॥

(2)

संताप तेरा सावधानी से चलना । धूर्त नर्तकी आधी-गूंगी ॥
तुम आर्यकार्य साधु । नहीं हो शूद्रों के बंधु ॥
नाथ प्रमाथा आकष की । गवाह देता हूँ निबंध की ॥
जब अंग्रेजी पढ़ेंगे । तब शांति को उसमें पाएँगे ॥
जिसको नहीं सत्य का डर । उसको कैसे बंधु-प्यार ॥
द्विज चाकरों की नीति । रिश्वत मजदूर मे लेते ॥
घर में धार्मिक बनते । कचहरी में रिश्वत लेते ॥
ये यवनी रंभा पालते । भ्रष्ट मातंगों को कहते ॥
रंडियो का चुंबन लेते । शूद्रों को जूतियाँ देते ॥
विजित शूद्रों को तुच्छ मानते । मुर्दा देख दान माँगते ॥
मध-मांस शाक्त खाते । महार-मातंगों को दोष देते ॥
परशुराम देव नमूना । वध करता अर्भकों का ॥
ब्राह्मण पेशवा जो नाना । छिन्न करता नारी-बच्चों को ॥
बहु औरतों का यह पति । औरत के साथ क्यों उलट रीति ॥
एक मरती दूसरी जाया । यह मरा सती ले गया ॥
मनु सभी पक्षपाती । उसके कानून आँखों में चुभते ॥
सत्य यवनों की वाणी । वेद भरता उसके पानी ॥
क्या यही शास्त्रनीति । ब्राह्मणों के प्रति पूछता जोती ॥

(3)

जहरी द्वीजिह्वा सांप की कल्पना। पवित्र शय्या। ब्राह्मणों ने की।।
औंधा गिराकर ऊपर सुलाया। शेषशायी दिया। नाम उसका।।
जब काम करके थक जाता था। पांव दबाने को। लक्ष्मी भाभी।।
सांप खानेवाले की फिर कल्पना की। गरुड़ को बनाया दास की तरह।।
कमल उगता नाभि से उसके। पूंछ बंदर की गुदा पर।।
फूल चीरकर ब्रह्मा को निकाला। पंचमुखी किया। चार हाथ।।
ब्रह्माजी ने वह सांचा इंद्रियों में बनाया। ब्राह्मणों को कै की। मुख से।।
विष्णु की लक्ष्मी ब्रह्मा की सावित्री। किस काम के प्रति। कहो ब्राह्मणो।।
अयोनिसंभव मानव उत्पत्ति। लिखा ग्रंथों में। सारी गपबाजी।।
मातंग से आज ब्राह्मण का जन्म। समझ गया मर्म। जोती कहे।।

पाखंडी गुरु

(1)

निर्माता की दया से प्राणी मात्र। इंद्रियों का सूत्र। निराला ही।।
समान इंद्रियाँ सभी को दीं। सुविधाजनक किया। पूरी तरह।।
उसमें मानव बयान करता है मामूली। बुद्धि लक्षण। सभी में।।
बिन बुद्धि कल्पना करते। मानव को सताते। जोती कहे।।

(2)

भगवान ने मानव को दो आँखें दीं। सुरक्षित रखा। हित के लिए।।
आगे से वस्तु प्रतिच्छाया आती। पुतली में तुरंत। हूबहू चित्र।।
बुद्धि-ज्ञान-बल से उसको पहचानकर। करता समाधान। तुरंत ही।।
देखे बगैर आँखें लगाते। मूर्ति का अंदाज करते। अँधेरे में।।
उसको विश्वंभर नाम उन्होंने दिया। कल्पना में प्रसन्न किया। पाखंडी गुरु ने।।
यही निजी मंत्र फूंकते कान में। बताते अकेले में। पेट के लिए।।
कल्पना का विष्णु शिष्यों से न बोलता। न खाता न पीता। सारा स्वांग।।
आँखें मूंदने से हुआ यह अनर्थ। फ़िज़ूल-व्यर्थ। गुरु शिष्यों के लिए।।
मानवों में गुरु मूल कौन हुआ। सवाल गुरुजी से। जोती कहे।।

(3)

कान दिए आवाज सुनने को। सावधान होने को। सब काम के लिए ।।
सत्य बोल जब आते हैं कान पर। आनंद मन को। सुख होता ।।
झूठी बातें जब कान से सुनते । दुख सबको होता । तुरंत ही ।।
कान में उँगलियाँ शरीरी क्रिया। होती है क्रिया। भरसक ।।
उसको अनहद नाद धूर्त गुरु कहे। हराम उसका जीना। जोती कहे ।।

(4)

नाक के छेद साफ हवा देते । गंधी हवा छोड़ते। नाक से ।।
पेट में लेते जीवन की हवा। कलेजे को मेवा। पल-पल में ।।
दुर्गंध आते ही नाक सिकोड़ते। त्योरी चढ़ाते। माथे पर ।।
नाक दबाकर साँस बंद करते। पीड़ा शरीर को । देते धूर्त ।।
आँखें मूँदकर हड़बड़ा कर देखते। भगवान सारे तन में। गुरु कहे ।।
भ्रम का मदारी ब्रह्म स्वाँग किया। अज्ञानियों को दिखाया।
जोती कहे ।।

(5)

बगैर हड्डी जीभ रस देती इंद्रियों को। खट्टा-मीठा उससे । जानने को ।।
आसानी से पदार्थ दाँतों तले दबाती। चबाती-घुमाती। आसानी से ।।
सच बोलने को जीभ कसौटी। गले की ओर धकेलती। तुरंत ही ।।
झीना होते ही झट मुँह दबाती । सुख तुरंत । सबको देती ।।
झूठ बोल करके अनर्थ कराती। खूनखराबा होता । जोती कहे ।।

(6)

मानव शरीर में चक्र को मानते। निर्माता को दिखाते। पल में ।।
पशु-पक्षियों के चक्र क्यों नहीं होते। उनमें दिखाओ। चक्र कितने ।।
सबका जो कर्ता किसी को नहीं दिखता। गुरु की कल्पना।
फिजूल का तर्क ।।
मानव में प्राणी कितने गुरु बिन । व्यर्थ गई जान। गुरु कहते ।।
गुरु बिन सारे पतन को पाते। कलंक लगाते। निर्माता को ।।
मूढ जनों को फँसाकर गुरु मत होना। यह सचाई को धक्का।
जोती कहे ।।

(7)

शरीर के चक्र को मानते भगोड़े। निर्माता की धज्जियाँ।
मूढ ने उड़ाईं ।।
पागल की तरह सारे गुरु चिल्लाते। दिखावेंगे कहते। निर्माता को ।।

किस गुरु ने,निर्माता को देखा। दिखाता नहीं हमको। वास्तव में ।।
गुरु सारे हीरे मैदान में लाओ। जाँच करके देखो। जोती कहे ।।

(8)

गुरु जी के अब मुंह छुपाते ही। होगी फजीहत। दुनिया में ।।
गुरु जी हमको निर्माता दिखाते। उनको सही बात। पूछेंगे हम ।।
तू ही सही में येशु का पिता था। पुत्र को भेजा। दुष्टों के हाथ में ।।
क़ुरान के इलाकों में यवन को भेजा। व्यर्थ लड़वाता सुन्नी-शिया ।।
तू ही रामचंद्र हुआ अयोध्या में। मारा रावण को। पत्नी के लिए ।।
कृष्ण होकर के मामा को मारा। मल्लाह ने मारा। क्या वही तू ।।
सत्य आचरण निर्माता आधार। सुख की बहार। जोती कहे ।।

(9)

शरीर में आत्मा का जन्म होता। दिमाग की शेखी। व्यर्थ करती ।।
वाक़या सब स्मरण में रखती। तुलना करती। सारे काम में ।।
हुआ अनुभव डालो एक ओर। सत्य से दुश्मनी। लेता मूर्ख ।।
गुरु कहे आत्मा है निराधार। करता बखान। उसका बार-बार ।।
शरीर के बिना आत्मा दिखाई न दे मुझको। निषेध गुरु का जोती कहे ।।

(10)

धंधा आता नहीं, ज्ञान हीन पशु। नहीं वह जिज्ञासु। भूमि भार ।।
भंग पीकर हमेशा आँखें लाल। घरवाले बदहाल। मदद बिना ।।
ब्राह्मणों में सुनते गुरु चरित्र को। गुरुजी बना। पेट के लिए ।।
साधु पत्थर की मूर्तियों को पूजकर। घंटा बजाकर। स्वयं खाता ।।
अन्न बिना मरी घर में माता। स्वाँग की फजीहत। जोती कहे ।।

(11)

गुरुजी ने भगवान देह को समझा। गर्व में गया। मूर्खों में ।।
विनाशी शरीर गंदगी का भंडार। भगवान ने दिया घर। कितना सुंदर ।।
ज्यादा खाते अन्न तेज बू डकार। होती नफ़रत। बू आती ।।
मलद्वार से······की आवाज। होती बार-बार। बाजे की तरह ।।
लार का बहाव आता जीभ से। अभिषेक बिना। स्नान होता ।।
पदार्थ का दोष बहता नाक से। चंदन लेपन। किस लिए ।।

भगवान को आधार गुरुजी ने दिया । मूढ़-पागल किए धूर्त समान ।।
सब का निर्माता शरीर में कैद रखता । गुरुजी पाखंडी ।
जोती कहे ।।

(12)

आगे का हड़बड़ाया ठेस लगा गिर पड़ता । देखता चारों ओर ।
खामोशी में ।।
सबको देखते ही शर्मिंदा होता । कहता 'माँ-माँ' । लज्जा से ।।
रस्ते पर गिरते लोगों के हँसने में । खून पोंछने में । समय जाता ।।
किसी के न देखते धीरे से उठता । रास्ते से लगता । झट ।।
अकल उसको आती जो पीछे चलता । कहता सभी को । ढंग से चलो ।।
ठोकर लगकर नीचे गिरने वाला । उसे हँसने वाला । गिरा करके ।।
पीछे का उसी समय बनता अकलमंद । कहता सभी को । चलते हुए ।।
इसमें गुरु किसको कहो । गाय गोठ में डालो । जोती कहे ।।

(13)

मानव की तरह गोद में पैदा होता । खटाई खाता । खिलाते ही ।।
अन्न को खाता, पानी पीता । मल-मूत्र नहीं । पेट में ।।
सदगुणों को छोड़कर दुर्गुणों का पुत्र । ब्राह्मण बड़ा । सभी में ।।
झूठे तर्क सब बनाता मन में । लिखता ग्रंथ में । धूर्त की तरह ।।
द्रोह करके वे फाँसी भी जाते । दुनिया में दुर्गत । ब्राह्मणों की ।।
व्याधिग्रस्त होते पीड़ा से कराहते । भूदेव मरते । सभी क्यों ।।
दुनिया में भूदेव सही कौन हुआ । बताओ हमें । जोती कहे ।।

ब्राह्मणों का भोंदूपन

(पद)

मरजी ब्राह्मण भोंदू की । झूठी उड़ान ब्राह्मणों की । मरजी ।।ध्रु०।।
कहे हमको भगवान देता, मूर्खों को पढ़ाता ।।
हेतु भगवान को बनाकर शूद्रों को धोखा देता ।।1।।
आलस के दुश्मन, मनुष्य को स्वयं श्रम करना चाहिए ।।
धूर्त ब्राह्मणों के मन में इच्छा हराम का खाने की ।।2।।
मुट्ठी में नाक मन में नाम ब्राह्मण को रटना चाहिए ।।
शूद्रादि को खेत में जुतकर आर्यों को पोसना चाहिए ।।3।।
खाने को स्वादिष्ट भोजन, नरम बिछौना ब्राह्मण को चाहिए ।।
बड़े-बड़े ओहदे पाकर शूद्रों को सताना चाहिए ।।4।।

ब्राह्मण की नजर ब्राह्मण पंडित पर होनी चाहिए ॥
शूद्रादि को शिक्षा न देकर अज्ञानी रखना चाहिए ॥5॥
नाम देश का बताकर स्वयं पार्लमेंटी होना चाहिए ॥
शूद्रादि को युद्ध में लड़कर मरना चाहिए ॥6॥
भूदेवों के मन में लालच पालकी में बैठना चाहिए ॥
जीवित-मुर्दे पंडे शूद्रों को कुली होना चाहिए ॥7॥
सिव्हिल सेवा की मन में लालच, सभा में निंदा करनी चाहिए ॥
अपने स्वार्थ के लिए नाहक अंग्रेजी गाली देनी चाहिए ॥8॥
जोती कहे ब्रह्म झमेलिया को समूल त्याग दीजिए ॥
पेट के लायक धंधा करके सत्य को अलापना चाहिए ॥9॥

शूद्रों से फंड इकट्ठा करने के बारे में निषिद्धता

(1)

ब्राह्मणों के बच्चे शिक्षा पाते। खुशामद करते। अंग्रेजों की ।।
गोरों की मेहरबानी से कर्मचारी बनते। शूद्रों को सताते। पूरी तरह ।।
तर्क-धर्म मूढ़ शूद्रों को पढ़ाते । मत्सर करते। अंग्रेजों का ॥
अंग्रेजों को तुम करो पहले जागृत । फंड की झंझट । जोती कहे ॥

(2)

लगान मिलाकर शूद्र फंड कितना देते। धूर्त आर्य खाते। शिक्षा खाती ॥
शूद्रादि को उन्होंने कितना पढ़ाया। कर्मचारी किए। दिखाओ हमें ॥
शूद्रों के लिए गोरे मन में कुढ़ते। ब्राह्मणों को ओहदे देते। जोखिम के ॥
शूद्र थक गए फंड देते-देते। ब्राह्मणों को पालते। जोती कहे ॥

(3)

स्कूलों का निरीक्षण सारे गाँव-गाँव जाकर। ब्राह्मणों को गर्व। दुनिया में ॥
मानव शिक्षक बनाओ निर्विवाद। आर्य भेदभाव। छोड़ो सारा ॥
ब्राह्मणों की शिक्षा झूठा धर्मसार। पाखंडी का घर। मनुवाद ॥
शूद्रों को कब तक फंड देना होगा। आर्यों को पालना होगा। जोती कहे ॥

(4)

नौजवान शूद्रों को शिक्षा पाना चाहिए। नौकरी पाना चाहिए। शिक्षा विभाग में ॥
स्कूलों में कभी भेद-भाव नहीं चाहिए। मानव को पढ़ाना चाहिए। एक साथ ॥

जाति-भेद सारा मूल से त्यागना चाहिए। आर्यों को शर्मिंदा करना चाहिए। सतकर्मों से ॥
शूद्रों के श्रम का लोकल वह फंड। खाते आर्य धूर्त। जोती कहे ॥

(5)

गाँव-गाँव ब्राह्मण शिक्षा गुरु होते। शूद्रों को पढ़ाते। राजद्रोह ॥
मातंग-महार बच्चों को दूर बिठाते। हराम का खाते। सारा फंड ॥
ब्राह्मण पंडित गोरों के पाँव छूते। महारों को सताते। धर्म के नाम ॥
अछूतों का है वह लोकल फंड। उसको हड़पते धूर्त। जोती कहे ॥

(6)

शूद्र बच्चों को ब्राह्मण स्कूल में सताते। मज़ाक उड़ाते। कक्षा में ॥
जाति के ब्राह्मण गर्व से चिल्लाते। शेखी बघारते। 'हम ही श्रेष्ठ' ॥
यज्ञ में ब्राह्मण गौ-घोड़े खाते। भेड़ को काटते। अंग्रेजी में ॥
नाक चढ़ाकर अंग्रेजों की निंदा करते। शूद्रों को ठगते। जोती कहे ॥

(7)

ब्राह्मण परीक्षक पक्षपाती होते। ब्राह्मण छात्र को देते। अंक ज्यादा ॥
शूद्र छात्रों पर आँखें निकालते। डराते-धमकाते। परीक्षा में ॥
जगद्रोही ब्राह्मण जाति ओछे। अपमान करते। शूद्रों का ॥
पवित्र अंग्रेज ब्राह्मणों को बढ़ाते। खुले छोड़ देते। जोती कहे ॥

(8)

सरकारी स्कूल में पहले शूद्रों को लेना। ब्राह्मणों को आधार। देना नहीं ॥
ब्राह्मणों की जगह तुम शिक्षक बनो। उनको हटावो। सत्य के लिए ॥
शिक्षा पाकर फिर···बातें। मनुवाद छाँटे। तुम सभी ॥
ऐसा किए बगैर फंड क्यों माँगते। शूद्रों को लजाते। जोती कहे ॥

(9)

शिक्षा पाकर के गाँव-गाँव घूमो। उपदेश करो। शूद्रादि को ॥
शूद्र शिक्षक सरकार से माँगो। आर्यों को बताओ। अधिकार माँगो ॥
शूद्र बच्चे-बच्चियों को स्कूल में भेजो। सुशील बनाओ। सभी काम में ॥
शूद्रों को फंड किस-किस को देना। धूर्तों को पालना। जोती कहे ॥

(10)

सरकारी स्कूलों में पहले रोशनी लगाओ। उजाला दिखाओ। शूद्रादि को ॥
फंड नहीं तुम्हारे लिए किसी की मदद। दिखाओ करामात। शूद्रों को ॥

ऐसा नहीं करते लोगों को सताते। दोष सारा लगाते। उन पर ॥
अंग्रेजों के तुम मानो उपकार। मनु का बेड़ा पार। जोती कहे ॥

(11)

शूद्रों का आर्यों से सताया जाना गहराई से खोजो। कर्मचारी बनो। सभी में॥
ब्राह्मणों की ठगी चौराहे पर लाओ। दुनिया को बताओ। बार-बार ॥
अज्ञानी शूद्रों को नेकी से सँभालो। उनको समझाओ। ब्राह्मण दाँव ॥
शूद्रों के वारिस तुम असली खास। बताओ दुनिया को। जोती कहे ॥

दस्यु का पँवाड़ा

(1)

जंग के मैदान में आर्य धूर्तों ने दस्यु जीते, कहा उनको दास ॥
तुम न थे, तुम्हारे दास, पूछो वेद से, करो चौराहे पर बात ॥
दस्युजन थे सबल, मन में निर्मल, सचाई से चले ॥
यवनों से बरताव रास्त, इसलिए दोस्त, नाम पाया ॥
महादुष्टों को सीधा करके, लिहाज छोड़ के, अच्छा व्यवहार किया ॥
डर मन में यवन का, इसलिए दुश्मन, नाम पाया ॥
कितने अतिरथी डुबोए, बेहाल हुए, सत्ता से ॥
शक्ति बड़ों की दिखाते, मूँछों को ऐंठते, शर्म नहीं आई ॥
खुद को होशियार समझते, नाक चढ़ाते, बात हमारी सुनो ॥
तुम मूलके क्षेत्रपति, कैसी हुई गति, तौलकर देखो ॥
मानव को बर्बाद किया, फिर भी न कोई, कहे तुमको ॥
गुलामी को कहो बुरा, बच्चों का करो भला, सोचो भाई ॥
तुम खोज करो दूर-दूर तक, कहता हूँ सार, अपनाओ सही ॥
जंग के मैदान में ॥ध्रु०॥

(2)

मातंगों को बहुत सताया, जिंदा गड़ाया, अरी...पाँवों तले ॥
बाकी रहे जूठन माँगते, बेहाल, दुख भोगते, आर्यन्याय में ॥
परवाह नहीं तुमको सत्य की, सही इज्जत की, दुर्बल हुए ॥
सत्ता बिन सारा जीवन, रहे धनहीन, पूछो अपने दिल से ॥
आदत अर्ज-विनती की लगी, लज्जा त्यागी, पाप लगा ॥
वस्त्रान्न पर्याप्त नहीं पाते, घर में कुढ़ते, पड़ोसी जाया ॥

भूख से बर्बाद हुई, खुजली पीछे पड़ गई, कै आती ॥
ब्राह्मण खाते लार निगलती, पट बंद करता, बैठते भोजन को ॥
तन-मन-धन दिया, नित दान दिया, नहीं उसको दया ॥
सुप्रसन्न भूदेव हुए, मुक्त तुमको किया, दुख सहने को ॥
तुम कैसे बेशर्म हुए, ब्राह्मणों के बस हुए, नित चरण छूने को ॥
आर्यों की मनुस्मृति देखो, उसमें धोखा देखो, पढ़ो ग्रंथ को ॥
जब तक हाथ में रोटी मिले, तब तक ब्राह्मण लगे, गले, पाया अनुभव को ॥
तेरी जाया को तुच्छ मानते, कुनबी कहते, तेरे सामने ॥
क्षत्रि के पहले के सच कहता हूँ, वेद दिखाता हूँ, मन में सोचो ॥
जंग के मैदान में ॥ध्रु०॥

(3)

बलि राजादि कुलस्वामी को, दाग लगाया, पीड़ा सहने में ॥
अन्न बिन होते बेहाल, किया कमाल, सारी दुनिया में ॥
पाँव का जल उसने पिलाया; फिर कमाल कर दिखाया, मर्दों में ॥
सताते यवन-दुरानी, शरम नहीं जाना, थोड़ी, मन में ॥
तेली-तंबुरजी को थोक देता, बेढंगी समझ न पाता, हँसी उड़ाते ॥
उपज भूमि की घट गई, सीमा उस पर छा गई, दूर से परोसते ॥
शिक्षा से उदास रहोगे, विनाश को पाओगे, दाग लगेगा खानदान को ॥
फहराते कीर्ति की ध्वजा, उड़ाते मजा, ब्राह्मण पिंजड़े में ॥
तुम कुलदीपक कैसे, पैदा हुए जैसे, पंछी राजा ॥
दुनिया क्या कहेगी, कवि क्या गाएगा, गुण जनता में ॥
नहीं पास पैसा रखा, बालों का झोंक, सूत गले में ॥
घर में कुनबी को नशा आया, औरतें सज गयीं, पुराने चिथड़ों में ॥
अज्ञानी को बार-बार समझाया, होश नहीं आया, जंजीरें पाँव में ॥
नदी में सूअर धोया, बाहर आया, लोटता कीचड़ में ॥
जंग के मैदान में ॥ध्रु०॥

(4)

तुम्हें कहता हूँ लेकिन, बात है सच, शूद्रों की भलाई की ॥
दुर्दशा अज्ञान से आई, कारण सुना मैंने यही, कहानी बहुतों की ॥
शिंदे होलकरादि भोसले ने, नहीं महसूस किया ब्रह्मछल को ॥
आजकल बिछाते माप, करते फैलाव, दास धर्म का ॥
अंग्रेजों ने भंडाफोड़ किया, भीतर का रहस्य पाया, वेदमंथन से ॥
वेद मतों का किया खंडन, सत्य का समर्थन, रक्षण पवित्रता का ॥

आर्यों की मतिमंद हुई, भ्रष्ट हुए कई, चाह सत्य की ।।
जगह-जगह सभा गठित करते, लालच दिखाते, गप एकता की ।।
भिक्षुक माहिर चालाकी में, जानो मन में, खोज सत्य की ।।
परिणाम ऐसा बुरा, सफाया करो, आर्यों की बुनियाद का ।।
बुद्ध ने सबक सिखाया, ख्याति पाई, सारे जग में ।।
आर्य भिक्षुक मन में खीझते, सरेआम रोते, हाय तौबा मचाते ।।
ज्योत से ज्योत जलाते नहीं, एकता होती नहीं, सारे जग में ।।
जोतीराव के सच्चे बोल, नहीं है पोल, जरा गौर कीजिए ।।
जंग के मैदान में ।।ध्रु०।।

विभाग : तीन

बलिराजा

हमारे देश के अतुल स्वामी वीर। थे रणवीर। याद करो उनको ॥ध्रु०॥
बलिस्थान में आए शूर भैरोबा। खंडोबा जोतिबा। महिषासुर॥
सदगुणों का पुतला राजा पहला बलि। दसहरा-दिवाली। याद मनाते॥
क्षेत्रिय नारी 'अलाबला जावे। बलि का राज आवे'। ऐसा कहती क्यों॥
आर्य भिक्षुक आये सोना लूट गए। क्षेत्रिय दास किये। बाप की दौलत॥
वामन ने क्यों मारा बलि को। सवाल जोती माली। पूछता भिक्षुक को॥

मानव मुहम्मद

मुहम्मद आया जवाँमर्द सही। संसार का अनुराग नहीं। सत्य के लिए ॥ध्रु०॥
झूठा धर्म छोड़ो, कहे दुनिया को। जीवन बिताया। भगवान के नाम॥
जगहित के लिए लिखा, क़ुरान। उसकी शान। जग में महावीर॥
जग का पालक निर्माता अनादि। सारे काल भक्ति। पवित्र सत्य॥
मन मजबूत, की उम्मीद। नहीं कोई भेद। मालूम जिसको॥
जन कल्याण के लिए झूठा अभिमान। किया दफन। आग में॥
मर्द मुहम्मद ढोंगियों में लूला। शोभा का पुतला। सज्जनों में॥
नहीं था कोई उसका तब सहकारी। अकेला सारथी। सत्य का॥
एक अकेला उसको सत्य का आधार। साहस शमशीर। मन में॥
..................ये हैं गुरुराजा। निर्माता की ध्वजा। फहराये॥
कोई नहीं ऊँच, कोई नहीं दास। जाति-प्रमाद को। नकारता॥
अधर्म का नाश किया और मतभेद का भी। सबमें उम्मीद। जगाई॥

की गई कमाई की न करता अभिलाषा। खैरात रोज। देता सबको ॥
मानबी मन का लेता अंत में सुराग। कल्याण की हवस। मन में माया ॥
मूर्ति पूजकों के ढोंग को निष्फल किया। पाखंडियों को दिखाया।
सत्य का रास्ता ॥
भगवान ने एक ऐसे ग्रंथ में कहा। जग-भाई किया। मनुष्य को ॥
इससे धर्मगुरु संतप्त हुए। अड़ गए। मूर्ति के लिए ॥
ढोंगी धार्मिकों ने पीछा किया। गुफा में छुपा। पर्वत के ॥
भगवान बचाए उसको लंगूर मारने चले। खोजते रहे। सारा व्यर्थ ॥
मरने के बाद कई उसके शिष्य हुए। बलिस्थान में आए। कई ॥
समझ में आया उनको आर्य अभद्र। मुक्त किए शूद्र। दासता से ॥
इस्लाम का प्रसार। आर्यों का भंडाफोड़ किया। जंजीरें तोड़ दीं।
उनके पाँव की ॥
आर्य दस्युओं से इस्लाम ने मुक्त किया। सत्य राह दिखाया। हमेशा ॥
आर्य धर्म का भंडाफोड़ इस्लाम ने किया। एक थाली में खाए।
भेद नहीं ॥
मातंगों और आर्यों को ले गया मस्जिद में। समझते सबको।
भाई अपने ॥
क्षत्रियों को जीता राज्य उनका हुआ। मोगलों ने किया। मुक्त कुछ ॥
जातिभेद का कानून वह सांचा। मुसलिमों का। हुआ बड़ा ॥
अछूतों को गले लगाता। आर्यों को शरमिंदा करता। हमेशा ॥
इसलिए आर्य चिल्लाते हैं। शोर मचाते हैं। ब्रह्म के रूप ॥
भेद छोड़कर एक थाली में खाते। एक ही होते। इसलिए ॥
इस्लाम को सम्मान शूद्र राजा देते। कर्बला को ले जाते। ताजिया को ॥
इस्लामी भाई आश्चर्य करते। धूल फेंकते। मनु पर ॥
मनुस्मृति है पाखंड का मूल। गीर्वाण के मूल पर। हँसिया चले ॥
स्वस्थ गौ ब्राह्मण खाते। क्यों रे छेड़ते। मुसलिमों को ॥
आर्य गौ खाते, ऊपर से शुद्ध होते। शूद्रों को लड़ाते। जोती बताते ॥

(2)

आर्य धर्म श्रेष्ठ भिक्षुक कहता है। जुल्मी कहता है। मोगलों को ॥धृ०॥
भिक्षुक जाल से शूद्र मुक्त किए। सत्य की ओर ले गए।
किसने बताओ ॥
देश में किसने उन्माद पैदा किया। शूद्रों से पेश आए।
गुलाम की तरह ॥
विजित क्षेत्रिय को पिशाच कहा। ग्रंथमें में लिखा। नफरत से ॥

अहंब्रह्म ने इसी को कैसे चुना। तुच्छ समझने को। मनुष्य को॥
अपने पूर्वजों का गुणगान बेलगाम। ये कहते स्वामी। निर्माता को॥
आर्यों के पूर्वज मच्छ-कच्छ जन्मे। शूकरी ने दिया। उसका बच्चा॥
खंभे का कीड़ा मानव बन गया। काटता भूपति को। पेट चीरता॥
दुष्ट वामन मोटा-ताजा हुआ। पाताल में पहुँचाया। बलिराजा को॥
आर्य अवतार परशुराम का। दुश्मन विधवाओं का। बच्चे काटता॥
पराजितों को लातों से मारता। बंदर लड़ते। लंका में॥
पशुओं का चीखना भिक्षुक सुनता। भैंसा बोलता। चारों वेद॥
ये आर्य याज्ञिक ब्राह्मण कसाई। रँभाती गाय। भिक्षुक के सामने॥
ब्राह्मण विधवा दुर्दैव पाते। ऋषि गुण गाते। कितना कहूँ॥
अब महार-मातंग कथा सुनाते। डींग मारते। आर्यों के नाम॥
नाटकों में भिक्षुक नारी भेस करते। नाक चढ़ाते। वेश्या की तरह॥
भिक्षुक गप मारते भोले अंग्रेजों से। नित सताते। शूद्रादि को भी॥
भिक्षुक पढ़कर कर्मचारी होते। शूद्र को सताते। पूरी तरह॥
आर्य धर्म लंगूर शूद्रों को फँसाते। यवनों की निंदा करते।
खिस्तों की भी॥
मुसलिमों को नीच मानते। होटल में पीते। ब्रांडी को॥
मांस, अंडे, बिस्किट खाते। किताबें लिखते। स्वार्थ की॥
इतिहास ग्रंथ चालाकी से पढ़ते। शूद्रों में फैलाते। राजद्रोह॥
बहक गए शूद्र आर्य सेवा में। मुसलिमों को। त्याग देने को॥
आर्यभिक्षुक चलाते नेशनल सभा। नारद का सूबा। ताली पिटती॥
क्षत्रियों को देख बलिस्थान में मूढ़। करता दौड़-धूप। भिक्षुक॥
मुसलिमों को कहे एकता करो। एक ओर सारा। धूर्त धर्म॥
भिक्षुक विलासी सौदे-ब्याने सारे हजम करता। म्लेच्छों को फँसाता।
अटल धूर्त॥
सिर का पल्ला हमेशा कंधे पर। साँप सिर पर। जहर पेट के अंदर॥
रोज करता चोटी, माँग में गुलाल। करता बहुताल। चलते हुए॥
बदन कामुक, भौंहें कमानी। तीर आँखों से। चलाता नित॥
भोले अंग्रेजों की जी हुजूरी करते। मेहमानी करते। बेशर्मी से॥
ब्राह्मणी के नहाकर छत पर जाते ही। बाल सुखाते ही।
कांति फैलती॥
ब्राह्मणी का मजा लूटता। काम मोह दर्शन। रौंदता॥
ब्राह्मणी को है चोली सोरट।[1] शुद्धि का ध्यान। भिक्षुक को नहीं॥

1. सोरट—आज का काठियावाड़ प्रदेश, वहाँ का प्रसिद्ध कपड़ा।

तीर्थ यात्रा में आर्य अंगवस्त्र ले जाते। बच्चों का खेल खेलते।
पंढरपुर में ॥
शूद्रों के घर पूजा रखता भिक्षुक। देवता के लिए नहीं···।
स्वार्थ के लिए ॥
बलिस्थान में आर्य कितने पाखंडी। भगवान के स्वांग। जिन्होंने किए ॥
ढोंग के लिए दुष्ट लड़ने पर उतारू होते। यवनों को गाली देते।
रसोई घर में ॥
यवनी भाषा में लिखा होता। आर्यों की सुन्नत। करते वे ॥
बड़े-बड़े योद्धा जंग में हुए पस्त। रहस्य का सार। सुन भिक्षुक ॥
छोटा-सा रहस्य तारता तरुणों को। काम भोगियों की। कमी नहीं ॥
कदापि सज्जन को रहस्य न हो। समूल छोड़ो। दुनिया में ॥
अमंगल शुद्धि तेरी बड़ी खराब। करती सत्यानाश। अछूतों का ॥
हलाल प्रसाद शूद्रादि खाते। दूर से परोसते। फकीर को ॥
साहूकारी खून शूद्र का लूटती। भिक्षुक को खिलाती। घी-रोटी ॥
अनाथ के बच्चे दूर से देखते। लार निगलते। गुपचुप ॥
भिक्षुक शूद्रों के बच्चों से पहले खाते। जूठन देते। यजमान को ॥
हमेशा कहता···अनपढ़। उपदेश पत्र में। टेढ़ा-मेढ़ा ॥
राष्ट्रसभा के लिए दोस्त बन जाता। आऊँगा कहता। मद्रास को ॥
जैसे मातंग-महार नहीं, इसके दादा हों। फिर दुश्मनी को।
पैदा करता ॥
आर्य ब्राह्मणों ने शूद्रों को सताया। नित चिल्लाए। अश्लील बात ॥
ताजिया करके अकल नहीं आयी। फकीर वे हुए। इमाम के ॥
नचैया नरसिंह स्वांग रचाते। वही गाने गाते। ताजिया में ॥
सोमरस-शराब यज्ञ में भिक्षुक पीते। गौमांस खाते। हाय-हाय ॥
पाखंड गाते, भगवान को लात मारते। भिक्षुक रिश्वत खाते। हाय-हाय ॥
धूर्त भिक्षुक पंडित बेशर्म बनते। झूठी बातें लिखते। हाय-हाय ॥
जहरीले साँप को देते दूध-पेड़ा। भिक्षुक पगला बेटा। हाय-हाय ॥
···आर्यों को दो धक्का। करो नहीं अब देर। हाय-हाय। आर्य धर्म···॥धृ०॥

श्रीमंत महाराज सयाजीराव गायकवाड़ संस्थान बड़ौदा को पत्र

आने दो मन में दया, मन में दया।
भिक्षुकों ने सताया ॥ धृ० ॥

शिक्षाबंदी मूल आधार बेहाल किया ॥
आर्य शूद्रों में सचमुच पशुता लाए ॥ 1 ॥ आने दो० ॥
मौज के लिए खर्च, नारी की उपेक्षा की ॥
तमाशे में मर्द नाचते, आधे ऐसे पुरुषों को पाया ॥ 2 ॥ आने दो० ॥
वेश्या के गाने सुनते मैला करते नीति को ॥
मूल में पापी होकर दोष देते कुलीनों को ॥ 3 ॥ आने दो० ॥
लगान का पैसा खर्च होता ओंगरा-आलसी पर ॥
मेहनत करने वाले किसान खेत में खाते
सूखी रोटी को ॥ 4 ॥ आने दो० ॥
सालाना कमाई भिक्षुक ले जाते खुले खजाने ॥
किसान मेहनत करके करते उनकी भरपाई ॥ 5 ॥ आने दो० ॥
खेत के बैल मरते हल के कंधावर में ॥
गौप्रदान भिक्षुक खाते जैसे समधी समझो उनको ॥ 6 ॥ आने दो० ॥
मिष्टान्न नित्य भोजन आर्य ब्राह्मणों का ॥
सदियों से सूखी रोटी नसीब नहीं किसान को ॥ 7 ॥ आने दो० ॥
हाथ जोड़कर रोख दक्षिणा देते भिक्षुक को ॥
आम छूट नहीं कभी किसानों को ॥ 8 ॥ आने दो० ॥
नाचते लड़के ब्राह्मणों के, उनको शाल दान देते ॥
जो अच्छी खेती करता उसको इनाम क्यों नहीं देते ॥ 9 ॥ आने दो० ॥
शराब पर टैक्स बढ़ाते, दुर्गुणों को बढ़ावा देते ॥
परिणाम क्या होगा, कैसे नहीं समझते ॥ 10 ॥ आने दो० ॥
अनपढ़ शूद्रों को कोई कुछ समझता नहीं ॥
ऐसे गूंगे लोगों के पालक अब तुम क्यों होते नहीं ॥ 11 ॥ आने दो० ॥
मेहनतकशों की दरिद्रता दिखाई दी मुख्य
प्रधान को ॥
दयासागर हमारे, इसलिए लिखा उनका ॥ 12 ॥ आने दो० ॥
एक बार गया अवसर दोबारा आता नहीं,
मालूम सबको ॥
बार-बार बाढ़ आती नहीं पर्वती नदियों में ॥ 13 ॥ आने दो० ॥
जल की कीमत मालूम होती जंग में फौजियों को ॥
काशी के लोग तुच्छ मानते गंगा नदी को ॥ 14 ॥ आने दो० ॥
जोतीराव सयाजीराव से करता है प्रार्थना ॥
बहती गंगा में एक बार हाथ धो लो ना ॥ 15 ॥ आने दो० ॥

बड़ौदा के दीवान लक्ष्मण जगन्नाथ को पत्र

पहले संबोधित करेंगे लक्ष्मण को। मिटा देंगे इसकी शान को ॥ ध्रु० ॥
साथ शूद्रों को सयाजीराव के आश्रित
भिक्षुकों को ॥
पाखंडियों की आँखें रोको, बढ़ाओ सजगता को ॥ 1 ॥ पहले० ॥
पुरखे उनके बहादुर ढाल-तलवार में ॥
दीन शूद्रों को जगाएँगे आज सत्य के सार से ॥ 2 ॥ पहले० ॥
देश सुधार के लिए ध्यान हमारा दिन-रात उसी में ॥
मातंग-ब्राह्मणों में एकता आए, बैठेंगे पंगत में ॥ 3 ॥ पहले० ॥
दोबारा हम व्याख्यान देने आएँगे गुर्जर प्रांत में ॥
मुख्य प्रधान को कामयाबी मिले जोतीराव
चाहते मन में ॥ 4 ॥ पहले० ॥

गंगाराम भाऊ म्हस्के वकील को जवाब

जवाब देता हूँ गंगाराम को, गंगाराम को ॥
म्हस्के वकील को। जवाब·········॥ ध्रु० ॥
भूखों मरते भिक्षुक छोड़ चले आए ईरान को ॥
बलिस्थान में आकर उन्होंने मचाया ऊधम को ॥ 1 ॥
छलनीति से उन्होंने जीता क्षत्रिय मर्दों को ॥
दास किए शूद्र, दाग फौजियों को ॥ 2 ॥
श्रम करते नहीं खुद के लिए दिखाते दिमाग को ॥
शूद्रों के घर भीख माँगना दाग भिक्षुकों को ॥ 3 ॥
उठो तुरंत, त्यागो सभी कुछ, जगाओ शूद्रों को ॥
पेट की भूख सँभालो, दूर करो डर संतान का ॥ 4 ॥
भिक्षुक दास बनाकर रखते शूद्र भाइयों को ॥
कल्पना के ग्रंथ लिखकर गुमराह करते उनको ॥ 5 ॥
नेशनल सभा नई निकाली, कहते अंग्रेजों को ॥
अंग्रेजों के दोष दिखाते उपदेश देते बागियों को ॥ 6 ॥
······और मना करते उनको ॥
उसको तब तक ब्रह्म रटना, पालते खटमलों को ॥ 7 ॥
ढोंग के लिए शुद्धि दिखाते फंसाते मूढ़ों को ॥
पेट के लिए ब्रह्म छोड़ा, खाते बिस्कुटों को ॥ 8 ॥

मेहनत की बजाय भीख मांगना, कलंक मनुष्य को ॥
गरीब शूद्रों को जूठन परोसना शर्म नहीं ब्राह्मण को ॥ 9 ॥
वेश्या·········मुखपाप नहीं उसको ॥
शूद्र राजाओं को नीच मानता लेते नहीं पांत में ॥ 10 ॥
शूद्र पढ़ कर नौकरी पाएंगे डर संकुचितों को ॥
रखवाला चोर रखता ठगता अबलाओं को ॥ 11 ॥
सिव्हिल सर्व्हिस ब्राह्मणों को चाहिए, छूते चरणों को ॥
कोयले को नित धोया, रहा सफेद होने को ॥ 12 ॥
लात विष्णु को भूदेव मारता, दिखाता धूर्तता को ॥
ऐसे दुष्टों को देव कहना अपमानित करना
भगवान को ॥ 13 ॥
शूद्र कहता धर्म रक्षण क्षत्रियों का काम ॥
धूर्त आर्यों का पक्ष लेता पीटते मुसलिमों को ॥ 14 ॥
नहीं वहाँ खुराफात करना भिक्षुक का काम ॥
खुद दूर रहकर मूर्खों को लड़ाना यही उसका काम ॥ 15 ॥
पेशवाई की दोबारा स्थापना बागी नाना पेशवा
उसका काम ॥
परशुराम के लिए अंग्रेज बच्चों का खून बहाना
उसका काम ॥ 16 ॥
निःक्षत्रिय वे धरती कहते, विडंबना समझो इसको ॥
बेरहमी से जी दुखाते सताते शूद्रों को ॥ 17 ॥
······तैयार करो अपने को ॥
अन्यायी दस्तावेज पहचानकर तैं करो उपायों को ॥ 18 ॥
भिक्षुकी जाल से मुक्त होकर तुम खुले मैदान
में आओ ॥
शूद्र भाइयों को सत्य बताकर मुक्त करो ॥ 19 ॥
ब्राह्मण जुट गए आज शूद्रजनों को अप्रतिष्ठित
करने को ॥
जोती कहे आगे बताएंगे धूर्त आर्यों को ॥ 20 ॥

मे० रावसाहेब गंगाराम भाऊ म्हस्के को जो पत्र भेजा उसके संबंध में

अखंड

शिकस्त खाए हुए शत्रु से भी जो मिलने जाता ॥
उसकी मदद करता । सच्चा शूर ॥ 1 ॥
जो कुछ हुआ न लाओ मन में । बदला साजिश मन में ॥
लाओ नहीं ॥ 2 ॥
तंदुरुस्त होने पर उसको आधार देता । अखाड़े के
खिलाड़ी की तरह । उससे लड़ता ॥ 3 ॥
सत्य आचरण से सफलता पाओ । जग को दिखाओ ॥
जोती कहे ॥ 4 ॥

विभाग : चार

शूद्रादि-अतिशूद्रों को उपदेश

अखंड

आर्यों के ईरान में नहीं भेदभाव। करो यही खोज। वेदों में ॥ 1 ॥
गोंड भील क्षेत्री हैं यहाँ के मूल में। ईरानी बाद में। आये यहाँ ॥ 2 ॥
उपद्रव शुरू किया यहाँ आर्य ब्राह्मणों ने। स्वदेशाभिमानियों ने।
पनाह ली ॥ 3 ॥
यज्ञभंग किया, मार दिया लूट लिया। दस्यु नाम दिया।
ब्राह्मणों ने ॥ 4 ॥
दस्यु का अपभ्रंश 'दुष्ट' दुर्गुणी। नाम आर्यों ने। दिया खास ॥ 5 ॥
दस्यु की गलती दोस्त-दुश्मन। निकलता अनुमान।
म्लेच्छवाणी में ॥ 6 ॥
ब्राह्मणों का वर्चस्व हुआ। क्षत्रिय दास किए। कहते क्षूद्र ॥ 7 ॥
क्षुद्र का अपभ्रंश शूद्र हुआ। प्रचार में आया। अंत में ॥ 8 ॥
गर्भिणी नारियों को खोज के निकाला। जब्त करके रखा।
कैद में ॥ 9 ॥
पुत्र पैदा होते ही परशुराम ने। शस्त्र से मारा।
नन्हे बालक को ॥ 10 ॥
हत्या की सच्ची रेणुका माता की। प्यार पिता का। देव कैसा ॥ 11 ॥
नफ़रत से दी दूजे नाम तुच्छ। राक्षस-पिशाच। महा अरि ॥ 12 ॥
पेट के लायक देता उसकी मेहनत से। लेता छीन करके।
बाकी सब ॥ 13 ॥
पशु से भी हीन शिक्षा से धकेला। पीछे अमेरिका। दुनिया में ॥ 14 ॥
हर तरह से छल नित विडंबना। की भर्त्सना। हमेशा ॥ 15 ॥

पीड़ा हर तरह की, शिक्षा पाने नहीं दी । नहीं आई दया । मामूली भी ॥ 16 ॥
कहाँ मर गई थीं उनकी क्षमा दया । भगाओ मनु को । तुम अपने मन से ॥ 17 ॥
सार्वजनिक सभा रजस्वला नारी जैसी । महारों से दुश्मनी । है किसलिए ॥ 18 ॥
विधवा की तरह नेशनल कांग्रेस । भागती बंगाल में । नाटक उसका ॥ 19 ॥
अधिकार नहीं महार-मातंगों को । सिव्हिल सर्व्हिस । किसके लिए ॥ 20 ॥
छाँव भी न छूते महार-मातंगों की । प्रीत बंधुत्व की । जोड़ते कैसे ॥ 21 ॥
सार्वजनिक सभा में उपदेश देती सरकार को । सारे बम फुस ।
ब्रह्मघोटाला ॥ 22 ॥
नख़रे करते जो नचैया की तरह । शूद्र राजाओं को घेर लेते । बचकाने से ॥ 23 ॥
वकीलों का ठट बीच-बचाव करते । ली वार्नर को देते । धोखा-झाँसा ॥ 24 ॥
आर्यों की नीति बहुत ही अमंगल । किट-किट गोपाल । ईनामदारों को ॥ 25 ॥
नेशनल सभा अंग्रेजों को क्या कहती । सत् आचरण करो पहले ।
एकता के लिए ॥ 26 ॥
आर्य भिक्षुकों के लिए सिव्हिल सर्व्हिस । धोखा है देश को । विनती मेरी ॥ 27 ॥
नित कितना बताऊँ शूद्रों को । गिड़गिड़ाकर । सचमुच हैं पत्थर । साक्षात् ॥ 28 ॥
ली वार्नर सीधा निर्मल बुद्धि का । हिमायती शूद्रों का । दीनबंधु ॥ 29 ॥
विद्वान शूद्रो, जरा कुछ तो जागो । परख करके देखो । ब्रह्म की गोलमाल ॥ 30 ॥
अज्ञानी नारियों को यदि सताएँगे । पूरी तरह धोखा देंगे । संतान को ॥ 31 ॥
जानवरों की चमड़ी का जूता होता है । तुम्हारा तो कुछ नहीं ।
पीड़ा सबको ॥ 32 ॥
भगवान को तुम जवाब क्या दोगे । असमंजस में पड़ोगे । सभी के सामने ॥ 33 ॥
मरने के बाद तुम्हारी छी-छी होगी । औरतें शरमाएँगी । समाज में ॥ 34 ॥
जानवर नहीं तुम मानव कमाल । दान में अकल । निरर्थक हो गई ॥ 35 ॥
अज्ञानी राजा तुम्हारे लिए क्या करे । पैदा होते ही क्यों नहीं मरे ।
एक पीड़ा ॥ 36 ॥
अंग्रेजों की मेहनत को देखो आँख भर के । एहसानमंद हो करके ।
उनके प्रति ॥ 37 ॥
एहसान फ़रामोश पेशवा न होना मन में । इतना ही दान में । माँगता हूँ ॥ 38 ॥
मानव होने की जरा शर्म करो । ज्ञानी बनाओ । लड़का-लड़की ॥ 39 ॥
भाषा सीखते समझूंगा तुमको । याद करोगे बात को । तुम मेरी ॥ 40 ॥
सुनने नहीं दिया एक भी शब्द को । वेद ग्रंथों को । छुपाया उन्होंने ॥ 41 ॥
द्विजों की चालबाजी आओ तुम मैदान में । इस सुनहरे मौके में ।
जोती कहे ॥ 42 ॥

आदिसत्य की प्रार्थनाएँ

(1)

जय-जयकार मेरे आदिसत्य का।
तेरी सत्ता से साक्षात्कार होगा उत्पन्नकर्ता का।। ध्रु०।।
द्विज विजयी होते ही क्षेत्रियों की भर्त्सना की।
शिक्षा बंद करके नीचता की बात की।।
आर्यों ने शूद्र को पशु समान किया।
भूदेव बनकर पाँव पुजवाया।।
अहंब्रह्म होकर ढोंगी बनाता मूढ़ को।
नहीं जानता जो भले-बुरे की पहचान को।।
ब्राह्मण भोजन मौज उड़वाते।
ब्रह्मराक्षस को पीछे छोड़ देते।।
मृतक के नाम पर दान-धर्म लेते।
अधम होकर खुद ही खाते।।
खाने नहीं दिया मेहनत का शूद्र को।
अंध-पंगु और अनाथ बच्चे को।।
सत्योदय होते ही रुक गई वेदमति।
देखते ही सारी झूठी सिद्ध हुई स्मृति।।
सत्य तेरी महिमा सुनकर पुराणों के।
मुंह हो गए काले की हुई काली करतूतों से।।
देखकर तुझे हक्के-बक्के होते हैं पाखंडी।
लज्जित होकर नीचे डालते कंधी।।
कृपा तेरी होती मूढ़ जनों पर।
भूदेव डरते मन में हाथ माथे पर।।
कृपा का सागर है तू सत्य जान इसे।
मुक्त किया हमें ब्रह्मजाल से।।
तेरी कृपा से हमने अपनी राह को पहचाना।
महत्त्व माता-पिता की सेवा का पहचाना।।
जय-जयकार मेरे आदिसत्य का।।

(2)

सेवा करो इस सत्यराज की।
महा निर्मल प्रभा की।।

खोजते हो मुक्ति को।
मन लगाओ काम को॥
सत्य लुप्त हुआ जंग में।
नहीं जानता कोई हित किसमें॥
धर्म बनाए बहुत हुए।
हित अपनों का चाहते हुए॥
खोजने लगा सही दोषों को।
पाया गंभीर रहस्यों को॥
ऊब गया झूठे धर्म को।
त्याग दिया नीच कर्म को॥

विभाग : पाँच

अंग्रेजी राज आया। ब्राह्मण मन में कुढ़ते। दोष देखो रानी को देते ॥
सारी मलाई खाते। मामूली चीज से उनको बहलाते। दोष उन पर लगाते ॥
सारा पाप कर्म वे करते। नीच दूसरों को मानते ॥

(गाँव का पटवारी)

···झगड़े लगाते। मुखिया को परेशान करते। तैयारी रपट की करते ॥
अपनी ही जाति की तहसीलदारी। कुलकर्णी मस्ताए भारी ॥
दोनों को सताते। सरकारी और साहूकारी के नाते ॥
•••·········प्रजा परेशान हो गई सारी ॥

सारे ओहदे अपनों को देते। जमाव जाति का करते ॥

तकिया से टेक लगाकर दिमाग से बैंठते। लंगोटी को देख हँसते ॥
धोखेबाज नजदीकी साधते। अपनी जाति के कैंदी को ताज़ीम देते ॥
शूद्रों पर बेरहमी से बरसते ॥

(मुहर्रिर)

······खिलाते-पिलाते। दिन-रात वेश्याओं की संगत करते ॥
अर्ज पढ़ते तो कुछ बातें छोड़ देते। कलेक्टर भद्दा गणपति ॥
बड़ी चालाकी करते। उस पर दस्तखत उसकी लेते ॥
अर्ज को मटियामेट कर देते ॥

शूद्रों को सजा जानबूझकर देते। न्यायाधीश झटके से उठते ॥
कानून का आधार देकर बढ़ावा देते ॥
महार-मातंगों की फरियाद सुनते, दूर-दूर रहते। यवनी राँड़ रखते ॥
न्याय करते—शिष्य से जानकारी पाते ॥

गुस्सा आते ही मन में जूता फेंककर मारते ॥
नहीं दया नाम की चीज यहाँ ॥

अंग्रेजों को बदनाम करते । दोष रानी को देते ॥

पार्लमेंट में सदस्य होना चाहते । कलेक्टर का ओहदा माँगते ॥
(कितनी) हिम्मत ॥

जिसका माल उसके हाल, बच्चे ऐरे-गैरों के पढ़ते ॥
माली-कुनबी के बच्चों को छोटी-सी कौपीन भी नहीं मिलती ॥
जूता नहीं, पाँव जलते ॥
कुछ बच्चे इकट्ठा करके भारी संख्या रपट में लिखते ॥
महारों के बच्चों को अछूत समझते । अंग्रेजों से शेकहैंड करते ॥

ब्रह्मा का बखान करते । दूसरे धर्मों की बदनामी करते ॥
शूद्रों के बच्चों को झूठा धर्म धीरे से सिखाते ॥
नफरत नारी के प्रति फैलाते ॥

शूद्र बच्चों को गुप्त मार देकर भगा देते ॥
चपत-घूँसा मारते । जोर से कान ऐंठते ॥
किन्तु स्वजाति के बच्चों को शिक्षा समझा करके देते ॥

शिक्षक को बड़ा गुणवान समझते । पंडितजी को आसमान पर चढ़ाते ॥

शूद्रों की जाति बेवकूफ भाई । लिखाई-पढ़ाई से वास्ता नहीं ॥
ऐसा झूठ ही लिखता है बुराई ॥
सिद्धि साधक होकर जाति की करता बढ़ती ॥
कोई नहीं लेता उसकी खानातलाशी ॥

आठ बज जाने के बाद । और फिर कुर्सी-आसन पर बैठते ॥
हाजिरी विद्यार्थी लेते । ब्राह्मणों के बच्चों को पढ़ाते दस बजवाते ॥
एकदम थके हुए दिखाते । छाँव-घड़ी देखते ॥
स्कूल को छुट्टी दे देते ॥

खाकर शांत सो जाते । फिर अखबार पढ़ते ।
बाद में पत्र लिखते ॥
थोड़ी धूप कम होने पर । जाते स्कूल में थोड़ी देर ॥
पढ़ाते मन में आया तो ॥

भाई, शूद्रों की पढ़ाई मटियामेट हो गई ॥

माली-कुनबियों को समझाने रात में पोथियाँ पढ़ते ॥
फिजूल गप मारते । सीधे के ऊपर दक्षिणा लेते ॥
शूद्र को सरेआम लूटते ॥
ऐसे पाखंडी लोगों को शिक्षक बनाते ॥
पाखंडी ज्ञान का दीप जलाते ॥
घर में पत्थर पूजते । धर्म का नाश हुआ कहते ॥
बेफिजूल भौंकते रहते ॥

दोषी सही में यह सरकार । चारों ओर भिक्षुकशाही की भरमार ॥
कुनबियों का रखवाला कोई नहीं ॥

नीति राव जोती की, मतलबी मन में कुढ़ते ॥
अन्य ख्रिस्ती बेचैन होते ॥

सुझाना चाहता हूँ रानी को । भरोसा न करो ब्राह्मणों का ॥
जानो उनके तर्कजाल को ॥
हर जाति की जितनी हो संख्या ओहदे दो उनको उतने ॥
यही है न्याय की रीति ॥

बनाओ शिक्षक अन्य जाति के ॥
मिसालें सच्चे ज्ञान की ॥
केवल माली-कुनबियों के । और महार-मातंगों के ॥

भाई लोग तुमको गीतों में गावेंगे ॥
नाम तुम्हारा जग में करेंगे ॥

जोती कहे सुनो पुकार मेरी ॥
दुष्टों से मुक्ति पाने की करो तैयारी ॥

(विविध ज्ञान विस्तार, पु० 2, अं० 8, जुलाई, 1869,
पृ० 119-122 से)

विभाग : छह

विठोबा भुजबल को

अखंड

(1)

गधे के गाँव में गधी सुवासिनी। हुई देवदासी रामजानी ॥
स्वयं ज्ञानहीन देवरुषी होते। क़लम के सामने घुटना टेकते ॥
ऊदकपूर को सभी जलाते। ऊद की राख माथे लगाते ॥
आलसी की तरह अंगड़ाई लेते। दाँत-होंठ पागल की तरह चबाते ॥
शराबी की तरह नित लोटते। भूमि पर, हाथ पीटते ॥
मुँह से फूंककर आवाज निकालते। घूमते हुए हूँ-हूँ-हूँ करते ॥
ढोल के ताल पर धमाधम नाचते। बच्चों को तमाशा दिखाते ॥
रोगी बीमार को अंगारा लगाते। तावीज गले में पहनवाते ॥
मोर के चँवर से बुहारने लगाते। भूतों को शरीर से निकलवाते ॥
भूत-पिशाच के नाम पर अज्ञानी को लूटते। उसको
यात्राएँ करवाते ॥
देवरुषी के नाम पर अज्ञानी को लूटते। उसको यात्राएँ करवाते ॥
देवरुषी की धुन में हकीम को त्यागते। दवा बिन कितने मरवाते ॥
ऐसे अन्याय की खोज करो। कोर्ट के सामने ले जाओ न्याय के लिए ॥
मौका पाकर काला पानी दिलाओ। सजा ढोंगी को। जोती कहे ॥

(2)

घुमाता बदन को हूँ-हूँ करके। भगवान हूँ कहता। पत्थर को सच्चा
भगवान मानता ॥
ब्राह्मणों के पाँव का गंदा पानी पीता। कुत्ते की तरह उनकी जूठन
भी खाता ॥

अपनों से ही नित नफरत करता। पाखंडियों का रखवाला होता ।।
अपनों के लिए नहीं बाहुबल जिसमें। माँ ने जन्म देकर क्या फल
पाया उससे ।।
पेड़ की पीड़ा है परगाछा। देता नहीं फल अच्छा। जोती कहे ।।

(3)

स्वजाति की दया तुझे क्यों नहीं। शूद्रों की ओर कौन देखेगा हमेशा ।।
भूखे-प्यासे खेत में मरते-खपते । नंगे घूमते हमेशा ।।
कर्ज लेकर शादी में लगाते । ब्राह्मण ठगते बेहिसाब ।।
बंद करो अब खेल मदारियों का। छाँ-छूं तेरा कसबी खाने का ।।
बंगले में छिपे आर्य छाँ-छूं सारे। मत कर गर्व तले गाँव में ।।
धूर्त ब्राह्मणों की तरह उँगलियाँ मत गिनना। नित्य सबक सिखा
अन्यायी को ।।
ग्रह का शनि आकाश में घूमता। तेरे पास यहाँ आया कैसे ।।
किसलिए नहीं भुजबल अभिमान तेरे में। मन निर्मल नहीं तेरा ।।
जूठन के लिए मत कर द्विजों की खुशामद। मत लेना जान शूद्रों की रे ।।
ऐसे आचरण से पतन पाएगा। पछतावा करेगा अंत में ।।
विठू के नाम को मत लगा कलंक। असत्य का काँटा निकाल अब ।।
सत्य को कर मदद, कर सार्थक जन्म। बोल तौल मन में जोतीबा का ।।

कुनबी स्त्री

अखंड

(1)

मुर्गा बाँग दे रहा था सुबह। पीसना शुरू करती है। शूद्रजाया ।।
गीतों का शोरगुल, पति जागता। बैलों को ले जाता : चराने ।।
सूर्योदय होता गोबर-गोठ करती। टोकरी में ढोती। कूड़ा-करकट भी ।।
धूर्त आर्य उसको कुलंबिन कहते। गुणों में कम नहीं थी। जोती कहे ।।

(2)

सूरज की रोशनी के साथ रोटी पकाती। आवें पर चढ़ाती। तरकारी ।।
खाना पकते ही टोकरी में रखती। सिर पर लेती। जाती खेत पर ।।

---

1. खेती करने वाली एक अब्राह्मण जाति—कुनबी या कुर्मी। कुनबिन का मतलब कुनबी की औरत, दासी, नौकरानी।

संबके साथ खेत का काम करने लगती। वह पीछे नहीं खाती। घर का निवाला ॥
भिखारी ब्राह्मण को वह अनाज देती। भूदेव को पालती। जोती कहे ॥

(3)

शूद्रों के घर में कहाँ झाड़ना-बुहारना। दरवाजे पर वृंदावन। असभ्य हरकत ॥
बनाव-सिंगार नहीं, पसीने से तर। नखरे से नफरत। उसको होती ॥
खुरदरी जबान, एक ही संसार। रूखी-सूखी रोटी से प्यार। समाधान उसका ॥
विधवा ब्राह्मणी को देखकर हँसते। आर्यों को दोष देते। जोती कहे ॥

(4)

सिर पर पानी को ढोते। झाड़न डालते। गोबर में ॥
लँगोटी लगाकर गोबर रौंदते। गोहरा बनाते। धूप में ॥
सुस्त बैठकर ब्राह्मणी की तरह। न मौज करती। छाँव में ॥
ऐसी मेहनती नारी को कहते कुलंबिन। ब्राह्मणों को धनीपन। जोती कहे ॥

(5)

गोहरी की डलिया लेते सिर पर। नन्हा पीठ पर। ले करके ॥
गोहरी बेचते हुए घूमती घर-घर। शूद्र की नारी। पेट के लिए ॥
मूर्ति पूजा नहीं भिक्षुक की तरह। चढ़ता छाती पर। सिर पर काला नाग ॥
धूर्त आर्य कहे उसको कुनबिन। मानव को कलंक। जोती कहे ॥

(6)

चोंगे के पीछे गिराती अरहर को। मदद पति को। बोते हुए ॥
हवा की आँधी, तेज बारिश में। करती वह मदद। पतिराज को ॥
रस्सी पकड़ते हुए मदद करती। पौधे लगाती। निशान पर ॥
ऐसी मेहनती को कहते कुनबिन। नीच वह ब्राह्मण। जोती कहे ॥

(7)

क्षत्रियों की नारियाँ भूखी रहतीं। घास काटती। खेत में ॥
काम की धुन में नहीं उसको किसी का ख्याल। बच्चे का पालन। गुस्से से ॥
चवली की फल्ली मिलते ही खाती। बच्चे के पास जाती। दूध पिलाने ॥
घास बेचकर संसार चलाती। ब्राह्मणी को दिखाती। जोती कहे ॥

(8)

क्षत्रियों की जाया खेतों में घुसती। खुरच करके निकालती।
सारी घास॥
खुर्ची हुई घास बाहर निकालती। बैलों को छोड़ती। खाने के लिए॥
बाकी घास सिर पर रखती। बाजार ले जाती। बेचने के लिए॥
थकी हुई ऐसी नारी को। ब्राह्मण कहता कुनबिन। जोती कहे॥

(9)

श्वेत साफ करके खलिहान बनाती। खलिहान पोतती। तुरंत ही॥
पोतनी वह डोल पर रखती। हाथ से घुमाती। गोल-गोल॥
कटाई करके दाना चुनती। कूटती-मसलती। दानों के लिए॥
ऐसी मेहनती को कहते कुनबिन। आलसी ब्राह्मण। जोती कहे॥

(10)

ब्राह्मणी नहीं डालती खेतों में मूत्र की खाद। गजरा बालों में।
वेणी का साँप॥
जानवरों के पीछे गोबर नहीं चुनती। गोहर नहीं बनाती। मजदूरी से॥
करती नहीं शूद्रों की पिसाई-कुटाई। लिपाई-पोताई। पेट के लिए॥
ब्राह्मणी शूद्रों का आँगन नहीं बुहारती। घर नहीं पोतती। जोती कहे॥

(11)

ब्राह्मणी शूद्री को उबटन नहीं लगाती। नहीं नहलाती। मालिश करके॥
बाल नहीं सँवारती, बदन नहीं पोंछती। साड़ी नहीं धोती। उसकी॥
जूठन-थाली शूद्रानी की नहीं उठाती। जूता नहीं रखती। घर के अंदर॥
ब्राह्मणी शूद्रों के बच्चों की देखभाल नहीं करती। चुंबन नहीं लेती।
जोती कहे॥

(12)

ब्राह्मणी शूद्रों की करती नहीं मजदूरी। काटने नहीं जाती। खेतों में॥
मूँढिया के बोझ खलिहान नहीं ले जाती। भुट्टे नहीं काटती। खेतों में॥
अनाज नहीं निकालती, टोकरा नहीं रखती। बल्ली नहीं उठाती।
हाथ से॥
शूद्रों के खलिहान में मजदूरी नहीं करती। नखरा नहीं छोड़ती।
जोती कहे॥

(13)

हल के पीछे ब्राह्मणी नहीं घूमती। घास नहीं चुनती। लगातार॥
ब्राह्मणी नहीं तोड़ती मिट्टी के ढेलों को। खाद नहीं उठाती। सिर पर॥

महात्मा फुले का पत्र-व्यवहार

शराबखानों की बढ़ोतरी का विरोध करने वाला पत्र

[पूना के शराबखानों की संख्या में बढ़ोतरी करने की सरकार की जो नीति हैं उसका विरोध करने के लिए इस पत्र को महात्मा जोतीराव गोविंदराव फुले ने पूना नगरपालिका के कार्यकारी मंडल के अध्यक्ष प्लंकेट साहब को दि० 18 जुलाई, 1880 में लिखा था।]

"नगरपालिका ने काफी रुपया खर्च करके लोगों के स्वास्थ्य की रक्षा के लिए बहुत बड़ी संख्या में कर्मचारियों की नियुक्तियाँ की हैं। लोगों के स्वास्थ्य की रक्षा की दृष्टि से उस तरह का एक स्वतंत्र विभाग भी उसके पास है। फिर भी जिस पूना शहर को शराबखाने मालूम नहीं थे वहाँ अब बस्तियों में शराबखाने खोले गए हैं, और इसके माध्यम से लोगों के नैतिक विनाश के बीज बोए जा रहे हैं। इसलिए शहर के स्वास्थ्य की रक्षा करो, यह नगरपालिका का जो एक उद्देश्य है, उसके विरोध में यह सब हो रहा है।

" शराब का शौक नागरिकों के नैतिक आचरण के लिए हानि पहुँचाने वाला है। इतना ही नहीं, उनके स्वास्थ्य के लिए भी बहुत ही खतरनाक है, यह मेरा कहना शायद सभी लोगों को अस्वीकार नहीं होगा। शराबखाने जब से शहर की बस्तियों में शुरू किए गए तब से दारूबाजों की संख्या इस हद तक बढ़ गई है कि उससे कई परिवारों का पूरी तरह से विनाश हुआ है। और इस गंदे आचरण की अब शहर में आदत-सी हो गई है।

" इस बुरी आदत के फैलाव को कुछ प्रतिशत ही क्यों न हो लेकिन रोक लगनी चाहिए, इसलिए मैं नगरपालिका को कुछ सुझाव देना चाहता हूँ, वे ये कि नगर-

पालिका को इन शराबखानों पर, वे जिस प्रतिशत में लोगों का नुकसान करते हैं, उस प्रतिशत में टैक्स लगाना चाहिए। मुझे ऐसा लगता है कि किसी भी नगरपालिका ने ऐसे शराबखानों पर ज्यादा टैक्स नहीं लगाया। लेकिन उन पर केन्द्रीय सरकार का टैक्स होता है। इस संबंध में आवश्यकता हो तो नगरपालिका को जानकारी हासिल करनी चाहिए। मेरा यह प्रस्ताव नगरपालिका की आमसभा के सामने रखा गया तो मैं आपका बड़ा आभारी रहूँगा।"

(धनंजय कीर—महात्मा जोतीराव फुले
पाप्युलर प्रकाशक, मुंबई, 1968, पृ० 185-186)

ग्यानोबा कृष्णाजी ससाणे को पत्र

पत्र : एक

॥ सत्यमेव जयते ॥

दिनांक : 13-9-1888

मा० ग्यानोबा कृष्णाजी ससाणे,

एक धर्मपुस्तक और व्याकरण सिर्फ दो किताबें रख ली हैं। बाकी की सारी किताबें और स्लेट वापस भेज दिया है। उनका कोई उपयोग नहीं। चि० लक्ष्मी चौथी कक्षा में गई है और सरकारी स्कूल में जा रही है। उसके लिए आवश्यक सभी किताबें यहाँ खरीद ली हैं। कृपया बच्ची के जन्म की तारीख लिख करके भेज दीजिए। क्योंकि सरकारी स्कूल के अध्यापक को उसकी गरज है।

इधर बच्ची की पढ़ाई अच्छी चल रही है। लेकिन उधर से आए हुए लोगों को देखने के बाद उसकी पढ़ाई का नुकसान होता है। इसलिए उसको अच्छी तरह लिखने की आदत नहीं होती तब तक उधर से (हड़पसर से) अज्ञानी अनावश्यक लोगों को यदि नहीं भेजेंगे तो आपकी बड़ी मेहरबानी होगी। आदि सत्यमहाराज।

तात्या साहब के लिए गो० ग० काले,
स० शो० स० का क्लर्क

पत्र : दो

॥ सत्यमेव जयते ॥

दिनांक : 24 सितम्बर, 1888

चि० सत्यरूप ग्यानोबा कृष्णाजी ससाणे,

बहुत-बहुत आशीर्वाद··· घरवाली ने घर का सारा काम सँभालते हुए लक्ष्मी को पूरी तरह से खुली छूट दी है, इसलिए उसकी पढ़ाई अच्छी तरह होगी, ऐसा

लगता है। इसलिए मैं निर्माता के प्रति आभार व्यक्त करता हूँ। सब कुशल। आदि सत्यमहाराज।

आपका
जोतीराव गोविंदराव फुले

पत्र: तीन

॥ सत्यमेव जयते ॥

चि० सत्यमूर्ति ग्यानोबा कृष्णाजी ससाणे, हड़पसर,

बहुत-बहुत आशीर्वाद। दि० 30 सितम्बर को चि० काशीबाई उर्फ लक्ष्मीबाई पूना में हमारे घर बच्ची को देखने के लिए आई थीं। उस समय उन्होंने चि० राधा उर्फ लक्ष्मीबाई की अच्छी भर्त्सना की, इसलिए हम सभी को बड़ा समाधान हुआ। हमने लक्ष्मीबाई को दूसरे दिन हड़पसर को भेजने की बात तय की थी, लेकिन पत्नी ने उसको बहुत आग्रह किया और रुकने के लिए कहा। इसलिए हम सभी को क्षमा कीजिए। सब कुशल। आदि सत्यमहाराज।

आपका
दि० 2 अक्तूबर, 1888 जो० गो० फुले, वि० गो० ग० का क्लर्क

पत्र : चार

॥ सत्यमेव जयते ॥

दिनांक : 18 अक्तूबर, 1888

चि० ग्यानोबा कृष्णाजी ससाणे, हड़पसर,

बहुत-बहुत आशीर्वाद। तुमने और मैंने मिलकर ऐसा तय किया था कि चि० लक्ष्मीबाई को हाईस्कूल भेजना चाहिए। अभी चि० लक्ष्मीबाई जिस स्कूल में है, उस स्कूल में आगे की पढ़ाई की सुविधा नहीं है, ऐसा मुझे लगता है। अब यदि बच्ची को हाईस्कूल में भेजा जाए तो दीवाली करीब आई है। इस समय यदि बच्ची को हाईस्कूल में भेजा जाए तो चि० काशीबाई को बच्ची के बिना त्यौहार में अच्छा नहीं लगेगा। इसलिए चि० लक्ष्मीबाई को तुम्हारे यहाँ चि० सादुजी गंगाजी वाघुलू के साथ कुछ गहने लेकर दीवाली के लिए भेज रहा हूँ...चि० काशीबाई को बच्ची की पढ़ाई के बारे में यदि खुशी नहीं है तो उसका हमें बड़ा दुख है। जैसी तुम्हारी मर्जी...आदि सत्यमहाराज।

तात्या साहब के आदेश से,
गो० ग० काले, स० शो० समाज का क्लर्क

पत्र : पाँच

॥ सत्यमेव जयते ॥

दिनांक : 21 दिसंबर, 1888

चि० ग्यानोबा कृष्णाजी ससाणे, हड़पसर,

बहुत-बहुत आशीर्वाद···अपने दीन-अज्ञानी भाइयों के लिए एक 'सार्वजनिक सत्य धर्म पुस्तक' लिखने के काम में व्यस्त था, इसलिए तुमको एक भी पत्र लिखने के लिए मुझे समय नहीं मिल सका। खैर, अपनी बहू बड़ी होशियार है, बुद्धिमान है और सभी को चाहने वाली है। इसलिए उसमें जो गुण हैं उनका जतन होना आवश्यक है तो उसके परिणाम भी अच्छे होंगे··· तुम्हारी दादी कै० राहीबाई मतलब मेरी मौसी का स्वभाव अपने छोटे-बड़ों को 'जी' कहने का था, उसको याद आते ही मन में खुशी होती है। उसी प्रकार तुम्हारे ससाणे खानदान के लिए वह एक शान की चीज थी। लेकिन चि० बहू यहाँ आई तब से आज तक उसको सभी को 'जी' कहने के लिए कितनी बार समझा करके और प्यार से बताया, कई बार मिठाई दी, फिर भी उसको 'जी' कहने में शर्म आती है···उसने अभी तक जो पढ़ाई की है, उसके बारे में तुम स्वयं उससे पूछते रहो। और बीच-बीच में उसको खेलने की भी सहूलियत दे सको तो बहुत ही अच्छा होगा।

कल सुबह मेरी तबियत खराब हुई थी, उस समय चि० बहू ने बड़ी हिम्मत से कान की बाली की तरह मेरी देखभाल की और बड़ी श्रद्धा से मेरे ठीक होने तक पास बैठी रही, और···घर के सारे चिरागदान साफ करके रख दिए।

आपका

जोतीराव गोविंदराव फुले

महात्मा फुले का वसीयतनामा

महात्मा फुले का वसीयतनामा

॥ सत्यमेव जयते ॥

वसीयतनामा दि० 10 जुलाई, 1887, रोज रविवार, असाढ़ का महीना वदि 5 के दिन, मैं जोतीराव गोविंदराव फुले, पेठगंज, शहर पूना, धंधा कांट्रयाक्टर, सबब वसीयतनामा लिख करके रख रहा हूँ कि मेरी उम्र लगभग साठ-पैंसठ साल की हुई है। मेरा बड़ा भाई राजाराम गोविंदराव फुले था, वह भी मर गया। वह और मैं बहुत दिनों से अलग-अलग रह रहे हैं। हर अपना-अपना रोजगार-धंधा अलग-अलग करके निर्वाह करते आ रहे हैं। वह और मैं विभक्त हुए तब से दोनों ने अपना-अपना खुद का धंधा-व्यापार करके अचल और चल जायदाद कमाई है। हर कोई अपनी जायदाद का मालिक है। और मेरी शादीशुदा पत्नी को कोई संतान नहीं होने की वजह से, गंजपेठ में मा० केसोपंत सिंदी के वाड़े में रहने वाली काशी नाम की स्त्री को बच्चा होते ही मेरी शादीशुदा पत्नी ने उस बच्चे की पूरी परवरिश करके उसको अपने स्वयं के बच्चे की तरह पाला-पोसा और हम दोनों ने मिलकर उसके बारहीं (बारहवें दिन) को उसका यशवंत नाम रखा। अब उसकी उम्र करीब तेरह साल की है और वह नाबालिग है। सबब हम दोनों के बाद हमारी जायदाद की देखभाल सही ढंग से हो और उसका अपहरण आदि न हो, इसलिए हम दोनों ने अपने सामने अपनी पूरी सूझबूझ के साथ, सरल सोच-विचार करके हम दोनों के बाद हमारे पुत्र चिरंजीव यशवंत को जायदाद का किस तरह का व्यवहार और उपयोग करना चाहिए, उस जायदाद का ब्यौरा निम्न प्रकार से है :

खंड पूना, उपखंड सब-रजिस्ट्रार, हवेली, इनके अधिकार क्षेत्र के पेठगंज में हमारा मकान है। वह नकल 1 मकान नंबर 395, खंड 11, एक मंजिल, नया बनाया गया है। उसके कंपाउंड में कुआँ खोद करके उसको मजबूत बांध दिया गया है। उसका कंपाउंड से माप इस प्रकार है—दक्षिण-उत्तर लगभग लंबाई 65 फुट दक्षिण के ओर की और पश्चिम लगभग चौड़ाई 45 फुट, और उत्तर के ओर

की पूरब-पश्चिम लगभग चौड़ाई 28 फुट है। इसकी चतुस्सीमा—पूरब को रास्ता है। उस पार तुंबड़ी वाले बैरागियों के मकान और बापू भाई पिसान वाले का मकान है। पश्चिम को हमारे पाखाने से लगकर आने-जाने की गली के उस पार हमारे भाई राजाराम के हिस्से के और उसके खुद के खरीदे हुए दो मकान हैं। दक्षिण से लगकर गली के उस पार रामचंद्र किसन कुंभार इनका मकान और बाबाजी राणोजी फुले इनकी वीरान जगह है। और उत्तर के करीब रास्ता है तथा उस पार म्युनिसिपालिटी के पानी के दो कुंड हैं। इस जगह पर मैंने कुछ जगह स्वयं खरीद करके रखी है। कुछ लिलाव में खरीद करके रखी है। और कुछ जगह हमारे हिस्से की है। उन सभी जगहों पर मैंने कुछ बँगले और बाकी सभी साधे मकान बनाए हैं। इन सभी का हम घर में रहकर हक़ से उपयोग ले रहे हैं।

एक नकल—मकान नंबर 394 के तीन खंड डेढ़ मंजिल दोपल्ली हैं। इसकी आगे की पूरब-पश्चिम लंबाई लगभग 32 फुट है और दक्षिण-उत्तर चौड़ाई लगभग 16 फुट है। इसकी चतुस्सीमा—पूरब को रामचंद्र किसन कुंभार इनके मकान का पिछला हिस्सा है। पश्चिम को आँगन के उस पार खंडूजी कृष्णाजी और बाबाजी राणोजी फुले इनके मकान हैं। दक्षिण से लगकर सटवाजी कृष्णाजी फुले इनका मकान है। और उत्तर से लगकर बाबाजी राणोजी फुले इनकी वीरान जगह है। यह मकान हमारी पैतृक संपत्ति है और यह मकान मेरे हिस्से में मुझे मिला है। और मैं उसका उपयोग कर रहा हूँ। इन दोनों मकानों का पाखाना मकान की सीमा से बाहर है और मैंने उसको नक्शे के अनुसार बनाया है। वह मेरे स्वामित्व का है। उस पर अन्य किसी का भी कोई हक़, स्वामित्व और इस्तेमाल आदि कुछ भी नहीं है।

एक नकल वीरान जगह—इसकी दक्षिण-उत्तर लंबाई लगभग 43 फुट है। इसकी पूरब-पश्चिम चौड़ाई लगभग 28 फुट है। चतुस्सीमा—पूरब से लगकर राजाराम गोविंदराव फुले इनका स्वयं खरीदा हुआ मकान नंबर 397 है, उसका पिछवाड़ा है। पश्चिम से लगकर गली के उस पार महंमद मीरखाँ मुस्लिम का मकान है। दक्षिण की तरफ गली के उस पार हरीबा फुले इनके टूटे मकान की वीरान जगह है। और उत्तर की तरफ रास्ते के उस पार भोपाजी कुंभार के मकान का पिछवाड़ा है। इस वीरान जगह को मैं राजाराम गोविंदराव फुले ने इनसे खरीद लिया है और मैं उसका उपयोग कर रहा हूँ।

एक नकल दूसरी वीरान जगह—उसकी लंबाई-चौड़ाई लिलावपत्र में लिखी गई उसके अनुसार इसकी चतुस्सीमा—पूरब को गली के उस पार नारायण मुकुंदा कांडगा इनके मकान की सीमा है। पश्चिम की तरफ गली के उस पार बालाजी दुलमाजी आल्हाट के मकान का पिछवाड़ा है। दक्षिण की ओर गली के उस पार बाबाजी मुकुंदा कांडगा इनके मकान का अगला भाग है। और उत्तर की ओर

खंडाजी कुसाजी फुले इनके मकान का हिस्सा है। इस वीरान जगह को लिलाव में खरीद करके हम अपने अधिकार में इसका उपयोग कर रहे हैं।

एक नकल वीरान जगह—पहले बुजुर्ग गोविंदराव शेटीबा फुले ने जोतीबा विठोबा फुले इनका मकान लिलाव में खरीद लिया था। अब वह मकान टूट जाने से वहाँ वीरान जगह हो गई है। इस वीरान जगह में हमारा आधा विभाजन का हिस्सा है और आधा हिस्सा राजाराम गोविंदराव फुले इनका है। और मौजा खानवडी, तहसील पुरंधर, जिला पूना, इस गाँव में हम फुले परिवार वालों का पैतृक नौ खंडों का दोपल्ली वाड़ा है जो दो कंपाउंडों का है, और उसी प्रकार उस गाँव की हवेलियों में, खेतों में, जमीन पर विद्यमान कुओं पर, बागों पर आदि चीजों पर अधिकार के संबंध में हमारे बुजुर्ग गोविंदराव शेटीबा फुले इनकी आधी हिस्सेदारी है। उन सभी में आधी हिस्सेदारी हमारे बड़े भाई राजाराम गोविंदराव फुले इनकी और आधी हिस्सेदारी मेरी है।

इस तरह मेरी अचल संपत्ति है। इसके अलावा मेरे घर में चल संपत्ति भी है। उसकी जानकारी मुझे और मेरी पत्नी को मालूम है। उस सारी जायदाद के हम दोनों मालिक हैं। हम दोनों के बाद हमारा पुत्र यशवंत ही हमारे अचल और चल आदि हर प्रकार की जायदाद का मालिक है और उसके समझदार तथा बालिग होने पर उसको ही उस प्रकार का परंपराधिकार प्राप्त होगा और उसको अपने वंश परंपरा से पूरा उपभोग लेकर अधिकार कायम करना चाहिए। हमारी जायदाद पर हमारे भाई और भतीजा गणपतराव राजाराम फुले आदि किसी का वंश परंपरा से अधिकार या हक़ या दावा नहीं और मेरी किसी भी प्रकार की जायदाद पर अन्य किसी का भी कोई अधिकार नहीं। हमारे सारे चल और अचल तथा आगे की सारी जायदाद का मालिक हमारा पुत्र यशवंत ही है। फिलहाल वह नाबालिग है। सबब मैं और मेरा परिवार सावित्री उसकी परवरिश करके उसको पढ़ा रहे हैं। उसकी वजह यही है कि चिरंजीव यशवंत को भगवान के लिए अपने पूरी तरह से सताए हुए अज्ञानी, दीन, दुर्बल, शूद्रादि-अतिशूद्र मानव भाइयों को उनके मानवी हक़ों के प्रति जागृत करके उनको धूर्त-पाखंडी-मानवद्रोही आर्यभट्ट ब्राह्मणों के षड्‌यंत्र से मुक्त करने के लिए अपना सारा जीवन, अपना सब कुछ न्योछावर करके उसको (चिरंजीव यशवंत को) अपने जीवन की सार्थकता सिद्ध करनी चाहिए। और अपने रक्षण करने वाले अंग्रेज सरकार को उसके हर कार्य में सहयोग देने में किसी भी बात की परवाह नहीं करनी चाहिए।

अज्ञानी लोगों की गलत मान्यताओं के अनुसार चिरंजीव यशवंत का ब्याह हुआ हो या न हुआ हो, मैं जोतीराव गोविंदराव फुले और मेरी शादी-शुदा पत्नी सौभाग्यवती सावित्रीबाई पति जोतीराव फुले हम दोनों के मरने के बाद हम दोनों के अंतिम संस्कार और तमाम विधि सत्यशोधक समाज पद्धति के अनुसार करने के

लिए केवल चिरंजीव यशवंत को ही यह अधिकार है। और हम दोनों के मृत शरीर को हमारे परंपरागत रिवाज के अनुसार यथासामर्थ्य नमक डाल करके दफन कर देना चाहिए। आर्यभट्ट ब्राह्मणों की नकल करके हमारे मृत शरीर को अग्नि को समर्पित नहीं करना चाहिए। चिरंजीव यशवंत यदि हमारी मृत्यु के समय न हो तो सत्यशोधक समाज का जो भी कोई सदस्य वहाँ मौजूद हो, उसको सभी संस्कार और विधि करने का अधिकार है।

मेरे मरने के बाद चिरंजीव यशवंत हमेशा स्कूल में जाकर सही अध्ययन करके मैट्रिक में उत्तीर्ण होकर बाकी की उपाधियाँ प्राप्त करने के लिए प्रयास करने के बजाय विदेशी लोगों के आवारा बच्चों की तरह बर्ताव करने लगा तो मेरी पत्नी द्वारा सत्यशोधक समाज के सदस्यों के बहुमत से चिरंजीव यशवंत को मेरे हिस्से के पूना के मकान नंबर 394 का या खानवडी के मेरे हिस्से की हवेली का, खेतों का, बाग का और कुएँ का हिस्सा देकर बाकी उसके नाम की सारी जायदाद खारिज समझनी चाहिए और (सत्यशोधक) समाज के सदस्यों के बहुमत से यशवंत के स्थान पर माली, कुनबी, धनगर आदि शूद्र समाज का जो भी कोई लड़का सारे लड़कों में होशियार और लायक हो, उसको मेरी जायदाद का हक़दार बना करके उसके हाथों सारा कार्य करवाना चाहिए। सारांश, शूद्रादि-अतिशूद्रों को गुलामों के गुलाम मानने वाले आर्यभट्ट ब्राह्मण जाति के लोगों को और उनके अनुयायियों को भी मेरे मृत शरीर को छूने नहीं देना चाहिए या उससे संबंधित सभी संस्कार-विधि पर उनकी छाँव को भी छूने नहीं देना चाहिए। इसलिए निर्माता की बड़ी विनम्रता से प्रार्थना करके यह वसीयतनामा हम लोगों ने अपनी इच्छा से और सोच-समझ करके होश में रह करके ही लिख के रखा है। दि० 10 जुलाई, 1887।

दर्ज करने वाला

दस्तखत
विष्णु कोंडदेव कारकुन
असल बरहुकुम नकल
Sd/Balkrishna Abaji
सब-रजि० हवेली

Sd/ Jotirao Govindrao Phooley
Sd/Balkrishna Abaji
सब-रजि०
निम्न प्रकार से फी प्राप्त हुई

दस्तखत

जोतीराव गोविंदराव फुले, दस्तुरखुद
Jotirao Govindrao Phooley.,
गवाह
दस्तखत
सेवाराम शिवराम तिवारी चाकण, तह० हवेली, पूना, मेरे सामने यह वसीयतनामा दर्ज करवाया
Sd/Purohansingh, G. G. R.
Sd/Murlidhar Rajaram Pirway
मुरलीधर राजाराम दस्तुरखुद

पंजीयन फी रु० 2

नकल फी फोलियो रु० 2 आना 3 Sd/Vinayak Bappoji

कुल रु० 4 आना 3 Bhandarkar

Mr. Jotirao Govindrao Foole is in the full Possession of his Sense.

Sd/Vishram Ramji Ghollay, Assistant Surjan, Poona, 15th July 1887.

सन् 1887 के जुलाई माह के 18 तारीख को करीबन एक या दो बजे के दरमियान हवेली सब-रजि० कचहरी में लाकर दिया।

जोतीराव गोविंदराव फुले दस्तखत करने वाला व्यक्ति कांट्रयाक्टर, मौजा-पूना, पेठगंज, यह दस्तखत करने की बात को कबूल करते हैं। और इनको नीचे दस्तखत करने वाले सब-रजि० पहचानते हैं।

हवेली के
सब-रजिस्ट्रार का
ठप्पा

(तीसरे नंबर की किताब के 8वें
रजिस्टर के 138 से 143 पान
में 46 नंबर में दर्ज किया है।
दि० 25 जुलाई, 1887)

अछूतों की कैफ़ियत

अछूतों की कैफ़ियत

महात्मा जोतीराव फुले

[पहले चार परिच्छेदों का मजमून एकदम असंबद्ध रूप में उपलब्ध है, 'महात्मा फुले : समग्र वाङ्मय' के मराठी संस्करण के संपादक ने उसको जितना संभव हो सकता था उतना सुसंबद्ध करने का प्रयास किया है। उसी के आधार पर हिंदी अनुवाद किया गया है।]

(संपादक/अनुवादक हिंदी संस्करण)

इन बातों की वजह से रानी साहिबा का इस देश में आना असंभव है, ऐसा लगा। लेकिन इन सभी बातों की बगैर परवाह किए रानी साहिबा हमारा भाग्योदय करने के लिए यहाँ आईं। ऐसा मान लीजिए।

रानी साहिबा का इस देश में आगमन होने के बाद वे यहाँ कुछ ही दिन रहेंगी और उतने अल्पकाल में इस देश के अधीन नरेश···, (सर) दार, नवाब, अमीर-उमराव आदि बड़े लोगों की ओर से रिवाज के अनुसार नजराना लेकर उनको फिर नजराना देने का काम तो रहता ही है···इसलिए पहले ही उनके लिए लंबी-चौड़ी और बढ़िया···रेलगाड़ी की यात्रा करने के लिए···

हम शूद्र लोगों के मोहल्लों से गुजरकर···लेकिन यह बात तो बहुत दूर की माननी चाहिए···जैसे इस बात को संभव मान लिया कि वे यहाँ हमारे देश में आएँगी उसी तरह···

···कुछ दिन के लिए यहाँ मुकाम करेंगी। उतने···सामंत, राजा, सम्मानित लोग आदि के (साथ) बात करके उनके मन का समाधान करने लायक उनको··· नहीं, फिर महार-मातंगों की बदबूदार झोंपड़ियों के सामने अचानक गाड़ी रुकवा करके यूरोपियन और यहाँ के अधिकारियों से बातें करना छोड़ करके महार-मातंगों से बातचीत करके वे अपनी महानता को दाग लगाएँगी, यह तो बिलकुल

ही संभव नहीं है ।

सरदारों से लेकर महारों से भी नीच समझे गए लोगों से उन्हें बोलना चाहिए, उनके दुख-दर्दों को समझ लेना चाहिए, उनकी वास्तविक स्थिति क्या है, इसकी खोज करनी चाहिए । इनके पुरखों की परंपरा के अनुकूल ही सब कुछ होने की वजह से इनको इस राजव्यवस्था में रहने के बावजूद कुछ परेशानियाँ-पीड़ाएँ सहनी पड़ती हैं या नहीं आदि बातों पर सोच करके उचित उपाय खोजना और उनको अमल में लाना यही राजा का या रानी का फर्ज है । इसी उद्देश्य से हमारी कृपालु रानी साहिबा एक शहर के महार मोहल्ले के सामने से जा रही थीं । उस समय उन्होंने अपनी गाड़ी और अपना सारा दलबल रुकवा दिया । इसी दरमियान वहाँ खुली जगह पर इकट्ठा हुए अन्य लोगों में से दो लोग, जिनमें एक महार था और दूसरा मातंग, आगे आए । उसी समय महारानी साहिबा और एक स्वदेश-भक्त ऐसे मूलनिवासी कर्मचारियों से अपने सामने के दृश्य के संबंध में सवाल पूछ रहे हैं और वे उनके सवालों के जवाब यथायोग्य और यथासामर्थ्य दे रहे हैं । इस तरह की कल्पना अपने विषय निर्माण के लिए कुछ देर के लिए करें । वे दोनों (महार और मातंग) अंग्रेज सरकार की मेहरबानी से शिक्षा जैसे अलंकार को पाए हुई हैं और उनको अपनी योग्यता के अनुसार रानी के सामने बात करना आता है, यह भी अपनी उक्त कल्पना को सबल करने के लिए मान लेना चाहिए ।

यूरोपीय कला के अनुरूप बनाए गए राजमहल में लगातार रहने की वजह से और इस देश में आने के बाद हमेशा उनकी योग्यता के अनुसार ठहराए गए राज-मंदिर में रहने का इंतजाम होने की वजह से महार मोहल्ले का दृश्य देखकर रानी साहिबा के मन में और उनके साथ रहने वाले लोगों के मन में कुछ चमत्कारिक भावनाएं पैदा होंगी और इन अशिष्ट, गाँव से दूर रहने वाले लोगों के बारे में कुछ जानकारी हासिल करने की जिज्ञासा उनमें उत्पन्न होना एकदम स्वाभाविक है । घास की छोटी-छोटी झोंपड़ियाँ, उनके बीच में कहीं छोटा-सा कवेलू का मकान, हर झोंपड़ी के सामने या घर के बरामदे पर बैठकर काम करने वाले महार, मातंग और उनके परिवार के लोग—महार-मातंग औरतें और उनके इधर से उधर घूमते-दौड़ते रहने वाले नासमझ-मासूम बच्चे, पंख फटकारकर इधर से उधर दौड़ने वाली और कुछ दाना चुगने वाली मुर्गियाँ, मालिक के घर के सामने बैठी हुई और इधर से उधर घूमने वाली मालिक की गरीबी की हिररोबार और उनके अनुरूप दुबली और ईमानदार कुतिया, एक-आध भैंस, एक-आध गो, इधर-उधर गिरे हुए चमड़े के टुकड़े, सूखने के लिए फैलाई गई जंगली खजूर की टहनियाँ, बनाई झाड़ूएँ आदि चीजों से ही जिनका संसार बनता है ऐसे इन इलाकों में रहने वाले लोग बेहिसाब गरीबी में जीवन बसर कर रहे हैं फिर भी वे व्यवसायी होंगे, इस तरह

की समझ होना स्वाभाविक है।

पहले जो लिखा गया उसके अनुसार रानी साहिबा उपरोक्त दृश्य की ओर देखकर उसके बारे में अपने दुभाषिया को सवाल कर रही हैं, उसी दरमियान दो अलग-अलग आदमी अपनी लकड़ी की गठरी नीचे रखकर आगे आते हैं। उनकी एकाएक आगे आने की हिम्मत नहीं होती। फिर भी समय बहुत कम है और रानी साहिबा जल्दी ही चली जाएँगी, यह बात उनके मन में आई। इसलिए वे जल्द-से-जल्द उनके सामने जाने की कोशिश करते हैं। वे लोग आगे आने की कोशिश करते ही हैं तभी उनकी नजरें रानी साहिबा के और उनके साथ जो थे उनके कपड़ों की ओर जाती हैं और फिर अपने वदन के कपड़ों की ओर भी। हम ऐसे फटेहाल हैं, हमारे सिर पर फटे कपड़े का छोटा टुकड़ा बँधा हुआ है तो फिर हम लोग अपने ऐसे मैले बदन से कैसे रानी साहिबा के सामने खड़े रह सकते हैं, इस तरह के सवाल उनके मन में पैदा होते हैं। लेकिन हम लोगों ने रानी साहिबा के पास जाकर यदि उनके सामने अपनी पीड़ा का बयान किया तो हमारे समाज के तमाम लोगों का कल्याण होने की संभावना है, इस महान उद्देश्य से वे लोग कुछ कदम आगे बढ़-कर रानी साहिबा के पास चले जाते हैं। तब दुभाषिया गृहस्थ उनको और नज-दीक आने के लिए कहता है। फिर वे और आगे जाते हैं, तक उनको वह गृहस्थ कहता है :

—आप लोग आए यह बहुत अच्छा हुआ। हमको आपसे कुछ अपेक्षाएँ हैं। मेहरबानी करके हमारी उन अपेक्षाओं को पूरा कीजिए।

उनको इस तरह के समाधान देने योग्य शब्द स्वदेशी आदमी के द्वारा सुनने को मिलते हैं, इसलिए उनको बड़ा सहारा महसूस होता है और अपना फर्ज निभाने का अच्छा मौका है, यह समझकर उनमें से एक आदमी आगे आकर जवाब देता है :

—महाराज, हम गरीबों की ओर से आपकी क्या भलाई हो सकती है? बल्कि हम लोग ही आप लोगों से मदद माँगने के लिए आए हैं। हम लोग रानी साहिबा को यह बताने के लिए आए हैं कि हमारे धर्म से हमें कौन-सा नुकसान हुआ है, और इस धर्म की वजह से हम लोग किस स्थिति को पहुँच गए हैं और आगे हमारे क्या हाल होंगे। हम लोग आपको जो-जो भी कहेंगे वे सारी बातें कृपा करके चक्रवर्ती दयालु रानी साहिबा को उनकी भाषा में समझाइए। उनके महान शब्दों से हम गरीबों पर ही नहीं बल्कि हिंदुस्थान के तमाम लोगों पर उपकार होगा। और इसके लिए आपका भी हमारे ऊपर बहुत ही एहसान होगा।

दुभाषिया—इसी में हमारा कल्याण है। महारानी साहिबा यहाँ की स्थिति के बारे में कुछ सवाल पूछ रही थीं, उनको कुछ बातें बताने के लिए मुझे आपकी मदद चाहिए थी। अच्छा हो गया आप मौके पर आ गए। अब मैं आपकी भावनाएँ

कृपालु चक्रवर्ती महारानी साहिबा तक पहुँचा दूंगा और उस पर उनका क्या कहना है यह भी आपको बाद में सूचित कर दूंगा।

दुभाषिया के समझा देने के बाद रानी साहिबा ने दुभाषिया को कहा।

रानी साहिबा—दरिद्रता से उत्पीड़ित लोगों को हम अपनी मर्जी सूचित नहीं कर सकते, इसके लिए हमें अफसोस है। फिर भी (दुभाषिया की ओर देखकर) आप इनको हमारे विचार समझाने के लिए यहाँ हैं, इसके लिए हमको खुशी है। इन लोगों को हमारी ओर से कहिए कि इन्हें अपनी जो भी भावनाएँ व्यक्त करनी हैं या जो कुछ भी बताना है वह एकदम खुलकर बताएँ। मन में किसी भी प्रकार का डर रखने की आवश्यकता नहीं।

दुभाषिया—अब आप लोग अपनी बातें बतानी शुरू कीजिए।

महार या मातंग—आप जैसे परम कृपालु, महान् दयालु के सामने मैं एक सामान्य आदमी अपनी पीड़ा का बयान करने की हिम्मत कर रहा हूँ। हमारी ओर बड़ी ही हमदर्दी के साथ ध्यान दीजिए।

—बड़े-बड़े लोगों ने, विद्वानों ने हिंदुस्थान का इतिहास लिखा है, उसमें उन्होंने हमारे पुराने विवरण की अधूरी हकीकत लिख करके रखी है। महारानी साहिबा ने फुरसत के समय जिज्ञासा बुद्धि से उसको पढ़ा ही होगा। लेकिन उसमें जिन लोगों का वर्णन किया गया है, वह हम लोगों को वास्तव में न जानने की वजह से वैसा किया गया है। इस तरह उसमें हमारी स्थिति का पूरा विवरण न होने की वजह से या उसमें हमारी सही स्थिति की सचाई के न आ पाने से बहुत आश्चर्य न लगा होगा और हमारी सही हकीकत का पूरा स्वरूप न दिखाने की वजह से उस स्वरूप को समझ लेने की आपमें जिज्ञासा ही पैदा नहीं हुई होगी। हमारी खुशनसीबी से और भाग्य से आपने राजमहल में आराम करने की बात छोड़ दी, आपने राजागण, बड़े-बड़े अधिकारी आदि के साथ शासन-प्रबंध के बारे में सलाह-मशविरा करने की बात छोड़ दी, आपने खूबसूरत रास्ते से चलना और पूर्वनिर्धारित स्थानों पर जाना छोड़ दिया और हम जैसे गरीबों की झोंपड़ियों के सामने खड़े होकर हमारी पीड़ा के दो शब्द सुनने के लिए तैयार हुई हैं। अहा-हा! ऐसी हमारी खुशकिस्मती! ऐसा हमारा भाग्योदय! लगता है वास्तव में भगवान ही हमारे सामने खड़ा है। या हो सकता है कि यह रानी साहिबा न हों, शायद दूसरा कोई उनके कपड़े पहनकर यहाँ आया हो! नहीं, ऐसे नहीं कहना चाहिए। उनका पहनावा धारण करके उनके दलबल के साथ आने की किसी की भी हिम्मत नहीं होगी। ये अपनी मलिका-ए-आजम, कैसर-ए-हिंद खास व्हिक्टोरिया रानी साहिबा ही हैं। क्योंकि यह महान बुद्धि, यह उदारता, यह प्रजा की स्थिति जान लेने की जिज्ञासा, यह बड़प्पन के अहंकार को त्याग देने की भावना! आप बड़ी जिज्ञासा से हमारी स्थिति को समझ लेने के लिए तैयार हैं!

—अब मैं अपनी बात निवेदन करना चाहता हूँ। इतिहासकारों ने यह लिखा है कि पूरब की ओर से कुछ लोगों ने बहुत प्राचीन काल में इस देश पर आक्रमण किया था। और उन्हीं आक्रामक लोगों ने अपने-आपको 'आर्य', मतलब, श्रेष्ठ कहलवाया। उन्होंने सबसे पहले अपनी सत्ता उत्तर हिंदुस्थान में कायम की। यह बात तो एकदम सही है कि उनको यहाँ के मूल निवासियों ने कुछ समय तक टिकने नहीं दिया होगा। उनको उन्होंने शांति से भी नहीं रहने दिया होगा। उन्होंने उनको परेशान किया होगा। लेकिन उनका विकास कुछ कारणों से और कुछ दिनों बाद हुआ। वे अपने वर्ण के और भी कुछ लोग इस देश में लाए—और पूरी तरह से विजयी लोगों की तरह रहने लगे। उन्होंने लगातार अपनी सत्ता और अपना वर्चस्व कायम करने की कोशिश की। उनका इरादा कुछ समय के बाद सफल भी हुआ। इसीलिए वे और उनके वंशज इस देश पर बहुत दिनों तक राज करते रहे। इन तमाम बातों के लिए इतिहास गवाह है।

—किसी देश पर आक्रमण करके विजय प्राप्त करने के बाद वे विजयी लोग किस प्रकार से विजित प्रजा पर अपना शासन कायम करते हैं और उसे चलाते हैं, यह हर राष्ट्र को मालूम है। और उसकी पुष्टि के लिए प्राचीन और आधुनिक राष्ट्रों के कई उदाहरण दिए जा सकते हैं।

—प्राचीन काल में रोमन लोगों ने ग्रीक को किस तरह से जीत लिया था, यह तो सभी जानते हैं। जर्मन लोगों ने स्लाव नाम के लोगों को ऐसी स्थिति में लाकर रखा कि उन लोगों के नाम से ही अंग्रेजी और अन्य भाषाओं में 'स्लेव्ह' शब्द गुलामी के लिए पर्याय बन गया।

—हेल्ट्स लोग ल्याकोनिया के मूल निवासी थे, लेकिन स्पार्टन लोगों ने उनको जीतकर अपना गुलाम बना लिया। उनकी पीड़ाओं का, उनकी वेदनाओं का वर्णन ग्रीक के इतिहास में है। उसी प्रकार रोमन पॅट्रीशंस और प्लेबियंस की ओर देखने से उपरोक्त कथन की सचाई समझ में आएगी।

[यहाँ Refer to the back of p. p. 9 इस प्रकार की सूचना दी गई है। नौवें पृष्ठ के पीछे का मैटर निम्न प्रकार है।

इस मैटर के नीचे हलके लाल रंग की स्याही में अस्पष्ट रूप में 'Joti' इस तरह के दस्तखत हैं।—संपादक]

—अमेरिका देश के मूल निवासियों का विनाश ख्रिस्ती और आजकल के विकसित समझे जानेवाले लोगों ने ही किया है। उसी प्रकार अमेरिका से अफ्रीकी महाद्वीप के सिद्दी लोग कैसे ले जाए गए, यह सभी जानते हैं। उन्हें जानवर से भी बदतर स्थिति में रखा गया था। और यह इतिहास बहुत पुराना नहीं, पिछले सौ साल से पहले की बात है। अमेरिका के सिद्दी लोगों की हकीकत पर कई किताबें लिखी गई हैं। और उन किताबों को पढ़ते ही उनकी भयंकर पीड़ा, उनकी अमान-

वीय स्थिति का पता चलता है और रोंगटे खड़े हो जाते हैं।

—आर्य लोगों ने प्राचीन विजयी लोगों की तरह अपना सख्त शासन इस देश में कायम रखा, यह स्पष्ट रूप से दिखाई देता है। ऐसा होते हुए भी आर्य लोग अपने नाम के अनुरूप ही थे। उन्होंने प्रजा पर बहुत जुल्म नहीं किया। वे इस देश में केवल अपनी बस्ती बसाने के लिए आए थे, इसलिए और फिर उनको इसी देश में हमेशा के लिए रहना था, इसलिए और अपनी विजित प्रजा के लिए उन्होंने सुनीति-पूर्ण कानून बनवाए। उन्होंने मनुष्यों के कर्मों के अनुसार उनके चार वर्ग बनाए और उनके लिए उन्होंने उनके कर्म तय कर दिए। एक वर्ग के व्यक्ति ने दूसरे वर्ग के व्यक्ति के साथ नीच या उच्च कर्म किया तो उसको उसकी योग्यता के अनुसार ऊँचे या नीचे वर्ग में जाने की पाबंदी थी, ऐसा नहीं लगता।

—आर्य लोगों और इस देश के प्राचीन-मूल निवासियों की तुलना करके देखा जाए तो आर्य लोगों का नाम उनको शोभा देने योग्य था, यह सही है। वे सुधार के क्षेत्र में और अन्य बातों में श्रेष्ठ थे। उस समय यहाँ के मूल निवासी आदिवासी लोगों की तुलना में मामूली तौर पर अच्छे थे।

—प्राचीन लोगों में हिंदुस्थान के ज्ञान की, कला की जो ख्याति फैली हुई थी वह यहाँ के मूल निवासियों द्वारा अर्जित की गई थी। लेकिन उसको आर्यों ने ही प्रतिष्ठित किया था, यह बात सही है।

—पहले जो कहा गया है उसके अनुसार आर्य लोगों के कानून प्रजा के और उनके हित में थे फिर भी बहुत लंबा समय गुजर जाने के बाद भी यहाँ के मूल निवासियों ने अपनी स्थिति में कोई परिवर्तन नहीं किया। उन्होंने अच्छी बातों और खास तौर पर शिक्षा और मानसिक तथा शारीरिक विकास के लिए कोई कोशिश ही नहीं की। लेकिन आर्य लोगों की स्थिति इनसे एकदम अलग थी। वे पहले ही विकसित थे। उन्होंने अपनी भाषा को सुधारने का बहुत ही सफल प्रयास किया। उन्होंने खेती का विकास किया। उन्होंने लड़ाई और अन्य बातों के समाधान की उचित व्यवस्था की। उन्होंने राजनीति की ओर अपना ध्यान लगाने में कोई आनाकानी नहीं की। तात्पर्य वे हर तरह से राजसत्ता सँभाल करके इस देश के मूल निवासियों को गुलामों की तरह रखने लगे। और हमारे लोग उनकी बहादुरी, ज्ञान और कला से आतंकित होकर बगैर किसी शिकायत के उनके द्वारा तय किए गए काम को दासता की भावना से करने में खुशी महसूस करने लगे। इस तरह की इनकी गिरी स्थिति देखकर भी उन्होंने (आर्यों ने) उस स्थिति को बदलने के लिए कुछ उपाय नहीं खोजे। इसका परिणाम यह हुआ कि उनकी वही स्थिति बनी रही। समय बीत जाने के बाद उनके अज्ञान से होनेवाले परिणामों को देखकर वही आर्य खुशी अनुभव करने लगे।

—उनमें से कुछ धूर्त और स्वार्थी लोगों ने अपनी धूर्तता और अपने ज्ञान के

बल पर जो पहले ही अज्ञानी थे और अपनी मर्जी से खुद ही गुलाम बन गए थे, कुछ दिखावटी नियमों से ऐसे लोग कभी मुक्त न हो पाएँ इस तरह से जकड़ करके रख दिया और स्वयं अपने सुख अक्षुण्ण रखने की व्यवस्था शुरू कर दी। बाद की उनकी आनेवाली संतान भी सुख भोगते रहें, उन्होंने इस तरह के उपाय खोज निकाले। उन्होंने अपने इरादे सफल करने के लिए इन अज्ञानी लोगों के मन, दिलो-दिमाग को ईश्वरभक्ति में उलझा करके रख दिया। ईश्वर के अस्तित्व के बारे में और उसके गुणों के संबंध में एकदम चमत्कारिक कल्पनाएँ उनके सामने उन्होंने रखीं। उन्होंने हर वर्ण के कर्म तय कर दिए और नीच वर्ण के मनुष्य को ऊँचे वर्ण में जाने पर रोक लगा दी, फिर चाहे उसका कर्म कितना भी उत्तम दर्जे का क्यों न हो। उन्होंने यह भी तय किया कि ब्राह्मणों को ही वेद आदि शास्त्रों का अध्ययन करना चाहिए। और प्रकट किया कि वह अधिकार उनको ईश्वर से प्राप्त हुआ है। क्षत्रियों को लड़ाई का काम करना चाहिए, वैश्यों को अन्य कला-कौशल के काम करने चाहिए। उन्हें ब्राह्मण गुरु से अपने काम योग्य ज्ञान को ही प्राप्त करना चाहिए। शूद्रों को खेती-किसानी का काम करना चाहिए और अपनी मेहनत के और ईश्वरी कृपा के फल उन्हें अपने निर्वाह पर और अन्य श्रेष्ठ वर्गों के निर्वाह पर ही खर्च करना चाहिए। उन्हें संस्कृत भाषा का ही नहीं अपितु अन्य किसी भी प्रकार की शिक्षा या ज्ञान नहीं लेना चाहिए। और यदि उन्होंने उस तरह का प्रयास किया तो उन्हें बड़ी से बड़ी सजा दी जाएगी। शूद्रों को ब्राह्मणों और अन्य दो वर्णों का श्रेष्ठत्व स्वीकार करना चाहिए, और हमेशा उनकी गुलामी करनी चाहिए आदि बातें तय करके समाज में अमल में लाई गईं।

—यदि इस तरह के काम शूद्रों के लिए तय कर दिए गए तो अतिशूद्र मतलब, हम ईश्वरी क्रोध से जिस जाति में पैदा हुए उन सभी को किस प्रकार के नीच काम दिए होंगे, इसकी कल्पना करने में हमको बहुत देर नहीं लगनी चाहिए। जितने भी गंदे और बुरे काम हैं, वे सभी हमारे हिस्से में आ गए। कहा गया हम लोगों को शूद्रों के काम में कुछ सहायता करनी चाहिए। हमें गाँव-मोहल्लों की गलियाँ, पाखाने और लोगों के बरामदे, सायबान आदि बुहार करके साफ रखना चाहिए।

—अ-ह-ह ! भगवान ! भगवान ने प्रारंभ में उवरा हिंदुस्थान की भूमि पर हमको यहाँ की सभी अच्छी से अच्छी चीजों का उपभोग करने के लिए पैदा किया था। यदि हम लोग अपने राजकर्ताओं की तरह विकसित होते तो न जाने हम लोगों ने कितना सुख पाया होता ! हमारी ख्याति कितनी फैली होती ! हम लोग कितने खुशहाल हो गए रहते ! जैसे हम लोग आर्यों के दास हुए, उसी प्रकार हम लोगों ने भी किसी राष्ट्र को वैसे ही दास बनाया होता। हम लोगों ने अपनी माँ के पेट से जन्म लिया यह बात सच है लेकिन उसके स्तनों से दूध पीने की क्षमता

हमारे पास नहीं है या हमको उसका अवसर नहीं मिला। हमारी माँ का दूध पीने का हमको पूरा अधिकार था। लेकिन हम लोगों पर बड़ी भारी मुसीबत आ पड़ी। कुछ विदेशी बालक यहाँ आ गए और उन्होंने हमको पीछे धकेल करके हमारी माँ का सारा दूध खुद पी गए और वे अब उसे दूसरों के हवाले करके चुपचाप बैठ गए। हम लोग यहाँ के मूल निवासी (आदिवासी) हैं, यह बात इतिहाससिद्ध है। और उस पर हमको गर्व करना तो आता नहीं, बल्कि हम लोग इस देश के बालक हैं, यह बताने में भी शर्म आती है। हम लोग पतंगों की तरह हैं। हमको रोशनी मिले, इसलिए आगे दीपक रखा हुआ है। लेकिन हममें उस रोशनी से लाभ लेने की अकल नहीं है, बल्कि हमने उस दीपक को ही बुझा देने का प्रयास किया है और गरीब-निर्दोष पतंगों की तरह अपनी जान को भी खो बैठे।

—हमारे विजयी विदेशी राज्यकर्ताओं के दिलो-दिमाग को हमको इस स्थिति में लाना नहीं चाहिए था। जब उन्होंने कर्म के अनुसार वर्गों की कल्पना की, उस समय हम लोग अज्ञानी और जंगली थे और कोई महत्त्व के काम करने के लायक नहीं थे। उन्होंने हम लोगों को जो कुछ भी नीच काम बताए उनको करने की हमारी मजबूरी थी। हमारी अज्ञानावस्था इस तरह से दिन-ब-दिन हममें जड़ जमाती गई और हमारे राज्यकर्ताओं ने हमारी स्थिति की ओर विशेष ध्यान नहीं दिया। हम लोग दिन-ब-दिन पशु की स्थिति को प्राप्त करते गए। पशु के और हमारे कार्यों में कोई फर्क नहीं रहा। हमारे शूद्र लोगों की स्थिति की ओर आर्य लोगों ने कोई ध्यान नहीं दिया। उन्होंने हमको पशु से भी गया-गुजरा बनने दिया और पशु की तरह समझ लिया। उसके पीछे उनका कुछ-न-कुछ उद्देश्य होना चाहिए था ऐसा हमको लगता है। उनका उद्देश्य शायद यही हो सकता था कि जब उन्होंने इस देश पर आक्रमण किया और यहाँ अपना उपनिवेश कायम किया, उस समय हम लोग उनसे अपने देश की खातिर और अपनी मानसिक तथा शारीरिक स्वतंत्रता के लिए लड़ते रहे, उनको बेचैन करते रहे, आज हमारे साथ उनके दुर्व्यवहार का उद्देश्य वह बदला लेना ही हो सकता है।

—उन्होंने बदला लेने के लिए हम लोगों पर हर तरह की ज्यादतियाँ कीं, यह तो हम लोगों की तब की स्थिति से ही पता चलता है। बुरे से बुरे जो काम हैं वे हमारे जिम्मे थे। उनमें हम लोगों को अपनी योग्यता दिखाना संभव ही नहीं था। उन्होंने हम लोगों के लिए हमारी अपनी अकल से या योग्यता से हमें ख्याति पा लेने का रास्ता ही नहीं रखा। जैसा उन्होंने चाहा वैसा ही किया। लेकिन अंततः उन्होंने हमारे और हमारे शूद्र भाइयों के दिलो-दिमाग में इस तरह का त्रास बैठा दिया कि हमारे मन में यह भावना ही पैदा न हो कि जिन्होंने हमको सताया उनसे हम बदला ले सकें। ब्राह्मण का मतलब वास्तव में भगवान है और उसको उन्होंने भूदेव कहा है। उन्हें दूसरों से धन-दौलत माँगने का बल्कि राजी से

यह न हो तो हड़प लेने का अधिकार था लेकिन दूसरी जाति के लोगों में यह भावना ही पैदा न हो कि वे ब्राह्मणों की धन-दौलत हड़प सकें, इस तरह की व्यवस्था उन्होंने बनाकर रखी। क्योंकि उनकी दौलत अन्य जाति के लोगों को हजम नहीं होगी बल्कि उनकी दौलत हड़पने वालों का विनाश हो जाएगा ऐसी धारणा लोगों में बना दी लेकिन भूदेव ने अन्य जाति के लोगों के साथ मनचाहा व्यवहार किया और उस पर कहीं से कोई आपत्ति नहीं प्रकट की गई, लेकिन अन्य जाति के लोगों ने मामूली-सी भी अपने बड़प्पन की बात कही तो वह उनके बहुत बड़े गुनाह के रूप में दर्शाया गया। क्योंकि शूद्रों द्वारा अपने बड़प्पन की बात करने से ब्राह्मणों का अपमान होता है और इसके लिए शास्त्रों के अनुसार उनको कुछ खास प्रकार की सजा बताई गई है। इस तरह के नियम बनवाकर आर्यों ने अपना वर्चस्व कायम किया है और कायम रखा है।

—इस देश में पांडव, कौरव आदि आर्य लोगों के वंशजों में से क्षत्रिय राज्य-कर्ता हुए हैं।

—लेकिन उस समय हमारी स्थिति पेशवाई में जैसी थी और आज जैसी है वैसी ही थी। इसके लिए कोई आधार-प्रमाण नहीं है। इनके शासन काल में हमारे शोषण के बीज बोए गए होंगे और उनके पौधे विकसित होने के समय मुसलिम बहादुरों ने इस देश पर आक्रमण किया।

—मुसलिम आक्रामक इस बात को जानते थे कि हिंदुस्थान में बहुत बड़ी दौलत है, वहाँ की राज्यव्यवस्था में बहुत बड़ी कमियाँ हैं, इसलिए यदि हमने आक्रमण किया तो अपना स्वार्थ निर्बाधरूप से पूरा होगा। और उसी इरादे से ग़ज़नी के मुहम्मद ने ई० सन् 1001 में इस देश पर आक्रमण किया। उसने अपना पहला हमला बहुत ही डर-डरके किया और डरते-डरते ही लूटपाट की लेकिन उनको यह अनुभव हुआ कि ये लोग अपने सामने टिकने वाले नहीं हैं। फिर उन्होंने एक के बाद एक इस तरह से बारह बार हमले किए। उस समय उनका उद्देश्य केवल दौलत लूटकर अपने देश ले जाना था। उन्होंने यहाँ की राजसत्ता प्राप्त करने का कभी कोई विचार ही नहीं किया। लेकिन उनके खानदान के मुहम्मद साहेबुद्दीन ने ई० सन् 1176 में इस देश पर आक्रमण करके अपना राज कायम किया, और इस देश में मुसलिम सत्ता कायम करने वाला पहला व्यक्ति वही था।

—मुसलिम राज कायम करने में किस-किस प्रकार की कठिनाइयाँ आईं और उसका परिणाम क्या हुआ, इस बात से यहाँ हमको कुछ लेना-देना नहीं। यहाँ हमको यही देखना है कि उनका और हमारी पीड़ाओं का, हमारे शोषण का आपस में क्या संबंध था। मुसलिम लोगों की राजनीति हिंदुओं की राजनीति से एकदम अलग थी। हिंदू राजनीति में हाथ डालना मुसलिमों को बहुत ही भयंकर

लगा और उन्होंने ब्राह्मणों को अपने शास्त्रों के नियमों और रिवाज के अनुसार आचरण करने की इजाजत दे दी। ऐसा करने का उनका उद्देश्य यही था कि यहाँ के पुराने नियमों के अनुसार व्यवहार करके हम लोग खुश थे। इन नियमों के अनुसार हमारा व्यवहार होने से उनको कोई खतरा नहीं था। इस प्रकार की राज्य व्यवस्था से हमारी स्थिति अच्छी हो, ऐसा कोई परिवर्तन नहीं हुआ, बल्कि हमारी स्थिति और भी खतरनाक बनती गई। बादशाह के प्रबन्धक, मंत्री ब्राह्मण जाति के ही लोग थे, क्योंकि उस समय उस काम के लिए वे ही लोग लायक थे। इन प्रबंधकों ने, मंत्रियों ने, अपने शास्त्रों की सचाई, अच्छे रिवाजों की अच्छाई और निरुपद्रविता आदि बातें अपने स्वार्थ के लिए मुसलिम शासकों को बताईं। उनकी फौज में लड़ने वाले ज्यादा से ज्यादा फौजी मुसलिम या क्षत्रिय थे। शूद्रों के और हमारे पास हमारे पुराने नीच धंधे तो थे ही। शूद्रों को खेती का काम करना चाहिए और हमारी तो पहले से गंदे काम करने की जिम्मेदारी थी ही।

—हमारी इस स्थिति के बारे में किसी को कोई दया नहीं आई। किसी ने भी यह नहीं कहा कि तुम्हारी स्थिति को देखकर मुझे दया आती है और उसमें परिवर्तन लाने के लिए मैं कुछ प्रयास भी करूँगा। क्योंकि हमारी स्थिति में हमको कठिनाइयाँ बर्दाश्त करनी पड़ती हैं, पीड़ाएँ बर्दाश्त करनी पड़ती हैं या हमको उससे सुख की प्राप्ति भी होती है, यह सब कुछ ही हमारी समझ में आ नहीं रहा था। भगवान ने हमको महार जाति में पैदा किया है, इसलिए हमको महारों के काम करके ही रहना पड़ेगा, यही हमको लगता रहा, लेकिन हम भी मानव हैं और अन्य लोगों की तरह हमारे भी हक़ हैं, हम लोगों को महारों, मातंगों की तरह ही क्यों जीना चाहिए, हम लोगो को ज्ञान क्यों नहीं हासिल करना चाहिए और ब्राह्मण लोग हमको क्यों शिक्षा लेने नहीं देते आदि सवाल हमारे मन में कभी पैदा ही नहीं हुए। और उमकी वजहें भी थीं। उक्त प्रकार की शंकाएँ हमारे मन में पैदा न हों, किसी भी प्रकार के सवाल हमारे मन में पैदा न हों, इसलिए ब्राह्मणों ने हमारे दिलो-दिमाग में कई प्रकार की झूठी बातें भर करके रख दी हैं। अपनी बुरी स्थिति का हमको कोई बोझ ही नहीं महसूस हुआ, तो फिर दूसरे किस आदमी के मन में हमारे प्रति हमदर्दी पैदा होती? और कौन-सा आदमी था जो हमारी स्थिति को सुधारने का प्रयास करता? हमारे शूद्र लोगों के पास राजसत्ता नहीं थी और न उनका अपना कोई एक इलाका था, इसलिए हमारे ही वर्णों के किसी भी आदमी ने हमारी स्थिति की कोई परवाह नहीं की, यही कहना पड़ेगा। मुसलिमों को तो हमारी पीड़ा और कठिनाइयों के बारे में कोई ज्ञान था ही नहीं। वे कभी-कभार अपने दीवानजी से 'हिंदू धर्म बड़ा बुरा है। देखिए दीवानजी, उन लोगों में कैसे जात बनायेले है, ओ चाहये सो फत्तरकु पुजते, और उमों में कैसी दिवानों के माफक जिस जात का काम उस जात से करवाते,' इस तरह की बातें बड़े आश्चर्य से कहते,

बस । क्या हम शूद्र लोगों की सत्ता आने पर हमारी स्थिति में परिवर्तन आ सकेगा ? शिवाजी ने तहलका मचाकर दक्षिण के राज्य अपनी सत्ता में मिलाए। दिल्ली के बादशाह को, दक्षिण में हैदराबाद के नवाब को, बीजापुर और गोलकोंडा के बादशाह को मराठों की बड़ी दहशत थी । ऐसे शिवाजी के और उसके वंशजों के वर्चस्व के समय किसी ने हमारे प्रति सच में क्या हमदर्दी दिखाई ? उन्होंने जो-जो युद्ध किए उनमें हमारा बड़ा नुकसान हुआ है । हम मराठों की सत्ता कायम होने पर हम लोगों को सुख मिलना चाहिए था और हमारी पीड़ा दूर होनी चाहिए थी, लेकिन वैसा कुछ भी नहीं हुआ ।

—हमारी स्थिति में परिवर्तन क्यों नहीं आया, इसकी कुछ न कुछ वजह तो होनी ही चाहिए । अपने ही इतिहास से पता चलता है कि शिवाजी अपने राजा होने का कारण आम तौर पर यही बताता था कि केवल गौ-ब्राह्मणों का रक्षण उसे करना था । और वह अपने कहने के मुताबिक गौ-ब्राह्मणों का ही रक्षण करता भी था, यह बात एकदम स्पष्ट रूप से दिखाई देती है । यहाँ मुसलिम लोगों की सत्ता आने की वजह से ब्राह्मण धर्म का सही रक्षण नहीं हो रहा है, यह उनकी स्पष्ट मान्यता थी । उसके लिए ब्राह्मण जो कहेंगे वही सही धर्म था । जो रिवाज समाज में चल रहा है वही सबसे अच्छा है, धर्म में और रिवाज में परिवर्तन लाने की बात करना पाखंड है, महापाप है, यही उसका मानना था । ब्राह्मण लोगों ने अपनी चतुराई से शिवाजी जैसे चालाक और होशियार आदमी को अपनी झूठी मान्यताओं और ईश्वरीय भावना से अभिभूत कर लिया और वह भी इतना कि उनके झूठेपन की शंका भी उसके मन में आई फिर भी उसने उनके प्रति अपने व्यवहार में कोई फर्क नहीं आने दिया ।

—राजा के सभी मंत्री लोग ब्राह्मण जाति के ही थे । शौर्य तथा मेहनत के काम शूद्रों को दिए गए थे । हाँ, सुख से रहने के, मजा पाने के और केवल सलाह देने के काम ब्राह्मणों की तरफ थे । जब ब्राह्मणों का इतना बड़ा वर्चस्व था तब वे अपनी जाति का, धर्म का (फिर चाहे वह कैसा भी हो) अभिमान छोड़ देंगे, यह कभी भी संभव नहीं था । हमारा राजा शूद्र हो । फिर भी यदि चारों ओर की स्थिति वही की वही रहे और उसका मन भी उन सबके अनुकूल ही हो तो हमारी पीड़ा का बोझ और हमारी कठिनाइयाँ दूर होंगी, यह कभी भी संभव नहीं था। मुसलिम राज में हमारी स्थिति का जो स्वरूप था उससे भी भयंकर और दुर्बल स्थिति मराठा लोगों के राज्य में थी, यह कहने में कोई झिझक नहीं होनी चाहिए। इस बात को अधिक स्पष्ट करने के लिए उस समय के और बाद के पेशवाओं के शासनकाल में हमारी जो स्थिति थी, उसके कुछ उदाहरण देने से बात एकदम समझ में आ जाएगी ।

—आर्य लोगों के राज में हमारी स्थिति अच्छी होने के साथ ही हमको अपने

आचरण और अपनी ज्ञान क्षमता के अनुसार अन्य श्रेष्ठ वर्णों में किसी भी हद तक जाने की सहूलियत थी। महारों और मातंगों को किसान होने में कोई रुकावट नहीं थी। उसी प्रकार क्षत्रियों या किसानों ने यदि अपना आचरण बदल दिया तो उन्हें महार-मातंग वर्ण में धकेल देने की सुविधा थी। जो आदमी जैसा आचार रखता था उसको उसी हिसाब से उच्च या नीच वर्ग में डाल देने का रिवाज आर्य लोगों के राज में था। लेकिन उन्हीं के, मतलब, आर्य लोगों के वंशज जब राज करने लगे तब उपरोक्त प्रथा में कुछ परिवर्तन होता रहा और उसी समय हमारे आज के दुखों के बीज बोए गए।

—पहले ही बताया गया है कि विदेशी आर्यों की मानसिकता समय के साथ बदलती गई। प्रारंभ में वे यहाँ के मूल निवासियों के साथ बड़े मेलजोल का व्यवहार रखते थे और जिन नियमों से या रिवाजों से सभी लोगों को, चाहे फिर वे आर्य हों या यहाँ के मूल निवासी हों, समान सुख मिले उसी तरह के नियम और रिवाज उन्होंने प्रचलित किए हुए थे। लेकिन कुछ दिनों के बाद उनके वंशज अपने सुख की और अपने लाभ की ओर और अपनी सुविधा की ओर विशेष ध्यान रखने लगे। जब उनका मन अपने ही स्वार्थ का ध्यान रखने लगा तब शायद उन्होंने हमारे सुख-दुखों को नजरअंदाज करना शुरू किया होगा। और उसी समय से हमारे कई अच्छे कामों में हमारी ओर से भी अवहेलना हुई। इस वजह से और बहुत सारी अनचाही और कठिन जिम्मेदारियाँ बढ़ जाने की वजह से हमारे आज के दुखों का बीजारोपण हुआ होगा। हमने आर्यों के नियमों में दखल नहीं दिया, इसी की वजह से हम दीन-दुखियों की स्थिति में कोई परिवर्तन नहीं आया, कोई विशेष सुधार भी नहीं हुआ। इस प्रकार हमारी स्थिति बहुत जटिल भी नहीं हुई।

—बाद के हिंदू राज्य में हमारी स्थिति खराब हुई। किसी ने हमारे प्रति कोई हमदर्दी नहीं दिखाई। आर्यों ने एक बार जो लिखकर रखा वह 'ब्रह्मलेख' और हम लोग लिखकर रखेंगे वह भी हमारी संतानों के लिए 'ब्रह्मलेख' ही होगा, यही आर्य वंशजों की मान्यता थी। और वे लोग हम लोगों पर दिन-ब-दिन नये और नीच कर्मों के बोझ लादने लगे। खेती को एक खास काम समझकर करने की हमको अनुमति नहीं थी। यदि हमको चाहिए और उस तरह की हममें शक्ति हो तो हम लोग किसी कुनबी के साथ खेत जोत सकते हैं आदि बातें जैसे हमारे भाग्य में लिखी गई थीं। महारों या मातंगों के नाम से अमुक खेत—इस तरह यदि सरकारी दफ्तर में लिखा हुआ होता तो सरकारी सिपाही से लेकर जमाबंदी के बड़े अफसर तक सभी उन बेचारे महारों-मातंगों से खार खाते थे। और उनके अपवित्रता के प्रतीक रूप नाम को किसी न किसी तरह से दफ्तर से निकाल देने की पूरी कोशिश होती थी। पाखाना साफ करना, सड़कें साफ करना, जूते सीना,

झाड़ू-बुहारी करना और चीजें बांधकर बेचना आदि काम दिन-ब-दिन हमारे लोगों के ही हिस्से में आने लगे। पाखाना साफ करने के काम, उसी प्रकार सड़कें साफ करने के काम और उसी किस्म के अन्य काम पहले से ही मेहतर, मतलब, भंगी लोग कर रहे हैं। इससे यह दिखाई देता है कि हम लोग जो बहुत ही नीच तरह के काम करते हैं, वे हमारे काम नहीं हैं। हमारे पहले के राज्यकर्ताओं ने हमको ये सारे काम जोर-जबरदस्ती करने के लिए मजबूर किया। पहनावे के बारे में यदि सोचा जाए तो वहाँ भी चमत्कार ही दिखाई देगा। पहले के जमाने में किसी महार या मातंग ने एकाध सफेद कुर्ती पहन ली, दो-तीन रुपये का साफ-सुथरा साफा ढंग से सिर में बांध लिया, धोती को अपनी हैसियत के अनुसार ही लेकिन अच्छी तरह से पहने रखा और पांव में जूता पहन लिया तो वैसे तो सभी लोग ही, लेकिन खास तौर पर ब्राह्मण लोग, उनसे सबसे ज्यादा घृणा करते थे, और अपना मनोभाव भी उनको तुरंत बता देते थे। मतलब, 'तू उन्मत्त हो गया है, इस तरह के कपड़े पहनने का अधिकार तेरे को किसने दिया है? तेरे पास यदि रुपया ज्यादा हो गया हो तो सरकारी खजाने में डाल दे।' इस तरह की बातें सुनने को मिला करतीं। जब ये सारी बातें उसको मालूम ही हैं तो वह बेचारा क्यों उस तरह का पहनावा इस्तेमाल करेगा? एक खास बात तो बताने को रह ही गई। जब ऊंचे वर्ण के लोग गुस्सा होंगे यह मालूम है तब बेचारे को आम गरीबी के कपड़े भी खरीदने के लिए पैसे कहाँ से मिलेंगे? उसको तो हमेशा ही गैर-लाभ के हलके और केवल पेट चलाने-भर के ही काम मिलेंगे। इसलिए उनको तो भिखारियों जैसे कपड़ों में ही रहना चाहिए। इससे अलग इच्छा करने में कोई फायदा ही नहीं था।

—मराठा लोगों के राज्य में जब जासूसी का काम हम लोगों की तरफ था, उस समय हमारी स्थिति कुछ अच्छी थी। लेकिन ऐसे परेशानी के काम के लिए भी हम लोग पेशवाओं के सामने नालायक साबित हुए। फिर जासूसी के काम की बजाय नगर द्वार (गाँव) के रक्षण करने का काम हम लोगों को दिया गया। गाँव के बाहर झोंपड़ी बनाकर रहना और सरकारी बोझ-बेगार ले जाने का काम भी हमारे जिम्मे था। अहाहा, क्या थी हमारी हालत! एक तरह से हम लोग पशु ही थे। हम लोगों को गाँव के अंदर रहने की इजाजत नहीं थी। इसका मतलब, अपने राज्य-कर्ताओं की दृष्टि में हम नीच और जानवरों के समान थे, क्या यह सिद्ध नहीं होता? क्या काम करने के बाद जानवरों को पेट-भर खाना नहीं मिलता? तब क्या हमारा स्थान पशु से भी नीचे स्तर का था? मर-मरकर काम करना और अंत में रूखी-सूखी रोटी पर पेट भरने लायक पैसे या अनाज मिलना और चिथड़ा पहनकर अपना निर्वाह करना—क्या है हालत! जानवर हम लोगों से अच्छे! हमको तो इतना नीच समझा जाता है कि—हमारी छांव भी ब्राह्मणों को छू जाए तो

वे अपने-आपको अपवित्र मानते हैं। उन्होंने हम लोगों से बचने के लिए हम लोगों को काला धागा बाँधने का नियम बनाया। ब्राह्मणों पर हमारी छाँव न पड़े, इसलिए हम लोगों को रास्ते से चलते समय उनको देखकर उनके वहाँ से गुजर जाने तक नीचे बैठ जाना पड़ता था। इससे सिद्ध होता है कि हमारा स्थान जानवरों से भी गया-गुजरा था। इतना ही नहीं, हम मानव-जानवरों को नदी पर यदि कपड़े धोने होते तो ऐसी जगह पर जाकर धोने पड़ते जहाँ कपड़े धोने से ब्राह्मणों को हमारी हवा भी न छू सके। नदी के प्रवाह के ऊपरी भाग में महार या मातंग या उनकी गरीब औरतें कपड़े धो रही हों और पानी का प्रवाह जिस ओर बहता है उधर (उनकी) बदकिस्मती से ब्राह्मण नहाने के लिए या कपड़े धोने के लिए आ गया तो हम लोगों को मार खाने के लिए अपनी पीठ तैयार रखनी पड़ती थी। इसलिए हमको अपनी जान की रक्षा के लिए नदी पर नहाने-धोने का काम बीच में ही छोड़कर वहाँ से भाग जाना पड़ता था। यदि ऐसा करना हम भूल गए तो ब्राह्मण महाराज हाथ में जो भी चीज मिल जाए उसको फेंक करके मारते थे। यदि इस प्रहार में वे चूक गए तो सशरीर आकर हाथों से मारते थे और हमारे छूने से जो पाप हुआ हो (यदि वैसा उनको लगे) तो उसकी शुद्धि नदी में स्नान करके कर लेते थे।

—हमारी स्थिति बहुत ही कठिन हो गई थी, फिर भी जिस समय हमको पेट भरने लायक नहीं मिलता था तब एक समय की रोटी जुटाने के लिए आम तरीका था—'भीख माँगना।' इसके अलावा और कुछ नहीं। हमारी स्थिति सच में अन्न-वस्त्र के लिए भीख माँगकर ऊँचे वर्ण के देशभाइयों की जूठन पर निर्भर रहने की थी। हम लोग सबसे ऊँचे वर्ण के लोगों की तरह काम किए बगैर ही चढ़े ऐंठ में सम्मानित होने के अहंकार में भीख माँगने वाले लोगों की तरह नहीं थे। 'हे भगवान, क्या दीनता और दरिद्रावस्था है!' जब हम लोग भीख माँगने जाते तो हमारे मुँह से यही निकलता, 'जूठी थालियों का बचा-खुचा भोजन खाना!' और जब हम लोग भीख माँगने जाते हैं, तब भी जूठा, बासी और खराब भोजन मिलना, इसको हमें अपनी बदनसीबी ही मानना चाहिए। ब्राह्मण लोग किसी घर में भीख माँगने गए तो उनको बैठने के लिए तैयार आसन मिलता और सूप में सीधा-सामान मिलता और हम लोग खराब और बासी भोजन पाने के लिए चिल्लाते हुए सड़कों पर घूमते। हम लोगों के भीख माँगने के तरीके और दूसरे लोगों के भीख माँगने के तरीके में कितना अंतर था! लेकिन इसके संबंध में विषयांतर के डर से और कृपालु चक्रवर्ती रानी साहिबा, आपका अनमोल समय बेकार खर्च न हो, इसलिए विस्तार से या संक्षेप में भी अब और कुछ बताना नहीं चाहता।

—तात्पर्य इतना ही है कि आर्यों के समय कुछ मात्रा में हम लोगों को अपनी होशियारी से, मेहनत से, और उनके ठीक बर्ताव की वजह से नीच वर्ण से निकल-

कर उच्च वर्ण में जाने की सुविधा थी। और जो कोई भी अपने बर्ताव से या आलस से नीच वर्ण में ही रहने लायक थे उनका भी आज के और जो कुछ सीमा तक हमारी परंपरा से चले आ रहे हैं वैसे कामों में परस्पर समानता है, ऐसे ही काम हम लोगों को दिए गए थे।

—आगे मुसलमानी राज में जो लोग पहले से ही जिस वर्ण में थे, उनको वहीं रहने दिया गया। फिर आर्यों के श्रेष्ठ लोगों को इस तरह की राज्य व्यवस्था से खुशी हुई होगी। और इधर नीच वर्ण के लोगों की अपनी स्थिति बुरी और भयंकर है या अच्छी और सुरक्षित है, इस बात को समझने की भी उनमें अकल नहीं थी। उसी प्रकार सच में उनको अपनी भयंकर स्थिति सुधारने की भी इच्छा नहीं थी।

—मराठे राज्य में जब कि शूद्र वर्ण के लोगों को अपने अधिकारों और स्थिति का पूरा ज्ञान नहीं था तब भी कई मराठे अपने शौर्य से और अपनी चतुराई से जागीरदार, संस्थानिक और स्वतंत्र राजा हुए हैं। शूद्रों को राज्य के क्षेत्र में हिस्सा लेने का अधिकार नहीं था, लेकिन स्वयं मराठों के राज्यकर्ता होने की वजह से कुछ अच्छे काम हम लोगों के हाथ में आए। उस समय हम लोगों ने अपनी स्थिति कुछ मात्रा में सुधारने का काम कर लिया होता, लेकिन हमारी बदनसीबी कि पेशवाओं का वर्चस्व बढ़ गया।

—पेशवाओं के काल में हम लोग अपना धर्माभिमान नहीं छोड़ सके। हमने उनके पुरखों से इस देश पर अधिकार के लिए संघर्ष किया था, इसलिए उस बात का बदला लेने के लिए या अपने दीन और बेसहारा भाइयों की परेशानी से हमारा ध्यान हटाने के उद्देश्य से या अपने अधिकार के मद में या अपने ज्ञान का (?), होशियारी और अक्ल का मौज में आकर इस्तेमाल करने के इरादे से उन्होंने हम लोगों को सताना शुरू कर दिया। वे मराठे लोगों से टेढ़ा व्यवहार नहीं कर सकते थे, क्योंकि मराठे सरदार कई जगह पर बलशाली थे। उनके लोगों को सताया गया तो वे हम लोगों को बरबाद कर देंगे—इस डर से इस बार ब्राह्मणों ने धर्म की आड़ में हम लोगों को परेशान किया और पीड़ा भी दी। आप दीनोद्धारक, महान और दयालु हैं इसलिए मैंने आपके सामने पहले जो बात रखी थी उसी के अनुसार हम लोगों की स्थिति दिन-ब-दिन बहुत ही दूभर बनती जा रही है। उस समय की कुछ ही पीड़ाओं का वर्णन मैंने अभी आपके सामने किया है।

रानी साहिबा—तुम्हारे कहने से यह पता चलता है कि तुम लोगों ने अब तक पहले से चली आ रही स्थिति का वर्णन किया है। और तुम्हारे बताने के मुताबिक ऐसा लगता है कि आगे तुम्हारे मन में अंग्रेज लोगों की राजसत्ता के चलते व्यावहारिक, व्यापारिक और राजनीतिक—जो भी तुम्हारे नुकसान या फायदे हुए हैं …वह तुम बताना चाहते हो। ये सारी बातें बताने से पहले तुम लोग यह बताओ

कि तुम किस धर्म को मानने वाले हो ?

महार या मातंग—आपको जो बात बताना हम लोग भूल गए आपने अपनी महान अंतःस्थ भावना से उसकी याद करवा दी और उसके लिए आपकी जिज्ञासा का समाधान करना हमारा परम कर्तव्य है। हम लोग हिंदुस्थान में पैदा हुए हैं, इसलिए हम लोगों को हिंदू की संज्ञा दी गई और हम लोग हिंदूधर्म के अनुसार बर्ताव करते हैं यह भी सभी को जानना ही चाहिए और सच, उसके अनुसार हम लोग अपना बर्ताव करते भी हैं, लेकिन हम लोगों को अन्य हिंदुओं के साथ किसी भी प्रकार के संबंध स्थापित करने की इजाजत नहीं है। और धर्म के संबंध में हम लोग किसी एक जगह इकट्ठे हो भी नहीं सकते। मतलब, हम लोगों को अन्य हिंदुओं जैसे कोई अधिकार प्राप्त नहीं हैं। फिर हम कैसे हिंदू हो सकते हैं ? खैर, हिंदूधर्म के अलावा अन्य धर्म और पंथ के अनुयायी कहा भी कैसे जाए। हम लोगों का बर्ताव हिंदूधर्म के अनुसार है। हम लोग अन्य किसी भी धर्म का कोई आचरण नहीं करते, फिर उस धर्म के अनुयायी कहलाने में अपनी स्थितिवश शर्म आनी चाहिए या नहीं ?

रानी साहिबा—तुम्हारे मुँह से तुम्हारी स्थिति के बारे में सुनकर पहले के राज्यकर्ताओं के बारे में हमारे मन में बड़े विस्मय की भावना पैदा हो रही है। वे लोग एकदम स्वार्थी थे, यह बात तो एकदम स्पष्ट सामने आती है। परंतु वे विद्वान भी थे और राजनीतिज्ञ भी थे। उन्होंने आप लोगों को किसी भी तरह से कहीं शिकायत नहीं करने दिया और पूरी तरह गुलामी की बेड़ियों में जकड़ करके रखा, यही साबित होता है, लेकिन उनका यह बर्ताव देखकर हमको भी शर्म आती है कि उन्होंने अपने ज्ञान का और नीतिज्ञान का आपको लेकर गलत और बुरा उपभोग किया है। यहाँ जिस वर्ण के राजा थे उन वर्णों के लोगों के अलावा अन्य वर्णों के लोग अमानवीय बादशाही की वजह से पीड़ाग्रस्त, तंगदिल तथा उत्पीड़ित थे, और इसी स्थिति की वजह से इस हिंदुस्थान में विभिन्न प्रकार के स्वतंत्र स्वदेशी निजाम और राजा हुए। ऐसी राज्यव्यवस्था ने ही आपके जैसे लोगों के मन को राजा-प्रजा के आपसी संबंध से विमुख कर दिया। उनको राजद्रोही बना दिया। यही कारण था कि हम लोगों को इस देश में इतनी आसानी से और मामूली-सी मेहनत से राजसत्ता मिल गई और हम लोग यहाँ अपनी वह सत्ता चला रहे हैं।

महार या मातंग—आपके इतने सर्वोच्च पद पर आसीन होने के बावजूद कितने खुले दिल से सत्य और उदारता-भरी आपकी वाणी हमें सुनने को मिल रही है। आपने अपनी जिज्ञासा के अनुसार कुछ महत्त्वपूर्ण सवाल किए हैं और उनके जवाब भी मेरे जैसे एक बहुत ही सामान्य आदमी ने अपनी बुद्धि के अनुसार दिए हैं। अब मैं यहाँ आपके चरणों में कुछ बातें निवेदन करना चाहता हूँ। यहाँ जब से

आपकी न्यायपूर्ण राजसत्ता कायम हुई तब से हम लोगों को धर्म के संबंध में और अपने व्यवहार-बर्ताव में हिंदूधर्म में रहने की वजह से जिस प्रकार की मुसीबतें बर्दाश्त करनी पड़ी थीं यदि आगे भी हम लोग हिंदूधर्म में रहे तो लगता है फिर से वही स्थिति आने की संभावना है, यही हमारे कहने का उद्देश्य है—आप हम जैसे अभागे लोगों पर अपनी कृपा-दृष्टि रखिए। आपने अपने कीमती समय का एक भाग हमें दिया है उसमें थोड़ा और भी इजाफा हम चाहते हैं यही हम अभागे लोगों की, हमारे जाति भाइयों की ओर से आपसे प्रार्थना है।

रानी साहिबा—बहुत अच्छा है। आप लोग अपनी बात को संक्षेप में रखिए, क्योंकि हमको बहुत समय तक यहाँ रहना उचित नहीं है। जल्दी ही हम लोगों को अपने महत्त्वपूर्ण काम करने हैं। वह समय अब करीब आ गया है। दूसरी बात यह कि जिसकी जैसी योग्यता है उसके अनुरूप उसे सम्मान मिलना चाहिए और सबके सुख-दुख के संबंध में हमें पूछताछ करते रहनी चाहिए।

बड़ी नम्रता से गरदन हिला करके महार या मातंग अपनी बातें शुरू करते हैं।

महार या मातंग—आपके अंग्रेज लोगों का राज शुरू हुए आज सौ साल हो गए हैं। शुरू में अंग्रेज शासकों को मद्रास और उत्तर हिंदुस्थान के महार-मातंगों (अछूत समाज) की पीड़ा और उनकी मुसीबतों के बारे में कुछ जानकारी मिली थी, लेकिन इसका आगे क्या हुआ किसी को पता नहीं। फिर भी कई जगहों में—कहीं अकेले में तो कहीं पांच-दस लोगों के सामने—(अंग्रेजों ने) उत्तर हिंदुस्थान के और मद्रास की ओर के हमारे भाइयों की पीड़ा के बारे में अपनी हमदर्दी जाहिर की। लेकिन जब से आपके शूर, दयालु और राजनीतिज्ञ ब्रिटिश अमलदारों ने दिन-ब-दिन मध्य हिंदुस्थान में अपना कदम रखना शुरू किया तब से उनको हमारे धर्म का पहले का पाखंडी स्वरूप अच्छी तरह समझ में आने लगा। और हमारी स्थिति के बारे में भी उनको काफ़ी जानकारी मिलने लगी। ऐसे समय कई अमलदारों ने अपना-अपना काम करते हुए उनको हिंदुस्थान के लोगों के धर्म की वजह से जो परेशानियाँ भोगनी पड़ रही थीं उस संबंध में उन्हें जो-जो बातें समझ में आईं उन बातों को उन्होंने सरकारी दफ्तर में लिख करके रखा। कुछ लोगों ने अपने विचार अपने मित्रों को लिख करके भेजे और कुछ इतिहासकारों ने अपने द्वारा लिखे गए इतिहास ग्रंथों में कुछ वैसी जानकारी को जगह दी। उन्होंने इस आधार पर यह मत भी प्रकट किया कि हिंदुस्थान में जाति-भेद होने की वजह से हमारा बहुत नुकसान हुआ। उसी प्रकार जाति-भेद की वजह से शूद्र वर्ण के लोग ऊँचे वर्ण के लोगों का शीघ्रातिशीघ्र पतन चाहते हैं और वैसी स्थिति आने की तलाश में ही वे रहते हैं। और यह भी कि—ऊँचे वर्ण के लोग बड़े घमंडी, दुराचारी और लापरवाह हैं। इस प्रकार का द्वैतभाव एक ही देश के भाइयों में होने से

विदेशियों को यहाँ आक्रमण करना बहुत ही आसान है। इस तरह के विचार इतिहासकारों ने प्रकट किए।

—सारे देश में शांति बनाए रखने के लिए आपके दयालु अंग्रेज सरकार ने कई उपाय किए हैं। आपकी सरकार को लगा कि धर्म-संबंधी व्यवहार में, नीति में, राजनीतिक गतिविधियों में और व्यापार में जो गड़बड़ी है उसको यदि वैसे ही रहने दिया गया तो अपनी सत्ता यहाँ बहुत दिनों तक चल नहीं सकती। ऊँचे वर्ण के लोगों का दिमाग अपने बड़प्पन के अहंकार में चढ़ जाएगा और शूद्र लोग ऊँचे वर्णों के लोगों का मुकाबला करके अपना वर्चस्व कायम करने के लिए हमारी मदद चाहेंगे। एक बार उनका यदि ब्राह्मणादि लोगों पर वर्चस्व कायम हो गया तो संख्या के बल से और हमारी सहायता से मुसलिम आदि म्लेच्छ लोगों को नीचा दिखाकर अंत में वे हमको भी यहाँ से भगा देंगे। या जिनके विरोध में हम लोग शूद्र लोगों की सहायता करते हैं वे ही दूसरे विदेशी राष्ट्रों की सहायता लेकर हमें और हम लोगों के साथ शूद्र लोगों को काबू करके अपना राज कायम कर सकते हैं। चारों ओर शांति कायम करने के लिए सरकार ने प्रजा का कल्याण हो और अपना फायदा हो इस तरह के काम हाथ में लिए और सर्वसाक्षी तथा न्यायदृष्टि परमेश्वर की कृपा से अपने कार्य में सफलता पाई है और आज तक आपकी सत्ता सुरक्षित है और आगे भी सुरक्षित रहेगी, यह कहने की वजह भी है।

—पहले सरकार ने इस देश की कृषि में सुधार की बात सोची और इंग्लैंड के कृषि औजार आदि यहाँ उपयोग में लाने का विचार किया लेकिन सरकार की यह आखिरी योजना सफल नहीं हुई। सभी किसान लोग शूद्र वर्ण के हैं और उनको अपना पुराना हल छोड़कर नये प्रकार के हल से खेत जोतने से बहुत ही गड़बड़ हो सकती है। ऐसा करने में उन्हें अपने पुरखों की आज्ञा का भंग होना लगेगा और उनका पुराना रिवाज टूट गया ऐसा लगेगा। और यह लग भी रहा है। पदार्थ विज्ञान शास्त्र की मदद से खेती का कुछ विकास करने की बात सोची गई तो वह भी हमारे किसानों को अच्छी नहीं लगी। इसमें उनका अपना कोई स्वार्थ नहीं था। एक साल अकाल पड़ा तो दूसरा साल आने तक अपने पालन-पोषण करने की सामर्थ्य उनके पास नहीं थी और न है। अपनी दयालु और न्यायी सरकार ने उनकी इस स्थिति को भाँपकर उनकी उस पीड़ा को दूर करने के लिए कई उपाय किए। फिर भी इस सुधार का हमारी स्थिति से कोई खास संबंध नहीं था, क्योंकि हमारे महार-मातंगों में से बहुत ही कम लोग किसान हैं। इसलिए इस विषय को यहाँ ऐसे ही छोड़ देता हूँ। हमारी स्थिति के अनुकूल होने वाले सुधार के रास्तों का विचार भी ब्रिटिश सरकार ने किया। उसने हमारी स्थिति में सुधार के लिए जो योजनाएँ तैयार कीं उनमें हमारी स्थिति के साथ मेल खाने वाले उपाय हैं :

1. जन-कल्याणकारी काम।

2. शिक्षा प्रसार का काम।

—जन-कल्याणकारी कामों से हम लोगों को जो चाहिए उतना फायदा नहीं होता। किसी सड़क से जिस प्रकार ब्राह्मण, क्षत्रिय, वैश्य, कुनबी चलते हैं उसी प्रकार हम लोगों को भी चलने की स्वतंत्रता है। सभी की तरह फायदा हम लोगों को भी होना चाहिए लेकिन वैसा होता नहीं, यह मेरे कहने का उद्देश्य नहीं है। जन-उपयोग के काम सरकार द्वारा या सरकार से इजारा लेनेवाले इजारेदार द्वारा होते हैं, तब हमारी जाति के लोगों के अलावा अन्य जाति के लोगों को जितना फायदा होता है उतना फायदा हम लोगों को नहीं होता। इसका कारण इतना ही है कि सरकार का यह उद्देश्य कभी नहीं होता कि अमुक ही जाति के लोगों को काम मिले और अमुक जाति के लोगों को नहीं। वस्तुत: हमारा धर्म ही इस तरह के कामों में रुकावट पैदा करता है। ब्राह्मण जाति के क्लर्क का कुनबी, माली आदि जाति के मजदूर लोगों से जितना फायदा होता है उतना महार-मातंग लोग काम पर हों तो उनसे नहीं होता, इसलिए खासतौर पर क्लर्कों के काम पर जो ब्राह्मण लोग होते हैं वे महार-मातंगों को छोड़कर अन्य सभी लोगों को काम पर लगाते हैं। जाति-भेद की वजह से महार-मातंगों को कुनबी, माली आदि लोगों के साथ काम करने का मौका नहीं मिलता। इस तरह की समान समस्या हर जगह है ऐसी भी बात नहीं। यह कहीं कम है और कहीं ज्यादा है। और उस कम-ज्यादा की वजह से सरकारी जनोपयोगी कामों से हमें कम-ज्यादा फायदा होता है। जिन प्रांतों में पहले ब्राह्मणों का वर्चस्व बहुत ज्यादा था उन प्रांतों में परेशानियाँ बहुत हैं और फायदा कम है। जहाँ महार-मातंगों की ज्यादा संख्या है वहाँ उनकी स्थिति भी अच्छी है।

—पहले के जमाने में इस देश में चाहिए उतना म्युनिसिपालिटी का बंदोबस्त नहीं था। तब भी हमारे लोगों को म्युनिसिपालिटी के बारे में जो काम अभी करने पड़ते हैं वही काम पहले भी करने पड़ते थे। लेकिन अब पहले से ज्यादा सुख हैं। वेतन नियमित रूप से मिलता है लेकिन पहले ऐसा नहीं था। हम लोगों को वेतन के लिए सरकार से कोई सहायता नहीं मिलती थी। मेहनताने के लिए हमें लोगों की दया पर निर्भर रहना पड़ता था। हम स्वीकार करते हैं कि—पहले का हमारा अज्ञान बहुत कम हो गया है। और दिन-ब-दिन हमारी स्थिति अच्छी हो रही है। उसका सही रहस्य भी समझ में आ रहा है। तीन ऊँचे वर्णों के लोग और हमारे ही वर्ग के किसान आदि लोग हम जो काम म्युनिसिपालिटी में करते हैं उससे नफरत करते हैं। यदि हमने उनसे नफरत करना शुरू कर दिया तो उनकी हालत क्या होगी, यह बताना मुश्किल है। ऐसी हालत में उनको अपनी ही गंदगी में मरना पड़ेगा। या फिर उन लोगों को हमारी तरह महार-मातंग बनना पड़ेगा। उन्हें खुद सड़कें साफ करनी पड़ेंगी। गटर, नालियाँ आदि साफ करनी पड़ेंगी।

उन्हें अपने लिए खुद जूते भी बनाने पड़ेंगे। उन लोगों को झाड़ू या बुहारियाँ खुद बनानी पड़ेंगी। अपने इस न्यायी राज में जैसे अभी मैंने बताया, वैसा हम लोग कर भी सकते हैं इसका डर ऊँचे वर्ण के लोगों को होना चाहिए। यह बात सही भी है कि उन लोगों के मन में इस तरह का डर पैदा हुआ है या उनका कुछ नहीं चल रहा है, इस वजह से कहो, वे लोग नम्र बनते जा रहे हैं। फिर भी उनके अभिमान का हंडा एक बार फूट जाना चाहिए, जिससे उनका और हमारा भी कल्याण होगा।

—कई बातों का ज्ञान होना चाहिए। कम से कम सबको अपनी स्थिति का ज्ञान होना चाहिए। हर मनुष्य को अपने संबंधों के बारे में मालूम होना चाहिए। इस संसार के लिए उसका कर्तव्य क्या है, इसका ज्ञान होना चाहिए। इन्हीं बातों के ज्ञान के लिए सरकार ने स्कूल शुरू किए हैं। स्कूल शुरू करते समय सरकार को लगा होगा कि सभी जाति के लोग वहाँ ज्ञान हासिल करने के लिए आएँगे और यहाँ शिक्षा पाते हुए हर किसी को अपने सही धर्म का ज्ञान होगा। वे लोग अपने-आपमें सुधार करके जाति-भेद की मूल पीड़ा और परेशानियाँ दूर करेंगे। लेकिन सरकार का अनुमान सही साबित नहीं हुआ। सरकार को इस बात का पता चल गया था कि यहाँ के धर्मों में ही कुछ गड़बड़ है फिर भी उस गड़बड़ को नष्ट करने के लिए खुला साहस और सख्त उपाय करने की हिम्मत उसको नहीं हुई, क्योंकि सरकार को यह अहसास हो चुका था कि वैसा करने से उसकी सत्ता खतरे में पड़ जाएगी और शांति भंग भी हो सकती है। तभी मिशनरियों ने अपना उपदेश देना शुरू किया। इसमें उनका उद्देश्य जाति-भेद को नष्ट करना ही था। परंतु इसके साथ ही वे अपना उपदेश सुनने वालों को अपना धर्मानुयायी बनाने की कोशिश भी कर रहे थे। इसलिए उनकी कोशिश विफल रही। तब भी सरकार के और उनके सामूहिक प्रयासों से शिक्षा प्रसार का कार्य चल रहा था। बाद में सरकार को उनके अधिकारियों की रपट से पता चला कि ब्राह्मण लड़के हिंदुस्थान के सभी इलाकों के स्कूलों में अन्य जातियों के लड़कों की अपेक्षा सबसे ज्यादा जाते हैं और शूद्रों के लड़के अन्य लोगों के बच्चों की तुलना में बहुत ही कम संख्या में आते हैं। खासकर महार-मातंगों के बच्चे तो बिलकुल ही स्कूल नहीं जाते। कुछ कारणों में यह प्रमुख है कि उनके पास स्कूल में जाकर पढ़ने के साधन नहीं हैं और न औकात ही है। शूद्र और अतिशूद्रों के बच्चे स्कूलों में आने चाहिए, इसलिए सरकार ने कुछ नियम बनाए। महार-मातंगों के लड़कों को स्कूलों में मुफ्त में दाखिल करने की योजना बनी। शूद्रों के बच्चों को यदि वे दाखिले के लिए अर्जी दें तो पांच प्रतिशत मदद करनी चाहिए, इस तरह के नियम बने। तब भी शूद्रों और अतिशूद्रों के बच्चों की संख्या बढ़ ही नहीं रही है, यह बात शिक्षा विभाग के अधिकारियों की रपट से पता चलती है।

—स्कूल की फीस का बोझ बर्दाश्त करना नहीं पड़ता और सरकार की ओर से पढ़ने की अनुमति है तो फिर हमारे महार-मातंगों के बच्चे-बच्चियाँ सरकारी स्कूलों में क्यों नहीं दिखाई देते, इसके बारे में सोचना चाहिए। हमारे महार-मातंगों के बच्चे पांच-छह साल के हुए नहीं कि उन्हें किसी-न-किसी काम में लगा दिया जाता है। उनके माँ-बाप उनको उचित सुख-सुविधा मुहैया कराकर उन्हें स्कूल में भेज करके फिर उनका पेट पालने में एकदम असमर्थ होते हैं। इसकी वजह तो आप सभी लोग जानते हैं। सभी को मालूम है कि हमारे लोगों का यह एक और नासमझी है कि यदि हमारे बच्चों से पढ़ाई-लिखाई का काम करवाया गया तो वे नाजुक होकर हमारे खेती के काम करने के योग्य नहीं रहेंगे। पढ़ाई-लिखाई करने से उनको उसके फल अन्य लोगों की तरह प्राप्त नहीं होंगे। यह सच है। फिर हमारी हैसियत इतनी नहीं है कि हम अपने बच्चों की बहुत ज्यादा पढ़ाई-लिखाई करवा सकें। स्कूल की पढ़ाई से हमारे बच्चों को उनका ज्ञान बढ़ाने के अलावा और कोई फायदा नहीं। वे नाजुक तबियत के और दुर्बल शरीर के होकर मेहनत का काम करने के लिए अशक्त होते हैं, इसका हमें पूरा यकीन है तब हम लोग अपने बच्चों को स्कूल में भेजने का साहस कैसे कर सकते हैं?

—सरकारी नौकरी पाने लायक ज्ञान प्राप्त करने की सामर्थ्य हमारे पास नहीं है। यदि हममें सरकारी काम करने की उचित योग्यता नहीं है तो सरकार हमको कहाँ से नौकरी देगी? और तब सरकारी नौकरी कहाँ से मिलेगी? और सरकार हम लोगों को नौकरियाँ नहीं देती, इस प्रकार का दोष देने में हम लोगों के पास कोई सबल कारण कहाँ है? हम लोगों को अहसानमंद होकर यह कबूल करना चाहिए कि अंग्रेज सरकार की वजह से ही आज हम लोग पेशवाओं की गुलामी से मुक्त हुए हैं और मराठाओं के राज्य में हमारी जो स्थिति थी उससे आज हमारी स्थिति अच्छी है। आज हमारे पास थोड़ा-बहुत ज्ञान है, इसीलिए आपके कदमों के पास कम से कम अपनी पीड़ा निवेदन करने के लिए डरते-डरते आया हूँ। अजी, तात्पर्य इतना ही है कि हम लोगों को सरकार से मदद मिलती है। किंतु उतने से ही हमारी स्थिति में सुधार होगा, यह कहना उचित नहीं है। जिन देश भाइयों ने अपने षड्यंत्रकारी नीति से हम लोगों को इस स्थिति में लाकर रखा वे और जो भाई हमारी तरह ही लेकिन हमसे कम पीड़ा बर्दाश्त करके अब हम लोगों को मदद करने में समर्थ हैं उन्होंने यदि अपना हाथ देकर दलदल में फँसे हुए हम लोगों को बाहर निकालने का प्रयास किया तो बहुत ही अच्छा होगा। हम लोग जल्दी ही इस दलदल से बाहर निकल जाएँगे और खुली, स्वतंत्र आबो-हवा में घूमने लग जाएँगे। धर्मांधता की वजह से, धर्म के पागलपन से तो हमारा पूरा सत्यानाश ही हुआ है। हम लोगों को हमारे भाइयों से कोई सहायता नहीं मिलती, इसके पीछे का कारण भी धर्म का पागलपन ही है। अन्य देश भाइयों को

एक-दूसरे की मदद करनी चाहिए, यह उनका धर्म है। लेकिन हम लोगों को उनकी कोई सहायता नहीं मिलती, बल्कि वे लोग हमारे नुकसान का और दुःख का कारण बनते हैं।

—साहूकार का और हमारा व्यवहार किस तरह से चलता है, इसको देखिए—बारह आना उधार लेने पर एक रुपया कागज में लिखा जाता है। उस एक रुपये की प्रतिमास चार आना ब्याज दर होगी, यह लिख करके देना पड़ता है। मान लो यदि कोई मुनाफे का धंधा है और ऐसे भारी ब्याज पर रुपया उधार लिया गया तो हमारा कैसे कल्याण होगा!

—हम अपने लड़के को किसी स्कूल में दाखिल कराने के लिए तैयार हुए भी तो उस बच्चे की पढ़ाई कहाँ से होगी? छात्रों से लेकर अध्यापक (पंडित) तक सभी लोग उसको सताएँगे। पंडित ऐसे छात्रों को 'सरकार का हुक्म है' ऐसा कहकर अन्य छात्रों से अलग बिठाता है और खुद दूर जाकर बैठ जाता है। और उनको लापरवाही से पढ़ाता है। क्या इसी को हम लोग भाईचारा कह सकते हैं? इससे हमारे बच्चों की पढ़ाई नहीं होगी बल्कि उनका और हमारा बहुत बड़ा नुकसान होगा, यह बात पूरी तरह सही है।

—जैसे-तैसे शिक्षा प्राप्त कर भी ली तो नौकरी मिल जाती है, यह बात सच भी हो तब भी उस नौकरी पर हमेशा के लिए कायम रह पाने की उम्मीद करना फ़िज़ूल है। क्योंकि सभी लोग हम महार-मातंगों (अछूतों) से नफ़रत करते हैं और परेशान भी करते हैं।

—आज स्थिति ऐसी है कि हम लोग व्यापार भी नहीं कर सकते, न उसमें काम के लिए जा सकते हैं। पहली बात यह है कि हमारे पास पैसे का अभाव है और दूसरी बात यह कि हम लोगों को व्यापार करने का कुछ भी तजुरबा नहीं है और व्यापारी लोगों में धार्मिक भेद-भाव के कारणों से उठना-बैठना नहीं है। इसलिए व्यापार का स्वरूप और ज्ञान भी हमें मालूम नहीं है।

—हमारे काम को नीच समझा गया। हम लोग दूसरा धंधा कर नहीं सकते। जिस तरह हमारे अन्य कामों में धर्म पत्थर की तरह रुकावट बना हुआ है, उसी तरह वह हमारे धंधे में भी रोड़ा बनकर खड़ा है। यदि हम लोग किसी के पास कुछ काम सीखने की इच्छा लेकर गए भी तो बताया जाता है कि "तू महार या मातंग (अछूत) है, तुझे कौन सिखाएगा? तुम लोग अपना जातीय धंधा करके ही अपना पेट पालो।" धंधा-रोजगार की यही स्थिति है। अब ऐसे इस अपने राज में भी (कौन-सी)··· है, इसका ज्ञान हम लोगों को नहीं है। अखबारों में सरकार की आलोचना की जाती है या प्रशंसा की जाती है, यह हम लोगों को कुछ पता ही नहीं। अंग्रेजों का राज्य प्रशासन किस तरह से चलता है, इसका भी हमको कोई ज्ञान नहीं है। सिर्फ हम लोग सुन रहे हैं कि राज्य प्रशासन का

संचालन करने वाली एक सभा है। वह सभा किन लोगों से बनी हुई है, उन लोगों के काम क्या हैं, आदि बातें हम लोगों को बिलकुल मालूम नहीं। राज्य प्रशासन का संचालन करने वाली सभा के लोग हमारी तरह सोच-विचार करके कुछ बातों का फैसला करते हैं या नहीं, यह भी हमको मालूम नहीं।

हम लोगों को राजनीतिक बातों का ज्ञान नहीं है और राजनीति में हमारा कोई दखल नहीं है। इतना ही नहीं, राजनीतिक बातों के संबंध में छोटी-बड़ी बातें भी मालूम नहीं हैं। आज जिसके-तिसके मुँह में···इसी प्रकार के शब्द हैं, और सिर्फ सुनकर···

(यहाँ मसविदा समाप्त हुआ है।—संपादक)

परिशिष्ट

'मराठा' और 'केसरी' समाचारपत्रों के संपादक तिलक और आगरकर की रिहाई

रविवार, दि० 29 अक्तूबर, 1882

हमको बहुत ही खुशी हो रही है कि हमारी दयनीय स्थिति की ओर ध्यान देकर सभी जातियों के जानकार और विद्वान गृहस्थ उपरोक्त दोनों महानुभावों की जेल से (आरामस्थल से) रिहाई होने के समय उनके सम्मान में टेकड़ीवाले जेल के पास साढ़े छः बजे इकट्ठा होकर प्रसन्न नजरों से चातक की तरह दरवाजे की ओर आँखें लगा करके खड़े थे। हम लोगों ने आठ बजे दो घोड़ोंवाली गाड़ी ले गए थे, जेलर ने उस गाड़ी को अंदर मँगवा करके हमारे इन दोनों भाइयों को उसमें बिठाया। गाड़ी दरवाजे के बाहर आते ही वहाँ इकट्ठा हुए लोगों ने उन पर फूल बरसाए। उससे इन दोनों भाइयों के दुखी मन को बहुत हद तक प्रसन्नता मिली। वहाँ लोगों की काफी भीड़ थी। पुलिस वालों को किसी भी प्रकार की परेशानी नहीं हुई। सब कुछ हो जाने के बाद बड़े-बड़े गृहस्थ वहाँ अपनी-अपनी घोड़ागाड़ी लेकर पहुँचे। उनमें से उन्हें किस गाड़ी में बैठना चाहिए इसे लेकर काफी झंझट हुआ। वस्तुतः गाड़ियाँ कई थीं और उनमें बैठने वाले लोग सिर्फ तीन थे। फिर तीनों को अलग-अलग तीन गाड़ियों में बैठने की व्यवस्था की गई और गाड़ियों को बहुत ही धीरे-धीरे चलाने के लिए कहा गया। सभी हमदर्द लोग वा० सेठ मुरारजी गोकुलदास के मकान तक गाड़ियों के साथ चलते आए। यह दृश्य देखने लायक था। मुरारजी सेठ के मकान पर सभी लोग पहुँचे और वहाँ एक दीवानखाने में आए हुए सभी लोगों को बिठाने के बाद वहाँ इकट्ठा सभी लोगों की ओर से इश्रायल धर्मदीप और एडिटर मि० बेंजामिन सामसन का छोटा-सा लेकिन मार्मिक व्याख्यान हुआ। बाद में हमारे प्रसिद्ध उपदेशक मुंशी शेख हुसेन वल्द शेख चाँद जुन्नरकर का भी व्याख्यान हुआ। उसके बाद गोपाल गणेश आगरकर ने

अपनी तक़रीर रखी। यहाँ शिवराम पंत ने 'दीनबंधु' के सिलसिले के बारे में कुछ कहा। उस पर मा० नाम जोशी ने बहुत ही अच्छा और सुंदर जवाब दिया। उन्होंने कहा कि 'केसरी' और 'मराठा' समाचारपत्रों में एक ही जाति के अभिमान के लेख प्रकाशित नहीं होते, सभी जातियाँ उनके लिए समान हैं। और बाद में भी 'केसरी' और 'मराठा' समाचारपत्रों में इसी प्रकार के लेख प्रकाशित होते रहेंगे, इस बात को भी उन्होंने यहाँ सभी लोगों के सामने कबूल किया है। लेकिन भगवान करे उनका थोथा अभिमान तुरंत टूट जाय और हम मराठा आदि लोगों को नीच समझने का रिवाज समाप्त हो। इस प्रकार का रिवाज जब तक बंद नहीं होता तब तक दोनों ओर के लोग हमेशा मुसीबतों को भोगते रहेंगे, इस बात को उन्हें ध्यान में रखना चाहिए और उसी के अनुसार अपना व्यवहार रखना चाहिए।

शाम के समय भायखेड़ा में दक्खिणी फुलमाड़ी समाज के सभागृह में हम लोगों की ओर से और हमारे दोस्तों की ओर से जिसमें खासतौर पर मा० हरिश्चंद्र जगन्नाथ महालक्ष्मी मिल के कांट्रैक्टर, रामचंद्र तुकारामजी हेजीब, राणुजी रावजी आरू, गोविंद तुकारामजी शिंदे, चिन्नय्या लिंगू, रामजी संतूजी आवटे, घोंडिबा कृष्णाजी मेहर और हरिबा तुकारामजी वहाडी आदि लोगों की ओर से निम्नलिखित अभिनंदन पत्र दिया गया। और उस समय बाल गंगाधर तिलक और गोपाल गणेश आगरकर इनको पोशाक भी भेंट दिया गया। बहुत लोग इकट्ठे हो गए थे। इस अवसर पर भी बेंजामिन सामसन का व्याख्यान हुआ। उसी प्रकार जुन्नर निवासी मुंशी साहब ने भी व्याख्यान दिया। बाद में बाल गंगाधर तिलक ने अपने सही विचारों को रखा। उन्होंने सभी लोगों के सामने कहा कि हम लोग जाति-भेद नहीं मानते आदि। और आगे उन्होंने कहा कि कई जातियों के लोगों की एकता होने से कई प्रकार के फायदे होंगे, इसके लिए सभी जातियों के लोगों को अपनी सामर्थ्य के अनुसार प्रयास करना चाहिए। इस पर मा० आगरकर ने भी चंद शब्दों में लेकिन यहाँ इकट्ठे सभी लोगों के दिलों को खुश करने के प्रयास में व्याख्यान दिया। उन्होंने कहा कि जिस शिवाजी महाराज ने जहाँ हम आज रह रहे हैं उस देश में, बड़े शौर्य से और कई मुसीबतों को झेल करके राष्ट्रत्व का निर्माण किया उस शिवाजी के वंशजों के लिए हमने मामूली सेवा करने का प्रयास किया तो हम लोगों को आरामस्थल (जेल) में रखा गया, इसके लिए हमको किसी भी प्रकार का अफसोस नहीं है। और यदि शायद कहीं जख्म लगा हो तो उसको ठीक करने के लिए हमारे मराठा लोगों द्वारा अभिनंदन पत्र और पोशाक आदि से आदर-सत्कार करने की वजह से वह घाव पूरा भर चुका है। और अब हमको किसी भी प्रकार का अफसोस नहीं है। उन्होंने भी जाति-भेद का विरोध किया है। क्योंकि जिनको अच्छी शिक्षा मिली है उनमें ऊँच और नीच की भावना नहीं होती। फिर मुंशी साहब ने सूचित किया कि पहले म्युनिसिपालिटी मंदिरों-मस्जिदों को जल की

पूर्ति धर्मार्थ में करती थी लेकिन आजकल उसने मीटर लगा करके जलपूर्ति करने का फैसला किया है, इसलिए सभी लोगों को शिकायत-पत्र भेजना चाहिए। सवा सात बजे आयोजन समाप्त करने के बाद दूसरी जगह मतलब, हिंदू यूनियन क्लब के निमंत्रण पर ये दोनों महानुभाव वहाँ चले गए।

अभिनंदन-पत्र

"मा० बाल गंगाधर तिलक और गोपाल गणेश आगरकर, 'मराठा' और 'केसरी' समाचारपत्रों के संपादक को नारायण मेघाजी लोखंडे, 'दीनबंधु' समाचार-पत्र के मालिक और उनके सभी साथी मराठे आदि जाति के समूचे स्वाभिमानियों की ओर से यह अभिनंदनपत्र देने का जो अवसर प्राप्त हुआ है, उसको न गँवाते हुए वे इस कार्य को संपन्न कर रहे हैं। उसमें मूल उद्देश्य यही है कि आज तक जितने समाचारपत्र प्रकाशित हुए हैं या हो रहे हैं वे केवल सामान्य शिक्षा प्राप्त लोगों की ओर से चलाए जाते रहे हैं, इसलिए समाचारपत्रों का जो सही उद्देश्य था वह सफल होने में और उससे फायदा होने में एक तरह से कठिनाई थी। इस-लिए कई बार गहराई में सोचनेवाले और पुख्ता विचार रखनेवाले लोगों का यह कहना था कि समाचारपत्र आज के बी० ए०, एम० ए० आदि उपाधि प्राप्त विद्वान लोगों की ओर से चलाए जाने चाहिए। उस उद्देश्य को सफल बनाने के लिए आप लोगों ने बड़ी हिम्मत दिखाई है। आप लोगों ने सार्वजनिक कल्याण के लिए कोल्हापुर प्रकरण को हाथ में लेकर अपनी जिम्मेदारी को निभाया है। लेकिन हम महाराष्ट्रीय देश के आदि-निवासियों की बदक़िस्मती की वजह से आपने जिस काम को हाथ में लिया उस काम में जितनी मजबूती आनी चाहिए उतनी न आने की वजह से आप लोगों को नामदार सरकार के कानून की नेकी की वजह से चार-चार माह की सज़ा हुई है। आप लोगों के लिए जगह-जगह से निवेदन भेजे गए थे, लेकिन उन पर ध्यान नहीं दिया गया। किंतु हमारी नैतिक जिम्मेदारी है कि सार्वजनिक जीवन में काम कर रहे लोगों को यदि परेशानियाँ हुई हों तो उनके प्रति सहानुभूति दिखाई जानी चाहिए, इसी उद्देश्य से निम्न प्रकार से चार शब्द लिख रहे हैं, उनको आदर के साथ स्वीकार कीजिए :

"सार्वजनिक काम में जो भी कोई आगे आते हैं उनको कई मुसीबतें और दुस्सह आपत्तियाँ भोगनी पड़ती हैं, आप लोगों पर भी यह एक पहली मुसीबत (सरकार के कहने के मुताबिक) मामूली लापरवाही की वजह से आई है, इसलिए आप लोगों ने जो सजा पाई है उसके बारे में अपने मन में किसी भी प्रकार की कोई बात न रखें और पहले की तरह ही आप लोग अपना कार्य न्याय भावना से जारी रखें। मतलब, एकतरफा सोच रखने की बजाय सभी जातियों के लोग हमारे

परिवार के सदस्य हैं, यह समझ करके ही बर्ताव रखना चाहिए, इससे लोग आपको ज्यादा सम्मान देंगे। इस तरह की एक सामान्य कहावत है कि किसी भी कार्य में मनुष्य कितना भी होशियार हो लेकिन उसका अंत भी उसी में होता है, इसलिए इससे भी भयंकर आपत्ति आप पर आ जाए तब भी आप लोगों को नहीं घबड़ाना चाहिए। उसी तरह अन्य लोगों का फिजूल नुकसान आपके किसी कार्य से न हो, इसके लिए भी लगातार प्रयास करते रहना चाहिए। और जिन लोगों की ओर से जिन-जिन सार्वजनिक कल्याण के कार्यों में कठिनाइयाँ खड़ी की जा रही हों उनका भंडाफोड़ करने में भी आप लोगों को पीछे नहीं रहना चाहिए। धन्यवाद।"

गुरुवार, दि० 26 अक्तूबर, 1882

इस अभिनंदन पत्र पर मराठा आदि लोगों के कई दस्तखत हैं।

शुक्रवार को आठ बजे माधव बाग में ब्राह्मण आदि संस्थाओं की ओर से अभिनंदनपत्र देने का निश्चय किया गया था। उसी के अनुसार वह सभारंभ कुछ कारणों से माधव बाग की बजाय प्रार्थना समाज के करीब प्रसिद्ध सुधारवादी सेठ माधवदास के बाग में हुआ। यहाँ तकरीबन हजार-पंद्रह सौ से भी ज्यादा लोग मौजूद थे। यहाँ भी दो-तीन अभिनंदनपत्र पढ़े गए। यहाँ शोलापुर, नासिक, सिन्नर आदि जगह से खास तौर पर लोग आए थे। यदि शनीचर और रविदार ये दो दिन मा० तिलक और मा० आगरकर यहाँ बिताए होते तो उनको इससे भी बीस गुना ज्यादा सम्मान मिला होता, इस बात का हमको पूरा यकीन था। लेकिन पूना के लोगों ने भी शनिवार को ही अभिनंदनपत्र देने का फैसला कर लिया था, इसलिए शुक्रवार को ही साढ़े बारह बजे की गाड़ी से इन लोगों को जाना पड़ा। उधर का समाचार बाद में प्रकाशित किया जाएगा।

('दीनमित्र' साप्ताहिक के दि० 29 अक्तूबर, 1882 के अंक से)

□□